ULTURE & COMMUNICATION

JEAN-PIERRE MEUNIER
DANIEL PERAYA

INTRODUCTION AUX THÉORIES DE LA COMMUNICATION

Analyse sémio-pragmatique de la communication médiatique

2e édition

de boeck

Pour toute information sur notre fonds et les nouveautés dans votre domaine de spécialisation, consultez notre site web : **http://www.deboeck.com**

Éditions De Boeck Université
Rue des Minimes 39, B-1000 Bruxelles

2e édition

Imprimé en Belgique

Dépôt légal:
Bibliothèque Nationale, Paris: octobre 2004
Bibliothèque Royale Albert 1er, Bruxelles: 2004/0074/204

ISSN 0779-4614
ISBN 2-8041-4382-1

INTRODUCTION AUX THÉORIES DE LA COMMUNICATION

Culture & Communication

Collection dirigée par
Gabriel Thoveron

AGEE Warren K. et al., *Introduction aux communications de masse*
BONVILLE (de) Jean, *L'analyse de contenu des médias. De la problématique au traitement statistique*
COURTÉS Joseph, *Du lisible au visible. Analyse sémiotique d'une nouvelle de Maupassant, d'une bande dessinée de B. Rabier*
EVERAERT-DESMEDT Nicole, *Sémiotique du récit (3e édition)*
GARVEY Daniel E. et RIVERS William L., *L'information radiotélévisée. Principes - exemples - applications*
GERGELY Thomas, *Information et persuasion. 2. Écrire (2e édition)*
HARLÉ Mélusine, *Attentats et télévision. Paroles et images*
KLINKENBERG Jean-Marie, *Précis de sémiotique générale*
LOHISSE Jean, *L'homme et le cyborg*
MEUNIER Jean-Pierre, *Approches systémiques de la communication. Systémisme, mimétisme, cognition*
MEUNIER Jean-Pierre et PEREYA Daniel, *Introduction aux théories de la communication*
NYSENHOLC Adolphe et GERGELY Thomas, *Information et persuasion. 1. Argumenter (2e édition)*
RINN Michael, *Les discours sociaux contre le sida. Rhétorique de la communication publique*
RONSSE Jean-Michel, *Mediamarketing. L'influence des media sur la consommation*
STREKER Stephan, *Gainsbourg. Portrait d'un artiste en trompe-l'œil*
THOVERON Gabriel, *La communication politique aujourd'hui*
WINKIN Yves, *Anthropologie de la communication. De la théorie au terrain*

Sommaire

Avertissement

Ce livre publié pour la première fois en 1993 est né de deux enseignements donnés d'une part, au Département de communication de l'Université Catholique de Louvain et, d'autre part, à l'Unité de technologie éducative (TEFCA) de la Faculté de psychologie et des sciences de l'éducation de l'Université de Genève. Proposer plus de 10 ans plus tard une nouvelle édition, fortement remaniée, de cet ouvrage, constitue pour nous l'opportunité de faire le point de l'évolution du domaine, d'introduire de nouveaux concepts, de nouvelles perspectives et façons d'aborder les messages audio-scripto-visuels. C'est aussi l'occasion de parcourir notre propre parcours et de revenir sur notre propre position au sein de ce domaine. Car, l'enseignement nous a contraints à d'incessantes mises à jour mais encore à de nombreuses explicitations ou reformulations afin de rendre plus clairs nos cadres de références, nos concepts et nos modèles. Mais un tel projet présente aussi plusieurs dangers dans la mesure où il suppose, par exemple, que nous supprimions certains passages, certaines façons de voir ou certaines références qui, si elles ne sont plus totalement d'actualité aujourd'hui, n'en ont pas moins constitué des étapes : l'histoire du domaine peut donc paraître moins riche ou moins complète. De plus, chacune des modifications que nous avons jugé utile d'introduire a des répercussions sur de nombreuses autres sections du texte et elle implique donc une refonte plus en profondeur de celui-ci, au risque de rendre la structure originale de l'ouvrage moins apparente. Nous avons pris conscience de la complexité d'un tel travail et des risques qu'il comporte en cours de rédaction. Nous espérons cependant que cette seconde édition sera aussi utile aux lecteurs et à nos étudiants que la première.

Présentation

Que les théories de la communication et les langages audio-scripto-visuels aient été au cœur des préoccupations théoriques et des recherches dans un département de communication ne doit guère surprendre. Qu'ils l'aient été aussi dans une unité académique vouée à l'intégration pédagogique des médias et des technologies de l'information et de la communication pourrait, à première vue, paraître plus étonnant. Pourtant, considérer les processus d'enseignement et d'apprentissage, les pratiques éducatives, comme des actes de communication peut paraître évident et relever du strict bon sens : « Enseigner a un sens très voisin de communiquer », écrivait Vandevelde en 1978. La communication pédagogique – éducative au sens large – peut donc être considérée comme une forme particulière de *discours*, caractérisée par le(s) lieu(x) d'interaction sociale où elle se développe. Elle se constituerait comme telle à travers des usages particuliers de langages, de systèmes de communication connus et étudiés dans d'autres contextes : langage verbal, gestuel, langage écrit, diapositives, photographies, représentations graphiques, schémas, diagrammes, films cinématographiques, vidéogrammes, CD-Rom, multi- et hypermédias, espaces virtuels, etc. Il a d'ailleurs fallu que se développent les premières analyses communicationnelles sur les médias et leur utilisation en milieu scolaire pour que s'impose la notion de communication pédagogique. Aujourd'hui le développement des outils informatiques multimédias, mais aussi de l'informatique de communication – le réseau, les environnements de travail et de communication à distance, les différentes formes de téléprésence, etc. – rendent une approche sémiopragmatique et sémiocognitive encore plus indispensable.

Il est une autre raison qui milite en faveur de ce point de vue. Les langages audio-scripto-visuels, au même titre que l'écriture, constituent des technologies intellectuelles : ce sont des modes symboliques, des formes particulières de représentation et de traitement tant de l'information que des connaissances. Aussi doit-on s'attendre à ce qu'ils induisent des processus affectifs et cognitifs spécifiques. Sur ce point précis en tout cas, la psychologie cognitive et les théories de la communication se rejoignent et rejoignent en même temps certaines préoccupations typiquement pédagogiques. Le fonctionnement pragmatique de la communication, nous tenterons de le montrer tout au long de cet ouvrage, est indissociable de son fonctionnement cognitif.

Rappelons enfin que la recherche pédagogique sur les médias n'a cessé de se heurter à la difficulté que constitue le manque d'une théorie générale des médias à laquelle référer l'usage particulier que constitue la communication socio-éducative ou pédagogique. Selon de nombreux auteurs, Heidt (1981) par exemple, il faut voir là une des raisons de l'échec relatif de toutes les tentatives de fonder une taxonomie des médias éducatifs. Et l'avènement du multimédia dont les balbutiements actuels nous font présager l'importance rend, on s'en doute, cette théorie générale encore plus urgente. On observe aussi cette lacune dans de très nombreuses recherches de psychologie expérimentale qui visent à mesurer l'impact d'un « format » visuel particulier sur la mémorisation ou la compréhension, mais ne portent aucune attention aux registres symboliques –sémiocognitifs– qui constituent leur matériel expérimental.

Ces remarques préliminaires faites, il nous semble important de justifier le choix des contenus et des problématiques abordés ainsi que de présenter la structure générale de l'ouvrage. Celui-ci se compose d'une introduction et de quatre sections répondant chacune à des objectifs particuliers :

- l'introduction présente une première lecture de type phénoménologique de trois messages scripto-visuels contrastés ; il s'agit donc d'introduire le lecteur à la problématique par l'exemple ;
- la première section présente un panorama des différents courants sémiotiques ;
- la deuxième présente et analyse deux des systèmes de signes dont se composent en général les messages audio-scripto-visuels : les mots et les images. En effet, nous ne prenons pas systématiquement en compte, dans cet ouvrage, le son ;

- la troisième constitue une tentative d'élargir la perspective pragmatique dans le but, notamment, d'élaborer un cadre théorique pour l'analyse des messages audio-scripto-visuels ;
- la dernière partie, enfin, traite de formes de médiatisation et de médiation en prenant pour exemple les espaces virtuels pour la formation, notamment les campus virtuels.

L'introduction, *Petite phénoménologie d'un message scripto-visuel*, présente quasiment en temps réel le travail de déchiffrement et d'interprétation de deux affiches : l'une a servi la campagne présidentielle de Mitterrand tandis que l'autre était destinée à promouvoir, en Belgique, le soutien aux pays en voie de développement. Elle se termine par l'analyse d'une icone d'un logiciel standard. Dans ces analyses, il s'agit de mettre en évidence les processus qui guident la compréhension de ces images en tant qu'elles sont de véritables discours sociaux. De telles images font bien plus que transmettre une information. Chacune d'elles instaure un rapport d'énonciation attribuant au lecteur, au destinataire, une certaine place et une position sociale. Or, cet aspect relationnel, profondément ancré dans le psychosocial, est indissociable du processus de signification et de construction du sens. De ce point de vue, la comparaison de ces messages fait apparaître des façons réellement différentes de s'adresser au lecteur, de le considérer et de le situer dans un tissu relationnel, de l'impliquer dans un processus de compréhension et d'interprétation du sens et des significations : ces différences, tout l'ouvrage s'attachera à le montrer, sont essentielles du point de vue des processus socio-éducatifs.

La première section, *Panorama des théories de la communication*, expose les principaux modèles de communication, l'évolution des théories sémiotiques et de leurs concepts. On ne peut en effet aborder la pragmatique des communications audio-scripto-visuelles sans une connaissance du cadre théorique qui lui a donné ses orientations problématiques, ses méthodes et ses outils. Le premier modèle, né dans les années quarante dans le contexte de l'ingéniérie des télécommunications, a, on s'en doute, peu à voir avec les modèles actuels inspirés par la linguistique pragmatique, la psychosociologie et la psychologie cognitive. Nous avons souhaité, cependant, souligner la complémentarité des divers points de vue théoriques et montrer comment il était possible de les articuler dans une conception plus large. On sait combien la tentation est grande de présenter, sous le couvert de la vulgarisation, des notions et des modèles exagérément simplifiés. C'est pourquoi il nous a paru indispensable de clarifier ces différents modèles, d'en expliciter les principales notions et de restituer leur définition dans leur contexte théorique. C'est en effet à cette seule condition qu'il est possible de faire apparaître l'intérêt de chacun d'eux, leurs limites mais aussi leurs relations. Nous avons certes dû faire des choix, mais nous croyons que ce *Panorama*, s'il n'est pas exhaustif, a au moins le mérite d'être représentatif. Il constitue d'ailleurs un cadre de référence plus large que celui qui aurait été strictement indispensable à la compréhension de la suite de l'ouvrage.

La deuxième section, *Des mots et des images*, tente de donner une place, au sein d'une démarche de type sémiotique, aux points de vue psychologique, psychosociologique et cognitif. La pragmatique ne peut en effet se développer que dans une perspective intégrative. L'élaboration d'une telle perspective a été, pour nous, un objectif constant. Trop souvent encore les analyses de messages médiatiques ou socio-éducatifs se fondent sur un seul point de vue, celui par exemple de la sémiotique structurale et de la rhétorique connotative. La définition des icones est de ce point de vue exemplaire. On s'est longtemps référé à la définition saussurienne du signe linguistique pour essayer d'expliciter les mécanismes de signification propres à l'image. Longtemps donc, il aura été question d'aller au-delà de l'analogie. En vain, car la nature même de l'image – l'analogie – rend précaire toute analyse en terme de fonctionnement linguistique. Or, de récentes études ont montré qu'une grande part de la communication humaine se développe sur un mode analogique, selon des modalités de signification propres enracinées dans des processus psychologiques complexes dont peuvent rendre compte les points de vue génétique, psychologique et psycholinguistique. Le lecteur ne s'étonnera donc pas de voir cités certains auteurs – Piaget, Sartre, Wallon et, parmi les plus modernes, Lakoff, Johnson-Laird, Langacker… – qui sont rarement à l'honneur dans la littérature consacrée à notre sujet. *Des mots et des images* développe cette nouvelle façon de poser la problématique du sens et aborde logiquement celle de la cognition.

Quant à la troisième section, *Pragmatique des communications audio-scripto-visuelles*, elle prolonge la précédente sur le plan pragmatique : celui sur lequel les différents modes de communication analogiques et digitaux développent leurs effets spécifiquement relationnels et cognitifs. Outre une approche globale du rapport communication/relation, on y trouvera des analyses concrètes de messages : affiches politiques, campagnes d'éducation à la santé, vidéogrammes didactiques. Les notions de dispositif et d'instance d'énonciation y prendront alors tout leur sens car l'essentiel de la communication réside dans la relation qu'instaure justement l'acte de communication. La modélisation des formes que peut prendre cette relation à travers les catégories pragmatiques – l'histoire et le discours, les personnes verbales, les positions des personnages par rapport à l'axe du regard spectatoriel pour ne citer que certaines d'entre elles – constituera alors le centre de l'analyse. À chaque cas de figure correspondent un rapport au savoir, des modalités d'appropriation de celui-ci ainsi qu'un rôle affecté au destinataire dans ce processus d'appropriation.

Dans la quatrième section enfin, *L'instrumentation de la communication : la communication médiatisée aujourd'hui*, nous tenterons de construire un cadre théorique permettant de mieux comprendre et donc d'analyser, d'une manière plus cohérente, la communication médiatisée. Nous chercherons tout d'abord à mieux définir les notions de média, de médiatisation et de médiation en prenant nos exemples dans le champ de l'éducation. Nous construirons progressivement la notion de dispositif de communication médiatisée ou, plus simplement, de dispositif médiatique, notion dont la valeur heuristique réside dans sa capacité de rendre compte de tout média – les médias classiques analogiques comme les « nouveaux » médias numériques – dans leur généralité – dans ce qui ce qui les rassemble – comme dans leur particularités – dans ce qui ce qui les différencie. Nous tenterons aussi de mettre en évidence ce qui, avec ce nouveau dispositif qu'est l'hyperespace, est en train de changer.

Autant qu'un ouvrage de vulgarisation et de synthèse, ce livre constitue un essai présentant une nouvelle manière de poser un regard sur les messages audio-scripto-visuels et d'entreprendre leur analyse. Nous l'avons dit, son originalité réside dans la perspective intégrative qui est la sienne. Sa démarche s'appuie sur la mise en évidence, à travers les points de vue et les modèles issus de plusieurs domaines – la sémiologie structurale, la pragmatique, la psychologie, la psychosociologie et les sciences cognitives –, de concepts « parents » qui permettent de porter sur un même objet un regard pluridisciplinaire : analogique et digital, identification et distanciation, centration et décentration apparaissent comme les lignes de force de cette articulation. De celles-ci naît une analyse plus complexe d'inspiration systémique : du code à l'interlocution, de l'interlocution à la relation sociale, de l'énonciation à la représentation sociale du savoir et de celle-ci aux rôles de l'interlocution. Relations de dépendance dont on aura compris la réversibilité.

S'il garde les traces de l'instance d'énonciation où il a été forgé – l'enseignement –, et donc des contraintes du genre, cet ouvrage se voudrait aussi un instrument d'information autant que de formation, un outil de travail autant que de réflexion. Pour cette raison, avons-nous souhaité que les parties demeurent relativement autonomes. Le livre, en effet, s'il constitue un tout, peut être parcouru selon l'intérêt du lecteur. D'aucuns auront sans doute plus de plaisir à consulter la première section au fur et à mesure que la lecture de la deuxième ou de la troisième leur imposera un cadre de références plus détaillé. D'autres, préférant un parcours plus linéaire, plus séquentiel, n'aborderont ces dernières qu'après avoir assimilé la première. D'autres lecteurs encore, plus au fait des théories de la communication, feront facilement l'économie de la première section à moins qu'ils ne souhaitent en approfondir certains aspects. Quant à la grille d'analyse qui clôture l'ouvrage, elle se présente comme un guide méthodologique dont l'opérationnalité immédiate devrait constituer pour le lecteur un atout majeur. Mais elle permet aussi un mode d'entrée et une lecture transversale puisque pour chacune des étapes à suivre, pour chaque concept ou aspect qu'il devra prendre en considération, le lecteur trouvera une indication le renvoyant dans le livre aux définitions correspondantes et aux développements essentiels.

Dans ces conditions, le livre s'adresse tout d'abord à un large public, curieux du développement qu'ont connu les théories de la communication et les analyses des médias audio-scripto-visuels. Il concerne aussi les enseignants et les pédagogues qui souvent ont regretté l'absence d'une théorie des médias à partir de laquelle développer l'usage socio-éducatif et pédagogique des médias : ils trouveront en cet ouvrage une contribution à l'effort théorique qu'ils réclament. Il touche enfin les chercheurs en communication soucieux de développer une théorie de la communication médiatisée : ils y trouveront un appareil conceptuel et des analyses qui permettent d'entrevoir de nombreuses pistes qu'il faudra encore explorer.

Bien que les deux auteurs de cet ouvrages aient participé à l'élaboration de chacune des parties, revu et discuté chacune d'elles, ils ont pris plus particulièrement en charge certaines sections : la première section est une œuvre entièrement commune, les deuxième et troisième section ont été plus particulièrement prises en charge par J.-P. Meunier, la quatrième section est plus particulièrement l'œuvre de D. Peraya.

En guise d'introduction Petite phénoménologie d'un message scripto-visuel

Les messages audio-scripto-visuels sont des constructions combinant, selon des formules infiniment variées, différentes sortes d'éléments signifiants : des images (fixes ou mouvantes, en noir et blanc ou en couleurs, etc.), des mots (parlés de différentes manières ou écrits de diverses façons), des sons (musique ou bruits). Et ces éléments ne font pas que s'additionner, ils interagissent et composent leurs effets propres d'une infinité de façons.

En toute chose, il convient de commencer par la description des apparences, c'est-à-dire des phénomènes tels qu'ils nous apparaissent. Commençons donc par faire la phénoménologie de l'un ou l'autre message médiatique.

Voici une affiche électorale présentant le candidat F. Mitterrand au public des électeurs de 1976 (cf. illustr. 1). L'ensemble apparaît dans un rectangle plus large que haut. On peut distinguer d'emblée des éléments verbaux et des éléments iconiques. Les éléments verbaux : l'énoncé « Le socialisme, une idée qui fait son chemin » apparaît en haut de l'image entre guillemets et en caractères minuscules (sauf le S de « socialisme ») mais dont la taille et la graisse semblent relativement importantes, le nom du candidat apparaissant vers le milieu de l'image et formé de caractères sensiblement plus petits. Les éléments iconiques : le buste de Mitterrand apparaît à l'avant-plan et nettement sur la gauche par rapport au cadre, la plage, la mer, le ciel nuageux. Confronté à un tel ensemble, le regard est amené à parcourir divers trajets sur la surface de l'image. Les trajets possibles sont en nombre infini et peut-être variables selon les individus. Cependant, il y a gros à parier qu'un enregistrement objectif de ces trajets donnerait comme zones privilégiées par le regard du spectateur, le corps de Mitterrand – et plus particulièrement son regard – ainsi que l'énoncé « Le Socialisme (…) ». L'œil du spectateur passe du visage de Mitterrand à l'énoncé et de l'énoncé au visage, du visage au décor à l'arrière-plan, puis de celui-ci au visage, et ainsi de suite, jusqu'à ce que se soit constituée une perception globale ou, si l'on veut, une impression finale, résultante relativement stable des effets combinés des diverses impressions locales vécues durant le parcours de l'image.

Illustration 1

Essayons maintenant de reconstituer quelques-unes de ces impressions locales telles qu'elles sont reçues en première personne. Lorsque mon regard rencontre celui de Mitterrand, il se produit un phénomène de jonction : mon propre regard se met en correspondance avec celui du portrait, il en épouse la direction et la manière (regard détendu et se posant sur le monde avec confiance). Emporté par cette jonction des regards, c'est tout mon corps qui se met en correspondance avec celui de Mitterrand : je comprends son attitude comme décontractée parce que mon corps, lui-même capable d'adopter des attitudes envers le monde, entre en quelque sorte en résonance avec celui du personnage perçu ; je comprends sa décontraction parce que je la vis de l'intérieur. Il est certain que cette compréhension vécue ne s'explique pas par l'identité du personnage perçu. Il est possible qu'un « fan » de Mitterrand perçoive mieux et ressente plus qu'un autre la figure de son idole dès qu'il la reconnaît, mais là n'est pas l'essentiel. Même en dehors de toute reconnaissance, la perception du comportement d'un autre donne lieu à une sorte de reprise intérieure qui permet de le revivre et de le comprendre. Il s'agit là d'un phénomène très élémentaire de compréhension mimétique ou d'identification sur lequel nous reviendrons plus loin.

Donc, parcourant l'image, mon regard de spectateur et mon corps tout entier résonnent avec ceux du personnage, de même qu'ils résonnent avec les choses qui composent le décor de la scène, à l'arrière-plan : la mer, le ciel, le sable sont d'abord « sentis » comme des espèces de comportement ; ils ont pour ainsi dire une physionomie. Dire par exemple que la mer est calme ou violente ou sereine ou, encore, profonde ou immense, etc. veut dire qu'elle est sentie comme telle à travers notre corps percevant. Dans notre image, le ciel et la mer ont un caractère calme et fort à la fois. Le ciel, par exemple, témoigne de sa quiétude par l'organisation générale de ses lignes et surfaces, mais montre également une sorte de force par les couleurs qu'il exhibe et les contrastes qu'il semble maîtriser. De même, les traces d'écume sur la mer nous assurent qu'elle est toujours traversée de mouvements puissants malgré son apparente tranquillité. Or, la mer, le ciel et sans doute les autres éléments – le sable – composent ensemble une sorte d'atmosphère générale à laquelle ils participent tous et qui rejaillit sur le personnage lui-même.

Il en est toujours ainsi dans une image. Les diverses significations perçues sur les éléments – hommes, animaux, choses – se compénètrent, se modulent l'une l'autre, et forment une signification globale – l'atmosphère générale dont on vient de parler – qui rétroagit sur les éléments. Ainsi, la « force tranquille », qui émane de l'ensemble des significations vécues sur l'image traverse tous les éléments, et en particulier Mitterrand. Il y a donc une sorte de participation ou de communication interne entre tous les éléments perçus sur l'image.

Mais à la réflexion, ce n'est pas seulement entre ces éléments perçus qu'il semble y avoir participation. D'autres choses semblent également être concernées. À moi, spectateur particulier de cette image, elle me semble habitée par toutes sortes d'impressions, de sensations ou de sentiments – on ne sait pas très bien comment dire – vécues dans des circonstances similaires. Ce que je ressens à travers mon identification au personnage a quelque chose à voir avec ce que je ressens habituellement lorsque je me promène en bord de mer. Ce « ressenti » a aussi quelque rapport avec d'autres personnes que j'ai connues ; cette allure particulière, en effet, j'en ai déjà fait l'expérience sur des personnes réelles plus ou moins proches, à moins que ce ne soit sur d'autres images. Le sable est perçu avec la granulation particulière que je lui ai connue dans toutes les expériences que j'en ai faites, et toutes les sensations liées à cette granulation sont là, potentiellement, dans ma saisie visuelle du sable de l'image. Chaque détail de l'image est évocateur. Mais l'image prise dans son entièreté ne l'est pas moins. Le personnage, le ciel, la mer, le sable, tout cela pris ensemble me rappelle vaguement une scène biblique. Les dimensions du cadre, les couleurs, le titre, tout cela a quelque chose de cinématographique et même d'un grand spectacle cinématographique, « cinémascope » et « technicolor » ; on pourrait presque percevoir la musique d'accompagnement.

Plusieurs questions se posent. Il ne fait pas de doute que toutes ces évocations participent au sens de l'image perçue, mais que recouvre exactement la notion d'évocation ? S'agit-il d'une activité consciente ? Quel rapport y a-t-il entre ce qui évoque et ce qui est évoqué ? Dans quelles sphères de l'expérience personnelle ou collective vont puiser les évocations ?

À première vue, il ne peut y avoir de réponses simples à ces questions. Par exemple, à la question concernant l'activité de la conscience, on ne peut donner qu'une réponse complexe. Certains rapports peuvent être effectués consciemment. Par contre, d'autres – beaucoup d'autres – sont seulement vécus et n'atteignent jamais le niveau d'une prise de conscience, sauf par un effort de réflexion volontaire – comme celui que j'effectue actuellement en écrivant ces lignes. Ainsi, le caractère « cinémascope » de l'image n'est pas le résultat d'un raisonnement analogique effectué dans la conscience claire ; il n'est rien d'autre, tout d'abord, qu'une certaine ambiance perçue, corrélative d'une certaine attitude. Tout se passe comme si le corps percevant, toujours impliqué dans nos perceptions, reconnaissait certaines conditions du spectacle cinématographique et s'apprêtait à vivre une grande aventure en image. Peut-être faudrait-il donc considérer que l'activité évocatrice suscitée par une image est largement irréfléchie, ou tout au moins, qu'elle s'effectue selon divers degrés de conscience ?

La question du caractère personnel ou social des évocations conduit à une réponse du même ordre, une réponse comportant du « plus ou moins ».

L'association entre Mitterrand et telle personne de mes connaissances relève évidemment d'une sphère d'expérience très personnelle. Encore faut-il considérer que, bien souvent, le personnel et l'individuel conduisent insensiblement au collectif. C'est que la personne à laquelle me fait penser le personnage de l'image concrétise un certain modèle de personnalité que chacun peut reconnaître et dont Mitterrand lui-même n'est qu'un exemplaire ; à ce titre, il relève donc de la sphère du social. L'association entre l'image et la scène biblique semble plus immédiatement appartenir à une sphère d'expérience collective. Dans une aire culturelle marquée par la religion chrétienne, on peut penser que cette analogie sera perçue par de nombreuses personnes, d'où le caractère collectif du sens biblique porté par l'image ; cependant, on ne peut affirmer qu'elle sera nécessairement perçue par tous, si bien que ce « sens biblique » ne quitte pas tout à fait la sphère du privé.

La question du lien entre ce qui évoque et ce qui est évoqué pose des problèmes aussi complexes que les questions précédentes. À première vue, le rapport de ressemblance, d'analogie ou encore de similarité, joue un rôle important dans l'activité évocatrice : ressemblance image/scène biblique, image/écran de cinéma, etc. Mais d'autres types de rapports jouent également un rôle, comme ceux qui conduisent du sable perçu sur l'image à l'ensemble de la plage ou de l'attitude en mouvement de Mitterrand à la promenade qu'il semble effectuer : on reconnaît là des rapports caractéristiques de la partie au tout, que la littérature sémiologique désigne comme des rapports métonymiques ou de contiguïté. Avons-nous, avec ces deux notions de similarité et de contiguïté, défini l'essentiel des relations entre l'évoquant et l'évoqué ? Peut-être, mais on pressent qu'il reste encore beaucoup de choses à comprendre au sujet de leurs combinaisons possibles et du mode de pensée auquel elles correspondent.

Revenons au problème des degrés de conscience. Lorsque, poursuivant son parcours, le regard du spectateur rencontre l'énoncé verbal qui surplombe le candidat Mitterrand, il se produit une sorte de dégagement brusque de la conscience. Alors que le personnage en image – et tout son contexte – engageait la participation mimétique et captait l'attention, les mots déclenchent une sorte de prise de distance. Le mot « socialisme », par exemple. ne retient pas – ou peu – le regard ; il ne le capte ni ne l'engage à la contemplation de ses formes. Sitôt perçu, le mot « socialisme » – ce *signifiant* composé de phonèmes sans signification – oriente l'esprit vers l'idée du *socialisme* – ce *signifié* qui n'a rien à voir avec son *signifiant*. On passe alors des réalités perçues aux réalités mentales. On quitte le domaine des choses visibles – domaine où le corps percevant semble jouer un rôle dominant – pour celui des choses conçues par l'esprit. Dans ce domaine, le *socialisme* est un concept abstrait qui n'est sans doute pas dépourvu d'aspects imagés, mais qui nécessite pour sa compréhension une série d'opérations mentales d'opposition et d'assimilation : d'une part, l'opposition entre ce concept de *socialisme* et ceux, par exemple, de *libéralisme*, de *capitalisme* etc., et d'autre part, l'assimilation entre elles de réalités diverses ayant pour point commun de répondre aux concepts de *socialisme*, *libéralisme*, etc. Autant d'opérations complexes qu'on a du mal à décrire. Une chose, en tout cas, leur apparaît nécessaire : la prise de recul qui permet les mises en rapports. Pour penser le *socialisme*, je dois me situer bien au-dessus des choses et des événements concrets, à un niveau où peuvent s'opérer les séparations et les rapprochements nécessaires et d'où, dès lors, les choses et les événements concrets deviennent des manifestations d'idées abstraites. À ce niveau, aussi, les significations que prennent les choses ont un caractère beaucoup plus social. Je ne puis pas projeter n'importe quoi sur le mot « socialisme » : même si le contenu de cette expression peut varier considérablement d'un individu à l'autre, il est un noyau de sens, à propos duquel tout le monde, ou à peu près, s'entend. Le mot « socialisme » conduit mon esprit à ce niveau et c'est mon rapport à l'image qui s'en trouve profondément transformé. Il n'est plus question de ne voir en celle-ci, par exemple, qu'une simple scène de vacances. Tout ce que je peux y voir se trouve intégré, par l'opération du mot, dans la catégorie des faits qui touchent au *socialisme*. Et cela suffit à éloigner ou à atténuer certaines impressions projetées sur le personnage (l'insouciance par exemple) et à en renforcer d'autres (la détermination, la confiance dans l'avenir). Aussi certains rapprochements sont-ils favorisés tandis que d'autres semblent perdre toute consistance. Par exemple, le sens biblique de l'image peut s'imposer à moi avec une force accrue dès lors qu'avec le *socialisme*, c'est du politique et donc, du destin des peuples qu'il est question.

Bref, par son effet sur la perception immédiate et les évocations – les deux choses s'entredéterminant comme on l'a vu plus haut – le mot induit l'accommodation perceptive à l'image. Mais surtout, le mot conditionne le maintien d'une certaine distance : du niveau où il m'a conduit, les faits montrés par l'image apparaissent comme des manifestations de l'idée. En même temps que cette manifestation particulière tend à accaparer mon attention et à remplir ma perception, je dois garder un minimum de disponibilité pour les autres manifestations possibles. On saisit en ce point l'espèce de conflit qui marque les rapports entre le mot et l'image. Ces deux types de *signifiants* s'opposent comme l'immédiat et le médiat, le vécu et le pensé, le concret et l'abstrait. On verra que d'autres couples de notions peuvent encore servir à éclairer ce conflit.

Comme dans tout conflit, les forces en présence s'opposent, se dominent ou trouvent un équilibre. Que l'on considère ce qui se passe entre l'image et le mot dans l'affiche Mitterrand. De toute évidence, le conflit tourne court en faveur de l'image. Poursuivant en effet son parcours de l'énoncé verbal, le lecteur est conduit à considérer que le *socialisme*, tout en étant une idée, n'en fait pas moins son chemin comme un simple marcheur, comme précisément Mitterrand lui-même. Par l'effet de la métaphore implicite portée par l'énoncé, le *socialisme* cesse en fait d'être une véritable idée ; il rejoint le monde des images, tandis que simultanément, les éléments de l'image acquièrent le statut d'incarnation de l'idée. Le bout de plage, visible sur la photographie, prend définitivement l'allure d'un chemin mais pas n'importe quel chemin, car il devient maintenant comparable à tous ces chemins mythiques qui forment le déroulement historique et qu'ont parcourus les « grands hommes » de notre culture. On pense ici à la longue marche de Mao, au chemin parcouru par Jésus – d'autant plus facilement que l'image pourrait évoquer le passage de ce dernier au lac de Tibériade. La mer prend valeur d'origine également mythique, valeur qu'elle prend souvent dans les images de notre culture. Quant à Mitterrand, il prend place évidemment parmi les grandes figures de l'histoire. Véritable incarnation du *socialisme*, sa marche concrétise maintenant le mouvement historique qui, depuis l'origine des temps, se dirige infailliblement vers son but. Le parcours de lecture du spectateur semble maintenant à son terme. La boucle est bouclée. Parti de la saisie mimétique du personnage et de son contexte, le regard, après un bref détour par le défilé des mots – c'est-à-dire après un bref envol au-dessus des choses, dans le monde des significations – revient à son point de départ mais contraint maintenant à moduler sa saisie mimétique dans un certain sens, c'est-à-dire à sentir dans le personnage cette forte détermination qui poursuit tranquillement et sûrement son but.

Il en est souvent ainsi dans les images de masse – affiches de propagande, placards publicitaires, etc. –, l'image l'emporte presque toujours sur le verbe. Celui-ci – presque toujours laconique, souvent métaphorique – n'a pour fonction que d'orienter les processus de projection-identification qui définissent notre rapport aux images. C'est que ce sont surtout ces processus qui donnent leur force persuasive aux images. Que les mots de l'image retiennent trop longtemps l'esprit et c'est toute la force d'imprégnation affective et quasiment motrice des messages qui s'en trouverait désamorcée. Il n'est pas étonnant que ce soit surtout la fonction d'ancrage exercée par les mots sur l'image qui ait été soulignée par Barthes (1964-b) dans sa célèbre analyse de la publicité *Panzani*. La publicité et la propagande ne laissent exercer aux mots que cette seule fonction. Cependant, il n'en est pas toujours ainsi.

Regardons cette seconde affiche destinée à récolter des fonds pour l'aide aux pays en voie de développement dans le cadre d'une « opération 11.11.11 »[1] (cf. illustr. 2). L'image montre en plan éloigné un champ cultivé – et même bien cultivé – dans lequel on peut apercevoir un paysan, plus que certainement d'un pays en voie de développement, dont la taille permet, par référence, d'évaluer la dimension. Champ cultivé et paysan témoignent par ailleurs de l'existence d'une paysannerie active.

Comme dans le cas de l'affiche Mitterrand, le regard du spectateur circule des éléments iconiques aux éléments verbaux. Mais ici, l'énoncé verbal oblige son lecteur à un tout autre trajet mental. Contrairement à ce que l'on pourrait croire, l'adverbe de lieu « ici » ne rapporte pas le regard à ce qu'il a déjà vu : le champ cultivé. En même temps qu'il l'y reconduit – de fait, avec insistance –, il lui fait aussi prendre distance. Tout « ici », en effet, implique un ailleurs (un « là-bas ») auquel il s'oppose. L'adverbe « ici » ne se situe sans doute pas au même niveau d'abstraction qu'un concept comme celui de *socialisme*, mais il oblige néanmoins à considérer ce qu'il montre (ici) en opposition à autre chose, avec lequel, de ce fait, nous devons garder contact, ne fût-ce que marginalement. Avec la suite de l'énoncé, le recul amorcé va nécessairement s'approfondir, car la référence au passé est faite de telle sorte qu'elle oblige à se le représenter. Le « il y a trois ans » renvoie à un moment très précis qu'il faut reconstituer et non à un passé indéterminé qu'il suffirait d'évoquer vaguement. Or, on me demande de (re)construire, de ce moment précis, une image complètement opposée à celle qu'on me montre : un champ de sable à la place du champ cultivé. Pareil contraste demande une explication. Je suis dès lors conduit à inférer, sur la base des informations qu'on me donne, ce qui a pu se produire en trois ans et qui explique la transformation. Je suis conduit à penser que l'aide fournie grâce aux fonds récoltés pour l'opération 11.11.11, a permis d'améliorer de façon spectaculaire la production agricole en cet endroit du monde. De là, je dois penser également que si l'aide a été efficace en cet endroit du monde, elle pourra également l'être ailleurs, en d'autres endroits. Je dois donc en conclure qu'il vaut la peine de continuer. Mais l'important ici n'est pas tant le contenu précis des pensées inférées – il pourrait être sensiblement différent – que la complexité du processus de pensée lui-même.

1. Il s'agit, en Belgique, d'opérations organisées régulièrement par des organisations non gouvernementales d'aide au développement et dont le nom trouve son origine dans le numéro de téléphone qui a longtemps été un signe de ralliement.

Illustration 2

Enclenché par l'énoncé verbal ou plutôt par un certain rapport entre cet énoncé et l'image, ce processus semble dominé par la pensée verbale. Dans l'affiche Mitterrand, la métaphore verbale ramène le concept au niveau de l'image et le spectateur à son immersion première dans celle-ci. Dans l'image de l'opération 11.11.11, au contraire, l'énoncé oblige à considérer l'image comme un matériau pour la pensée, une donnée qu'il faut comparer et expliquer. Il est possible qu'au bout des opérations logiques accomplies mentalement, l'image, malgré tout, retrouve un peu de sa prégnance habituelle, mais ce ne sera plus avec la même force. Il sera devenu impossible de la considérer comme un tableau qui se suffit à lui-même. Il lui restera quelque chose du fait d'avoir été prise dans une chaîne de transformations : un caractère relatif qu'induisent les comparaisons et les mouvements de décentration qu'opère le regard sous la contrainte de l'énoncé verbal. Bien plus que la fonction d'ancrage, cet exemple met en relief les opérations de distanciation, d'abstraction et de mise en relation dont le langage verbal est le support. On perçoit ici la très grande complexité des rapports entre le verbal et l'iconique, rapports antagonistes dans lesquels les deux éléments semblent jouer des rôles radicalement opposés.

L'image de l'opération 11.11.11 attire également notre attention vers un aspect de ce type de message dont nous n'avons pas encore parlé. Jusqu'à présent, nous n'avions considéré que le contenu du message : le sens, qui s'y donne à percevoir ou à lire, selon qu'il passe par l'image ou par les mots. La force tranquille de Mitterrand, le chemin quasi mythique qu'il parcourt, le concept de *socialisme* qui après avoir dominé l'ensemble se résorbe dans l'image, etc., tout cela, peut-on dire, constitue le sens exhibé par le message. Dans le message 11.11.11, le champ cultivé, le sable – on ne le voit pas mais il y est fait référence –, les opérations responsables de la transformation du champ de sable en un champ cultivé – on ne les voit pas non plus mais on est conduit à les inférer –, etc., constituent le contenu véhiculé par le message, même s'il est en grande partie implicite. L'observateur du message doit, en effet, reconstruire une grande partie du sens. Mais précisément, cette intervention active modifie profondément le rôle de l'observateur : celui-ci n'est plus un pur spectateur, c'est-à-dire un pur voyeur ou le contemplateur d'un spectacle entièrement extérieur. Cette image contraint toute personne qui la regarde – et surtout qui lit l'énoncé verbal – à se sentir au centre d'un dialogue. Si, observant ce message, je suis amené à reconstruire mentalement les transformations qu'a connues le champ (devenu) cultivé, c'est parce que la phrase « Ici, il y a trois ans, on ne récoltait que du sable » est incomplète. Et si j'éprouve le besoin de la compléter, c'est parce que j'ai le sentiment que tel est le souhait de celui qui prononce cette phrase. Lisant celle-ci, je ne peux pas ne pas avoir l'impression que quelqu'un s'adresse à moi à travers elle, qu'il le fait intentionnellement pour me communiquer quelque chose à propos du champ perçu sur l'image : quelque chose de si important qu'il préfère, pour mieux convaincre, me le faire découvrir par moi-même. Bref, j'ai l'impression d'être en contact avec quelqu'un porteur d'intention et capable d'argumentation. Voilà ce qui me pousse à inférer le sens que ce quelqu'un veut me faire partager.

Le message, dirons-nous, met en scène un énonciateur – un personnage énonçant le message – dont l'énoncé transforme sensiblement ma position : du fait d'être interpellé, le simple spectateur que j'étais devient aussitôt « énonciataire ». De nombreuses questions se posent alors : Qui est-il, cet énonciateur invisible qui s'adresse à moi ? Est-ce l'auteur du message ? Est-ce lui qui, en même temps qu'il me parle, montre l'image ? D'où parle-t-il ? De quelle manière m'adresse-t-il la parole ? Quel type de relation cherche-t-il à entretenir avec moi ? On pressent que ces questions débouchent sur une problématique complexe, sans doute aussi complexe que celle du contenu. Et l'on s'en convaincra facilement si l'on compare, à nouveau, les deux images que nous avons présentées.

À sa manière, l'affiche électorale de Mitterrand interpelle également le spectateur. Il y a le regard de Mitterrand qui, bien qu'affichant une autosuffisance tranquille, paraît néanmoins s'adresser au nôtre et nous inviter à fixer les mêmes horizons. Mais surtout, il y a la phrase, « Le socialisme, une idée qui fait son chemin », qui induit par sa seule présence l'existence d'un énonciateur et d'un énonciataire. Tout énoncé verbal, en effet, se présente comme adressé par quelqu'un à quelqu'un. Peut-on, alors, considérer Mitterrand comme l'énonciateur de la phrase ? On peut le penser ou le ressentir comme tel. La configuration des éléments de la photographie n'exclut pas cette hypothèse mais elle ne l'impose pas non plus. Plus vraisemblablement, on aura l'impression que l'énoncé en question émane d'une voix des hauteurs, sorte d'instance supérieure qui surplombe les hommes et les choses. La phrase ne contient aucun déictique – comme l'« ici » de l'affiche 11.11.11 – qui pourrait laisser penser qu'elle concerne des choses et des individus particuliers. Elle ne contient aucun indicateur de personne. De plus, elle occupe le haut de la photographie de l'affiche, alors que dans le message 11.11.11, l'énoncé verbal se situe en bas, comme à hauteur d'homme. Tous ces éléments concourent à donner l'impression d'un énonciateur transcendant dont le verbe, s'adressant à la masse indifférenciée des hommes – il s'énonce de trop haut pour pouvoir viser aucun individu particulier – exprime la vérité. Il semble bien que le socialisme ne puisse pas ne pas faire son chemin dès lors que la voix supérieure déclare qu'il en est bien ainsi. Du coup, l'énonciataire de l'affiche se trouve mis dans une situation bien inconfortable, une situation de double contrainte diraient certains psychosociologues. Le regard de Mitterrand n'est pour lui – individu particulier que le hasard ou la providence a conduit à croiser le candidat à la présidence – qu'une invitation. Il n'oblige pas, il semble dire « suis-moi » mais dans le respect de la liberté de choix de celui auquel il s'adresse. Mais en même temps, le propos de la voix supérieure dessinant clairement le sens de l'histoire, implique aussi clairement que quiconque n'aura pas répondu à l'invitation se sera forcément trompé de chemin puisqu'il ne semble y en avoir d'autre que celui qu'il assigne à l'idée de *socialisme*. L'énonciataire est piégé. Il est libre de suivre le futur président, mais qu'il ne le suive pas et, sans aucun doute, il se fourvoiera.

Donc, tout comme l'affiche 11.11.11, l'affiche Mitterrand, en même temps qu'elle exhibe du sens, déploie un axe d'énonciation de ce sens comportant à l'un de ses pôles :1) une position d'énonciataire que doit normalement venir occuper le spectateur occasionnel de l'image et 2) à l'autre, ce que d'ores et déjà on appellera un « dispositif d'énonciation » pour rendre compte d'une certaine complexité dans la mise en scène réglant le jeu du ou des personnages énonciateurs. Mais l'existence d'un axe d'énonciation se fait moins sentir dans le cas Mitterrand que dans celui de l'opération 11.11.11. C'est d'ailleurs l'examen de ce dernier qui nous a conduit à définir cette notion. Cette différence s'explique par deux caractéristiques particulières – et sans doute corrélatives – de l'affiche Mitterrand. La première concerne la prégnance de l'image, sa dominance sur le verbal. Comme nous l'avons noté plus haut, l'énoncé verbal joue comme faire-valoir de l'image à laquelle il reconduit après en avoir orienté quelque peu la saisie. Ce qui compte, c'est l'identification au personnage Mitterrand et la participation à ses valeurs. Mais justement, identification et participation aux éléments iconiques sont peu propices à la saisie de deux pôles distincts – un pôle énonciateur et un pôle énonciataire – entre lesquels circule un message ; elles impliquent au contraire une perte du sens des distinctions. À la faveur du recul imposé par les mots de notre énonciateur invisible, l'observateur s'est senti un moment en position d'énonciataire, mais ce sentiment ne peut durer : ramené au personnage Mitterrand, il redevient vite spectateur d'images adhérant au spectacle et confondu avec le ou les personnages au(x)quel(s) il s'identifie. La seconde caractéristique a trait à l'anonymat dans lequel le message Mitterrand tient les individus auxquels il s'adresse. La voix transcendante qui énonce la vérité à propos du socialisme ne s'adresse à personne en particulier. On dirait qu'elle parle pour elle-même ou, ce qui revient au même, pour tout le monde. Difficile, dans ces conditions, de se sentir interpellé comme individu particulier, comme personne ayant, ou pouvant avoir sur les choses, un point de vue propre. On éprouve face à cette voix transcendante – et autosuffisante – un sentiment d'immersion dans une foule anonyme dont personne en particulier n'émerge, hormis Mitterrand.

À y bien regarder, le contraste entre les deux dispositifs d'énonciation est riche d'indications sur la complexité et la diversité possible des dispositifs d'énonciation. Il appelle aussi à de nouvelles réflexions qui conduisent tout droit sur le terrain de la psychosociologie. Ce contraste, en effet, suggère que les effets induits par un dispositif d'énonciation concernent la nature du lien social établi entre les individus communicants. S'il fallait caractériser brièvement – caricaturalement ? – les liens sociaux impliqués par ces deux affiches, nous les dirions autoritaires dans le cas de Mitterrand et égalitaires dans celui de l'opération 11.11.11. Ainsi nous apparaît-il clairement que les messages – tous les messages sans doute – sont porteurs de rapports sociaux. Il faut dès lors concevoir que les messages structurent, dans des sens très divers, le tissu social dans lequel ils circulent. De ce point de vue, l'affiche Mitterrand semble bien faite pour pousser les individus dans le sens de leur assujettissement-identification à un leader charismatique : elle fonctionne, pourrait-on dire, « à la psychologie des foules ». Par opposition, l'affiche 11.11.11 semble construite pour inciter les individus à se concevoir, précisément, comme individus en interaction avec d'autres individus. Bien sûr, il n'y a rien d'automatique entre la diffusion d'un message et la constitution d'un certain type de lien social. Un message peut être rejeté ou accepté. Il peut produire ou ne pas produire les effets relationnels pour lesquels, consciemment ou inconsciemment, il a été conçu ; il arrive même qu'il ait des effets opposés. Tout cela est affaire de circonstances, de contexte. Mais quoi qu'il en soit, il faut prendre en compte la dimension relationnelle de tout message et savoir que celle-ci subsiste, que l'intention du message s'accomplisse ou non.

Prenons encore un dernier exemple, sélectionné parmi les icones qui peuplent les logiciels standards. Celle-ci (voir Illustration 3, ci-dessous) provient de l'univers Mac : elle désigne le logiciel Fetch qui permet les transferts de fichiers entre des machines distantes selon le protocole de transfert de fichiers FTP (*Files Transfert Protocole*). On y reconnaîtra sans trop de difficulté la représentation analogique d'un animal tenant entre les mâchoires une disquette : elle se compose donc de deux éléments simples, la disquette et l'animal. Mais est-ce un chien, éventuellement un koala ou un autre animal ? Lorsque l'on interroge des utilisateurs, le koala est souvent cité surtout à propos de la version plus récente, en couleurs. Enfin, quelques rares sujets nous ont proposé la souris. Dans notre contexte culturel, l'interprétation penchera le plus souvent pour le chien et la compréhension littérale de cette icone, sa dénotation, s'imposera en partie à cause de la métaphore qui lui assure sa cohérence sémantique.

Illustration 3 : L'icone du logiciel Fetch dans l'univers Mac

Le chien, en effet, me regarde et semble même me sourire : sa gueule – un arc de cercle ouvert vers le haut – rappelle le signe analogique du sourire, ce tracé mimétique du mouvement de mes propres lèvres lorsque je souris. Cette représentation, ce mouvement intériorisé, s'est d'ailleurs figée et est depuis longtemps reproduite telle quelle dans de nombreux environnements graphiques (bande dessinée, logogrammes, émoticon ou *smily*). Il y a là une part de convention dans un signe analogique. Quelle que soit la nature du lien sémiotique de cette gueule – disons de l'analogique conventionalisé –, je dois de toute évidence admettre qu'elle constitue une sous-entité apportant sa part à la construction du sens. Et si l'on peut difficilement dire qu'un chien sourit – encore qu'un certain anthropomorphisme n'est guère surprenant à propos de notre si fidèle ami... –, tout au moins apparaît-il manifester à mon égard une certaine empathie. Ses yeux rieurs et ses oreilles exprimeraient d'ailleurs le même sentiment de contentement.

La disquette demande elle aussi quelques commentaires. Elle est à l'origine d'un mécanisme métonymique assez classique puisqu'elle représente non pas la disquette elle-même mais bien l'information, donc le(s) fichier(s) : elle désigne le contenu par le contenant et éventuellement, la partie pour le tout. Pourtant la métonymie n'est possible que si l'on accepte que la disquette représente d'abord tout support de stockage numérique (le particulier pour le général) et enfin, l'action de sauver par le support de stockage. On aurait donc au moins deux – sans doute trois – processus métonymiques enchâssés que l'on peut systématiser de la façon suivante :

1) le support de stockage pour l'action de stocker ;
2) un support de stockage particulier pour tout support de stockage ;
3) le support de stockage pour l'information stockée.

Cependant ni les détails ni ces processus ne m'apparaissent lors de ma première lecture. Mes premières impressions nées d'une compréhension immédiate, globale, m'orientent vers d'autres significations. Cette représentation est conforme à l'image et à l'expérience commune – directe ou indirecte – que je puis avoir du chien. Dans la rue, il porte mes journaux, mais surtout il me rapporte les objets les plus divers : le bâton ou la balle que je lui lance, voire mes pantoufles quand je suis dans mon fauteuil à lire mon journal. Fetch déplace mes fichiers et m'amène ceux dont j'ai besoin comme mon chien m'apporterait ces objets. À l'image de l'animal servile s'ajoute celle d'une amitié et d'un soutien indéfectibles, l'une et l'autre rejaillissant sur le logiciel qui revêt ces qualités canines fondamentales : collaboration, fiabilité, fidélité, etc. Le logiciel Fetch est pour moi ce chien fidèle et efficace : l'icone du logiciel fonctionne donc comme une parfaite métaphore.

Toutefois, pour que la métaphore fonctionne, il faut encore que le chien me fasse face, qu'il soit en quelque sorte mon interlocuteur : qu'il s'agisse d'un ballon ou d'une disquette, c'est à moi qu'il les rapporte, les présente et les offre. D'ailleurs, la collaboration et la fidélité impliquent naturellement le partenariat. La structure formelle de la représentation et la mise en scène des éléments figurés – la posture du chien, son regard qui me regarde et son « sourire » –, m'assignent une place et un rôle dans le dispositif d'énonciation ainsi créé. L'axe de ces regards croisés constitue une marque d'énonciation et m'introduit au registre du discours. La signification ne se déploie qu'à cette seule condition.

On peut arrêter ici notre première approche phénoménologique des messages médiatiques – médiatisés – ainsi que les réflexions libres qu'elle a inspirées. Il importe maintenant de clarifier les grandes questions, les axes d'analyse et de recherche que cette première approche nous a permis de repérer ; ils serviront à structurer l'ordre des matières dont il sera question dans ce livre. Au cours de notre lecture de ces trois images, deux grandes questions se sont imposées qui correspondent à ce qu'on peut supposer être les deux grands aspects de tout message (ou plus précisément de toute communication) : le contenu et la relation. Mais ce que notre lecture a surtout mis en évidence, c'est qu'aucun de ces deux aspects n'est simple. Il ne suffit pas, pour clarifier le contenu d'un message, quels que soient sa complexité, les types de signes qu'il met en œuvre ou encore le type de communication auquel l'usage social le destine, de dénombrer ou décoder les significations qu'il porte. Le sens d'un message, avons-nous pu constater, fait intervenir plusieurs matières signifiantes correspondant, du point de vue sémiotique, à des modes de signification très différents et, du point de vue psychologique, à des attitudes et à des processus cognitifs également très différents, sinon franchement opposés. Et ces modes de signification, ces attitudes, ces processus ne s'additionnent pas simplement : ils se composent et interagissent. Du côté relationnel, la complexité est tout aussi évidente. Notre première lecture nous a permis d'entrevoir la variété des éléments qui interviennent sur l'axe relationnel (éléments verbaux, graphiques, iconiques) et qui, surtout, modulent les relations psychosociales selon des orientations pouvant être radicalement opposées.

Mais cette complexité n'est pas pour nous sans repère. Ce que nous venons d'en dire nous indique en tout cas une marche à suivre. Nous aurons à envisager la question du sens en distinguant l'image et le verbal et en précisant leur spécificité sur les plans sémiotique et cognitif. Nous aurons aussi à préciser les effets relationnels des différents modes de communication et leur combinaison dans les messages audio-scripto-visuels.

Mais auparavant, il convient de donner une vue d'ensemble des principales théories de la communication, théories dont les questions et les notions ont permis la mise au jour des différents aspects de la communication que nous venons d'évoquer.

Section 1

PANORAMA DES THÉORIES DE LA COMMUNICATION

Comment introduire aux théories de la communication ? Doit-on tenter de présenter un modèle unificateur des processus de communication, intégrant tant bien que mal les différentes représentations, les différents modèles auxquels ces processus ont déjà donné naissance ? Ou faut-il plutôt insister sur l'étonnante diversité de ces modèles et, accentuant leur différence, tenter d'en expliquer les raisons ?

La première solution présente l'avantage de la simplicité : elle définit en effet un modèle simple et quasiment universel capable de rendre compte de toutes les formes empiriques de communication ainsi que de leurs manifestations concrètes. Cependant, ce faisant, on tend à éluder la relativité et la complexité des théories scientifiques. La seconde offre l'intérêt de lier les modèles théoriques aux activités des hommes, de faire voir les circonstances pratiques, économiques, politiques, scientifiques et idéologiques qui ont motivé leur élaboration et qui en déterminent donc l'horizon problématique. L'inconvénient majeur de cette démarche, c'est, à la limite, de ne laisser subsister que du relatif : de ne laisser paraître qu'une diversité de questions particulières et de réponses circonstancielles dont on ne sait plus très bien s'il y a lieu de tenter une synthèse. Aucune de ces deux démarches n'est cependant à rejeter au profit de l'autre. Au contraire, il nous semble essentiel de mener l'une et l'autre conjointement.

La communication est un phénomène complexe susceptible d'éclairages multiples. À chaque modèle – ou ensemble de concepts – correspond un point de vue certes particulier et partial, mais aussi partiellement vrai. Les modèles peuvent quelquefois paraître incompatibles – et ils le sont d'ailleurs de fait –, mais c'est que la communication elle-même comporte des aspects antagonistes et contradictoires. Une simple conversation suppose à la fois identification mutuelle et opposition, fusion et distinction, inclusion et exclusion ; elle ne pourrait être sans ces caractères opposés. Dans cette perspective, l'examen des différents modèles se doit d'être à la fois critique et constructif. Le but n'est pas d'exclure et de choisir, mais de tenter l'articulation des différents points de vue, tout en sachant aussi que la meilleure synthèse procède irrémédiablement elle-même d'un point de vue singulier et doit donc elle-même se soumettre à la critique.

Ces remarques faites, nous présenterons succinctement les principales perspectives selon lesquelles se sont développées les théories de la communication. L'ordre que nous suivrons respectera la proximité thématique et la cohérence interne des courants, au risque d'infléchir parfois la chronologie. Ce faisant, nous nous attacherons à définir les concepts qui, par leur pertinence et leur degré de généralisation, peuvent constituer un cadre de référence essentiel pour comprendre les développements actuels de ces théories.

Chapitre 1

Du modèle du télégraphe à celui de l'orchestre

Qu'est-ce qu'un processus de communication ? Quels sont les éléments que l'on peut discerner dans un tel processus ? Quelles sont enfin les relations qui s'établissent entre ces différents éléments ? Telles sont les questions auxquelles ont tenté de répondre les premiers modèles de la communication.

1 TRANSMISSION TÉLÉGRAPHIQUE ET COMMUNICATION

À la fin des année 40, des ingénieurs en télécommunication, notamment ceux de la compagnie *Bell Telephone*, cherchent à améliorer le rendement du télégraphe, à augmenter la vitesse de transmission du message, à diminuer les pertes en cours de transmission, enfin, à mesurer les quantités d'informations émises, transmises et reçues. La théorie mathématique élaborée par Shannon et Weaver et publiée en 1949 est considérée comme la première réponse mathématique à ces questions. Cette théorie permet donc d'étudier la quantité d'information que contient un message et la capacité de transmission d'un canal donné : les signaux ayant une certaine probabilité d'occurrence, la quantité d'information sera inversement proportionnelle à cette dernière. Dans ce contexte, le terme information doit être entendu dans un sens technique qui n'a rien à voir avec la signification.

Nous ne développerons pas ici la mesure mathématique de la quantité d'information. Par contre, nous retiendrons le modèle conceptuel qu'ont défini les auteurs et dont les principaux éléments ont été largement répandus, voire banalisés, aujourd'hui, dans les sciences humaines. Dans ce modèle, la communication est définie comme la transmission de l'information entre deux lieux ou entre deux personnes. La première condition pour que ce transfert d'information puisse avoir lieu est que celle-ci prenne la forme d'un message codé, c'est-à-dire qu'elle soit transformée en signes – appartenant à un système, à un code – dont la caractéristique majeure est d'être conventionnel.

L'*émetteur* constitue la source du message : il produit un message ou une séquence de messages destinés à être transmis à un destinataire. Il assure donc les fonctions essentielles de codification et d'émission. Le *transmetteur*, quant à lui, transforme le message en une suite de signaux susceptibles d'être transmis par le canal. Dans le cas du téléphone ou du télégraphe, le transmetteur transforme un message verbal en un signal acoustique. Le *canal* est défini comme le support physique et technique de la transmission à distance : les fils téléphoniques, les câbles coaxiaux, la fibre optique, la voie hertzienne etc. Le *récepteur*, lieu, machine ou personne de destination du message assure quant à lui, les fonctions de réception et de décodage. La signification du message n'est, dans ce contexte théorique, absolument pas prise en compte : le message est considéré comme une forme et non comme un sens. Cette forme varie d'ailleurs selon la nature du code et du canal de transmission. Disons encore que le *code* est toujours constitué par un ensemble de signaux et par les différentes règles de combinaison propres au système. Le *bruit* enfin, désigne toute altération ou toute perte d'information due au circuit de communication : bruit réel, défaut de codification ou de transmission.

Schéma n° 1 : Le modèle de Shannon

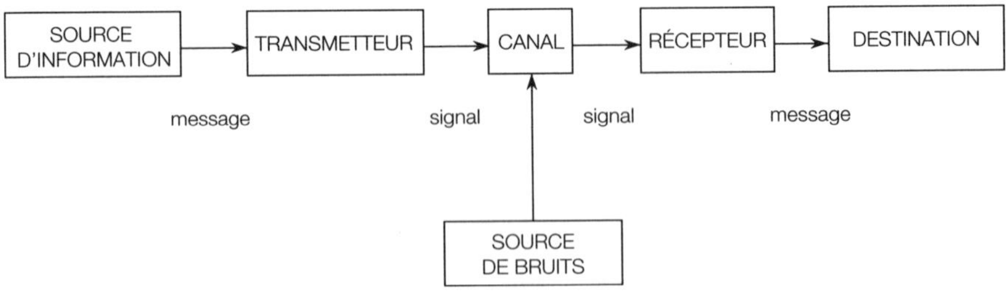

Cette théorie a été le point de départ de nombreuses recherches en psychologie et psycholinguistique : la possibilité de quantifier l'information s'est en effet révélée parfaitement adéquate pour évaluer, par exemple, le taux de redondance des langues ou encore pour apprécier le rapport entre la redondance et la lisibilité de certaines catégories de discours. Pourtant, elle s'est montrée largement insuffisante pour rendre compte des phénomènes de communication et des langages humains. Elle considère en effet la communication comme un processus linéaire et néglige de ce fait l'importance de la rétro-information et donc la circularité des processus. De plus, elle ignore la signification du message transmis, les interlocuteurs eux-mêmes – l'émetteur et le récepteur – et leurs interactions. Enfin, il est difficile de considérer la signification comme une entité abstraite sans rapport avec les partenaires de la communication, destinataire et destinateur. La signification, comme toute représentation, se constitue dans son rapport aux interlocuteurs et au contexte de l'interlocution. Bien qu'il ait mis en évidence quelques aspects constitutifs des processus de communication ainsi que la notion de code chère à la linguistique saussurienne, ce premier modèle, souvent appelé *télégraphique*, est aujourd'hui fort contesté.

2 LE « TRANSCEIVER » OU L'ÈRE D'EMEREC

C'est sans doute conscient de ces différentes limites que W. Schramm (1970) a proposé de prendre en considération plusieurs aspects, plus généraux. L'introduction de ces nouveaux paramètres devait rendre le modèle plus adéquat pour décrire les formes de communication humaine, notamment la communication interpersonnelle et la communication de masse. La première nouveauté concerne le cadre de la communication puisque ce modèle prend pour objet la communication humaine. Il implique la nécessité, pour les deux locuteurs, de se comprendre mutuellement et donc de maîtriser, tout au moins partiellement, le code. Sans cette intercompréhension, il ne peut être question de transcription, de traduction et de décodage du message. Les étapes de codification et de décodification prennent alors une place importante. Il ne s'agit plus d'un processus technique mais bien de la mise en forme d'un message à travers un système de signes qui tiennent lieu de l'expérience à transmettre. On se rapproche de la définition du signe telle qu'elle a été énoncée par Buyssens, par exemple : le signe est un artifice qui permet à un être humain de communiquer ses états de conscience à un autre être humain. Il s'agit donc d'un véritable processus sémiotique de symbolisation ; la problématique que l'on découvre n'est autre que celle du signe, l'objet même de la sémiologie.

Schéma n° 2 : L'intercompréhension selon Schramm (in Cloutier, 1973)

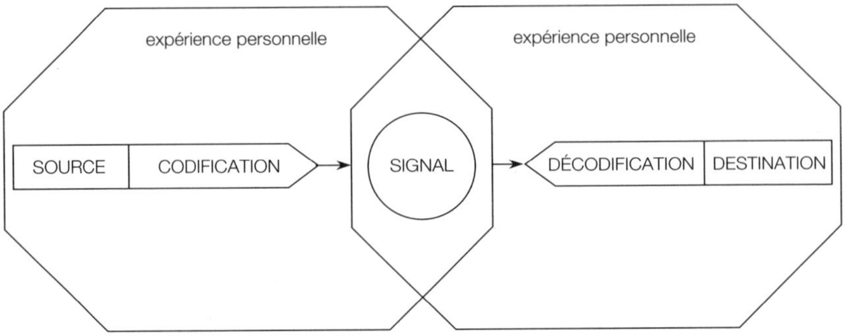

La seconde modification est tout aussi importante : l'auteur, rompant avec la linéarité du modèle de Shannon, introduit la notion de rétroaction (feedback). Dans une situation de communication interpersonnelle, le récepteur réagit immédiatement, ajuste, adapte, voire corrige sa réponse – son propre message – en fonction du message qu'il a reçu. On le voit, l'influence mutuelle qui s'opère dans la communication est indissociable de la capacité de chaque partenaire à coder et à décoder les messages : chaque être communicant est simultanément un émetteur/encodeur et un récepteur/décodeur. Il serait même juste de dire que c'est l'égal partage de cette double capacité – codification/décodification – qui constitue la base de l'interaction et la rend possible : c'est de ce processus que voudrait rendre compte le terme technique anglo-américain *tranceiver*, contraction de *transmetter* et de *receiver*, que Cloutier a largement diffusé sous le nom d'Emerec, **Éme**tteur/**Réc**epteur (1973) dans le contexte de la communication de masse.

Schéma n° 3 : La rétroaction dans le système du code (in Cloutier, 1973)

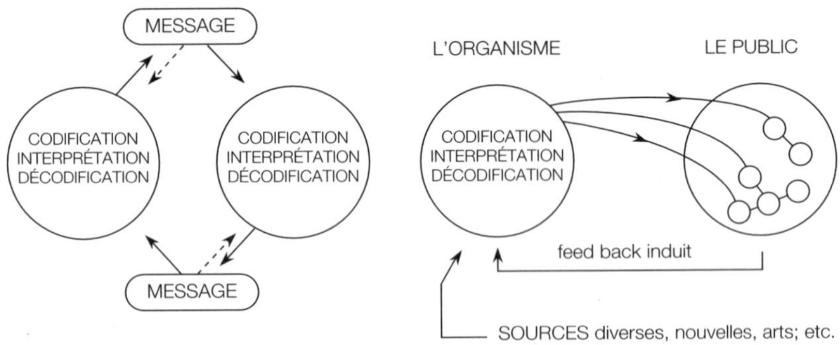

Les modèles de Schramm et de Cloutier se rapprochent déjà de la métaphore de l'*orchestre* à laquelle se réfèrent des chercheurs plus récents (Winkin, 1981) : chaque instrumentiste participant à l'ensemble, chaque énonciateur étant en même temps un co-énonciateur. La communication est alors conçue comme la participation à une « communauté sémiotique, à un système plus large qui déborde nécessairement les partenaires de la communication » (Bougnoux, 1991 : 20 et svt).

3 CINQ QUESTIONS POUR COMMENCER À EN SAVOIR UN PEU PLUS... : LE MODÈLE DE LASSWELL

Contemporain du modèle de Shannon, celui de Lasswell s'inspire directement des sciences humaines et des moyens de communication de masse ; il a profondément orienté les travaux et les recherches en communication ultérieurs. L'auteur tentait de décrire le phénomène de la communication en répondant aux cinq questions suivantes : qui ? dit quoi ? à qui ? par quel moyen ? avec quels effets ? Chacune de celles-ci permet de définir un des pôles de la communication ainsi que le champ d'investigation particulier qui lui correspond. Rappelons succinctement les relations établies par l'auteur.

Identifier l'émetteur (*Qui ?*), c'est analyser les agents (auteurs, producteurs des mass médias, groupes d'intérêt, etc.) qui sont à la source de la communication et les mécanismes de production de l'information collective (*control analysis*). Répondre à la seconde question (*Dit quoi ?*), c'est s'attacher à l'analyse du message, c'est-à-dire au contenu transmis par le médium, quel qu'il soit. L'étude du message donnera naissance aux nombreuses méthodologies d'analyses du contenu (*content analysis*) essentiellement quantitatives. Quand on s'interroge sur le moyen (*Par quel moyen ?*), on se réfère à la transmission du message, au médium et à son canal. Cependant, dans la perspective de l'auteur, l'étude du médium (*media analysis*) n'est pas seulement technique puisqu'elle inclut déjà certains aspects de la codification et de la décodification. La définition des récepteurs (*À qui ?*) dans le domaine des communications de masse, ouvrira le champ de l'analyse des destinataires, de l'audience (*audience analysis*). Dans le contexte américain, ces études étaient principalement quantitatives et cherchaient à déterminer les différentes catégories de public pour en mesurer l'importance respective. Enfin, l'analyse des effets (*Avec quels effets ?*) détermine un vaste champ d'analyses psychosociologiques (*effect analysis*) dont Lazarsfeld est considéré comme l'un des premiers représentants.

Ce cadre de référence théorique est souvent cité comme la première analyse générale des mécanismes de la communication et des mass médias ; il pourrait être considéré comme le premier essai de « médiologie générale ». Il a d'ailleurs suscité, dès les années 50, de nombreuses études empiriques dans chacun de ces différents domaines. C'était d'ailleurs la fonction première du paradigme de Lasswell : permettre une classification et un regroupement des travaux empiriques ayant pour objet la communication et les médias. On a souvent reproché à ce modèle de n'avoir pas réussi à produire une vision cohérente du phénomène de la communication. Ceci s'explique aisément par le fait que ce qui n'était qu'un modèle taxonomique et descriptif, a été très rapidement interprété par de nombreux chercheurs comme le modèle théorique de la communication (Proulx, 1990).

De façon générale, les études sur les médias, encore héritières de cette tradition, se distribuent dans trois domaines généraux : les études du public, les études du contenu et les études des effets. Mais, dans la plupart des cas, l'attention et l'intérêt se reportent finalement toujours sur les effets, directs ou indirects[1].

4 LA LANGUE COMME SYSTÈME : LE MODÈLE SAUSSURIEN

Le modèle de la communication inspiré de la linguistique saussurienne s'est construit sur le concept de code, linguistique ou sémiologique. Ce concept, dont la filiation avec le modèle télégraphique de la communication est évidente, se situe au cœur de la linguistique saussurienne. On le sait, Saussure s'intéressait à la langue et non à la parole individuelle : « (...) il faut sortir de l'acte individuel, qui n'est que l'embryon du langage et aborder le fait social » ou encore « En séparant la langue de la parole, on sépare du même coup : 1) ce qui est social de ce qui est individuel ; 2) ce qui est essentiel de ce qui est accessoire ou plus ou moins accidentel » (1969 : 30).

Ainsi isolée de la parole, la langue devient la notion maîtresse de la théorie et par conséquent, la clé de la compréhension des phénomènes de communication. Or, la langue, séparée des faits concrets qui constituent la parole, n'est rien d'autre qu'un code, qu'un système de signes. Autrement

1. On lira à ce propos deux intéressantes synthèses : Katz E. « À propos des médias et de leurs effets » in Sfez (1988) et Anderson J.A., « Examen de quelques concepts éclairant la position de l'éducateur aux médias », in *Rencontre de la recherche en éducation*, Acte du Symposium, Lausanne, 27 au 30 juin 1988, Centre d'initiation aux communications de masse, Lausanne, 1991.

dit, un système de liaisons stables entre des signifiants et des signifiés. Aussi, dans la perspective saussurienne, le problème essentiel de la sémiologie a-t-il été de découvrir la nature des codes sémiologiques. Dans un de ses premiers textes ayant pour objet l'analyse d'une image publicitaire pour les pâtes Panzani, R. Barthes s'assignait la tâche de mettre au jour un code dans l'image. D'où cette question qu'il posait d'entrée de jeu : un code analogique et non plus digital est-il concevable ? (cf. plus loin, *Section 2*).

La sémiologie a donc pris le seul code comme objet, et afin de pouvoir le formaliser, l'a isolé tant de l'émetteur que du récepteur. Elle analyse alors le code en tant qu'il est une entité abstraite : elle l'appréhende en dehors de l'usage et de sa réalisation dans un acte de communication, un acte de parole. Elle l'appréhende donc à partir des mécanismes et des conventions qui en règlent l'utilisation, les variations individuelles étant définies, par principe, comme aléatoires et accidentelles. Mais en assignant au code une position centrale et en réinterprétant le processus global de communication en référence au seul code, on est naturellement conduit à une représentation très réductrice de ce processus. La notion de code, isolée et servant en retour de guide pour la lecture de cette complexité, soutient une série d'opérations réductrices que deux exemples illustrent parfaitement : la sémiologie de la communication et la sémiologie de la signification.

La première a été définie essentiellement par les linguistes post-saussuriens dont Buyssens, Martinet, Mounin, Prieto. Ils posent une différence essentielle entre la véritable communication, qui seule relève de la sémiologie, et le fait, pour un quelconque objet social, de manifester, d'attester une signification. Cette démarcation partage les signes *communicatifs* des signes *expressifs*. La volonté d'opérer un tel choix répond à l'exigence d'assigner, comme l'avait fait Saussure pour la linguistique, un objet homogène à la sémiologie.

Distinguer ces deux champs d'investigation – communication et signification – demande un critère irréfutable : c'est l'intentionnalité de l'acte de communication qui sera choisie comme le critère le plus parfaitement adéquat. Même si un vêtement peut se faire le support ou le véhicule de significations socioculturelles évidentes, il paraît peu probable à ces auteurs qu'il soit porteur d'un message intentionnel. Les tenues vestimentaires relèveraient donc d'une catégorie particulière de signes que Buyssens et Prieto nomment l'indice : « un fait immédiatement perceptible qui nous fait connaître quelque chose à propos d'un autre "fait" qui ne l'est pas » (Prieto, 1966 : 95). Par contre, la véritable communication se fait à partir de signaux, c'est-à-dire de signes conventionnels, produits *volontairement* par l'émetteur pour être reconnus comme tels par le destinataire. Le code de la route, par exemple, relève de cette catégorie.

Par leur choix du critère de délimitation du champ de la sémiologie, ces auteurs accordent à l'émetteur, au destinateur, une place privilégiée puisque c'est sa volonté, son intention de communication (« son intention et son degré de conscience » selon Eco) qui sera retenue comme critère définitoire de la communication. Et pourtant, en s'inscrivant dans le cadre d'une sémiologie strictement saussurienne, d'une sémiologie du code, ces auteurs excluent définitivement le locuteur du champ d'analyse dont il permet cependant la définition. Cette contradiction est d'autant plus remarquable que la sémiologie de la communication touchait, à travers la reconnaissance de l'importance de l'intention de communication, le vouloir-dire du locuteur, une notion fondamentale, qui sera à la base de la théorie des actes de langage et de l'orientation pragmatique que prendra plus tard la sémiologie.

De ce point de vue, il est intéressant de rappeler un des développements qu'a connu cette opposition communication/signification. Celle-ci rappelle la différence entre les signes communicatifs, « émis intentionnellement et produits avec la qualité d'instruments artificiels » et les signes expressifs, « émis spontanément, sans intention de communiquer et révélateurs d'une disposition d'esprit » (Eco, 1990 : 47 et svt). Les premiers de ces signes sont codifiés et c'est en cela qu'ils peuvent être considérés comme des instruments artificiels. Quant aux seconds, leur caractère vécu, psychologique, voire « naturel », a longtemps mis en cause la possibilité de les considérer comme des signes conventionnels. Pourtant, ils sont eux aussi codifiés, tout au moins partiellement. Que les signes expressifs puissent être imités, simulés ou falsifiés en constitue la meilleure preuve : ils sont identifiés et reconnus pour ce qu'ils attestent, communiquent ou signifient. Et là sans aucun doute réside le talent de l'acteur. On pourrait alors fonder l'une des taxonomies possibles des signes, mais aussi des situations de communication, sur ces oppositions : selon le caractère volontaire (+) ou involontaire (–) de l'émission (E) et de la réception (D), selon que le destinataire attribue à l'émetteur une intention volontaire ou non (IE), il sera possible d'identifier huit cas typiques. Si l'on rajoute enfin à la matrice initiale l'intention que l'émetteur voudrait que le destinataire lui attribue (IED), on obtient un plus grand nombre de combinaisons dont, par exemple, le simulateur démasqué (exemple n° 1) ou le simulateur qui a réussi (exemple n° 2).

Schéma n °4 : Matrice d'analyse des situations de communication (d'après Eco, 1990 :47)

	IED	E	D	IE
exemple n° 1	–	+	+	+
exemple n° 2	+	+	+	–

Une telle analyse et le calcul inférentiel (voir ici même le modèle inférentiel de la communication, Section 3) qu'elle implique dépassent, il est vrai, largement le débat sur le caractère volontaire ou involontaire des signes : ils ouvrent sur une problématique pragmatique et débouchent sur une sémiotique de la simulation.

Le second courant, la sémiologie de la signification dont R. Barthes fut sans doute l'un des précurseurs (nous y reviendrons plus longuement par la suite), se refuse, quant à lui, à réduire le champ d'exploration sémiologique aux seules significations intentionnelles. En effet, toutes les significations sont loin d'être explicites : l'analyse proposée dans les *Mythologies* (1957), la rhétorique connotative qui constitue une sorte de second code articulé à la langue selon le mécanisme des langages « décrochés » (Hjelmslev, 1968 ; Barthes, 1964-a), en sont deux exemples particulièrement remarquables. Sous la double influence de la psychanalyse et du matérialisme historique, en pleine expansion tant théorique que méthodologique dans les années 70, la sémiologie de la signification se donne pour tâche d'analyser les systèmes de signes en tant qu'ils sont produits par une classe sociale déterminée. La sémiologie ne peut se construire que comme une « sémioclastie », écrivait déjà Barthes en 1957. Dans cette perspective, l'intention explicite de l'émetteur tout comme les actes concrets d'énonciation disparaissent au profit de la signification qu'atteste, comme en filigrane, la forme de l'énoncé : l'instance d'émission se trouve présente à la langue par la trace qu'elle y imprime tout en s'y structurant. L'intérêt de cette approche réside dans la tentative d'articuler le monde des signes et des significations à notre réalité sociale, autrement dit de montrer comment l'extralangage s'inscrit dans les systèmes sémiotiques. Cette problématique, nous le verrons, a été développée mais, sur de toutes autres base, à travers la pragmatique.

La sémiologie de la signification, comme celle de la communication, s'inscrit cependant dans le cadre strictement délimité de la langue, du code et de l'énoncé. Les individus communicants sont ignorés puisque les faits de parole sont considérés comme accessoires et ne sont donc pas pris en considération. Ou alors, lorsqu'il en est tenu compte, c'est sous la forme d'un émetteur et d'un récepteur assurant le processus réversible d'encodage/décodage du message. Le message est alors considéré comme un invariant de sens, comme ce qui subsiste à travers toutes les opérations d'encodage, de décodage ou de traduction. Les modèles du code (linguistique et sémiologique) que nous avons décrits rejoignent, de ce point de vue, la théorie des ingénieurs de la *Bell Telephone* et présentent la même conception linéaire de la communication.

Il est intéressant de rappeler ici que Baudrillard, à qui le caractère réducteur de ce modèle n'avait pas échappé, expliquait son succès parce qu'il correspondait, non pas à ce que la communication est toujours et nécessairement, mais bien à ce qu'elle est devenue dans notre société de mass média : « Cette structure [émetteur/message/récepteur] se donne pour objective et scientifique puisqu'elle suit la règle de la méthode : décomposer son objet en éléments simples. En fait, elle se contente de formaliser un donné empirique, l'abstraction de l'évidence et de la réalité vécue : c'est-à-dire les catégories idéologiques sous lesquelles se parle un certain type de rapport social, précisément celui où l'un parle et l'autre non, où l'autre a le choix du code et l'autre la seule liberté de s'y soumettre ou de s'abstenir. (...) Cette construction "scientifique" institue dans un *modèle de simulation* de la communication d'où sont exclus d'emblée la réciprocité, l'antagonisme des partenaires ou l'ambivalence de leur échange. Ce qui circule en effet, c'est l'information, contenu de sens supposé lisible et univoque. C'est l'instance du code qui garantit cette univocité, et par là même les positions d'encodeur et de décodeur. Tout se tient : la formule a la cohérence formelle qui l'assure comme seul schéma de la communication *possible* » (1972 : 220-221).

Le modèle du code néglige le fait que la source comme le destinataire sont des personnes. C'est-à-dire qu'il s'établit entre elles un rapport psychosocial et que chacun des deux partenaires contribue sans doute à la construction – à la coproduction – du sens et du message. Une telle conceptualisation sous-estime enfin la nature profonde de la signification et donc des représentations humaines : celles-ci ne sont pas seulement des représentations de quelque chose, elles sont aussi et toujours des représentations *pour* quelqu'un : « [leur genèse] les enracine dans l'expérience sensible et socio-affective et dans le projet de chaque individu » (Linard, 1990 : 23).

5 UNE DIVERSITÉ D'APPROCHES PRAGMATIQUES

Différentes approches sont venues bousculer peu à peu ce modèle télégraphique de la communication. Il suffisait pour cela que l'on recentre l'attention sur le discours en tant qu'acte de communication, impliquant des individus particuliers dans une situation spatiale et temporelle particulière. Cette ouverture est repérable à travers divers courants et diverses recherches parmi lesquels nous retiendrons :

1) les travaux linguistiques sur les embrayeurs (les déictiques et les pronoms personnels, en particulier) qui permettent l'ancrage de l'énoncé dans la situation d'énonciation (Jakobson, 1963 ; Benveniste, 1966 et 1974) ;
2) la philosophie analytique et la pragmatique anglo-saxonne inaugurée par les travaux d'Austin sur les actes de langages (1962) ;
3) les recherches de pragmatique linguistique et notamment les théories de l'argumentation et de la présupposition, celles-ci étant considérées comme des actes de langages particuliers (Ducrot et Anscombre, 1983) ;
4) les théories psychosociales sur l'interaction développées particulièrement par l'école de Palo Alto ou par Goffman (1974) ;
5) les différents courants cognitivistes qui ont inspiré linguistes et sémanticiens, cherchant à mettre en évidence les mécanisme de compréhension et d'interprétation des textes, notamment Sperber et Wilson (1989, 1992), Langacker (1987) ou Johnson Laird (1988, 1994).

C'est de l'intérieur même de la problématique linguistique qu'apparaît tout d'abord la nécessité de s'ouvrir à l'énonciation : « Bien des notions en linguistique, peut-être même en psychologie, apparaîtront sous un jour différent si on les rétablit dans le cadre du discours, qui est la langue en tant qu'assumée par l'homme qui parle, et dans la condition *d'intersubjectivité*, qui seule rend possible la communication linguistique » (Benveniste, 1966 : 266). L'étude de la langue fait en effet apparaître des catégories linguistiques qui permettent d'enraciner le sens de l'énoncé dans l'énonciation. Ce sont des expressions particulières, comme les pronoms personnels, les démonstratifs, etc. dont le contenu référentiel et la signification dans un énoncé ne peuvent être décrits en dehors de la situation d'énonciation : elles entretiennent une relation existentielle avec ce qu'elles désignent. Autrement dit encore, signes « vides », ils deviennent « pleins » dès qu'un locuteur les assume dans une situation d'énonciation (Benveniste, 1966). Tel est le pronom personnel *je* dont on connaît le statut particulier : « *je* désigne la personne qui énonce *je*. Ainsi, d'un côté, le signe "je" ne peut représenter son objet sans lui être associé par une règle conventionnelle et, dans des codes différents, le même sens est attribué à des séquences différentes telles que "je", "ego", "ich", "I", etc. Donc "je" est un symbole. D'un autre côté, le signe "je" ne peut représenter son objet s'il n'est pas en relation existentielle avec son objet : le mot "je" désignant l'énonciateur est dans une relation existentielle avec l'énonciateur, donc il fonctionne comme index » (Jakobson, 1963).

La fonction de ces index, que Jakobson nommera d'ailleurs des *embrayeurs,* est donc bien d'exprimer dans l'énoncé le procès de l'énonciation ou en tous cas certains de ses aspects. La linguistique de l'énonciation dont l'objet est l'étude des expressions indexicales, se limite précisément à l'analyse de ces éléments linguistiques. Ducrot et Todorov écrivent explicitement : « [cependant], lorsque l'on parle, en linguistique, d'*énonciateur* (...), on ne vise ni le phénomène psychique d'émission ou de réception de la parole, qui relève de la psycholinguistique ou d'une de ses subdivisions, ni les modifications apportées au sens global de l'énoncé par la situation, mais les éléments appartenant au code de la langue et dont pourtant le sens dépend de facteurs qui varient d'une énonciation à l'autre, par exemple "je", "tu", "ici", "maintenant", etc. Autrement dit, ce que la linguistique retient, c'est l'empreinte du procès d'énonciation dans l'énoncé » (1972 : 405).

Un autre aspect intéressant est constitué par les verbes d'attitude propositionnelle, étudiés par Benveniste en 1958 dans l'article « De la subjectivité dans la langue » (repris dans Benveniste, 1966). Cette catégorie particulière de verbes (croire, supposer, présumer, conclure) présente un comportement sémantique différent des autres verbes bien que formellement, elle ne se distingue en rien de ceux-ci : « Entre *je mange*, et *tu manges* et *il mange*, il y a ceci de commun et de constant que la forme verbale présente une description d'une action, attribuée respectivement, et de manière identique, à *je*, à *tu*, à *il* (...). Or, nombre de verbes échappent à cette permanence du sens dans le changement des personnes. Ceux dont il va s'agir dénotent des dispositions ou des opérations verbales. En disant *je souffre*, je décris mon état présent. En disant *je sens* (que le temps va changer), je décris une impression qui m'affecte. Mais que ce passera-t-il si au lieu de je *sens* (que le temps va changer), je dis : *je crois* (que le temps va changer) ? La symétrie formelle est complète entre *je sens* et *je crois*. L'est-elle pour le sens ? Puis-je considérer ce que je *crois* comme une description de moi-même au même titre que *je sens* ? Est-ce que je me décris croyant quand je dis *je crois* (que...) ? Sûrement non. L'opération de pensée n'est nullement l'objet de l'énoncé ;

je crois (que...) équivaut à une affirmation mitigée. En disant *je crois* (que...), je convertis en une énonciation subjective le fait attesté impersonnellement à savoir *le temps va changer*, qui est la véritable proposition » (1966 : 264-265).

Il en va de même avec *je suppose, je présume ou je conclus* : ces verbes, employés à la première personne du singulier ne décrivent aucune opération : ils indiquent une attitude à l'égard de l'énoncé qui suit, toujours introduit par la conjonction « que ». Le propre de ces verbes consiste à indiquer le type d'attitude qu'entretient le locuteur vis-à-vis de l'énoncé qu'il profère dans la subordonnée et qui est, lui, le véritable objet de l'information. Mais cette particularité ne se réalise qu'à la seule première personne : à la seconde personne, *tu supposes qu'il est parti*, ces verbes expriment la reprise par le *je* qui énonce la phrase de l'argumentation du destinataire tandis qu'à la troisième personne, lorsque l'on retranche l'expression de la personne, nous n'avons plus, au point de vue de *je* qui l'énonce, qu'une simple constatation » (Benveniste, 1966 : 265).

La structure des verbes d'attitude propositionnelle et l'effet pragmatique qui découle de leur utilisation à la première personne annoncent le passage vers la problématique des performatifs explicites du type *je t'ordonne de partir* dans lesquels l'acte même, ici l'ordre de partir, est réalisé par l'énonciation. C'est en effet dans le même article que Benveniste proposait une analyse des verbes (nous dirions aujourd'hui des énoncés à valeur performative) comme *jurer, certifier, ordonner, promettre*, etc. qui tous dénotent par leur sens « un acte individuel de portée sociale » jugé par ailleurs comme contraignant « dans les conditions sociales où le langage s'exerce ». Il montrait comment le changement de personne verbale (le passage du *je* au *tu*) modifie profondément le sens de l'énoncé et permet de passer d'une « énonciation subjective » (j'ordonne) à une « énonciation non subjective » (tu ordonnes). Benveniste, analysant les propriétés sui-référentielles du langage et de la subjectivité dans la langue, découvrait la performativité indépendamment des travaux d'Austin et sans se référer explicitement à cette notion.

Ces travaux, qui déterminent de fait le premier niveau de la pragmatique, ont eu un impact important sur le développement des théories de la communication dans la mesure où ils ont amené les chercheurs à recentrer leur intérêt sur les conditions de l'énonciation. C'est de ce courant qu'est issue la pragmatique linguistique pour laquelle : « le sens des énoncés est la description des intentions qu'il présente comme celles motivant son énonciation ; (...) la pragmatique est l'étude des valeurs intentionnelles liées à l'énonciation ; la pragmatique intégrée est la partie de la pragmatique qui considère que certaines de ces valeurs sont incluses dans le sens de l'énoncé » (Anscombre, 1980 : 65).

En accentuant l'importance de l'énonciation, on finit par devoir distinguer le sens de l'énoncé (le sens de la phrase en dehors de tout contexte), qui ressortit traditionnellement à la sémantique, du sens de l'énonciation dont l'analyse relèverait, quant à elle, de la pragmatique linguistique ou de la pragmatique intégrée (Ducrot). Celle-ci s'apparente à la linguistique de l'énonciation dont elle constitue un prolongement puisqu'elle « recense les formes linguistiques dont la signification est pragmatique plutôt que descriptive et elle explicite leur signification en leur assignant des conditions d'emploi » (Récanati, 1981 : 29). Autrement dit, le contexte d'énonciation et les conditions d'usage de chaque énoncé doivent être pris en considération pour déterminer leur signification.

Mais si l'on envisage les messages sous cet angle, il faut rendre compte des implications relationnelles qui sont les leurs dans chaque contexte particulier. C'est ce qui a conduit les linguistes et les philosophes du langage à distinguer dans un énoncé verbal un *sens descriptif* – son contenu informatif – et un *sens pragmatique* : le premier concerne le fait qu'un énoncé présente un état de choses auquel il fait référence tandis que le second désigne le fait qu'un énoncé assume une fonction et crée une relation entre les interlocuteurs. La théorie des actes illocutoires (Austin, 1962 ; Anscombre, 1980 ; Ducrot, 1981) a consacré ce dernier point de vue.

Pour des auteurs comme Austin, Grice et Searle, un modèle de la communication doit rendre compte du sens des phrases en fonction des usages auxquels elles servent. Car parler, c'est faire, c'est accomplir un acte, par exemple une demande, une requête, un ordre, une affirmation, une promesse, un remerciement, un avertissement, une excuse, etc. Or, parlant et agissant de la sorte (accomplir un acte de parole c'est accomplir un acte social), le locuteur entre nécessairement en relation avec son allocutaire et crée entre eux une véritable relation sociale, analysable en termes de rôles ou de positions : « En accomplissant un acte illocutionnaire, le locuteur s'assigne un certain rôle et assigne à l'auditeur un rôle complémentaire : en donnant un ordre, le locuteur exprime sa volonté que l'auditeur suive une conduite donnée et se pose comme ayant l'autorité qu'il faut pour que l'auditeur soit obligé de suivre la conduite en question simplement parce que c'est la volonté du locuteur. Le rôle social assumé par le locuteur quand il donne un ordre est réalisé institutionnellement dans la fonction de "supérieur hiérarchique" : et Austin a mis l'accent sur ces réalisations institutionnelles des rôles illocutionnaires, pour montrer que le langage est une sorte de vaste institution, comportant une panoplie de rôles conventionnels correspondant à des actes de discours socialement reconnus » (Récanati, 1981 : 19).

Les faits de parole, exclus de la linguistique saussurienne, se trouvent réintroduits de plein droit dans la communication et celle-ci n'apparaît plus en définitive que constituée de paroles. Et bien que ces différents auteurs s'en tiennent également aux aspects linguistiques des actes de parole, on perçoit néanmoins combien la notion d'acte focalise l'attention sur les sujets communicants et sur l'engagement que constituent pour chacun d'eux leurs paroles. Nos actes de parole se présentent comme des actions dont l'objectif est de transformer la situation d'interlocution définie selon les auteurs comme des jeux de langages (Wittgenstein), un système relationnel de droits et de devoirs (Ducrot), de places (Flahaut) ou de positions (Goffman), une forme d'agonistique générale (Lyotard). Mais quelles que soient, en surface, leurs différences, ces interprétations mettent toutes en évidence ce fait essentiel : « celle-ci [la langue] est donc bien plus qu'un simple instrument pour communiquer des informations : elle comporte, inscrit dans la syntaxe et le lexique, tout un code de rapports humains » (Ducrot, 1972 : 98). On ne peut donc, en aucun cas, séparer le langage de ce avec quoi il est « tissé ».

Il semble qu'en réintroduisant les sujets communicants dans le modèle, on y insère du même coup les groupes dont ils font partie et qui constituent le ou les contexte(s) sociaux de leurs communications. Ne doit-on pas considérer, en effet, les rôles comme des ensembles reconnus et acceptés de droits et de devoirs entre les membres d'un même système socioculturel ? (Fishman, 1971). Les institutions n'impliquent-elles pas des contraintes telles que seules certaines formes de discours, certaines classes d'énoncés, sont admises en leur sein et « valent » dans ce contexte ? (Bourdieu, 1982 ; Lyotard, 1979). En prenant en considération les actes de paroles, la pragmatique a découvert du même coup des sujets s'impliquant dans la communication, s'obligeant mutuellement, jouant des rôles et occupant des places, bref des sujets interagissant au sens fort du terme.

Au total, la pragmatique linguistique déborde progressivement vers la psychosociologie à laquelle d'ailleurs elle fournit des instruments. Il est remarquable enfin d'observer la convergence des points de vue : le modèle de communication présenté par la pragmatique des psychosociologues de l'école de Palo Alto, se fonde sur la certitude que toute communication comporte deux aspects : le contenu et la relation (Watzlawick *et al.*, 1972). Si, en général, le point de vue linguistique ne retient que les aspects linguistiques et reste indifférent à la nature empirique des interlocuteurs, il n'en va pas de même avec la psychosociologie. L'intérêt de cette discipline pour l'aspect relationnel de la communication la pousse à s'attacher davantage au sujet empirique, au sujet extra-linguistique et à ses manifestations non verbales : posture, mimique, gestuelle, inflexion de la voix, qualité vocale, rythme et mélodie, etc. Ces aspects *analogiques* de la communication constitueraient la manière de dire et détermineraient la relation entre les interlocuteurs. Ces deux courants de la pragmatique – linguistique et psychosocial – loin de s'opposer, se complètent fort bien. Le second prend en effet en charge des aspects qu'ignore délibérément le premier et tente d'établir les liens éventuels entre sujet linguistique et sujet extra-linguistique (Ghiglione, 1986).

Communiquer, ce n'est donc pas simplement émettre un message. C'est surtout, par le moyen des différentes composantes intervenant dans un acte de communication (indicateurs verbaux des personnes, force illocutoire des énoncés, style vocal et traits prosodiques, gestes, postures etc.), instaurer ou tenter d'instaurer une relation dans laquelle chaque partenaire se voit attribuer un rôle, une position, une place ou encore une image de soi. On peut comprendre alors que ce soit au travers d'actes de communication entre de multiples individus que s'édifient des architectures sociales – groupes, institutions – qui exercent en retour leurs contraintes sur les actes de communication.

Le développement de la pragmatique (sous ces différentes formes : linguistique de l'énonciation, pragmatique intégrée, théorie des actes illocutionnaires, pragmatique d'inspiration psychosociale) a fait progressivement éclater le modèle linguistique du code et de l'énoncé tout en s'ouvrant, à des degrés divers, à la notion de contexte. Cette notion de contexte s'est encore imposée du fait de la nécessité de prendre en compte, au-delà des aspects sociaux de la communication, les aspects cognitifs relatifs à la compréhension. Un énoncé, en effet, doit être interprété pour être compris. Comme l'a montré Grice, il faut inférer, à partir de ce qu'il dit, le vouloir dire du locuteur dans le contexte d'énonciation. Une pragmatique inférentielle est donc née de cet conception des choses.

Rien d'étonnant donc à ce que se côtoient, dans un domaine que circonscrivent des frontières relativement peu précises, des études de linguistique, de sémiotique, de sociologie, de psychologie, de psychosociologie, etc.

Ces courants de réflexion et de recherches proposent donc d'autres modèles de communication dans lequel le modèle classique n'occupe plus qu'une position secondaire. C'est à la définition des concepts de chacun de ces modèles que s'attacheront les prochaines pages.

Chapitre 2

La sémiotique structurale à la recherche des codes

1 COMMUNICATION ET LINGUISTIQUE

1.1 Langue et parole : l'objet de la linguistique

C'est à la linguistique générale du début du 20e siècle, et particulièrement à Ferdinand de Saussure, qu'il revient d'avoir isolé parmi la réalité observable (la parole) le système linguistique (la langue) et d'en avoir décrit le fonctionnement : « Il faut d'abord séparer de la faculté de langage, la langue, produit social, institution sémiologique : là est l'objet de la linguistique » (Saussure in Godel, 1969 : 77).

La langue est ce produit social qui permet à l'individu d'exercer sa faculté de langage : elle est « le langage moins la parole » (Saussure, 1972 : 112). La parole, quant à elle, désigne la composante individuelle du langage, l'usage et la réalisation linguistiques tels qu'ils apparaissent empiriquement dans l'exécution d'énoncés particuliers.

Face au désordre apparent du langage et à l'hétérogénéité des faits de langue, cette première distinction introduit un principe d'organisation simple et cohérent, puisqu'en distinguant la langue de la parole, on isole du même coup le social de l'individuel et, selon Saussure, l'essentiel de l'accessoire. Cette distinction permet alors au linguiste de situer la langue dans l'ensemble des faits de langage : elle est forme et non substance et se définit comme un système autonome, donc susceptible d'une approche scientifique propre. Telle est, en effet, la condition d'axiomatisation du discours : purifier le phénomène linguistique de tout attachement à une substance ou à une réalité positive. Il s'agit pour le linguiste genevois de constituer une théorie de la communication linguistique sans s'appuyer sur une analyse des communications empiriques.

Dans la conception saussurienne, la langue n'est donc pas une fonction du sujet parlant dont l'étude se trouve rejetée dans le domaine de la psychologie. La langue est décrite comme « un trésor déposé par la pratique de la parole dans les sujets appartenant à une même communauté » (1972 : 30), « une somme des empreintes déposées dans chaque cerveau » (1972 : 38). En réalité, elle est constituée par l'ensemble systématique des conventions nécessaires à la communication et ce, indépendamment des variations de substance des signes qui la composent. Et c'est en ce sens qu'elle doit être considérée comme un code : un système de signes ou plus précisément un système de liaisons stables entre des signifiants et des signifiés.

1.2 Le signe linguistique et son arbitraire

La nature constitutive du signe linguistique, de tout signe, réside dans sa duplicité. Chaque unité linguistique comporte deux faces, l'une sensible (une image acoustique) et l'autre intelligible (le concept qui lui est associé) : « Le signe linguistique unit non une chose et un nom, mais un concept et une image acoustique. (...) [Le signe] est donc une entité psychique à deux faces (...). Ces deux éléments sont intimement unis et s'appellent l'un l'autre (...). Nous appelons signe la combinaison du concept et de l'image acoustique (...). Nous proposons de conserver le mot signe pour désigner le total, et de remplacer concept et image acoustique, respectivement par signifié et signifiant ; ces derniers termes ont l'avantage de marquer l'opposition qui les sépare soit entre eux, soit du total dont il font partie » (Saussure, 1972 : 98 et svt).

La définition même du signe porte la trace de cette exigence saussurienne : découvrir une cohérence au sein des faits de langage et fonder la linguistique en tant que science positive. Le signe est en effet présenté comme une « entité sans dehors », un signe arbitraire qui, par définition, exclut de la production du sens tout renvoi au référent ainsi qu'au sujet parlant. La stabilité de la relation du signifiant au signifié n'est en effet assurée par aucune réalité extra-linguistique : « ni acte fondateur d'un individu, ni contrat social », elle est un effet du système (Ghiglione, 1986 : 39).

« Le lien unissant le signifiant au signifié est arbitraire, ou encore, puisque nous entendons par signe le total résultant de l'association d'un signifiant à un signifié, nous pouvons dire plus simplement : *le signe linguistique est arbitraire* » (Saussure, 1972 : 100). Par arbitraire, il faut comprendre que le lien unissant le signifiant et le signifié ne possède « aucune attache naturelle dans la réalité » et que la relation entre ces deux faces n'est en rien fondée sur la nature des choses : il ne manifeste l'existence d'aucune raison naturelle, logique ou psychologique dans le découpage simultané des deux substances, communiquée et communicante.

C'est sans doute pour cette raison que Saussure a préféré le terme de signe à celui de symbole. Ce dernier risque en effet de rappeler l'objet ou l'idée qu'il désigne : « Le symbole a pour caractéristique de n'être jamais tout à fait arbitraire : il n'est pas vide, il y a un rudiment de lien naturel entre le signifié et le signifiant. Le symbole de la justice, la balance, ne pourrait pas être remplacé par n'importe quoi, un char par exemple » (*op. cit.,* 101).

Dans la perspective saussurienne, l'arbitraire caractérise aussi bien le lien entre les deux faces constitutives du signe que la délimitation des termes (des unités linguistiques) entre eux. Le signe est donc une unité relationnelle et différentielle : relationnelle parce qu'elle se construit sur la relation nécessaire entre signifiant et signifié ; différentielle car elle s'oppose à toutes les autres dont elle est différente. La signification d'un signe naît de l'association d'un signifiant et de son signifié correspondant ainsi que de la valeur de cette unité par rapport à toutes les autres : « À l'intérieur d'une même langue, tous les mots qui expriment des idées voisines se limitent réciproquement : des synonymes comme *redouter*, *craindre*, *avoir peur*, n'ont de valeur propre que par leur opposition ; si *redouter* n'existait pas, tout son contenu irait à ses concurrents » (Saussure, 1972 : 160). Tout système de signes doit donc être regardé comme un système de valeurs.

Cette conception de l'arbitraire du signe suggère une remarque qui n'est pas sans conséquence pour la théorie générale de la communication ainsi que pour le développement ultérieur des orientations pragmatiques. En effet, il semble que ce soit l'une des caractéristiques majeures du langage que de permettre de dire sans dire : « Pour qu'un échange de paroles soit possible, il ne semble nullement nécessaire de "vouloir" éviter le mensonge ; bien plus il est indispensable de "pouvoir" dissimuler et mentir (...). La question n'est donc pas de savoir pourquoi nous rusons, mais au contraire pourquoi il est des rapports de parole où nous nous plaisons à être sincères » (Flahaut, 1979 : 76-77). Si l'arbitraire fonde la langue en tant que système de signes relativement autonomes, le pouvoir de mentir, de dire « j'ai faim » indépendamment de toute sensation de faim, serait donc constitutif de la langue et du langage. Tandis que la vérité ne demeurerait que le fruit d'une volonté individuelle, manifestée à l'occasion de certains échanges et dans des situations de communication toujours particulières.

2 LE PROJET SÉMIOLOGIQUE

Tout en jetant les bases de la linguistique structurale, Saussure définissait en même temps une science générale, la sémiologie, qui aurait pour objet l'étude de « *la vie des signes dans la vie sociale* ; elle formerait une partie de la psychologie sociale, et par conséquent de la psychologie générale. Elle nous apprendrait en quoi consistent les signes, quelles lois les régissent » (Saussure, 1972 : 33).

Paradoxalement, la linguistique devait apparaître comme l'une des disciplines de la sémiologie, tout en s'imposant comme le « patron » méthodologique de la sémiologie. Cette situation s'explique par le caractère privilégié du langage verbal, institution sémiologique par excellence : il est le plus complexe et le plus répandu des modes d'expression et de plus, il est celui qui réalise le plus parfaitement le principe de l'arbitraire dont on sait maintenant qu'il constitue le fondement de tout système de signe (Saussure, *op. cit.* ; Barthes, 1964-a).

C'est donc le modèle de la linguistique saussurienne, et principalement le modèle du code, qui a permis le développement des premières recherches sémiologiques dont l'un des textes fondateurs a été *Les éléments de sémiologie* (Barthes, 1964-a).

Ce modèle et ses principaux concepts se sont vus généralisés à d'autres modes d'expression que la langue : langage de la mode, rhétorique de l'image, le langage cinématographique, la bande dessinée, les objets et l'architecture, l'espace et les distances interpersonnelles, les gestes, les mimiques et les postures, le code de la route, le morse, etc. Toutefois, la diversité de ces langages ainsi que leur spécificité ont très tôt rendu indispensables certains aménagements conceptuels du modèle ainsi que l'emprunt de concepts non linguistiques plus opérationnels.

2.1 Le signe sémiologique

Le signe sémiologique est lui aussi, comme son modèle, composé d'un signifié et d'un signifiant. Il s'en différencie cependant au niveau de la substance car les codes, les langues sémiologiques, offrent à l'observation une très grande variété de signifiants (sons, bruits, graphismes, dessins, couleurs, mouvements, angles de prise de vue, objets, etc.), chacun possédant un aspect matériel, une substance communicante propre. Or, celle-ci paraît difficilement réductible à celle du signe linguistique.

Les systèmes de signes sémiologiques les plus difficilement réductibles au modèle linguistique sont les systèmes d'objets qui comportent une substance d'expression dont « l'être n'est pas la signification » (Barthes, 1964-a : 106). Certains systèmes sémiologiques – la nourriture, la mode et le design par exemple – reposent en effet sur des objets d'usage, les *fonctions-signes*. Ces signes-objets, n'ont pas pour fonction principale le fait de signifier, même si l'usage social leur a imposé un mouvement de sémantisation : « La fonction se pénètre de sens ; cette sémantisation est fatale : *dès qu'il y a société, tout usage est converti en signe de cet usage* : (...) ; notre société ne produisant que des objets standardisés, normalisés, ces objets sont fatalement les exécutions d'un modèle, les paroles d'une langue, les substances d'une forme signifiante » (Barthes, 1964-a : 106). La sémiotique d'ailleurs « ne s'intéresse pas à l'étude d'un type d'objets particuliers, elle s'intéresse aux objets ordinaires dans la mesure (et seulement dans cette mesure) où ils participent à la sémiosis » (Morris, in Eco, 1990 : 41). C'est dire aussi qu'une chose n'a le statut de signe que parce qu'elle est interprétée comme le signe de quelque chose d'autre par quelqu'un, un « interprète ». C'est sur cette base que se sont développées par exemple, les sémiotiques de l'architecture (De Fusco ; 1972 ; Eco, 1968 ; Peraya, 1975), des objets de la société de consommation (Baudrillard, 1968 ; Moles, 1969) ou encore de la mode (Barthes, 1967). Il est admis que les objets communiquent d'abord la fonction qu'ils rendent possible (s'arrêter, se rencontrer, passer, monter ou descendre, s'asseoir, sortir ou rentrer, etc.) même si cette dernière n'est pas accomplie : une porte permet le passage même si je décide de ne pas l'emprunter. Une fonction-signe possède donc deux fonctions superposées :

1) la fonction première relative à la fonction de l'objet qu'Eco a interprétée comme une signification non intentionnelle puisque les objets ont pour vocation première de permettre la fonction plutôt que de la signifier ;

2) la fonction seconde qui est de l'ordre de la connotation, de la distinction ou de tout autre investissement de type mythologique.

2.2 Forme et substance, expression et contenu

Rien d'étonnant donc à ce que la sémiologie ait dû reformuler la définition du signe sémiologique. Dans cette perspective, la définition hjelmslevienne du signe est apparue la plus adéquate.

Pour Hjelmslev, le langage organise deux sortes de « continuum » indistincts, celui de l'expression et celui du contenu et les structurant, il leur donne une forme organisée. Aussi tout système de signification comporte-t-il deux plans, et le signe deux faces : le plan de l'expression (E) et celui du contenu (C) qui ont été souvent assimilés au signifiant et au signifié saussurien. La signification peut donc être représentée comme la relation ERC. Cette représentation, et c'est là son premier intérêt, permet de rendre compte économiquement, avec un minimum de transposition métaphorique, des systèmes de signes composés tels que le métalangage : ER(ERC) et la connotation : (ERC)RC.

Mais Hjelmslev mettra surtout en évidence le fait que le signe est une fonction qui unit deux fonctifs, expression et contenu : telle est la fonction sémiotique. Cette dernière notion laisse entrevoir la possibilité d'appliquer la sémiotique à des objets non linguistiques. En effet, n'importe quel objet, s'il est interprété comme tel par un interprète, peut devenir le plan d'expression d'une relation sémiotique dans lequel il entre comme l'un des fonctifs. La fonction sémiotique, caractérisée par la relation ERC constitue donc la possibilité de fonder une sémiotique généralisée.

Enfin, chacun de ces deux plans, expression et contenu, doit encore être décomposé en deux aspects : une forme et une substance. Barthes a proposé de cette distinction une interprétation en termes strictement linguistiques : la forme est ce qui peut être décrit exhaustivement par la linguistique de façon cohérente (au niveau épistémologique) sans devoir recourir à aucune prémisse extra-linguistique ; la substance, quant à elle, recouvre l'ensemble des aspects et des phénomènes qui ne peuvent être décrits sans faire appel à des prémisses extra-linguistiques.

En combinant ces deux séries de critères descriptifs, on obtiendra donc les quatre classes distinctes :

1) la *substance de l'expression* : la substance communicante, la matière à l'état brut, non fonctionnelle et non articulée, telle qu'elle apparaît en dehors de toute organisation signifiante ; en ce qui concerne le langage verbal, on considérera l'univers des manifestations phoniques possibles ;

2) la *forme de l'expression* : l'organisation formelle des signifiants, selon les règles et les conventions (paradigmatiques et syntaxiques) du système ;

3) la *forme du contenu* : l'organisation formelle des signifiés entre eux, réalisée dans une organisation langagière particulière (langue, énoncés) ;

4) la *substance du contenu* : tous les aspects sémantiques, émotifs, phénoménologiques, cognitifs et idéologiques nés du rapport de l'homme à son environnement et à la vie sociale ; autrement dit, il s'agirait de la pensée même, considérée comme une entité non organisée, celle-là même qu'articule et structure chacune des langues selon son système propre.

La définition des catégories de la substance et leur articulation à celles de la forme n'ont pas été sans poser quelques problèmes. On se souviendra que Saussure (1972 : 155 et svt) définissait déjà la pensée comme une masse amorphe, une « nébuleuse où rien n'est distinct avant l'apparition de la langue »[1]. Quant à la substance phonique, elle n'est guère plus définie – plus articulée – que la pensée. Chez Hjelmslev, les substances – du contenu et de l'expression – sont conçues de la même façon, comme un univers non encore sémiotisé. Aussi, les substances ne peuvent-elles être produites et reconnues – donc être identifiées – qu'à travers les formes qui les manifestent. Ce sont donc les langues qui, dans leur diversité, articulent et organisent ce double continuum. La forme de l'expression rend alors pertinentes certaines catégories de sons tandis que la forme du contenu structure le continuum de la pensée – l'exprimable ou encore le monde en tant qu'il constitue le champ de notre expérience – en un système sémiotique d'oppositions. La définition linguistique de la forme du contenu a toujours paru plus délicate que celle de la forme de l'expression. En général, elle se limite à celle de quelques micro-systèmes facilement identifiables et qui constituent aujourd'hui des exemples classiques : au niveau lexical, la désignation des couleurs, la classification de certains phénomènes naturels (les végétaux, les différents types de neige) ou, au niveau morphématique, le système du

1. Cette conception d'une pensée inarticulée ne peut plus aujourd'hui être acceptée comme telle. De nombreux travaux de psychologues s'appuient sur l'hypothèse de l'existence de primitives psychologiques auxquelles s'articuleraient l'activité langagière. Il s'agirait de constructions psychologiques complexes nées de l'interaction du sujet avec le monde, de catégorisations dotées de traits universels-cognitifs mais aussi historico-culturels (Culioli, 1976 ; Bronckart, 1985). Le rôle structurant du langage reste cependant une réalité difficilement contestable. On y reviendra dans la suite.

nombre (le singulier, le pluriel, le duel ou même parfois le triel), l'orientation spatiale (Hill, 1991), etc.

En définitive, si les catégories de forme et de substance sont parfois difficiles à saisir dans le cadre du langage humain où signifiants et signifiés sont difficiles à dissocier, elles constituent une matrice formelle de classification permettant, dans la perspective d'une sémiologie généralisée, de décrire typologiquement les signes de n'importe quel langage et de les regrouper suivant la nature de leur substance – leur matière – d'expression : signe verbal, signe graphique, signe gestuel, etc. Chacun de ces signes formerait, selon la terminologie de Barthes, un *signe typique*[2].

Ces catégories se révèlent particulièrement pertinentes dans le cas des fonctions-signes où la matière de l'objet, en tant qu'élément pré-signifiant, revêt une importance toute particulière. C'est encore le cas lorsqu'un code est porté par une substance d'expression qui n'est pas la sienne propre, quand « les signifiés sont substantifiés dans une autre substance que celle de leur propre système » (Barthes, 1964 : 106). Barthes faisait allusion à la mode écrite ou photographiée, mais cette situation se rencontre bien plus souvent : il est des substances du contenu qui peuvent se trouver injectées dans plusieurs modes d'expression différents : elles se voient portées par des substances d'expression différentes et, en conséquence, organisées comme des formes du contenu distinctes. C'est le cas des connotations, par exemple, de ces fragments d'idéologie que l'on retrouve dans une image publicitaire, dans un discours, dans un récit cinématographique, etc.

C'est vrai aussi de certains signifiés qui se trouvent *parlés*, cités par un autre code à l'occasion d'un message plus complexe. En première analyse, une publicité imprimée sur un support papier relève des codes photographi-

2. Un signe typique ne serait rien d'autre qu'une sémie, telle que la définissait Buyssens. Pour éviter toute confusion entre l'indice et la véritable communication (cf. sémiologie de la communication et de la signification), cet auteur propose d'appeler chaque objet particulier de la sémiologie une *sémie* : « Les sémies les plus connues sont évidemment les langues. À côté d'elles, il faut citer les signes graphiques des sciences exactes, ceux de la logique, la signalisation routière, les gestes des trappistes et ceux qu'utilisent les Indiens d'Amérique pour communiquer entre tribus qui ne parlent pas la même langue, les sonneries de cloches à l'église et de clairons à l'armée. Les horaires de chemin de fer et les guides touristiques recourent à une quantité de signes graphiques ; une carte géographique n'est faite que de tels signes (...) ». La liste proposée par l'auteur est plus longue encore. Mais, ce qui nous intéresse ici, par rapport à la notion de signe typique c'est que, à l'intérieur d'une sémie, les sèmes ou les unités qui la constituent appartiennent à une même famille et sont réalisés par des procédés similaires. Buyssens parle même de leur unité génétique (*La communication et l'articulation linguistique*, Presses Universitaires de Bruxelles, 1967, p. 21 et svt).

ques et publicitaires. Pourtant l'image propose presque toujours une série de signifiés qui relèvent de l'architecture, du design ou des objets, etc. bref, du décor (au sens large) de la photographie. Dans le cadre de l'image, ces signifiés ont pour substance de l'expression, une substance de type photographique qui a quelque chose à voir avec la matérialité de la photographie : ne s'agit-il pas d'objets photographiés ? Pourtant, ces signifiés renvoient d'abord à des signifiants d'une nature bien différente : ils ont comme substance d'expression la matière qui constitue l'objet réel utilitaire, celui-là même qui donne naissance par sémantisation à la fonction-signe. C'est ce mouvement que décrivait encore Peninou à propos de l'image publicitaire : « (...) il s'agit à chaque fois d'une image *instituante*, qui se propose, d'un produit saisi à son état de nature – chose manufacturée, ustensile inexpressif – de faire un *signe* » (1972 : 107).

Ce dernier exemple touche à deux problèmes centraux de la réflexion sémiologique que nous développerons ultérieurement : la définition de la connotation ainsi que la hiérarchisation des codes dans un système complexe.

2.3 L'indice, le signe et l'icone

La seconde difficulté rencontrée lors de l'extension des concepts linguistiques aux systèmes sémiologiques touche les signes non arbitraires. Saussure, rappelons-le, pensait que les signes totalement arbitraires étaient les plus aptes à réaliser l'idéal sémiologique. Corrélativement, l'une des principales questions était de savoir si les signes fondés au moins partiellement en nature, le mime par exemple, pouvaient prétendre relever légitimement de la sémiologie. Barthes qui, au début de l'analyse connue aujourd'hui d'une image publicitaire pour les pâtes Panzani, s'assignait la découverte du code de l'image, n'évoquait pas d'autre problématique : « La représentation analogique (« la copie ») peut-elle produire de véritables systèmes de signes et non plus seulement de simples agglutinations de symboles ? Un code analogique – et non plus digital – est-il concevable ? » (1964-b : 40 et svt).

On comprend l'importance de cette réflexion puisque de nombreux signes qu'étudie la sémiologie, les signes visuels par exemple, sont de nature analogique et ne peuvent donc être considérés comme arbitraires. Il est hors de propos de relancer un débat stérile sur la légitimité de l'appartenance des langages analogiques à la sémiologie : le développement de la sémiologie de l'image et les nombreuses études sur les langages de l'image ont, de fait, donné une réponse à cette question.

L'essentiel est de reconnaître que la sémiologie découvre, à travers une multiplicité de langages, une diversité de signes et que parmi ceux-ci, une grande majorité ne peuvent être considérés comme arbitraires. Certains systèmes présentent même une combinaison de signes arbitraires et de signes analogiques : le cinéma par exemple, se constitue d'images (de photogrammes), de mouvement, de bruits, de musique et de langage verbal. Dans ces conditions, la véritable mission de la sémiologie consisterait plutôt à :

- étudier la nature de cette analogie ;
- établir la façon dont elle est compatible avec le caractère discontinu du signe linguistique qui semblait être une des conditions de la signification ;
- établir les différences entre signes analogiques et arbitraires, leurs rapports et leur complémentarité éventuelle dans un processus de signification.

La différence entre signes arbitraires et analogiques qui sera longuement discutée plus loin (cf. *Section 2, La genèse des signes*) se réfère à la trichotomie classique proposée par Peirce, puis largement diffusée par Morris : l'indice, l'icone et le signe. Cette classification semble connaître aujourd'hui un regain d'intérêt que l'on peut expliquer, en grande partie, par l'importance qu'ont pris, dans les recherches actuelles, les signes non verbaux.

L'*indice* est « un signe qui se réfère à l'objet qu'il dénote en vertu du fait qu'il est réellement affecté par cet objet » (Peirce, Vol. II : 147). Il se trouve dans un rapport de contiguïté vécue, de nature existentielle, avec l'objet dénoté lui-même. La relation indicielle est dite de *motivation métonymique* en ce que l'indice appartient encore au phénomène lui-même : la continuité et la contiguïté naturelles des signes indiciels les placeraient à « la naissance du signifiant » (Piaget, 1989 ; Bougnoux, 1991). Les exemples sont nombreux : la fumée et le feu, le rythme cardiaque, le pouls et la maladie, le poing brandi et la menace, etc. La présence de fumée me permet d'induire l'existence d'un feu de même que l'accélération du pouls est le symptôme probable de fièvre chez le malade. Pourtant tous les sémioticiens, Buyssens et Segre par exemple, n'acceptent pas de classer parmi les signes, les signes authentiquement naturels, les événements du monde physique tels qu'un signe météorologique, une démarche[3], etc. Or, on peut raisonnablement

3. On songe à la Théorie de la démarche écrite par Balzac. Le texte est aujourd'hui disponible en ligne dans la base de données textuelles Frantext réalisée par l'Institut National de la Langue Française (INaLF).Document disponile en ligne à l'adresse : <http://gallica.bnf.fr/scripts/ConsultationTout.exe?O=87440&T=2>.

soutenir qu'il s'agit là de phénomènes porteurs de signification à travers lesquels nous interprétons le monde grâce à nos expériences antérieures, lesquelles nous ont appris à considérer ces événements – à les lire – comme de réels indicateurs (Greimas, 1966). La possibilité d'imiter et de simuler les signes expressifs qui sont à l'origine la manifestation involontaire de comportements affectifs ou psychologiques – les mimiques de joie ou de tristesse par exemple – démontre qu'il s'agit bien là « d'éléments d'un langage socialisé, analysables et utilisables comme tels » (Eco, 1990 : 41)[4]. Nous retiendrons donc que les indices, bien qu'ils manifestent une continuité existentielle avec ce qu'ils dénotent, comportent également une part de convention puisqu'ils nous communiquent quelque chose par rapport à un système d'expériences acquises, voire même à de strictes conventions, comme dans le cas des déictiques.

L'*icone*, ou le signe iconique, est « un signe qui se réfère à l'objet qu'il dénote simplement en vertu de ses caractères propres » (Peirce, Vol.II : 247). Entre l'icone et l'objet dénoté, il existe une relation qualitative : l'icone présente certains aspects de l'objet réel, certaines propriétés de l'objet représenté. Une photographie de la maison est un signe iconique parce que l'image montre une structure de maison identique, par certains aspects, à la maison réelle : elle conserve donc certaines caractéristiques de l'objet représenté et certains rapports entre les éléments de celui-ci. La représentation de la maison *vaut* en vertu d'une ressemblance de fait : la photographie de la maison ressemble à la maison. La relation iconique, l'analogie, est dite de *motivation métaphorique*. Elle peut se limiter à l'expression d'un rapport d'équivalence ou d'homologie structurelle comme dans le cas d'un diagramme ou de toute autre représentation graphique. Elle peut encore être très réaliste ou au contraire totalement abstraite : le degré de réalisme de l'image, la nature des aspects retenus comme pertinents, permettent de distinguer plusieurs catégories d'icones[5].

Pour éviter toute confusion, il faut insister sur le fait que la relation iconique définit un mode général de relation entre le signe et l'objet dénoté : l'icone est donc une catégorie descriptive large qui inclut l'image, au sens commun (c'est-à-dire l'icone au sens restreint), mais aussi les dessins, les graphiques, les schémas, les diagrammes, les organigrammes, etc.

---

4. Pour une discussion plus approfondie des critères de classification des signes (dont leur origine naturelle ou artificielle), on se reportera à l'ouvrage de Eco, *Le signe*, 1990.
5. Peirce (1978) lui-même en dénombra plusieurs.

Le *symbole* est « un signe qui est constitué comme signe simplement ou principalement par le fait qu'il est utilisé ou compris de la sorte » (Peirce, Vol.II : 307). Le symbole, qui correspond au signe saussurien, se fonde sur une relation purement conventionnelle qui ne dépend nullement d'une relation de similitude (comme pour l'icone) ou de contiguïté (comme pour l'indice). La relation symbolique est donc *non motivée* ou *arbitraire*. Dans la suite du texte et pour ne pas alourdir inutilement la terminologie, nous continuerons à utiliser le terme *signe* pour désigner de tels symboles.

Toutefois dans la perspective de Peirce, ce n'est pas l'absence ou la présence absolue de similitude ou de contiguïté ni l'opposition stricte entre motivation et arbitraire qui fonde la différence entre les trois classes fondamentales de signes, mais plutôt la prédominance de l'un de ces facteurs sur les autres. Les trois relations – indicielle, iconique et symbolique – peuvent se manifester à des degrés divers dans un même signe. Un graphique de type « camembert » est certes iconique, mais il comporte une part d'arbitraire. Par contre, une onomatopée comporte une part de motivation puisqu'elle est par définition imitative.

2.4 Les fondements conventionnels du signe iconique

L'analogie qui fonde la relation entre le signe et l'objet dénoté est telle que l'on a eu tendance à nier toute existence de codification de type iconique. Corrélativement, s'est développée la croyance selon laquelle l'image est transparente c'est-à-dire compréhensible spontanément : la ressemblance déterminerait l'immanence de son sens[6].

De nombreuses expériences pédagogiques ont été construites sur cette conception. Trop d'images européennes, conçues et réalisées dans les pays où il existe une tradition et une culture iconiques, ont été utilisées dans les

6. Duval (1999) a repris récemment cette hypothèse dans le cadre des représentations scientifiques. Proposant une classification des représentations visuelles basée sur leur mode de production, il distingue les représentations enregistrées par un dispositif technique qui ont alors, dans l'usage social du discours scientifique, la fonction de traces, de protocole de données : la transparence entre la représentation et le représenté (par exemple, la radiographie d'un poumon et le poumon lui-même) est posée comme une nécessité. En réalité c'est rarement le cas une représentation visuelle même scientifique n'échappe pas aux mécanismes de compréhension et d'interprétation pour les raisons que nous développons tout au long de cet ouvrage. Nous avons longuement discuté cette position avec Duval à l'occasion d'un récent travail de synthèse sur les images d'animation coordonné par J.M. Boucheix, Groupe Technologies pour l'Apprentissage » de l'ACI École et Sciences Cognitives (2003).

pays du Tiers Monde à l'occasion de projets de développement agricole coopératif, de campagnes d'alphabétisation ou d'éducation sanitaire. On en connaît maintenant les échecs qui s'expliquent en partie par le manque d'adéquation entre les messages audiovisuels éducatifs utilisés et la culture iconique des publics concernés (Erni, 1986 ; Ramm, 1986). De la même façon, on sait que, dans nos pays industrialisés où l'image et sa culture ont acquis un droit de cité indéniable, le niveau de compréhension d'une image dépend encore du niveau socioculturel du lecteur (Gauthier et Richer, 1977) tandis que le PSE (*picture superiority effect*) serait corrélé avec le niveau de compétences scolaires des enfants (Reid, 1989).

Toutes les expériences d'enseignement des images et/ou d'apprentissage avec les images portent à croire que la compréhension d'une image nécessite un réel apprentissage comme c'est le cas pour tout autre langage. Il existe donc des éléments conventionnels sur lesquels se fonde l'analogie : les lois de la perspective en sont certainement un exemple.

Un signe iconique avons-nous dit, possède certaines propriétés de l'objet représenté. Certes, cette définition satisfait notre bon sens, mais n'est-elle pas trompeuse ? Que peut bien signifier avoir *les mêmes propriétés* ? Prenons un exemple. Mon nez, dira Eco, a trois dimensions tandis que son image n'en possède que deux ; il possède en réalité deux trous béants à la base alors que l'image n'offre que deux surfaces noires, deux tâches qui ne transpercent pas le support papier. Le véritable signe iconique du nez serait en fait le nez lui-même. L'iconicité serait en définitive une question de degré ; en conséquence, elle dépend finalement du sens que l'on donne à cette expression : « le signe iconique est semblable, *par certains aspects*, à l'objet qu'il dénote » (Morris, *op. cit.*).

Les codes analogiques offrent un fonctionnement structural – au sens où le code est une structure – très différent de celui des codes strictement arbitraires. L'existence de traits pertinents et d'unités discrètes, les possibilités combinatoires du langage verbal, le jeu des oppositions signifiantes et des différences font de celui-ci un « code fort ». Certains codes digitaux, le morse et les codes de signalisation par exemple, seraient même considérés comme des codes « très forts » dans la mesure où ils ne permettent aucune variante facultative. Les langages iconiques, par contre, apparaîtraient comme des « codes faibles », peu définis, peu systématiques dans lesquels prédomineraient les variantes facultatives mais comportant néanmoins quelque chose de conventionnel.

Nous sélectionnons les aspects fondamentaux du perçu à travers des codes de reconnaissance : quand au jardin zoologique, nous percevons un zèbre de loin, les éléments que nous reconnaissons immédiatement (et que nous mémorisons) sont les lignes noires et non sa silhouette qui ressemble vaguement à celle d'un cheval ou à celle d'un âne. Même pour les codes de reconnaissance, il existe donc des aspects pertinents. Eco fait alors l'hypothèse selon laquelle c'est de la sélection de ces éléments que dépendent la reconnaissance et l'identification du signe iconique : « Puisque les unités pertinentes doivent être communiquées, il doit exister un code iconique qui établit l'équivalence entre un certain signe iconique et une unité pertinente du code de reconnaissance » (1970 : 37).

Pour Eco, les possibilités de codification du signe iconique sont donc liées à l'existence des codes de reconnaissance qui prennent une importance toute particulière dans l'identification des sèmes, terme plus technique pour désigner ce que l'on nomme communément une image ou un signe iconique (un homme, un cheval, etc.) : « [les codes de reconnaissances] structurent des blocs de conditions de la perception en *sèmes* – qui sont des blocs de signifiés (par exemple, rayures noires sur robe blanche) – d'après lesquels nous reconnaissons les objets à percevoir, ou nous nous souvenons d'objets perçus » (*op. cit.,* 38). Ceci explique que l'on ne peut reconnaître dans une image que ce que l'on connaît par une expérience culturelle : l'apprentissage par l'image de situations, de contextes ou d'objets nouveaux n'auraient donc rien d'évident quoiqu'en dise une littérature nombreuse et naïve.

Quand je vois un verre de bière sur une affiche publicitaire, explique encore Eco (1970) je perçois la bière mais je ne la sens pas : je perçois des stimuli visuels, des couleurs, des rapports spatiaux. Je coordonne l'ensemble de ces perceptions pour obtenir une représentation qui me fasse penser « Ceci est de la bière glacée dans un verre ». Travaillant sur des données d'expérience, je les sélectionne, je les organise et les structure sur la base d'un système d'attentes, d'expériences acquises, de connaissances préalables.

En rupture avec la stricte perspective structurale de l'époque, Eco a donc défendu la thèse selon laquelle la signification prendrait naissance dans les mécanismes mêmes de la perception et non dans le rapport d'analogie avec l'objet représenté : « Les signes iconiques ne possèdent pas les propriétés de l'objet représenté, mais ils reproduisent certaines conditions de la perception commune sur la base des codes perceptifs normaux et par la sélection des stimuli qui – d'autres stimuli étant éliminés – peuvent me permettre la construction d'une structure perceptive. Cette structure perceptive possède – sur la base des codes de l'expérience acquise – la même signification que l'expérience réelle dénotée par le signe iconique » (Eco, 1970 : 14). Autrement dit encore, « si le signe [iconique] a des propriétés communes avec quelque chose, il les a non avec l'objet mais avec le modèle perceptif de l'objet » (*op. cit.*, 21). Ainsi défini, le modèle perceptif de l'objet est finalement assez proche de ce qui sera considéré comme un modèle mental.

Mais cette approche ne pouvait être entendue, condamnée d'avance pour son psychologisme. Pourtant, c'est sur cette base que le problème a été repris vingt ans plus tard par les chercheurs du Groupe µ dans leur *Traité du signe visuel* (1992). Pour les auteurs, la première tâche consiste à établir les fondements perceptifs d'une sémiotique visuelle, autrement dit à analyser le processus sensation *versus* perception *versus* cognition. Le système visuel produirait dans les trois modalités que retiennent les auteurs – spatialité, texture et chromatisme – des structures de percepts élémentaires, intégrant et organisant les stimuli à partir de structures spécialisées : extracteurs de motifs, de directions, de contrastes, etc. On obtiendrait ainsi la production de figures puis de formes et enfin d'objets. Les figures naissent d'un processus « d'équilibration des zones d'égalité de stimulation » – d'où les notions de champ, de limite, de ligne, de contour, etc. – tandis que les formes font « intervenir la comparaison entre diverses occurrences successives d'une figure et mobilisent donc la mémoire. » (*op. cit.*, 68). Le passage à l'objet interviendrait ensuite par l'adjonction de propriétés non visuelles provenant des autres modalités sensorielles au moment où la forme se doterait de caractéristiques permanentes. L'objet s'apparente à la notion de type qui est alors considéré comme fort proche de celle du signe : « De ce que les objets sont une somme de propriétés, douées de permanence et guidant l'action, on peut avancer que cette notion rejoint celle de signe. Le signe est en effet, par définition, une configuration stable dont le rôle pragmatique est de permettre des anticipations, des rappels ou des substitutions à partir de situations. Par ailleurs le signe a, comme on l'a rappelé, une fonction de renvoi qui n'est possible que moyennant l'élaboration d'un système. » (*op. cit*, 81). Le modèle du décodage visuel peut alors prendre la forme suivante :

Schéma n° 5 : Un modèle du décodage visuel selon le Groupe μ (1992 : 91)

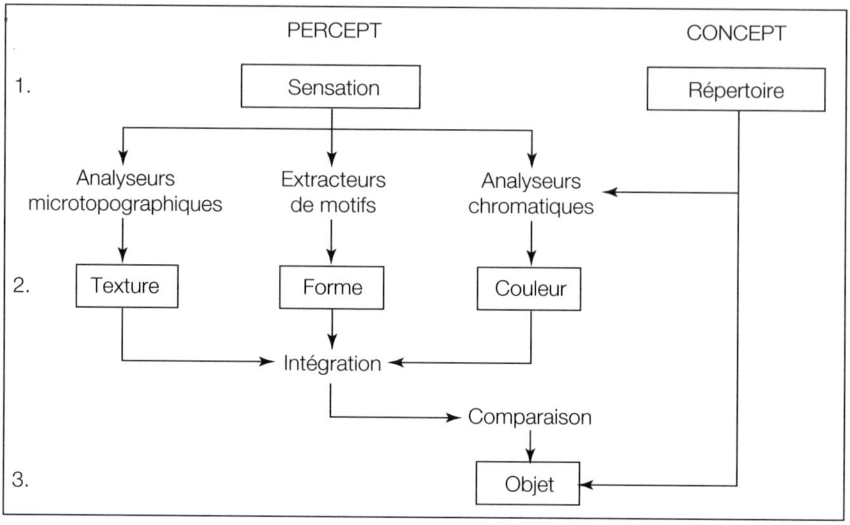

Mais alors, il est évident que la structure de la relation analogique de même que la conception du signe doivent être profondément modifiées. D'une unité bipartite, les auteurs font une unité tripartite composée du signifiant, du référent et du type. Les définitions de chacun de ces trois pôles et de leurs rapports respectifs demandent donc à être redéfinis. Le référent est « un *designatum* (et non un *denotatum*, par définition extérieur à la sémiose), mais un *designatum* actualisé. En d'autres termes, c'est l'objet entendu non comme somme inorganisée de stimuli, mais comme membre d'une classe (ce qui ne veut pas dire que ce référent soit nécessairement réel ; cf. Lavis 1971). L'existence de cette classe d'objets est validée par celle du type. » (*op. cit.*, 136).

Le type, par contre, est « un modèle intériorisé et stabilisé qui, confronté avec le produit de la perception, est à la base du processus cognitif. Le type est donc fondamentalement une classe conceptuelle abstraite, une représentation mentale constituée par un processus d'intégration ». Le type ne possède aucune caractéristique physique : « il peut être décrit par une série de caractéristiques conceptuelles, dont quelques-unes peuvent correspondre à des caractéristiques physiques du référent (par exemple, en ce qui concerne le chat, la forme de l'animal, couché, assis ou en pied, la présence de moustache, de queue, de rayures), d'autres ne correspondant pas à de telles caractéristiques (comme le miaulement) » (*op. cit.*, 137).

Le signifiant enfin, est un « ensemble modélisé de stimuli visuels correspondant à un type stable, identifié grâce à des traits de ce signifiant, et qui peut être associé à un référent reconnu, lui aussi comme hypostase du type. Il entretient avec ce référent des relations de transformations. » (*ibid.*). La fonction du type est alors de garantir l'équivalence (ou identité transformée) du référent et du signifiant (...). Référent et signifiant sont donc dans entre eux dans une relation de *cotypie*. » (*ibid.*).

Schéma n° 6 : Le signe iconique selon le Groupe μ (1992 : 136)

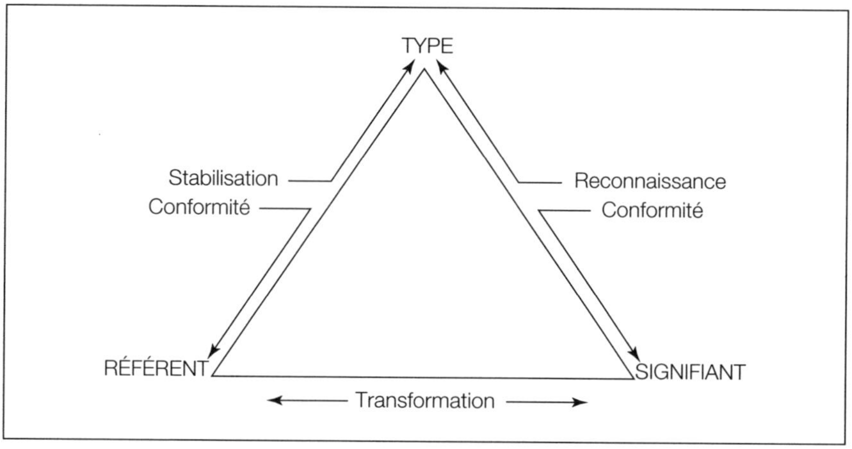

Il est intéressant de replacer ces hypothèses dans le cadre des études sur l'imagerie mentale dont Denis a proposé en 1989 une excellente synthèse en langue française. Il rappelle notamment que le développement de l'imagerie visuelle est contemporain du développement du concept d'analogie. La psychologie cognitive qui étudie les représentations possède aujourd'hui suffisamment de données expérimentales qui attestent de « l'isomorphisme structural des représentations imagées à l'égard des événements perceptifs à partir desquels elles se sont constituées » (1989 : 22) : de nombreux faits expérimentaux attestent, d'une part l'existence d'une structure interne propre aux représentations du type image et d'autre part, un isomorphisme structural entre ces images et les représentations d'origine perceptive, les percepts. Certains chercheurs ont montré de plus l'existence d'une similarité entre la structure de l'objet et celle de l'image mentale stockée en mémoire permanente (1989 : 64 et svt)[7].

7. On complètera utilement cette information par le texte de Denis M. et De Vega M., « Modèles mentaux et imagerie mentale », in Ehrlich M.F. *et al.*, *Les modèles mentaux* (pp. 79-100), Masson, 1992.

En réalité, les hypothèses plus ouvertement cognitivismes, intégrant les acquis de la recherche sur les prototypes – le niveau de base et le degré de typicalité –, sur les images et les modèles mentaux (Rosch, 1978) permettent de mieux appréhender le fondement analogique du signe iconique. Nous reviendrons d'ailleurs sur cette problématique dans la Section 2.

2.5 Le digital et l'analogique

On se souvient que l'une des caractéristiques du signe linguistique est d'être discontinu. Au sein du continuum verbal, l'arbitraire du signe délimite des unités bipartites et à chaque signifiant correspond un signifié : le signe linguistique est une unité discrète. Si l'on poursuit l'analyse plus avant, on découvre que le signifiant est à son tour composé d'éléments minimaux, cette fois non significatifs : ce sont les phonèmes. Chaque phonème peut encore être décomposé en traits distinctifs : labialité (avancement ou étirement des lèvres), aperture (ouverture relative de la cavité buccale : la différence entre « été » et « succès »), sonorité (vibration des cordes vocales), etc.

Autrement dit, le signe linguistique se construit sur des oppositions binaires à partir de la présence ou de l'absence d'un trait caractéristique : au niveau de la substance d'expression, de la substance phonique, les sons [b] et [p] par exemple, se distinguent par le seul trait de sonorité, le premier étant une occlusive bilabiale sonore, le second étant une occlusive bilabiale sourde. Au premier niveau de l'analyse linguistique, au niveau de la forme de l'expression ou de la phonologie, l'opposition phonologique entre les phonèmes /p/ et /b/[8] permet de distinguer, par exemple, les unités linguistiques « pal » et « bal ».

C'est en ce sens que l'on peut dire que le signe linguistique est digital : il est constitué, à chaque niveau d'analyse, par un système différentiel d'oppositions minimales et binaires. La présence (ou l'absence) de l'un des termes de chacune de celles-ci modèle le signe, le « configure » en tant qu'il est une unité linguistique unique et particulière. Discret et discontinu, le signe linguistique obéit à la loi du tout ou rien et n'autorise aucun état intermédiaire. Notons, qu'ainsi défini, le signe linguistique correspond au symbole, dans la terminologie peircienne et au signe digital, dans celle de Bateson et Watzlawick.

---

8. Nous respectons ici les codes de transcription phonétique entre crochets [ ] et phonologique entre barres obliques //.

Dans le cas des signes iconiques, il serait bien difficile de trouver une pareille rigueur. L'icone se présente le plus souvent comme un continuum au sein duquel isoler des unités minimales différentielles et discontinues, des unités strictement binaires, paraît quasiment impossible. Si l'on prend par exemple l'image conventionnelle d'un soleil (un cercle entouré de traits droits ou curvilignes), elle se présente comme un continuum graphique difficilement fragmentable. Il faut cependant reconnaître que les icones s'organisent selon des degrés : « Ces modèles [analogiques] pourraient être appelés "codes" dans la mesure où ils ne dissolvent pas le discret dans le continu (et donc n'annulent pas la codification) mais fractionnent en *degrés* ce qui apparaît comme continu. Le fractionnement en degrés suppose, au lieu d'une opposition entre le "oui" et le "non", le passage du "plus" au "moins". Par exemple, dans un code iconologique, étant donné deux conventionalisations X et Y de l'attitude de "sourire", on peut prévoir la forme Y comme plus accentuée que la forme X et ce, suivant une direction qui, au degré suivant, donne une forme Z très proche d'une éventuelle forme X1 qui représenterait déjà le degré inférieur de la conventionnalisation de l'attitude "éclat de rire" » (Eco,1970 : 26). De façon plus générale, la notion de degré d'iconicité a été développée par Moles sous la forme d'une échelle de 12 degrés progressifs dans le but de permettre une classification des images et des schémas, chacun des sous-types possédant son répertoire d'éléments, sa syntaxe et sa valeur (1981 : 100-101).

Cette caractéristique de l'icone oblige à préciser le sens du terme « analogique ». Le premier sens est lié aux différents contextes d'utilisation qui se réfèrent à la définition de l'icone et de la relation iconique : l'icone en général, et l'image en particulier, sont des signes analogiques, des *analogon*, dans la mesure où ils entretiennent des rapports d'homologie, d'isomorphisme avec l'objet qu'ils dénotent (sens 1). Mais l'on doit aussi considérer une seconde acception qui désigne, dans l'opposition « digital/ analogique », les phénomènes dont la nature est continue par rapport à ceux qui sont discrets et discontinus (sens 2). En réalité, c'est le caractère analogique (sens 1) de l'icone qui la rend continue et donc analogique (sens 2). C'est à Bateson, Watzlawick, etc. que l'on doit d'avoir développé cette distinction mettant en évidence le caractère essentiellement analogique de la communication non verbale (paralinguistique, gestuelle, etc.).

Digital et analogique se différencieraient enfin par le type de processus cognitif qu'ils induiraient respectivement. Bougnoux a proposé dans cette perspective quelques pistes intéressantes. Il met en avant la notion de coupure sémiologique qui distinguerait irrémédiablement les symboles, des icones et des indices. Le monde de la *sémiosis* se trouverait irréparablement fracturé : « dans leur développement, il a fallu que l'individu comme la civilisation s'arrachent aux contacts primitifs pour apprendre l'abstraction, la combinatoire symbolique et les nombres. Le pôle symbolique se définit comme celui du détachement, donc de la circulation optimale, mais c'est une pôle "froid" : le message verbal, ou digital en général, est abstrait, donc plus mobile, mais impersonnel voire inhumain. Cette abstraction culmine dans les énoncés dits scientifiques, c'est-à-dire capables de voyager loin de leur source, ou dont la vérité est indépendante des conditions d'énonciation (...). Mais cette prétention se paye par le renoncement au sensible. Inversement, la couche indicielle désigne cette conaturalité par laquelle les signes attachent et nous touchent : relations physiques et énergétiques, corps à corps esthétiques, magmas de l'affect ou "processus primaire" freudien... Une caresse, un regard, un cri sont plus "chauds" que leur paraphrase, l'indice est le pôle fusionnel des contagions, des expressions émotives, des empreintes et de la métonymie en général ; il est par excellence *ce qui fait masse*, dans mais aussi entre les sujets » (1991). Selon un axe allant de l'indice au symbole se développeraient les diverses manifestations de type culturel et éducatif : l'éducation consisterait à développer progressivement l'usage des indices, des icones puis celui des symboles et, plus on serait éduqué, plus la communication se digitaliserait. Inversement, l'art, le rêve et l'imaginaire se développeraient par une réactivation des aspects analogiques, iconiques et indiciels de la communication.

On approfondira plus loin la question des aspects cognitifs de la coupure sémiologique dans le développement psychogénétique. Sur le plan des productions culturelles – ou selon une terminologie plus cognitiviste, des technologies intellectuelles – l'écriture offre un exemple particulièrement intéressant d'« arrachement » vers l'abstraction. L'écriture comme l'ont montré certains anthropologues (Leroy-Gourhan, Goody) a transformé la raison humaine mais cela s'est fait progressivement. Selon Netchine-Grynberg et Grynberg (1991), le rôle initial de l'écriture aurait été limité à un procédé de transcodage et de mémorisation externe de la langue orale. L'existence de ces longues colonnes non paginées, depuis l'antiquité gréco-romaine jusqu'au haut moyen-âge, montre que « lire consiste à opérer un transcodage grapho-phonétique au terme duquel l'accès à la signification s'effectue par le biais de l'oralisation » (*op. cit.,* 12). L'écrit n'a alors qu'une autonomie relative par rapport à la langue parlée dont il constitue un auxiliaire servile : il n'a d'existence que dans et par le retour à l'oralité. Progressivement, du VIIe au XIIe siècle, se créera un système scriptural autonome, possédant ses propres conventions de spatialisation et ses structures sémiotiques propres : coupure, séparation entre les mots, diverses ponctuations et formes de segmentation du texte, etc., autant de marqueurs spécialisés qui mettent en évidence la structure significative du texte et, d'une certaine façon, son mode d'emploi. Un usage interne, non oralisé, du système scriptural peut dès lors se développer. La lecture silencieuse devient alors possible. Enfin, dès le XIIIe siècle jusqu'à l'invention de l'imprimerie, cette décontextualisation s'accélèrera et aboutira à la création de « structures sémiotiques spatialisées, *arbitraires* et abstraites, d'application indépendante du contenu thématique, dont l'expression va dès lors pouvoir bénéficier d'un cadre standardisé, facilitateur d'une lecture rapide, aux procédures automatisables » (*op. cit.,* 14). Ces mêmes auteurs, se référant à Panofsky, rapprochent l'évolution du statut de l'écrit de celle de la perspective : la perspective subjective, fondée sur des positions relatives des objets et l'espace « agrégatif » cèdent progressivement la place à une perspective abstraite et décontextualisée qui se construit à partir d'un point de vue unique et arbitraire tandis que la définition de l'espace n'est plus liée aux objets que le peintre doit représenter. Cette modalité de sémiotisation apparaîtrait comme caractéristique d'un certain rationalisme occidental.

2.6 Les codes sémiologiques : spécifiques et généraux

Toute discipline naissante se donne comme première mission la description exhaustive de son objet et l'élaboration d'une taxonomie L'une des premières tâches de la sémiologie, dans les années '60-'70, aura donc été d'identifier et de répertorier les différents codes en présence, d'analyser leurs rapports et leur hiérarchisation éventuelle à travers l'exploration systématique des pratiques signifiantes. Cette tendance a dominé la majorité des études et des recherches de cette époque parmi lesquelles on rappellera les principaux textes fondateurs : le cadre méthodologique (Barthes, 1964-a, 1967), l'analyse des codes iconiques et des messages visuels (Eco, 1970), l'analyse des codes publicitaires (Barthes, 1964-b, Peninou 1970 et 1972), l'analyse des codes cinématographiques (Metz, 1964, 1970, 1971 et 1972), l'analyse du récit et la théorie des actants (Bremond, 1964 ; Greimas 1970), le récit en image et la bande dessinée (Fresnault-Deruelle, 1970, 1988).

La complexité des langages sémiologiques se manifeste par une multiplicité de codes intervenant à l'intérieur d'un même message, à l'intérieur d'un même langage : le langage cinématographique par exemple, se construit comme une entité complexe où s'entremêlent le langage verbal, le paraverbal (intonation, jeu vocal, etc.), le mouvement, l'image, le son (la musique et le bruitage), le récit, etc. Le terme générique *audio-scripto-visuel* proposé par Cloutier rend d'ailleurs compte de l'hétérogénéité des substances signifiantes (des substances d'expression) à l'œuvre dans la majorité des systèmes sémiologiques.

À titre d'exemple, voici deux façons différentes de hiérarchiser les multiples codes qui composent l'image publicitaire. Nous emprunterons la première à Peninou (1972) qui proposa très tôt une analyse sémiotique du discours publicitaire :

- le code *chromatique* (choix des couleurs et qualité optique de celles-ci) ;
- le code *typographique* (choix des caractères, mise en page et disposition spatiale de ceux-ci dans la composition générale) ;
- le code *photographique* (utilisation sélective des plans) ;
- le code morphologique (géographie particulière de l'image publicitaire et organisation du parcours visuel).

Bergala (1975 : 23), quant à lui, suggère la classification suivante :

- les codes de la *mise en page* (rapport photo/page et photo/texte) ;
- les codes *photographiques* (éclairage, cadrage, point de vue, angle de prise de vue, couleurs et codes chromatiques) ;
- les codes *socioculturels* (attitude, type, âge, milieu social, vêtements) ;
- les *textes* (caractères typographiques, mise en page, contenu du message, codes rhétoriques).

Voilà autant de codes et de sous-codes que l'image publicitaire partagerait avec d'autres langages iconiques. L'analyse des différents langages fait donc apparaître des codes communs, de même nature en tous cas, et des codes particuliers, spécifiques à chacun d'eux. Les codes culturels par exemple, ces fragments d'idéologie, s'inscrivent indifféremment dans les images photographiques, cinématographiques et publicitaires puisqu'ils appartiennent à nos mythologies (Barthes, 1957). Les codes photographiques qui gouvernent l'usage des grosseurs de plans sont constitutifs des images photographiques et cinématographiques. Certains de ces codes enfin, se trouvent à la base des images publicitaires. Par contre, l'illusion du mouvement (créée à partir de 24 photogrammes, de 24 images fixes, qui se succèdent de seconde en seconde sur un écran réfléchissant) n'appartient qu'au langage cinématographique : elle fonde la spécificité du langage cinématographique et le différencie de tous les autres langages iconiques.

La sémiologie opère donc une distinction entre les codes spécifiques et les codes généraux : les premiers permettent d'identifier un langage dans ses aspects singuliers tandis que les seconds sont communs à plusieurs langages. Cette distinction a constitué longtemps un principe méthodologique ainsi qu'un axe de recherche, d'autant qu'en prétendant saisir exhaustivement son objet, elle offrait l'illusion d'une certaine scientificité. Et c'est sans doute aussi pour cette raison que l'institution scolaire et les enseignants se sont si facilement emparés des premiers résultats de ces travaux.

Dès le milieu des années 70 en effet, les recherches sémiologiques se trouvent vulgarisées et adaptées à la pratique pédagogique des enseignants : les initiations à la sémiologie et à l'analyse de différents langages audiovisuels se multiplient ; par ailleurs des cours d'initiation au langage de l'image et au monde sonore sont introduits dans les programmes scolaires. De ce mouvement témoignent d'une part, les livres de Favrel (1971), de Porcher (1973, 1974, 1975), Chalon, Porcher et Rubenach (1976) et d'autre part, la collection *Les cahiers de l'audiovisuel* de la Ligue française de l'enseignement et de l'éducation permanente (Bergala, 1975 et 1977 ; Berrard, 1979, Gauthier, 1979 et 1982 ; Zimmer, 1978). La différence entre ces deux types de publications nous paraît intéressante à souligner. Les premières sont significatives de l'irruption de l'audiovisuel et des médias dans les enseignements primaire et secondaire : il s'agit de rendre les enseignants conscients de l'importance du phénomène « médias » et de faire entrer les médias dans l'école par une pratique et par des exercices d'expression « médiatique ». Les secondes, directement inspirées par les travaux et les recherches sémiologiques, proposent des outils d'analyse permettant de rendre compte du fonctionnement langagier des différents médias et de leur rhétorique.

Pourtant, le caractère hétéroclite de certaines des descriptions proposées a parfois surpris : parce qu'elles se veulent exhaustives, elles assimilent des répertoires de procédés techniques, des éléments strictement descriptifs à des codes dont certains pourraient être de plus analysés en sous-codes, etc. Souvent, elles se présentent comme l'énumération pure et simple de différents attributs et caractéristiques qui relèvent plus de la technique ou de l'esthétique que d'un réel système de codification. Chaque auteur privilégie certains aspects (les détaillant tout en en survolant d'autres) sans que la logique de ces discriminations ne soit explicitée, sans que ne soit pensée l'articulation entre les différents niveaux. Ces critiques générales ne doivent cependant pas faire oublier l'apport de ces nombreuses recherches : une meilleure connaissance des différents langages et un important engouement pour la sémiologie.

2.7 La connotation

On a vu que tout signe comportait deux faces : un signifiant et un signifié. Supposons maintenant que ce signe devienne à son tour l'une des faces d'un autre signe qui lui serait en quelque sorte extensif. On aurait ainsi affaire à deux signes imbriqués, enchâssés l'un dans l'autre mais se situant sur des plans différents semblables à ceux des langages « décrochés ». Deux cas sont alors possibles :

- le signifiant du signe de second niveau est formé par un ensemble Sa/Sé de premier niveau : un signe devient signifiant pour un nouveau signifié et entre dans une nouvelle relation de signification ; on parle dans ce cas de connotation ;
- le signifié du signe de premier niveau est formé par un ensemble Sa/Sé de second niveau, c'est-à-dire qu'un signe devient le signifié d'un signifié déjà existant et qu'un signe devient l'interprétant d'un autre : on parle dans ce cas de métalangage.

L'analyse sémiologique s'est beaucoup intéressée aux langages de connotation dont la structure peut être décrite comme suit :

Schéma n° 7 : Les langages décrochés

<table>
<tr><td colspan="2">SIGNIFIANT
(Signe)</td><td>SIGNIFIÉ</td><td>niveau de connotation</td></tr>
<tr><td>Signifiant</td><td>Signifié</td><td></td><td>niveau de dénotation</td></tr>
</table>

Le premier système constitue le plan de la dénotation, le second (extensif au premier) celui de la connotation. En reprenant la terminologie de Hjelmslev, on dira qu'un système connoté est un système dont le plan de l'expression est constitué lui-même par un système de signification. Dans ce cadre, un système simple de signification s'écrit, nous l'avons vu, comme une relation entre les plans de l'expression et du contenu : ERC. Aussi un système connoté peut-il s'écrire de la façon suivante : (ERC)RC.

Les cas courants de connotation seront évidemment constitués par les systèmes complexes dont le langage verbal forme le premier système comme, par exemple, la littérature. Mais, la société développe sans cesse, des systèmes de sens seconds. Aussi Barthes proposera-t-il d'appliquer cette analyse à tous les objets du monde : images, vêtements, nourriture, etc., Ainsi par exemple dans son analyse la publicité pour les pâtes Panzani, l'auteur explique que le filet de la ménagère dans lequel sont rassemblés les produits – les pâtes, les conserves, mais aussi les produits frais comme les oignons, les poivrons et les tomates – peut signifier au niveau connotatif la pêche miraculeuse (1964 : 48).

L'analyse d'une image, d'une photo publicitaire par exemple, peut être décomposée en deux niveaux :

- d'une part, la description de la photo en tant qu'elle (re)présente une portion de réel (un bord de mer, une bouteille de liqueur et une femme en monokini, par exemple) : c'est la dénotation de l'image ;
- d'autre part, l'analyse des significations associées à ce premier signe-image (les couleurs et l'atmosphère me renvoyant à une certaine idée de l'exotisme, l'attitude de la femme évoquant la douceur et la séduction, lesquelles pourront être associées pour moi – pour le large public auquel cette image est destinée – au goût présumé de la liqueur qui est présentée) : c'est la connotation de l'image.

L'intérêt de la détermination de deux plans d'analyse réside dans la possibilité qu'elle donne au sémiologue de ne plus devoir s'interroger sur la nature et la composition du signe de dénotation, ce premier « langage-objet ». Or, nous l'avons vu, c'est bien là que se situaient les principales difficultés rencontrées par la sémiologie dans son approche des signes non linguistiques et de l'image en particulier.

Avec la connotation, le sémiologue ne considère plus que des signes qui, outre leur signification première, sont susceptibles d'évoquer un sens second. Le signifié de connotation possède à la fois un caractère général, global et diffus : il demeure toujours du dénoté sous les connotations (sans quoi la communication ne serait évidemment pas possible) et les connotations sont finalement des signes discontinus, erratiques, « naturalisés par le message dénoté qui les véhicule » (Barthes, *op. cit.,* 165). Voilà pourquoi, dit Barthes, le sémiologue est fondé à traiter de la même façon l'écriture et l'image : il retient d'elles qu'elles sont toutes deux des signes d'un langage-objet susceptible de rentrer dans un même jeu d'évocation connotatives. En clair, on peut donc étudier de la même façon les connotations d'un texte littéraire (le ton, le style) et celles d'une image (l'atmosphère de la photo, la culture de son auteur, etc.).

Le propre de la connotation en tant qu'elle est un fragment d'idéologie est d'être justement inscrite dans l'énoncé sans qu'elle en constitue explicitement le contenu : « l'idéologie serait en somme la forme (au sens hjelmslevien) des signifiés de connotation cependant que la rhétorique serait la forme des connotateurs » (Barthes, *op. cit.,* 165). Telle était l'une des thèses des *Mythologies* : le rapport au langage est politique et il s'agit donc de faire la démonstration de l'engagement politique et historique de tout langage culturel, de toute pratique signifiante. L'étude de la rhétorique connotative s'oriente vers une anthropologie culturelle et toute lecture mythologique découvre la sémiotique comme « sémioclastie ». Mais, nous l'avons dit, ce courant s'est développé à partir du modèle du code et en conséquence ne considère que les significations qu'atteste, comme en filigrane, la forme de l'énoncé. L'instance d'émission se trouve présente à la langue par la trace qu'elle y imprime tout en s'y structurant, mais elle n'est pas étudiée pour elle-même.

2.8 Un modèle général de la communication

Jakobson, dans son analyse des rapports entre la poétique et la linguistique (1963) a proposé une théorie générale de la communication verbale, de ses « différents facteurs inaliénables » ainsi que des fonctions linguistiques qui leur sont associées (*op. cit.,* 214). Ce schéma de la communication que nous reproduisons ci-dessous a longtemps été présenté comme le modèle général de la communication et, à ce titre, de nombreux travaux sémiologiques s'y sont référés.

La fonction *référentielle* concerne le contexte auquel renvoie le message que l'on désigne sous le terme parfois ambigu de « référent » ; il s'agit en fait de la fonction informative, dénotative ou cognitive des messages. Aucun message ne peut cependant être réduit à sa fonction cognitive ou référentielle même si elle constitue la fonction principale de nombreux messages.

La fonction *expressive* est celle qui est centrée sur le destinateur : elle lui permet d'exprimer son attitude, son émotion, son affectivité par rapport à ce dont il parle. Jakobson propose de ranger sous cette catégorie, en plus des interjections (la forme linguistique la plus caractéristique), toutes les marques phoniques, accentuelles, grammaticales ou lexicales qui manifestent la couche « émotive » de la langue.

Schéma n° 8 : Les six fonctions du langage

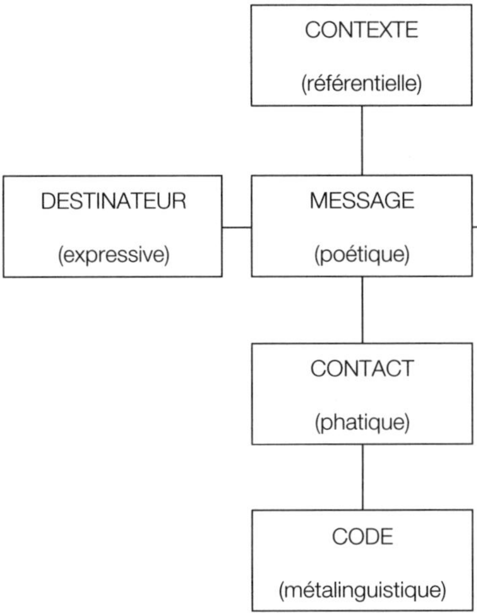

La reconnaissance de cette fonction permet de découvrir que les unités expressives (en français, l'allongement vocalique pour marquer, par exemple, l'ironie ou le courroux) « attribuables à l'exécution du message, non au message lui-même », font partie intégrante de la « capacité informationnelle » du message (*ibid.*, 215). La variation de la longueur vocalique comme marque de l'expressivité doit être considérée comme un fait du code même si, en français, la longueur vocalique n'est pas un trait pertinent du point de vue phonologique. Autrement dit, selon la terminologie saussurienne, un fait de parole, un fait d'exécution, doit pouvoir trouver place dans le système de la langue.

La fonction *conative* est, elle, centrée sur le destinataire : ses formes grammaticales d'expression les plus caractéristiques sont le vocatif et l'impératif. Cette fonction de communication traduit la volonté du destinateur d'agir sur son destinataire. La fonction conative permet de distinguer deux types d'énoncé très différents :

- premièrement, ceux qui peuvent être soumis à l'épreuve de la vérité (ceux qui acceptent que l'on pose, à leur propos, la question : « Est-ce vrai ? ») : ce sont les énoncés déclaratifs ;

– deuxièmement, ceux qui ne relèvent pas de cette logique véri-conditionnelle et à propos desquels la question « est-ce vrai ? » n'a aucun sens. Un ordre tel « Buvez » est de ce type.

Pourtant, en approfondissant l'analyse de ce dernier exemple, nous pourrions très bien répondre à cet ordre par une question du même type. Mais il est clair que, dans ce cas, notre question porterait sur tout autre chose que sur la véracité de l'énoncé : par exemple, sur la légitimité d'une telle injonction dans une situation d'énonciation particulière. Ce faisant, nous aurions déjà franchi les limites du code, du message et du contenu de l'énoncé pour entrer dans le champ de la pragmatique et de l'étude des actes illocutoires.

La fonction *phatique* sert essentiellement à établir la communication, à assurer le contact entre le destinateur et le destinataire, enfin, à maintenir l'attention de l'interlocuteur. Il s'agit essentiellement de rendre la communication effective et de l'entretenir. Il existe dans la langue des formules vides de sens, exclamations, phrases toutes faites (« Allô, tu entends ? », par exemple, au téléphone) qui assurent cette fonction. Dans les images photographiées, filmées ou télévisées, la position de la personne photographiée (frontale ou légèrement de profil), la direction de son regard (les yeux dans l'objectif, donc plongeant dans le regard du destinataire), etc. assurent la même fonction.

La fonction *métalinguistique* a pour visée le code et permet de développer un langage dont le plan du contenu serait un premier langage. Défini de cette façon, dans les termes proposés par Hjelmselv, le métalangage est un des deux langages décrochés dont la connotation constitue l'autre possibilité. Chaque fois que le destinateur ou le destinataire jugent utile de préciser le sens d'un mot, d'une expression ou d'un fragment de discours, se manifeste la fonction métalinguistique : elle vise à l'explicitation du code, à la vérification que l'un et l'autre des partenaires partagent le même code.

La fonction *poétique* enfin, est centrée sur le message lui-même et prend celui-ci comme objet propre ; elle met en évidence « le côté palpable des signes » : tous les phénomènes stylistiques qui soulignent la matérialité du signe tels que la prosodie, les allitérations, les assonances – dont le fameux slogan électoral *I like Ike* donné par Jakobson comme exemple –, etc., contribuent au déploiement de cette fonction.

Aucun message, et ceci est essentiel, ne se limite à l'expression d'une seule de ces six fonctions : au sein d'un même message, toutes existent, réalisées à des degrés différents et seule la dominance de l'une d'entre elles caractérise le message. Par exemple, la prédominance de la fonction référentielle définira le langage scientifique, la fonction poétique la littérature et la poésie, la fonction conative le discours prescriptif ou moraliste, etc. La distinction de différents types de messages selon leur fonction prédominante trouvera une formulation plus cohérente dans l'analyse du fonctionnement des discours qui identifiera des types de discours et des genres de textes (voir ci-dessous *Les interlocuteurs et la polyphonie*).

L'étude systématique de la nature des signes ainsi que celle des codes sémiologiques, l'analyse de la rhétorique connotative, la prise en considération des différentes fonctions de la communication constituent certes les entreprises les plus significatives de la sémiologie structurale ; si ces analyses dessinent néanmoins les limites du modèle qui les inspirent, elles ouvrent pourtant de nouvelles perspectives. La théorie de Jakobson par exemple, déborde du cadre strict du modèle du code car les interlocuteurs y font déjà sentir leur présence.

Chapitre 3

Une première approche de l'énonciation

1 CONTENU ET RELATION

Lors de la présentation de l'évolution des théories et des modèles de la communication, nous avons évoqué l'importance de la distinction entre contenu et relation. Au moment où l'on cesse d'envisager les messages en faisant abstraction de toute référence à leur réalisation concrète, il ne peut plus être question d'analyser les significations indépendamment des sujets communicants et des contextes dans lesquels ceux-ci justement communiquent.

Mais dès que les messages se voient considérés comme parties d'une situation concrète, dès qu'ils sont envisagés sous l'angle du discours, c'est-à-dire comme des actes avec toutes leurs implications relationnelles, on est conduit à reconnaître, dans le message, deux aspects, l'un relatif au contenu et l'autre, à la relation. Aussi les philosophes du langage et les linguistes ont-il été amenés à distinguer dans un énoncé verbal un sens *descriptif* ou propositionnel – son contenu informatif – et un sens *pragmatique*. Si le sens descriptif concerne le fait qu'un énoncé verbal représente un « état de choses » auquel il fait référence, le sens pragmatique désigne quant à lui le fait qu'un énoncé assume une *fonction illocutoire*, c'est-à-dire qu'il met en relation, sous un certain rapport, les interlocuteurs.

Pour les linguistes, les éléments de la signification qui déterminent le sens pragmatique sont essentiellement linguistiques : les pronoms personnels, le mode verbal, l'ordre des mots, la nature de certains verbes comme

« ordonner », « promettre », que l'on a appelés les performatifs explicites, etc. Mais, comme ils le reconnaissent eux-mêmes, de nombreux éléments interviennent que la linguistique ne prend traditionnellement pas en charge ; ce sont, par exemple, les éléments dits extra-linguistiques ou « suprasegmentaux » : la prosodie, l'intonation, la mélodie, les inflexions de voix ainsi que la qualité vocale. Dans de très nombreux cas, en effet, aucun marqueur de force illocutoire syntaxique ou sémantique ne permet de discriminer deux énonciations différentes, possédant donc deux sens pragmatiques différents. On doit en conséquence accepter que ces aspects de type analogique jouent alors un rôle dans la communication et dans la compréhension des aspects relationnels.

De leur côté, les psychosociologues accordent naturellement davantage d'importance aux aspects non verbaux de la communication. Le contenu de la communication se transmettrait essentiellement par le biais du code verbal, par les modalités digitales de la communication, tandis que les aspects relationnels emprunteraient essentiellement ses modalités analogiques : la posture, la mimique, le gestuel, les caractéristiques vocales, etc. Ces aspects qui accompagnent le dire et constituent la *manière de dire* structurent la relation autant, sinon plus que le dire lui-même. Tout ce qui constitue la manière de dire détermine le rapport entre les interlocuteurs et concerne au plus près leurs images d'eux-mêmes telles qu'elles se jouent dans ce rapport. On fera plus loin (voir Section III) quelques propositions au sujet des modalités analogiques de la communication.

Il convient d'abord de faire état des avancées de la linguistique vers la pragmatique.

2 L'ÉNONCÉ COMME IMAGE DE L'ÉNONCIATION

Le concept d'énonciation s'est imposé comme un des fondements des théories du langage et de la communication. Mais en considérant les faits de paroles, c'est-à-dire le discours en acte, on définit un cadre de référence où le concept d'énonciation, intégrant l'ensemble des faits psychosociologiques, physiques, physiologiques et linguistiques, possède une telle extension que les linguistes ont craint de lui voir perdre toute pertinence linguistique. Aussi, tout en reconnaissant la dimension pragmatique du sens d'un énoncé, ont-ils tenté de recentrer ce concept et de définir l'énonciation en termes strictement linguistiques : « J'appellerai "énonciation" le fait que constitue l'apparition d'un énoncé – apparition que la sémantique linguistique décrit généralement comme l'apparition d'une phrase » (Ducrot, 1980-b : 33). Ce concept doit donc être entendu au sens strictement sémantique, en faisant abstraction de toute référence à l'activité psychologique ou même physiologique dont l'énoncé est le produit puisque « il n'implique même pas l'hypothèse que l'énoncé est produit par un sujet parlant » (*op. cit.,* 34). L'énonciation n'est donc que ce « surgissement », cet « événement historique que constitue l'apparition d'un énoncé » (*op. cit.,* 33).

Ducrot cherche essentiellement à construire une conception énonciative du sens et c'est dans cette mesure qu'une telle définition lui est indispensable. Le sens de l'énoncé est alors défini comme une description, une image ou encore une représentation de son énonciation transmise directement par l'énoncé dès qu'on le comprend. En effet, un énoncé n'asserte rien à propos de son énonciation : le caractère assertif d'une affirmation ne s'asserte pas, il se transmet directement, il se montre. Mais alors, peut-on se demander, qu'est-ce qu'une énonciation, en quoi consiste-t-elle et quelles en sont les caractéristiques ? Autrement dit encore, quels sont les aspects de l'énoncé qui sont constitutifs de cette image de l'énonciation ? Ducrot montrera que cette dernière se structure à partir d'aspects de l'énoncé relatifs aux interlocuteurs d'une part, et de ceux qui touchent à la relation, d'autre part.

Malgré le bien-fondé des critiques dont elle a fait l'objet, la démarche pragmatique de linguistes comme Ducrot a permis de mieux cerner les moyens linguistiques offerts au sujet extra-linguistique pour se définir en tant que sujet *de* et *dans* la langue. C'est à la présentation des aspects liés aux interlocuteurs que nous nous attèlerons dans les sections de ce chapitre.

3 LES PERSONNAGES DE L'ÉNONCIATION

« Dire qu'un énoncé, écrit Ducrot, décrit son énonciation, c'est dire, d'abord, qu'il se présente comme produit par un locuteur, désigné en français (...) par le pronom et les différentes marques de la première personne. » (Ducrot, 1980 : 33) Mais Ducrot assortit ce premier aspect d'une remarque intéressante qui concerne avant tout le langage écrit. « Certes, écrit-il, il se trouve presque toujours, dans le langage écrit, que le locuteur coïncide avec l'être empirique qui est physiquement l'auteur du discours. Mais cette coïncidence ne joue pas un rôle essentiel dans la sémantique linguistique telle que je la conçois. Celle-ci n'a pas besoin, je l'ai dit, de faire l'hypothèse que l'énoncé est, dans la réalité, produit par quelqu'un. Ce qui m'importe, c'est qu'il se présente comme tel : cela ne fait donc aucune difficulté d'admettre que, dans un roman à la première personne comme Adolphe, le locuteur, c'est le personnage Adolphe et non pas l'auteur. » (*ibid.,* 35). Mais la remarque est beaucoup plus importante que ne le laisse paraître l'exemple littéraire choisi de Ducrot car elle concerne de fait un grand nombre de messages médiatiques. La publicité, notamment, propose une multiplicité de messages dont les énoncés, loin de référer à leurs auteurs réels (les concepteurs), se présentent comme produits par les personnages imaginaires qu'elle met en scène. Les narrateurs des films de fiction et même les commentateurs des films documentaires sont en général dissociés des auteurs (réalisateurs, scénaristes, etc.). L'effacement de l'auteur semble être une constante de l'univers médiatique.

L'énoncé indique également à qui il est adressé : « L'énoncé présente d'autre part son énonciation comme adressée par un locuteur à un allocutaire (...). L'allocutaire est désigné (...) par les pronoms et les marques de la deuxième personne (...). » (*ibid.,* 35). Mais ici encore, il convient de compléter cette affirmation par deux remarques importantes.

D'une part, comme le précise bien Ducrot, il ne faut pas confondre allocutaire et auditeur : la notion d'allocutaire est indispensable à la compréhension du sens tandis que celle d'auditeur désigne simplement la ou les personnes ayant pu entendre le discours. « La différence apparaît nettement si l'on analyse un énoncé comme : "parle plus bas, Pierre, il y a Paul qui nous entend". Un tel énoncé caractérise Pierre comme allocutaire et Paul comme auditeur, mais on voit que cela se fait à deux niveaux différents. La caractérisation de Paul comme auditeur est l'objet d'une assertion contenue dans le sens : le locuteur annonce que Paul entend. Mais le rôle d'allocutaire joué par Pierre n'est pas l'objet d'une assertion, il appartient au cadre dans lequel l'assertion est, selon l'énoncé, effectué. » (*ibid.,* 36)

D'autre part, comme on le verra plus loin à propos de la polyphonie, il convient parfois de distinguer, parmi les allocutaires, différentes catégories de destinataires.

Les marques de personnes sont certainement un des aspects les plus importants à considérer dans un discours. Mais on ne saisira bien leur véritable portée pragmatique que si, d'une part, on tient compte de leur degré de présence, et que d'autre part, on tient compte de ce qui les différencie.

4 DISCOURS ET RÉCIT

La question des interlocuteurs de la communication est fondamentale pour l'analyse des messages. Il existe en effet des discours pauvres en indication sur les interlocuteurs et d'autres qui en présentent de multiples. Benveniste, dans son étude « Les relations de temps dans le verbe français » (1966), cherche à décrire, à travers une analyse synchronique du français, les relations qui structurent réellement les formes temporelles. Réfutant l'hypothèse largement admise selon laquelle les formes verbales construites sur le même thème appartiennent à la même conjugaison, il considère que les temps du verbe français se distribuent en deux systèmes distincts et complémentaires, chacun correspondant à un plan d'énonciation particulier : celui de l'*histoire* et celui du *discours*. Mais la distribution des temps entre ces deux types d'énonciation s'accompagne d'une répartition simultanée des formes de la personne. Cette opposition permet alors de différencier les énoncés qui se présentent, à la limite, comme des récits sans narrateur, qui excluent donc toute forme linguistique de type autobiographique, de ceux qui manifestent clairement « un locuteur et un auditeur et, chez le premier, l'intention d'influencer l'autre de quelque manière » (*op. cit.*, 242).

L'énonciation historique, dont les temps fondamentaux sont le passé simple et l'imparfait, se caractérise par le « récit des événements passés » (*ibid.*, 239). Elle use exclusivement de la troisième personne et donc, exclut le *je* et le *tu* qui manifestent clairement la relation de personnes propre au discours : « Il faut et il suffit que l'auteur reste fidèle à son propos d'historien et qu'il proscrive ce qui est étranger au récit des événements (discours, réflexions, comparaisons). À vrai dire, il n'y a même plus alors de narrateur. (...) Personne ne parle ici ; les événements semblent se raconter eux-mêmes ». Et c'est pour cela que l'aoriste peut être considéré comme le « temps de l'événement hors de la personne du narrateur » (*ibid.*, 241). Le discours quant à lui regroupe « tous les genres où quelqu'un s'adresse à quelqu'un, s'énonce comme locuteur et organise ce qu'il dit dans la catégorie de la personne » (*ibid.*, 242) : la diversité des discours oraux mais aussi le discours oral écrit (théâtre, mémoire, correspondance, ouvrage didactique, etc.).

La distinction entre histoire (ou récit) et discours est fondamentale en ce qu'elle permet de distinguer deux grandes formes d'énonciation. Mais comme telle, elle comporte une certaine ambiguïté. Elle pourrait laisser croire en effet que tout ce qui se présente sans indicateur de personne relève de la narration. Or, il est des formes de discours qui, comme le récit proprement dit, se présentent sans référence aux interlocuteurs ou d'ailleurs à tout autre aspect de la situation d'énonciation. C'est le cas des énoncés scientifiques, par exemple, dont les énoncés portent sur des faits indépendants de l'énonciation (*l'eau bout à cent degrés*), ou d'autres formes de discours généralisantes. C'est pourquoi il vaut sans doute mieux, pour donner à la distinction sa portée la plus générale, substituer au couple discours

– histoire, le couple *embrayage – désembrayage* (Maingueneau, 1998). Cette autre terminologie permet également de mieux préciser les différentes manières dont un énoncé peut indiquer sa situation d'énonciation. La notion d'embrayeur est ici la notion clé : « On appelle embrayage l'ensemble des opérations par lesquelles un énoncé s'ancre dans sa situation d'énonciation, et embrayeurs (dits aussi "éléments déictiques", "déictiques", ou parfois "éléments indiciels") les éléments qui dans l'énoncé marquent cet embrayage. Sont des embrayeurs de personne :

- les traditionnels "pronoms" personnels de première et deuxième personne : *je*, *tu*, *nous*, *vous* ;
- les déterminants *mon/ton*, *notre/votre* et leurs formes au féminin et au pluriel ;
- les pronoms *le mien*, *le tien/le nôtre*, *le vôtre* et leurs formes au féminin et au pluriel » (Maingueneau, *op. cit.,* 88).

À ces marques de personnes, il faut ajouter les déictiques temporels et spatiaux qui, prenant pour point de repère le moment et le lieu de l'énonciation, situe celle-ci dans le temps et l'espace (par exemple : aujourd'hui, demain, ici, là-bas...) On peut également compter parmi les éléments contribuant à l'embrayage, les marques de modalité qui indiquent l'attitude du locuteur par rapport à ce qu'il dit (par exemple : heureusement, probablement...). Par opposition aux énoncés embrayés, les énoncés ne comportant pas d'éléments d'ancrage dans la situation d'énonciation, seront dits non embrayés, leur caractéristique étant de se présenter comme « coupés de la situation d'énonciation » (Maingueneau, *op. cit.,* p. 94).

Outre le fait que la distinction peut servir à caractériser des types ou des genres, elle permet également de spécifier des stratégies pragmatiques de communication. Il est tout à fait injustifié de limiter au seul registre du discours, comme le fait Benveniste, « l'intention d'influencer l'autre de quelque manière » (Benveniste, 1966). On peut en effet également tenter de l'influencer en effaçant les traces des circonstances contingentes de l'énonciation, en rendant l'énoncé autonome par rapport aux personnes. De nombreux discours argumentatifs usent de cette possibilité. Par exemple le slogan de la publicité électorale analysé au début de cet ouvrage (« Le socialisme, une idée qui fait son chemin ») est largement désembrayé car il s'agit de donner à l'énoncé une valeur de vérité qui transcende les circonstances passagères de l'énonciation. Il le reste cependant quelque peu, par l'usage du temps présent (le « fait son chemin » vaut pour « est en train de faire son chemin »), car il s'agit tout de même d'amener le destinataire à emboîter le pas à Mitterrand pour parcourir le chemin en question. Cet exemple montre que l'embrayage et le désembrayage sont susceptibles de degrés et ne constituent donc pas une alternative binaire.

L'exemple suivant, tiré d'un texte argumentatif prononcé par un économiste lors d'un débat télévisé, montre l'alternance pouvant exister entre les deux registres dans un même discours : « L'économie belge est malade, les symptômes sont nombreux et par conséquent, il n'y a pas de remède miracle. Mais il y a certaines règles essentielles à respecter et une de ces règles, la plus importante, c'est de préserver, de renforcer l'instrument qui procure la richesse dans ce pays ; c'est de l'entreprise qu'il s'agit. C'est elle qui procure l'emploi et les revenus, par la vente des produits qui sont fabriqués. Pour pouvoir vendre ses produits, il faut qu'une entreprise soit compétitive. Et bien, ce problème de la compétitivité, la banque nationale l'a étudié pour nous. Nous devons constater ces dernières années que nous avons reculé, que notre position s'est affaiblie… »

On voit dans ce texte que les assertions du début, qui servent de cadre au raisonnement, se présentent comme largement indépendantes des circonstances. L'ancrage du discours dans celles-ci n'apparaît qu'à partir du « nous », pronom de la première personne du pluriel dont on remarquera ici le caractère unanimiste.

Cette dernière remarque nous amène naturellement à considérer le rôle pragmatique que, conjointement à leur fonction d'embrayage, les marques de personnes sont appelées à jouer.

5 LES PRONOMS PERSONNELS ET LES MARQUES DE PERSONNE

Benveniste a rendu manifeste une assymétrie fondamentale entre le couple *je/tu* et le *il* : « Dans les deux premières personnes, il y a à la fois une personne impliquée et un discours sur cette personne. *Je* désigne celui qui parle et implique en même temps un énoncé sur le compte de « je » : disant « je », je ne puis pas ne pas parler de moi. À la deuxième personne, « tu » est nécessairement désigné par « je » et ne peut être pensé hors d'une situation posée à partir de « je » et en même temps, « je » énonce quelque chose comme prédicat de « tu » ; cette forme est ainsi exceptée de la relation par laquelle « je » et « tu » se spécifient » (1966 : 228). Alors que *je* et *tu* désignent les personnes dans leur unité spécifique, *il* n'implique aucune personne spécifique. La troisième personne est donc la non-personne, ce qui explique certains de ses emplois particuliers : « On peut l'affecter à deux expressions de valeur opposée. « Il » (ou « elle ») peut servir de forme d'allocution vis-à-vis de quelqu'un qui est présent quand on veut le soustraire à la sphère personnelle du « tu » (« vous »). D'une part, en manière de révérence : c'est la forme de politesse (employée en italien, en allemand ou dans les formes de « majesté ») qui élève l'interlocuteur au-dessus de la condition de personne et de la relation d'homme à homme. D'autre part, en témoignage de mépris, pour ravaler celui qui ne mérite pas que l'on s'adresse personnellement à lui. De sa forme non personnelle, la 3e personne tire cette aptitude à devenir aussi bien une forme de respect qui fait d'un être bien plus qu'une personne, qu'une forme d'outrage qui peut le néantiser en tant que personne » (*op. cit.,* 231).

Mais si « je » et « tu » sont vraiment les marques de la personne, ils s'opposent néanmoins en ceci que « je » représente la personne subjective transcendante par rapport à « tu » qui représente, quant à lui, la personne non subjective à laquelle le « je » s'adresse.

Comment alors se définissent ces rapports dans les marques plurielles de la personne ? Considérons en premier lieu le *nous*. Il semble évident qu'il n'y pas une simple pluralisation du « je » et que le « nous » ne correspond pas à une simple addition : « Il est clair en effet que l'unicité et la subjectivité inhérente à "je" contredisent la possibilité d'une pluralisation. S'il ne peut y avoir plusieurs "je" conçus par le "je" même qui parle, c'est que "nous" est non pas une multiplication d'objets identiques, mais une jonction entre le "je" et le "non-je". Cette fonction forme une totalité nouvelle et d'un type tout particulier où les composantes ne s'équivalent pas : dans "nous", c'est toujours "je" qui prédomine puisqu'il n'y a de "nous" qu'à partir de "je" et ce "je" s'assujettit l'élément "non-je" de par sa qualité transcendante. La présence du "je" est constitutive du "nous" » (*op. cit.,* 233).

Le *nous* apparaît donc comme un « je » dilaté ou amplifié : il annexe au « je » une globalité indistincte d'autres personnes. Le *nous* peut prendre deux formes selon la constitution de cette globalité indistincte : dans sa forme *inclusive,* le « nous » équivaut à « moi + vous » ; dans sa forme exclusive, il équivaut à « moi + eux ». Comme le remarque encore Benveniste, les formes de l'amplification propre à « nous » expliquent certains emplois opposés de « nous » tels que le nous majestatif qui amplifie le « je » en une personne plus solennelle mais aussi plus indéfinie d'une part, et le nous d'auteur qui relativise une affirmation trop catégorique du « je » par une expression plus diffuse, d'autre part. Quant au *vous*, il apparaît comme la manifestation d'un processus de généralisation. Dans le passage du « tu » au

« vous », qu'il s'agisse du « vous » collectif ou du « vous » de politesse, on reconnaît une extension du « tu », soit métaphorique, soit réelle, et par rapport à laquelle, dans les langues de culture occidentale, le « tu » prend souvent valeur d'allocution strictement personnelle, donc familière. Enfin, *ils* représente la non-personne même qui, étendue et illimitée par son expression, désigne l'ensemble indéfini des êtres non personnels.

Le pronom « on » présente des caractéristiques particulières. Dubois souligne que le « on », en tant que généralité indécise, peut se substituer à tous les autres pronoms : « Les référents personnels (je, tu, il, nous, vous, etc.) qui traduisent les rapports existants entre les interlocuteurs, supposent la négation du système, c'est-à-dire un segment qui soit exploité comme la « suppression de la personne ». Certains préfèrent parler de « syncrétisme ». Ce pronom qui ne porte aucune marque spécifique de personne, se définit alors comme susceptible de se substituer à tous les autres pronoms personnels. » (Dubois, 1965 : 111).

Maingueneau souligne, quant à lui, le syncrétisme du « on » : « (...) ce qui est désigné par "on" est appréhendé comme subjectivité, mais pas comme subjectivité qui participe de l'énonciation. Il se produit ainsi une sorte d'effacement des frontières ente les positions de première, deuxième et troisième personne. » (Maingueneau, 1998 : 111).

On entrevoit l'importance des indicateurs de personnes : ils font bien plus que désigner le locuteur et l'allocutaire. Ils ramènent le linguiste, bien malgré lui, vers la subjectivité et l'intersubjectivité, vers la manière dont les sujets communicants s'impliquent dans la relation, la façon dont ils structurent leur relation en se positionnant, se considérant mutuellement comme personne ou non-personne, se réunissant ou se disjoignant en s'opposant.

Soit ces deux énoncés provenant de deux campagnes distinctes de prévention contre le SIDA :

1. « Ouvrez les yeux pour que le SIDA ne vous les ferme pas. »

2. « Ta santé est aussi celle des autres. »

Dans l'énoncé (1), l'usage de la deuxième personne du pluriel implique, comme allocutaire, le public en général – comme ensemble indifférencié – et comme locuteur une instance fictive indéterminée mais distante. Dans l'énoncé (2), l'usage de la deuxième personne du singulier induit comme allocutaire chaque personne prise individuellement et comme locuteur un « tu » également indéterminé mais pouvant être représenté par n'importe quelle personne subjective singulière.

Ces deux configurations d'interlocuteurs correspondent à des stratégies de communication très différentes. L'une joue sur l'influence unilatérale d'une sorte d'autorité supérieure ; l'autre table davantage sur la responsabilité individuelle et, surtout, semble amorcer une sorte de dialogue intersubjectif, un échange je-tu. Il n'est pas que dans les rapports interpersonnels que se joue l'ordre social. Les messages médiatiques ont aussi quelque chose à voir avec les formes du lien social. On y reviendra.

6 LES INTERLOCUTEURS ET LA POLYPHONIE

La pragmatique a développé un intérêt marqué pour ce qu'il est convenu d'appeler aujourd'hui la polyphonie et l'hétérogénéité énonciative[1]. À l'origine de ce concept, on indiquera les travaux féconds de Bakhtine sur les genres du discours et le discours romanesque (1978 et 1984). La polyphonie est en effet indissociable de la notion de discours : « Tout énoncé pris isolément est, bien entendu, individuel, mais chaque sphère d'utilisation de la langue élabore ses *types relativement stables d'énoncés, et c'est ce que nous appelons les genres du discours* » (1984 : 265). On pourrait donc classer les discours sociaux selon des stratifications telles que la stratification des groupes sociaux, celle des générations, celle des époques, etc. Cependant, chaque discours présente des traces d'hétérogénéité plus ou moins importante : à travers un discours, l'allocutaire identifie les manifestations de plusieurs voix représentatives de discours différents, de perspectives institutionnelles et sociales particulières, et possédant chacune son fondement sociologique propre. Bakhtine a particulièrement étudié les mécanismes de modulation de ces voix et la façon dont elles se trouvent marquées à travers un même énoncé. Tout texte doit donc être considéré comme le lieu d'une interaction entre différents discours et analysé comme une instance énonciative plurielle.

Ce concept a fait l'objet de plusieurs formulations théoriques dont nous retiendrons ici, comme significative de la problématique, celle proposée par Ducrot dans *Les mots du discours* (1980-b) et à partir de laquelle, cet auteur a reformulé sa propre théorie de la présupposition (*op. cit.*, 38-56 et 233-236).

En tant qu'il est une description de son énonciation, l'énoncé indique, nous l'avons vu, les protagonistes de l'énonciation, le locuteur et l'allocutaire.

1. Voir à ce sujet, Authier J. (1982), « La mise en scène de la communication dans des discours de vulgarisation scientifique », *Langue française 53*, pp. 34-47.

Il arrive qu'un même énoncé implique que son énonciation accomplisse plusieurs actes illocutoires distincts, qu'une lecture unique d'un énoncé fasse éclater l'énonciation en une multiplicité illocutionnaire. Il devient donc indispensable de spécifier les deux pôles de l'interlocution. On définira ainsi avec Ducrot quatre rôles – figures ou personnages – de l'énonciation (1980 :41 et svt) :

1) le *locuteur* qui est « l'auteur des paroles », la personne qui produit l'acte ou les actes illocutoires ;
2) les *allocutaires* qui sont les personnes à qui « les paroles sont dites », à qui les actes sont adressés ;
3) l'*énonciateur* qui est l'agent des actes illocutionnaires, autrement dit qui les prend en charge et en assume la responsabilité ;
4) enfin, le(s) *destinataire(s)* à qui sont les « patients » des actes, à qui ces derniers sont destinés et qui en sont, en quelque sorte, la « cible ».

Dans la pratique quotidienne du langage, les deux figures de chacun des deux pôles ne doivent pas nécessairement coïncider et souvent d'ailleurs, elles ne se superposent pas : le locuteur et l'agent, l'allocutaire et l'objet sont des figures distinctes. Reprenons l'exemple, cité par l'auteur, qui montre le fonctionnement polyphonique du pôle de la réception : « Supposons que le Ministre de l'Intérieur déclare à la radio, à la suite de troubles ou de désordres : "L'ordre sera maintenu coûte que coûte". Il accomplit simultanément au moins deux actes. D'une part, il prend un engagement, de l'autre il fait une menace. Or, il faut voir que les deux actes sont inséparables l'un de l'autre et ne relèvent pas de deux interprétations concurrentes. Si le ministre peut rendre crédible la promesse, c'est parce qu'il l'assortit d'une menace. Pour décrire cette dualité, il est commode de dire que si le ministre prend pour allocutaire l'ensemble des citoyens, en bloc, sans distinction, il se donne cependant deux catégories de destinataires. D'un côté, les bons citoyens, soucieux d'ordre et de tranquillité, auxquels il fait la promesse, et d'autre part, les méchants, qui sont l'objet de la menace » (1980-b : 39). Dans cet exemple, les allocutaires sont le public, les citoyens. Cependant comme l'énonciation analysée présente deux actes illocutionnaires distincts, une menace et une promesse, il faut considérer que le premier de ceux-ci n'est destiné qu'aux mauvais citoyens tandis que le second s'adresse en réalité aux bons citoyens. L'allocutaire contient, en fait, deux destinataires différenciés : à chacun de ceux-ci correspond un acte illocutionnaire particulier. Ce premier cas de polyphonie pourrait être schématisé comme suit :

Schéma n° 9 : Les relations de polyphonie (1)

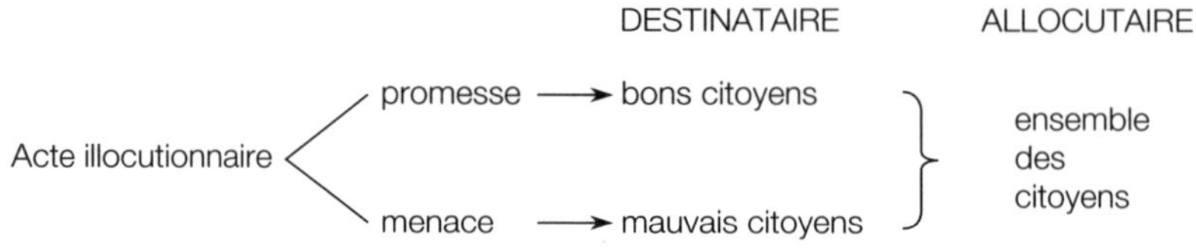

On peut imaginer le cas de figure inverse : c'est alors le locuteur qui se trouve distingué de l'énonciateur. C'est de cette façon que Ducrot réinterprète l'acte de présupposition : « Il est banal de remarquer qu'en disant "j'ai cessé de fumer", on dit deux choses différentes : que l'on a fumé, et qu'actuellement, on ne fume pas. On peut facilement montrer que ces deux dires ont des statuts différents, ce que j'ai personnellement exprimé en parlant de deux actes illocutionnaires différents et de nature distincte : l'un de présupposition, concernant, dans mon exemple, la mauvaise conduite antérieure de celui qui parle, et l'autre, d'assertion, qui a trait à sa présente sagesse. Cette introduction d'un acte de présupposition m'était rendue nécessaire par le fait que je ne distinguais pas à l'époque, locuteur et énonciateur. J'aurais plutôt tendance, actuellement, tout en maintenant qu'il y a dans l'énoncé en question deux actes distincts, à les considérer l'un et l'autre comme de même nature : ce sont deux assertions. Mais, bien que l'énonciation ait, dans la description qu'en donne l'énoncé, un locuteur unique (auquel réfère le pronom *je*), les deux actes sont attribués à des énonciateurs différents. Celui qui est censé asserter que le locuteur fumait n'est pas le seul locuteur, mais une communauté linguistique qui peut être la *vox publica* (le « on ») ou bien celle que le locuteur forme avec l'allocutaire. En revanche, l'énonciateur de l'autre assertion, concernant le présent est donné comme identique au seul locuteur » (1980-b : 39-40).

Schéma n° 10 : Les relations de polyphonie (2)

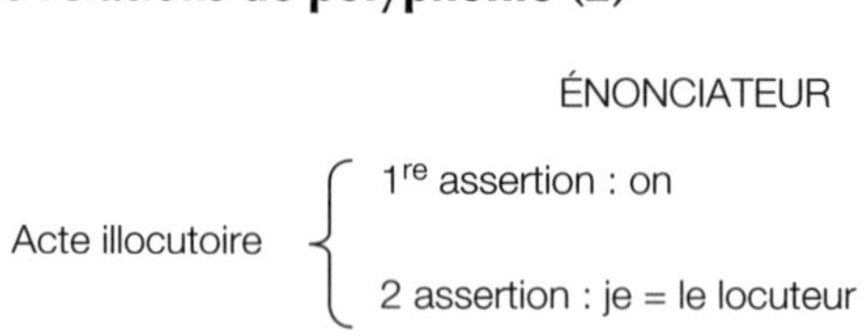

La notion de polyphonie peut rendre compte du fonctionnement de dispositifs d'énonciation complexes pouvant comporter d'importantes implications sociologiques. Nous avons proposé une description, en termes de polyphonie, des mécanismes d'énonciation qu'avait suscités une méthode d'apprentissage du français dans le contexte de l'enseignement primaire sénégalais (Peraya, 1985 et 1989). Dans la mesure où la méthode avait été conçue par des scientifiques, en majorité des coopérants en poste à l'Université de Dakar et sans beaucoup d'interaction avec les instituteurs sénégalais, le poste d'émission s'est trouvé clivé : les locuteurs des actes d'enseignement étaient bien sûr les instituteurs tandis que leur énonciateur réel ne pouvait être identifié qu'à l'institution universitaire, le Centre de Linguistique Appliquée de Dakar (CLAD). En conséquence, les instituteurs ont eu l'impression de perdre une partie de leurs prérogatives par le fait de ne pas pouvoir se réaliser en tant qu'énonciateurs des discours, des actes illocutoires pédagogiques qu'ils accomplissaient quotidiennement. Ce clivage, surdéterminé par d'autres aspects énonciatifs (les rôles impartis à chacun et l'image des instituteurs construite par les scientifiques à travers leurs propres discours), par les contextes socioculturel et sociopolitique sénégalais de l'époque, par le manque de formation des instituteurs, etc., a certainement pesé lourdement dans les mécanismes de rejet dont la méthode fut l'objet.

Notons enfin que Ducrot distingue la polyphonie du discours rapporté. Dans ce dernier cas, le locuteur se contente simplement de faire savoir le dire d'un autre. Pour qu'il y ait réellement polyphonie, il faut que l'acte illocutionnaire d'assertion, celui qui fait l'objet de l'énonciation, soit attribué à un personnage différent du locuteur ou que le destinataire de l'acte illocutoire puisse être identifié comme un personnage différent de l'allocutaire. C'est la possibilité d'une utilisation polyphonique de la langue qui fait, par exemple, la différence linguistique entre les conjonctions *car* et *puisque*. D'un point de vue sémantico-pragmatique, la différence réside en ce que *puisque* tolère que l'énonciateur soit distingué du locuteur : « c'est pourquoi on peut utiliser *puisque* dans un raisonnement par l'absurde : E1 est alors une proposition considérée comme évidemment inadmissible et le fait qu'elle soit une conséquence de E2 sert à prouver la fausseté de E2 : "Tu sais qui va gagner le tiercé (E1) puisque tu sais tout (2)." L'utilisation de *car* ou de *en effet*, sans être absolument impossible, exigerait ici une intonation particulière, soulignant lourdement l'ironie » (*op. cit.,* 47).

Il semble évident que le concept de polyphonie tel qu'il apparaît dans les analyses que nous avons citées touche à l'un des aspects fondamentaux de la communication : le fait que les sujets communicants font souvent résonner – raisonner ? – dans leur voix, la voix des autres. Les sujets communicants ne sont donc pas seulement des êtres de discours : des rapports d'identification mutuelle les lient très certainement : « La pensée d'autrui est constitutive de la mienne », écrit Ducrot, « et il est impossible de les séparer radicalement. » (*op. cit.,* 46).

Chapitre 4

La parole comme action

La théorie des actes de langage touche à un autre aspect important de l'énonciation que Ducrot a mis en exergue, celui des actes accomplis par l'énonciation. Selon l'auteur, en effet, l'énonciation est caractérisée par l'exercice de certains pouvoirs ; elle est génératrice de droits et de devoirs : « Comprendre, par exemple, l'énoncé "Viens !" comme un ordre, c'est supposer qu'il attribue à son énonciation le pouvoir d'obliger quelqu'un à venir, qui avant elle, n'avait pas une telle obligation » (1980-b : 36).

À l'origine de cette conception, on reconnaîtra les travaux de J.L. Austin (1962 et 1970) à propos des énoncés performatifs et la théorie des actes de langage. La théorie austinienne issue de l'école d'Oxford, révèle l'originalité de certains énoncés qui ne peuvent entrer dans le cadre d'une théorie vériconditionnelle. Les énoncés performatifs, en effet, ont la particularité de n'être ni vrais ni faux : ils ne constatent ni ne décrivent un quelconque état de choses que dénoterait leur sens. En réalité, ils sont eux-mêmes des actes ; ils accomplissent, par leur énonciation, un acte. Des énoncés tels que « Je baptise ce bateau *Catimini* » ou « Je te promets de venir », etc. réalisent, par leur énonciation dans les circonstances adéquates, l'état de choses auquel réfère leur sens dénoté : le bateau portera donc le nom *Catimini*, et le locuteur sera lié réellement par l'engagement qu'il a pris de venir, l'énonciation constituant l'acte même de son engagement personnel. Par contre, des énoncés du type de « il mange », « le bateau s'appelle *Catimini* » représentent un fait, un état de choses : ils appartiennent à l'ordre du constat.

Si l'accomplissement d'un acte semble caractériser l'énonciation d'un performatif, il semble en aller tout autrement avec les constatifs : quel acte accomplirait en effet le locuteur en proférant une constatation ? Aujourd'hui, on reconnaît que toute énonciation constitue bien l'accomplissement d'un acte, ne serait-ce que l'acte linguistique d'affirmer, et c'est bien en cela que l'affirmation constitue elle aussi un acte de langage. Qu'il nous suffise de rappeler que l'affirmation implique chez l'allocutaire la croyance, au moins, en la sincérité du locuteur.

1 LES COMPOSANTES DE L'ACTE DE LANGAGE : ACTES LOCUTIONNAIRES, ILLOCUTIONNAIRES ET PERLOCUTIONNAIRES

Austin propose d'analyser tout acte de langage en trois aspects distincts. Lorsque l'on profère un acte de langage, on accomplit, en effet, trois actes distincts : l'acte locutionnaire, l'acte illocutionnaire et enfin l'acte perlocutionnaire[1]. Les nombreux débats théoriques qu'a suscités cette composition tripartite de l'acte de langage ont une grande importance pour l'analyse et pour l'interprétation des énoncés. Ils ont en effet permis de définir avec plus de précision ce qu'est un acte illocutionnaire. Enfin, ils ont contraint les chercheurs à cerner la notion d'acte perlocutionnaire qui était restée en définitive fort peu développée chez l'auteur. Pour ces différentes raisons, nous nous attacherons à définir avec précision ces notions.

1.1 Les actes locutionnaires et illocutionnaires

L'acte *locutionnaire*, la locution, est défini comme ceci : « J'appelle (je baptise) l'acte de « dire quelque chose » dans ce plein sens du terme : exécution d'un acte locutoire (...). À savoir : la production de sons, de mots, entrant dans une construction, et douée d'une signification. Entendez signification

1. La traduction des textes d'Austin (1970) et de Searle (1972, 1982) donne les termes « locutoires », « illocutoires », « perlocutoires ». Nous utiliserons indifféremment dans la présentation ces formes et celles dérivées en *-tionnaire* utilisées par Récanati. Nous respecterons cependant les formes d'Austin et de Searle dans les citations.

[*meaning*] comme le souhaitent les philosophes, c'est-à-dire : sens et référence » (Austin, 1970 : 109)[2].

L'acte *illocutionnaire* est quant à lui l'acte qui, en plus de tout ce qu'il fait en tant qu'il est une locution (i.e. en tant qu'il dit quelque chose), produit quelque chose en disant : « il s'agit d'un acte effectué *en* disant quelque chose, par opposition à l'acte *de* dire quelque chose » (Austin, 1970 : 113). De façon générale, il est important de noter qu'un acte illocutionnaire se construit donc toujours sur la base d'un acte locutionnaire. De plus, un même acte locutionnaire peut servir à accomplir des actes illocutionnaires différents, selon le contexte de l'énonciation ou les circonstances de la communication et ce, même si l'énoncé produit possède la même référence et le même sens. On peut en effet, en disant « Il mange », donner une information, un conseil (ne le dérange pas, par exemple), formuler une interdiction (tu ne peux pas le voir, par exemple), etc.

Si l'on va plus avant dans l'analyse, on est conduit à distinguer dans tout acte illocutionnaire un *contenu propositionnel* et une *certaine force* (Austin, 1970, Searle, 1972 : 70 et svt). La force illocutionnaire d'un énoncé correspond à l'intention qu'a le locuteur d'accomplir, par son énonciation, tel ou tel acte illocutionnaire : une force d'ordre correspond à l'intention d'ordonner, la force de suggestion à celle de suggérer, etc. Quant au contenu propositionnel, il peut être entendu comme le sens (dans un sens restrictif) de l'énoncé en admettant que celui-ci comporte les éléments de connaissance du contexte indispensables à l'élucidation par exemple, des pronoms personnels, des déictiques. On comprend dès lors que le sens d'un énoncé puisse être totalement compris sans que sa force illocutoire ne soit complètement élucidée : « souvent nous comprenons ce qu'on dit sans trop savoir "comment cela doit être pris" – comme un conseil, par exemple, ou comme une menace, ou comme un avertissement » (*op. cit.*, 21). Ces

2. La locution se décompose elle-même en trois actes hiérarchisés : l'acte phonétique, l'acte phatique et l'acte rhétique. Le premier consiste seulement à articuler un continuum sonore, à produire des sons ; le second se définit comme la production d'une séquence articulée, une phrase correcte par rapport à un code linguistique donné, conforme donc aux règles de grammaire, aux contraintes lexicales, etc. de la langue ; l'acte rhétique enfin, consiste à employer ces expressions dans un sens et avec une référence déterminée de telle sorte qu'elles ne laissent subsister aucune des ambiguïtés propres à l'acte phatique : « Si le locuteur énonce la phrase « J'ai reçu le livre du garçon », il doit vouloir dire soit qu'il a reçu le livre des mains du garçon, soit qu'il a reçu le livre appartenant au garçon, soit qu'il a reçu le livre écrit par le garçon et il doit être en mesure de lever l'ambiguïté, en précisant sa pensée » (Récanati, 1981 : 225). Enfin l'acte rhétique suppose un acte phatique qui lui-même exige un acte phonétique : le premier subsumant les deux autres. On lira parfois chez Austin la dénomination d'acte rhétique en lieu et place de celle d'acte locutionnaire.

éléments d'analyse attestent qu'il est en effet possible d'accomplir plusieurs actes illocutionnaires à partir du même acte locutionnaire.

Récanati proposera de distinguer l'acte illocutionnaire *potentiel*, tel qu'il est signifié dans l'énoncé – en fait, l'acte locutionnaire –, et l'acte *illocutionnaire réellement accompli* – en fait, l'acte illocutionnaire (1981 : 152 et svt).

Cela conduit à dédoubler de la même façon les notions de force et de contenu propositionnel : un potentiel de force illocutionnaire et un potentiel de contenu propositionnel d'une part, une force illocutionnaire accomplie et un contenu propositionnel accompli, d'autre part. Conformément à cette interprétation, le potentiel d'acte illocutionnaire est constitué d'un potentiel de force illocutionnaire et d'un potentiel de contenu propositionnel ; il relève en réalité de l'acte locutionnaire, tandis que l'acte de langage réellement accompli (ce que veut dire le locuteur) relève lui de l'acte illocutionnaire. Aussi : « Puisqu'il y a des actes illocutionnaires qui sont signifiés sans être accomplis, et des actes illocutionnaires qui sont accomplis sans être signifiés, il est légitime d'établir une distinction entre les actes signifiés et les actes accomplis, c'est-à-dire entre le niveau sémantique et le niveau pragmatique du discours » (1981 : 248).

La reformulation que propose Récanati de l'articulation entre les actes signifiés et les actes accomplis paraît à première vue compliquer les choses. Pourtant, elle s'avère fondamentale pour l'analyse des actes indirects. Le propre de ceux-ci est d'accomplir un acte illocutionnaire dont ni le potentiel de force ni le potentiel de contenu ne correspondent à ceux de l'acte accompli réellement : il n'y a donc pas de congruence entre « la signification de la phrase et la fonction discursive que le locuteur lui assigne » (Récanati, 1981 : 153). En effet, on doit considérer qu'« un acte illocutionnaire relève du potentiel d'acte illocutionnaire de la phrase par l'énonciation de laquelle il est accompli si la force de cet acte relève du potentiel de force illocutionnaire de la phrase et si son contenu relève de son potentiel de contenu propositionnel » (*ibid.*).

On comprend dès lors qu'il soit possible de donner un ordre, d'exprimer un souhait, etc. à partir d'un acte locutionnaire dont le potentiel d'acte illocutionnaire est très différent. Dire : « Quelle heure est-il ? » c'est énoncer un acte locutionnaire ayant un potentiel de contenu propositionnel (une signification descriptive référant à l'heure qu'il est) et un potentiel de force interrogative. Cependant, en tant qu'acte de langage indirect, ou accompli indirectement, je veux exprimer à qui m'accompagne mon souhait (force illocutoire du souhait) de quitter la soirée (contenu propositionnel).

1.2 Les actes illocutionnaires et les perlocutionnaires

Le troisième acte accompli par l'énonciation d'un acte de langage est l'acte perlocutionnaire : « Dire quelque chose provoquera souvent – le plus souvent – certains effets sur les sentiments, les pensées, les actes de l'auditoire, ou de celui qui parle, ou d'autres personnes encore. Et l'on peut parler dans le dessein, l'intention, ou le propos de susciter ces effets (...). Nous appellerons un tel acte un acte perlocutoire, ou une perlocution » (1970 : 114). L'acte perlocutionnaire est l'acte que le locuteur accomplit non plus « en disant » mais bien « par le fait de dire » : tout en disant, l'on peut persuader, édifier, convaincre, avertir, demander, etc.

Qu'est-ce qui caractérise alors la perlocution et qu'est-ce qui la distingue de l'illocution ? Elle doit être intentionnelle et conventionnelle. Or, cette double particularité pose énormément de difficultés dans l'analyse des énonciations concrètes. Tout d'abord, elle est loin d'être partagée par tous les actes perlocutionnaires ; le plus souvent, ils ne sont pas conventionnels au sens où aucun effet perlocutionnaire n'est conventionnellement attaché à leur signification. Comme le fait remarquer Searle, l'énonciation de nombreuses expressions ne vise pas nécessairement à obtenir de l'interlocuteur une réaction autre que la seule identification de l'expression énoncée : en utilisant une formule de salutations comme « Bonjour ! », je ne m'attends à aucune réaction de la part de mon interlocuteur sauf qu'il identifie mon salut. Il n'y a donc à proprement parler aucun effet supplémentaire. Deuxièmement, un même acte illocutionnaire peut servir de moyen tactique pour des stratégies perlocutionnaires très différentes : « Supposons (...) la phrase “Est-ce qu'il fera beau demain ?” (...). Le locuteur peut avoir en vue des résultats très différents : obliger l'auditeur à répondre alors qu'il n'en sait rien et lui montrer son ignorance, lui donner au contraire l'occasion d'étaler devant l'assistance ses connaissances en météorologie (...), ou encore l'amener à faire aujourd'hui une promenade qu'il envisageait seulement pour demain, ou simplement relancer la conversation, ou faire semblant de la relancer... etc. » (Searle, 1972 : 15-16). De plus, la reconnaissance de l'intention perlocutionnaire du locuteur n'implique pas nécessairement que l'effet perlocutionnaire soit effectif alors que dans un acte illocutoire, il suffit que l'intention du locuteur *soit* reconnue et identifiée en tant que telle pour que soit considérée comme effective l'illocution (Grice, 1979 ; Récanati, 1981 ; Searle, 1982) : « Si je lis, mettons, un livre de philosophie, j'ai toutes sortes de raisons de croire ou de ne pas croire ce que dit l'auteur, mais le fait que je reconnaisse qu'il a l'intention de me faire croire ce qu'il dit n'entre pas dans les raisons que j'ai de le croire. Et, à moins qu'il ne s'agisse d'un auteur suprêmement égocentrique, il ne se sera pas non plus attendu à ce que je le croie uniquement du fait que je reconnais son intention d'être cru » (Searle, *op. cit.*, 87). Enfin, tout acte illocutionnaire est susceptible de déterminer de nombreux effets perlocutionnaires et ce, indépendamment de l'intention du locuteur : je puis, en avertissant mon allocutaire d'un danger, souhaiter qu'il s'écarte et ne réussir qu'à l'effrayer... L'accomplissement d'une perlocution dépend en effet non de l'intention du locuteur, quelle que soit la correction apportée à la formulation linguistique de la perlocution, mais de « conditions de succès » (Récanati, 1981) qui relèvent toutes de facteurs extralinguistiques : la volonté de l'auditeur, l'acceptation ou le refus de mon autorité sur lui en tant que locuteur, le crédit qu'il m'accorde, la rapidité de ses réflexes, etc.

L'analyse des perlocutions a été l'occasion d'un long débat sur les effets des actes de langages et sur les conditions de leur accomplissement[3]. Remarquons que cette question ne concerne pas seulement les perlocutions ; même un acte illocutionnaire est susceptible de produire des effets, puisque nous l'avons vu, il est créateur de droits et de devoirs. Les notions d'« uptake », de conditions de félicité, de conditions préliminaires, de conditions de succès ont tenté de définir, pour chacun de ces niveaux de réussite, les conditions indispensables à l'accomplissement d'un acte de langage. Nous retiendrons comme pertinents les trois niveaux de réussite suivants :

1) au niveau *linguistique* : l'accomplissement de l'illocution procède de la reconnaissance par l'auditeur de l'intention du locuteur : « pour les accomplir [les actes illocutionnaires], il suffit de donner à reconnaître à l'auditeur qu'on les accomplit » (Récanati, 1981 : 196). Autrement dit, il suffit, pour que l'acte soit linguistiquement réalisé, qu'il produise l'effet illocutionnaire approprié ; il suffit donc que l'allocutaire ait compris le contenu propositionnel de l'acte et qu'il ait simultanément identifié la force qui l'accompagne ;

2) au niveau *social* : l'acte illocutionnaire, écrit Récanati, doit encore être sanctionné et demande donc que soient remplies des *conditions de félicité*. Elles sont celles qui permettent qu'une illocution soit socialement reconnue et sanctionnée comme telle. Pour qu'un ordre par exemple remplisse ces conditions, il faut : (i) que l'auditeur soit en mesure d'accomplir l'ordre auquel réfère le contenu propositionnel de l'acte ;

3. Pour plus de détails on se reportera aux auteurs suivants : Récanati (1981, notamment p. 196 et svt), Searle (1972, notamment p. 95 et svt et 1982, notamment p. 40 et svt) et Peraya (1989).

(ii) qu'il ne soit pas certain ni pour le locuteur ni pour le destinataire, que ce dernier soit conduit de toute façon à effectuer ce qui lui est demandé par lui-même ; (iii) que le locuteur jouisse d'une position hiérarchique telle qu'il soit en mesure d'exercer son autorité sur l'auditeur ;

3) au niveau *pragmatique* : les *conditions de succès* correspondent aux conditions concrètes qui permettent que l'ordre, par exemple, soit réellement exécuté par l'auditeur : que celui-ci accepte d'obéir, qu'il ne meure pas avant d'avoir eu le temps d'accomplir l'ordre demandé, etc. Seul ce niveau de réussite assurerait l'accomplissement de l'acte perlocutoire, dont l'effet serait toujours la réalisation d'un acte non linguistique (modification de comportement, réalisation d'une action, réaction psychologique) ou linguistique (réponse verbale à une question par exemple).

Sans entrer dans le détail de ce débat théorique, il nous paraît indispensable de proposer ces deux remarques :

1) cette interprétation laisse en effet supposer que l'effet – défini (pour l'ordre) comme une mise en demeure – dépend des conditions de félicité. Or, il n'en est rien : le fait même que mon interlocuteur puisse me répondre « Mais de quel droit me demandez-vous de faire ça ? » implique que l'obligation est déjà créée et reconnue comme telle par l'auditeur, par ma seule énonciation. L'acte que je profère suffit à le mettre dans l'obligation soit d'obéir soit de désobéir et c'est mon énonciation qui crée cette obligation. Aussi doit-on considérer que la réponse de mon auditeur porte non sur l'existence même du contrat – la réponse qu'il me donne en atteste par ailleurs l'existence – mais bien sur la légitimité de ce dernier ;
2) il existe une différence fondamentale entre les conditions de félicité et les conditions de succès : les premières relèvent de conditions extra-linguistiques mais portent sur l'acte linguistique même, en en fondant la légitimité ; les secondes garantissent l'accomplissement de l'acte extra-linguistique, à savoir l'état de choses auquel ce dernier réfère.

2 UNE CLASSIFICATION DES PERLOCUTIONS

Les seuls actes perlocutionnaires envisagés jusqu'ici sont ceux attachés quasiment conventionnellement à un acte illocutionnaire et à l'intention correspondante : effectuer l'ordre demandé, répondre à la question posée, croire à la véracité du contenu énoncé. Cependant, il arrive, on s'en doute, que des effets perlocutionnaires puissent être accomplis même si l'acte illocutionnaire ne réunit pas toutes les conditions nécessaires à sa sanction sociale : je puis abuser de mon auditeur et lui faire exécuter, dans certaines circonstances, un ordre que je ne suis pas habilité à lui donner. Inversement, je puis me voir refuser l'obéissance d'une personne qui est objectivement mon subalterne, si d'une part il ne me connaît pas – s'il ne connaît donc pas ma position hiérarchique – et si d'autre part, pour une raison quelconque, je ne porte pas, au moment de mon énonciation, les signes extérieurs de mon statut.

Une analyse détaillée des perlocutions reste encore à faire et il n'existe que très peu de littérature consacrée à leur taxonomie : peut-être est-ce parce qu'elles sont en réalité un phénomène plus mouvant, moins facilement discernable que les actes illocutionnaires. Si l'on voulait cependant proposer un début de classification, nous retiendrions comme premier critère de distinction, l'intentionnalité de l'acte. Searle a posé, dans le cadre d'une théorie générale de l'action, une différence entre les intentions préalables et les intentions en action. Un acte illocutoire peut être le moyen d'une stratégie perlocutoire générale, et à ce titre, on considérera que le locuteur, à l'occasion d'une illocution, vise à accomplir un acte perlocutoire correspondant à une intention préalable : en donnant un ordre, je peux vouloir éduquer, éviter un accident, intimider, séduire, etc. Seul le contexte de l'énonciation, les interactions entre les partenaires de l'interlocution, permettent de déterminer quelle est la nature de l'intention préalable. C'est à ces perlocutions que Searle songeait, semble-t-il, lorsqu'il écrivait que de nombreuses perlocutions n'étaient pas attachées par définition à des actes illocutionnaires déterminés. Mais il est vrai aussi qu'un acte perlocutoire de ce type peut être accompli par d'autres voies que linguistiques : les gestes, les mimiques, la proxémique, etc. sont autant de formes d'expression susceptibles de devenir un moyen pour une perlocution. Cependant, en suivant la distinction de Searle, il semble possible d'attacher certaines perlocutions à des illocutions génériques, celles que nous avons évoquées ici même : l'ordre, l'interrogation, l'affirmation. Je puis effectivement affirmer sans intention préalable mais mon affirmation en tant qu'elle est acte d'énonciation est en même temps « intention en action ». De la même façon, je puis faire spontanément une promesse à quelqu'un, dans une situation précise, sans que ce ne soit de ma part une stratégie ou un calcul préalable. Néanmoins, si je fais une promesse, mon énonciation pourra être considérée, en ce sens, comme une intention en action. On le voit, cette distinction se superpose à celle qui oppose les perlocutions conventionnelles et les perlocutions non conventionnelles, à savoir celles qui sont associées par définition à une illocution et celles qui ne le sont pas.

Le second critère de classification que nous utiliserons provient de la théorie austinienne : « Il nous faut distinguer les actes qui ont un *objectif* perlocutoire (convaincre, persuader) de ceux qui, simplement, entraînent des *suites* perlocutoires. » C'est de cette façon que nous pouvons comprendre l'énonciation suivante : « J'ai essayé de l'avertir, mais n'ai réussi qu'à l'effrayer » (Austin, 1970 : 125). Dans les actes perlocutionnaires, nous ferons en conséquence la différence entre le but et l'effet perlocutionnaire. Deux remarques s'imposent. La première : un acte perlocutionnaire, ayant un but de cette nature, sera considéré comme un acte intentionnel du point de vue du locuteur et ses effets seront soumis aux diverses conditions de réussite que nous avons analysées, à une restriction près : la sanction sociale qui constitue un préalable ; il sera donc accompli en tant qu'il est une perlocution si, et seulement si, les conditions de réussite sont réunies et si l'effet a réellement lieu. La seconde : un effet perlocutoire occasionnel, ne correspondant donc ni à une intention préalable, ni à une intention en action, sera néanmoins considéré comme produit par un acte perlocutoire, du point de vue du destinataire ; il sera souvent possible d'expliquer les causes de cet effet par le contexte, par la psychologie des partenaires, etc. Mais du point de vue du locuteur, cette perlocution n'en est pas vraiment une puisqu'elle ne correspond pas au but : seul est pris en compte dans ce cas le destinataire. Il est bien évident que l'effet perlocutionnaire non intentionnel doit être effectivement réalisé pour pouvoir être perçu comme tel et décrit.

On obtient donc une ébauche de classification des perlocutions selon le schéma suivant :

Schéma n° 11 : Une classification des perlocutions

PERLOCUTIONS		
BUT	**EFFETS**	
Actes intentionnels		
Correspondant à une intention préalable, non associée par définition à une illocution (non conventionnelle)	Effet perlocutoire intentionnel soumis aux conditions de réussite : "uptake" (linguistique) et félicité extralinguistique	
Correspondant à une intention en action, associée par définition à une illocution (conventionnelle)	accompli effectivement	non accompli
Actes non intentionnels		
Pas de but	Effets non intentionnels mais effectivement réalisés par l'auditeur	
Pas d'intention d'aucune sorte de la part des locuteurs		

Les effets perlocutionnaires non intentionnels ne relèvent pas de la pragmatique dans la mesure où ils dépendent surtout du contexte de la communication, de la psychologie de l'auditeur, etc. Si l'on en croit encore Récanati et la perspective pragmatique qu'il développe, il en serait de même pour les perlocutions intentionnelles non conventionnelles. En effet, « elle (la pragmatique) n'étudie pas ce qu'il y a de particulier et d'individuel dans l'utilisation du langage, ni les effets empiriques de la communication sur le comportement » (1981 : 20). On devrait donc, en principe, étudier les règles d'utilisation du langage, abstraction faite des particularités psychologiquement et sociologiquement conditionnées des utilisateurs du langage » (*ibid.*). Cette position n'a cependant de sens que par rapport au champ propre de la pragmatique linguistique.

3 UNE TAXONOMIE DES ILLOCUTIONS

L'énonciation d'un énoncé quelconque peut donc être considérée comme un acte de langage ou comme un acte illocutionnaire. Si l'une des tâches de la pragmatique réside en l'étude de ces actes, il faut encore pouvoir les décrire et en proposer une classification : tous ne sont évidemment pas semblables. Ils correspondent à des intentions particulières, à des conditions de réussite spécifiques et à des « mises en demeure » différentes.

Le premier classement des actes de langage a été établi par Austin (1970 : 153-163). Il proposait de les regrouper en cinq catégories : verdictifs, expositifs, promissifs, comportatifs, excercitifs. Récanati (1981) et Searle (1982) ont vivement critiqué cette première taxonomie, montrant qu'elle confondait les actes eux-mêmes et les verbes qui les expriment dans une langue particulière. Or, si les actes illocutionnaires sont bien des actes sociaux, leur caractère général, voire universel, ne peut être remis en cause par les caractéristiques linguistiques d'une langue particulière. Les critères employés doivent être indépendants des langues particulières, et la classification ne peut reproduire les classifications propres à la langue ou à son lexique.

Aussi Searle proposera-t-il une classification fondée sur douze critères qu'il appelle les « dimensions de variation significative » des actes illocutoires. Parmi celles-ci, il en retiendra trois comme principales : le but illocutoire, la direction d'ajustement et l'état psychologique exprimé (Searle, 1982 : 39 et svt).

Le *but* ou le « propos peut être spécifié en disant qu'il constitue une tentative de faire faire quelque chose à l'auditeur » (*op. cit.*, 40-41) : « Le but ou le propos d'un ordre peut être spécifié en disant qu'il constitue une tentative de faire faire quelque chose à quelqu'un. Le but ou le propos d'une description est qu'elle soit une représentation (vraie ou fausse, précise ou imprécise) de quelque chose. Le but ou le propos d'une promesse est que l'obligation de faire quelque chose soit contractée par le locuteur. » (*op. cit.,* 41). Les particularités qui permettent d'identifier les différents buts illocutionnaires correspondent aux conditions essentielles des actes illocutionnaires. Le but fait partie de la force illocutionnaire mais il ne peut être confondu avec elle. Plusieurs actes peuvent avoir un but identique mais l'intensité de réalisation de celui-ci peut opérer les distinctions nécessaires ; tel est le cas pour l'ordre, la demande, la prière, la supplication qui tous, mais à des degrés divers, relèvent du même but : faire faire quelque chose à l'auditeur.

Le second critère est celui de la *direction d'ajustement* entre le monde et les mots. En effet, « il appartient au but illocutoire de certaines illocutions de rendre les mots (plus exactement, leur contenu propositionnel) conformes au monde, tandis que d'autres ont pour but illocutoire de rendre le monde conforme aux mots » (Searle, 1982 : 41). L'exemple qui sert à illustrer la définition de ce critère est désormais classique. Quelqu'un reçoit la liste des achats qu'il doit effectuer dans une grande surface voisine. Il entre dans le magasin et achète tous les produits dans l'ordre que lui indique la liste. Pendant ce temps, un détective ou inspecteur des ventes le suit dans les rayons : il note au fur et à mesure, dans le même ordre, tous les produits que celui-ci dépose dans son panier. En fin de parcours, les deux listes – l'originale et celle reconstituée par l'inspecteur – seront lexicalement identiques. Pourtant une différence fondamentale les distingue : la première, celle de l'acheteur, correspond à une direction d'ajustement qui va des mots au monde ; la seconde quant à elle, possède une direction d'ajustement qui va du monde aux mots.

Le troisième critère est celui des états psychologiques exprimés : « en accomplissant un acte illocutoire d'un certain contenu propositionnel, le locuteur exprime une certaine attitude, un certain état relatif à ce contenu » (*op. cit.,* 43). Selon l'analyse que Searle a lui-même proposée dans *Les actes de langage*, l'état psychologique exprimé pourrait être considéré comme la condition de sincérité de l'acte. Il est possible, toujours selon l'auteur, de pousser assez loin une classification fondée sur ce seul critère : la croyance permet de regrouper les affirmations, les assertions, les remarques, les explications, les postulations, les argumentations, les déductions, les déclarations, etc. ; l'intentionnalité permet de regrouper les promesses, les menaces, les serments, les engagements ; la volonté ou le désir, enfin, l'ordre, les requêtes, les commandements, les demandes, les prières, les supplications, etc.

À partir de ces trois caractéristiques principales, Searle propose un classement des actes illocutionnaires selon cinq grands types fondamentaux : les assertifs, les directifs, les promissifs, les expressifs, et enfin les déclaratifs[4].

Dans une perspective semblable à celle de Searle, Récanati (1981 : 175 et svt) a proposé une classification arborescente dont la cohérence se fonde essentiellement sur le principe d'ajustement. La raison de ce choix est la suivante : ce critère permet de classer en même temps et les états psychologiques et les buts illocutionnaires. Les premiers peuvent être classés selon le même principe puisqu'un état de type cognitif tel que la croyance ou la cer-

---

4. Pour mémoire, voici la classification de Searle (1982 : 51-60) :
   1° les assertifs :
   but : engager la responsabilité du locuteur (à des degrés divers) sur l'existence d'un état de choses, sur la vérité de la proposition exprimée ;
   direction : va des mots du monde ;
   état exprimé : la croyance que (p) est vrai.

   2° les directifs :
   but : tenter (à des degrés variés), de la part du locuteur, de faire faire quelque chose par l'auditeur ;
   direction : va du monde aux mots ;
   état exprimé : la volonté que l'auditeur accomplisse une action définie par le contenu propositionnel.

   3° les promissifs :
   but : obliger le locuteur (toujours à des degrés variés) à adopter une certaine conduite future ;
   direction : va du monde aux mots ;
   état exprimé : l'intention de la part du locuteur d'effectuer l'acte décrit par le contenu propositionnel.

   4° les expressifs :
   but : exprimer un état psychologique spécifié dans les conditions de sincérité à propos d'un état de choses spécifié par le contenu propositionnel ;
   direction : sans (puisque la vérité est présupposée) ;
   état exprimé : les divers états psychologiques que l'on exprime en accomplissant les actes illocutoires de cette classe (remercier, féliciter, s'excuser, déplorer, etc.).

   5° les déclaratifs :
   but : mettre en correspondance le contenu propositionnel avec la réalité, l'accomplissement réussi garantissant que le contenu propositionnel correspond au monde ;
   direction : très particulière car elle va des mots au monde et du monde aux mots. ;
   état exprimé : sans.

titude relève d'une direction d'ajustement des mots au monde cependant qu'un état volitif (désir, par exemple) implique la volonté de rendre le monde conforme aux mots. Quant aux buts illocutionnaires qui sont, on s'en souviendra, l'un des trois critères de classification pour Searle, ils se trouvent évidemment intégrés à la classification arborescente que propose Récanati.

La notion de direction d'ajustement[5] cependant ne peut s'appliquer à tous les actes illocutionnaires : elle suppose en effet que ceux-ci possèdent un contenu propositionnel. Or, tous ne véhiculent pas, à titre de contenu propositionnel, la représentation d'un état de choses : pour reprendre un exemple déjà évoqué, en disant « Bonjour ! », le locuteur adresse à l'auditeur une salutation mais il ne décrit aucun état de choses comme réel ou comme devant être réalisé par l'auditeur à cause de l'énonciation. Il en va de même avec les remerciements, les félicitations, etc. : bien que l'on remercie toujours de quelque chose, ce quelque chose ne doit nullement être spécifié. Récanati opère donc une première distinction entre les actes *essentiellement représentatifs,* qui possèdent un contenu propositionnel et les actes *non essentiellement représentatifs,* qui consistent à exprimer conventionnellement une attitude sociale vis-à-vis de l'auditeur. Ces derniers correspondent aux expressifs dans la classification de Searle.

La seconde distinction porte sur les actes essentiellement représentatifs : certains ont un contenu mais « le présentent comme donné indépendamment de l'énonciation, qui le reflète » : ce sont les constatifs (*op. cit.,* 180) ; d'autres présentent « l'état de chose auquel ils font référence comme virtuellement réalisé par (à cause de) l'énonciation » (*ibid.*) : ce sont les *performatifs.*

La troisième distinction porte sur les performatifs qui ont tous comme caractéristique commune la volonté, de la part du locuteur, de transformer la

---

5. Le critère de la direction d'ajustement a retenu l'attention d'autres chercheurs, Anscombre et Ducrot notamment, pour qui tout acte illocutoire possède parmi ses fonctions discursives celle essentielle de constituer un monde imaginaire où la proposition qui fait l'objet de l'acte se trouve vérifiée. Ils introduisent donc un maillon intermédiaire entre le réel et le contenu informatif de l'énoncé (son contenu propositionnel) et l'on peut penser que les caractéristiques de ce monde imaginaire sont en interaction avec les types d'actes illocutionnaires et donc de relation impliquée dans la communication. Dans une affirmation, par exemple, le locuteur se porte « garant de ce que M [ce monde imaginaire] coïncide avec le monde réel R » (1983 : 153). Dans ce cas précis, l'adéquation au monde et les positions qui s'affirment dans l'interaction sont solidaires d'une certaine logique de la certitude. Dans le cas d'un interrogation, les choses seraient différentes : le locuteur, en effet, ignore si cette correspondance existe réellement (c'est bien là la portée de sa question), mais questionnant, il exprime son intérêt pour cette éventualité.

réalité par son énonciation : les *directifs*, les *promissifs* et les *déclaratifs* de Searle relèvent de cette catégorie d'actes illocutionnaires. Dans le cas des déclaratifs, cette transformation est « immédiate » au sens où c'est l'énonciation qui est présentée comme la cause réelle de la transformation, donc de la correspondance entre l'état de choses et le contenu de l'acte : en d'autres termes, en accomplissant une déclaration (par exemple, « Je baptise ce bateau *Catimini* ») j'exprime l'intention que mon énonciation, précisément parce qu'elle exprime cette intention, ait pour conséquence immédiate la réalisation de l'état de choses qu'elle représente, sans que cette réalisation ne soit présentée comme incombant soit au locuteur soit à l'auditeur. Et c'est bien là la différence entre les déclaratifs et les promissifs ou les directifs : dans le cas de ces deux types d'actes, la réalisation de l'état de choses est présentée comme étant à charge du locuteur pour les promissifs, de l'auditeur pour les directifs. Si le locuteur fait une promesse, il s'engage à réaliser lui-même la transformation de l'état de choses auquel réfère le contenu propositionnel de son énonciation ; si le locuteur accomplit un acte directif, il désire engager, à cause de l'intention qu'il exprime dans son énonciation, l'auditeur à accomplir la réalisation de l'état de choses. Récanati propose en conséquence la classification suivante.

Schéma n° 12 : Une taxonomie des illocutions

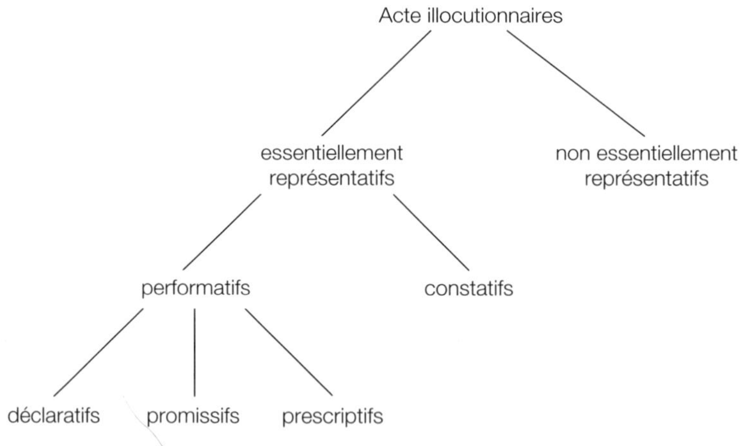

Cette taxonomie présente les grands types d'actes illocutionnaires (des actes génériques) et permet de les hiérarchiser en montrant pour chacun ce qui les différencie et ce qui les rassemble. Ainsi les promissifs et les déclaratifs, bien que distincts, appartiennent néanmoins à une catégorie commune, ce que pressentait Searle. La classification de cet auteur ne permettait cependant pas de faire apparaître l'aspect fondamental commun aux deux types d'actes (ils possèdent la même direction d'ajustement). La classification de Récanati présente, de plus, un degré de cohérence interne élevé. Elle opère la distinction essentielle entre les actes illocutionnaires et les modalités de phrases qui servent à les accomplir. Si l'assertion, qui est évaluable en termes aléthiques, ne se trouve pas représentée dans cette classification, c'est qu'elle relève des modalités de phrase ; elle permet de distinguer différents types d'énoncés déclaratifs et non déclaratifs, mais non des actes illocutionnaires différents. C'est pour la même raison que ni l'interrogation ni l'exclamation ne se voient représentées en tant qu'actes illocutoires. Enfin, dernier intérêt de cette classification, elle maintient la distinction austinienne entre les performatifs et les constatifs.

4 LA PRÉSUPPOSITION COMME ACTE ILLOCUTOIRE

Ducrot (1972-a) a classé parmi les actes illocutoires et la *présupposition* et l'*argumentation*. Ces deux types d'actes qui échappent à la classification de Récanati méritent que l'on s'y attarde : ils constituent en effet une composante importante des discours et des stratégies discursives polémiques et/ou persuasives. Mais, s'agit-il tout d'abord d'actes de langages ? Nous n'envisagerons ici que le cas de la présupposition. Pour l'auteur, l'acte de présupposer, comme tout acte illocutoire, produit une transformation de la relation qui s'instaure entre les interlocuteurs. La présupposition constitue donc bien un acte social au sens où l'auteur entend l'acte illocutionnaire : « Présupposer un certain contenu, c'est placer l'acceptation de ce contenu comme condition du dialogue ultérieur. On voit alors pourquoi le choix des présupposés nous apparaît comme un acte de parole particulier (que nous appelons acte de présupposer), acte à valeur juridique, et donc illocutoire, au sens que nous avons donné à ce terme : en l'accomplissant, on transforme du même coup les possibilités de parole de l'interlocuteur. Et il ne s'agit pas là d'une transformation de type causal, liée au fait que toute énonciation influe sur les croyances, désirs, intérêts de l'auditeur. Il s'agit au contraire d'une transformation institutionnelle, juridique : ce qui est modifié, chez l'auditeur, c'est son droit de parler – dans la mesure tout au moins où il veut que sa parole s'inscrive à l'intérieur du dialogue précédent (...). Leur choix [celui des présupposés] limite la liberté de l'auditeur, en l'obligeant – s'il veut poursuivre le discours amorcé – à les prendre pour cadre de sa propre parole » (*op. cit.*, 91).

Le but de cet acte illocutoire consiste donc à déterminer le cadre de la poursuite de l'échange de paroles ou de la conversation. Stratégiquement, la présupposition présente plus d'un avantage pour le locuteur. Elle permet de dire tout en n'assumant pas la responsabilité de ce qui est dit. Elle permet en définitive de contraindre l'auditeur à partager des opinions qu'il pourrait ne pas cautionner, sans lui en laisser réellement le choix. En fixant le cadre du dialogue ultérieur, le locuteur oblige le destinataire soit à renoncer à l'échange, et en conséquence à son droit de parole, soit à tenir pour acquis le cadre de l'interlocution que lui impose le locuteur.

Ducrot montre combien la présupposition peut servir de base au fonctionnement polémique du langage. La distinction classique entre posé et présupposé joue dans cette perspective un rôle fondamental puisque le mouvement de progression discursive dépend du posé et non du présupposé. Or, si le locuteur et l'auditeur, partagent les posés, mais non les présupposés, l'auditeur se retrouvera en fait, devant un dilemme : ou il rejette les posés et dès lors on peut « l'accuser d'interrompre la conversation, de sortir du sujet, voire de chercher à "envenimer le débat" » (*op. cit.*, 96) ; ou « il laisse passer » et il semble par là souscrire au présupposé dont il renforce ainsi, par son abstention même, l'apparente évidence » (*ibid.*). Les présupposés apparaissent essentiellement dans les descriptions définies ou dans les relatives dites descriptives ou qualificatives.

5 LES INTERROGATIONS ET LES ACTES ILLOCUTOIRES SPÉCIFIQUES

Les interrogations ne trouvent pas de place dans la classification des actes illocutoires que nous avons présentée. Pour tenter de résoudre ce problème, deux solutions peuvent être envisagées : soit considérer, comme Searle, l'acte illocutoire d'interroger comme une forme particulière de l'ordre et de la prescription puisque poser une question revient à créer l'obligation de répondre, soit prévoir, à côté des performatifs et des constatifs, un troisième type d'actes essentiellement représentatifs. Aucune des deux propositions ne semble toutefois satisfaire les exigences de cette typologie. Certes, une interrogation possède bien un « air de famille » avec les prescriptions puisque interroger l'auditeur c'est lui demander de répondre, mais l'on voit mal comment une interrogation pourrait constituer un type d'acte illocutoire ayant ses caractéristiques propres. En effet, l'acte d'interrogation, s'il existait bien en tant que tel, devrait pouvoir se différencier de toutes les autres catégories proposées. Or, il semble bien que ce ne soit pas le cas. En effet, l'interrogation est souvent l'occasion de formuler d'autres actes d'énonciation, dits indirects : une invitation à partir, comme dans « Veux-tu bien partir ? » ou une prescription dans « Partiras-tu enfin ? ». En réalité, l'interrogation comme la phrase impérative, sont des modalités de la phrase : elles ne constitueraient pas, en soi, un type d'acte particulier. Un tel critère, celui de la modalité, constituerait de toute façon un critère illégitime dans le cadre d'une telle taxonomie : énoncés et actes de langage relèvent en effet de deux niveaux de pertinence différents.

On le voit, le problème est complexe et il dépasse largement le cadre de cette présentation. Toutefois, cette discussion est intéressante car elle met l'accent sur les difficultés de catégoriser les actes de langage spécifiques qui coexistent à côté des actes génériques. D'une part, un grand nombre d'actes spécifiques entretiennent ces derniers des relations vagues, floues, et qui ne partagent donc qu'un « air de famille ». Il semble difficile, comme c'est le cas pour l'interrogation, de les rattacher strictement aux actes génériques définis. D'autre part, les actes spécifiques sont souvent difficiles à identifier. Comment en effet, face à une phrase impérative par exemple, déterminer s'il s'agit d'une injonction, d'une requête, d'une permission ou encore d'une supplication ?

Un acte illocutionnaire se reconnaît habituellement aux marqueurs de force illocutionnaire, à différentes sortes d'indications linguistiques :

- l'usage des verbes performatifs (ordonner, promettre, etc.) qui, employés à la première personne de l'indicatif présent explicitent l'aspect illocutoire de l'acte ;
- l'usage d'indicateurs modaux (l'impératif, par exemple) ou verbaux (le futur simple, par exemple).

Or, les marqueurs de force illocutoire ne suffisent pas toujours, même pour déterminer l'acte générique. De plus, ils ne sont pas univoques : un ordre par exemple, peut très bien être exprimé par un futur de l'indicatif (« Tu fermeras la porte »). Enfin, ils semblent inaptes à expliciter l'acte spécifique. Aussi, la détermination d'un acte spécifique nécessitera l'examen du contexte d'énonciation et une activité inférentielle de la part de l'allocutaire. Selon Récanati (1981 : 154-155), un tel calcul inférentiel doit s'appuyer sur la connaissance de trois types d'informations : a) la connaissance du potentiel illocutionnaire de l'énoncé, que l'allocutaire identifie grâce à sa connaissance des règles sémantiques du langage, b) le respect présumé de ce que l'auteur nomme le « principe de littéralité » et enfin c) la connaissance du contexte. Le principe de littéralité exige qu'un locuteur n'énonce pas une phrase qui possède un certain potentiel d'acte illocutionnaire s'il n'a pas l'intention d'accomplir cet acte. Mais, défini en ces termes, ce principe s'apparente aux principe gricéen de coopération puisque dans les deux cas, il s'agit d'une norme interactionnelle régissant la communication.

Le processus d'inférence peut alors se formaliser comme suit : sur la base du principe de littéralité, une première inférence attribue à l'énoncé la force illocutionnaire qui est la sienne (acte générique), puis la seconde, enchaînant sur la première, permet, en fonction des éléments contextuels pertinents, de spécifier l'acte que le locuteur a réellement l'intention d'accomplir. Plus précisément, l'allocutaire reconstitue l'intention du locuteur en suivant pas à pas la démarche inférentielle suivante :

1) le locuteur respecte le principe de littéralité ;
2) le locuteur énonce une phrase qui possède un potentiel d'acte illocutionnaire F'(p') ;
3) le locuteur a donc l'intention d'accomplir un acte relevant de ce potentiel ;
4) l'acte spécifique dont il est question dans ce contexte doit être l'acte F(p).

Ainsi, l'évaluation de l'énonciation et la détermination de l'acte spécifique nécessitent la prise en compte d'une norme d'interaction (le principe de littéralité et son respect par le locuteur) et du contexte constitué.

Chapitre 5

La question de l'implicite et la pragmatique inférentielle

À plusieurs reprises, nous avons été confronté au fait qu'un énoncé contient plus de sens qu'il ne le manifeste explicitement et que, en conséquence, il nécessite souvent, pour être compris, une certaine activité inférentielle. La conception de la présupposition telle que l'a formulée Ducrot a mis au jour le rôle de l'implicite du discours, rôle qu'ont confirmé d'autres recherches portant sur le sous-entendu ou l'insinuation. La question des actes spécifiques, on vient de le voir, oblige à prendre en compte l'activité inférentielle, activité qui rend encore plus évidente la question de la compréhension des actes indirects. Cet ensemble de considérations a mis l'implicite au centre des recherches sur le langage et conduit progressivement à l'élaboration d'une pragmatique inférentielle très inspirée par la théorie conversationnelle de Grice, d'une part et par les sciences cognitives d'autre part.

L'importance de la théorie de Grice tient au fait que pour cet auteur, la détermination du sens d'un énoncé tient à la capacité du destinataire à inférer le vouloir-dire du locuteur, c'est-à-dire à trouver les implicitations de l'énoncé. Le développement parallèle des sciences cognitives a fourni les notions permettant de rendre compte de certains mécanismes cognitifs sous-jacents au processus inférentiel.

1 LES DIFFÉRENTES FORMES DE L'IMPLICITE

Il existe différentes formes d'implicite plus ou moins volontaires, plus ou moins institutionnalisées. Il sera utile pour la suite de proposer comme première approche, la classification proposée par Ducrot et dont rend compte le schéma suivant :

Schéma n° 13 : Les formes de l'implicite

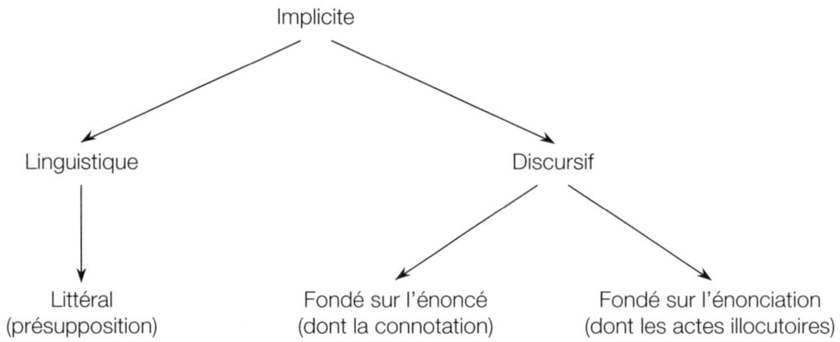

On peut illustrer par un exemple chacune de ces deux grandes classes d'implicite. D'abord la présupposition qui inclut, dans le sens littéral, la signification implicite. Si je dis « Je ne fume plus », je présuppose que j'ai fumé jadis. Dans ce cas, l'élément de signification présupposé est laissé à entendre par la forme linguistique elle-même de l'énoncé. Quant à l'implicite discursif, il demande, de la part du locuteur, une démarche de reconstruction de l'élément de signification implicite, un raisonnement qui s'appuie soit sur l'énoncé lui-même soit sur le contexte de l'énonciation soit sur l'un et l'autre à la fois. Le premier cas peut s'illustrer par l'énoncé « Je ne suis pas fou, je n'irai jamais habiter Paris » qui suppose, pour être cohérent, que l'on restitue la proposition implicite « Il faut être fou pour habiter Paris ». La formule canonique correspondant à cet exemple est « il a dit X, or X = Y, donc il a dit Y ». Le second cas correspond plus précisément à ceci : « il a dit X ; or, on ne dit X que si Y, donc il a voulu dire Y » ; par exemple, faire à X l'éloge de Y pour lui faire entendre qu'il est loin d'avoir les qualités de celui-ci. L'on peut aussi donner un ordre à quelqu'un pour attester qu'on est fondé à le lui donner. On verra plus loin le parti qu'a tiré Flahaut (1978, 1979) de cette conception sur le plan de la compréhension du rapport social.

2 LE PRINCIPE DE COOPÉRATION ET LES RÈGLES CONVERSATIONNELLES

Hormis la présupposition, donc, il semble bien que toutes les formes d'implicite nécessite un raisonnement. La question se pose alors de savoir sur quoi repose ce raisonnement. La plupart des théoriciens ont trouvé dans le principe de coopération formulé par Grice une base pour l'interprétation des énoncés.

Selon Grice (1979), tout discours, toute conversation obéit à des règles implicites : « Nos échanges de paroles ne consistent pas normalement en une succession de remarques déconnectées, et ils ne seraient pas rationnels si c'était le cas. Ils sont, de façon caractéristique et dans une certaine mesure au moins, des efforts coopératifs ; chaque participant reconnaît en eux une fin (*purpose*) commune ou un ensemble de fins, ou du moins une direction mutuellement acceptée (...) [de sorte qu'] à chaque pas, quelque manœuvre conversationnelle est exclue parce que conversationnellement inappropriée » (cité par Récanati, 1979 : 187). Le principe général qui règle les échanges conversationnels répond à la nécessité, pour les interlocuteurs, de coopérer à la réussite de ceux-ci et donc, de les rendre adéquats. Tel est le *principe de coopération* : « Que votre contribution conversationnelle soit telle qu'il est requis, à l'étape où elle advient, par le but ou la direction de l'échange discursif dans lequel vous êtes engagé ». De ce principe découlent neuf règles, ou maximes qu'il regroupe en quatre catégories : maxime de *quantité* (que votre contribution n'apporte ni trop, ni trop peu d'information) ; maxime de *qualité* (ne dites rien à la légère, ni ce pourquoi vous manquez de preuve ni ce que vous croyez être faux) ; maxime de *relation* ou de pertinence (que votre contribution ne soit pas déplacée ou hors propos) ; maxime de *modalité* (ne soyez ni ambigu ni prolixe ni confus, mais soyez clair, bref et ordonné).

L'auteur suppose enfin que tout partenaire de l'échange conversationnel s'engage à respecter ces maximes et que chacun peut supposer que l'autre les respecte. Dès lors, toute énonciation qui constitue, par son sens littéral, une infraction à l'une de celles-ci, ou même à plusieurs d'entre elles, provoque chez l'auditeur une stratégie d'inférence permettant de concilier l'énoncé avec le respect des maximes ; l'auditeur raisonnera par « implications conversationnelles », c'est-à-dire en formulant des hypothèses qui rendent l'énonciation compatible avec la présomption selon laquelle le locuteur respecte, dans la mesure du possible, les principes conversationnels. Il faut donc que l'auditeur reconstitue l'intention illocutionnaire que n'a pas formulée littéralement le locuteur : « si le locuteur avait l'intention de n'accomplir que l'acte littéral indiqué dans la phrase, son énonciation violerait les maximes conversationnelles ; or il respecte ces maximes ; donc il a l'intention d'accomplir un deuxième acte tel que l'énonciation, servant à accomplir cet acte, soit finalement conforme aux maximes apparemment violées si l'on s'en tient à l'acte littéral » (Récanati, 1981 : 152). C'est bien parce que les maximes conversationnelles sont une norme interactionnelle régissant les échanges communicatifs qu'elles permettent d'expliquer comment un énoncé qui fournit une représentation lacunaire ou ambiguë d'une pensée parvient cependant à exprimer une pensée complète et sans ambiguïté. L'auditeur élimine toutes les hypothèses qui sont en contradiction avec les maximes pour ne garder que celle qui est compatible avec celles-ci.

3 SOUS-ENTENDUS ET ACTES INDIRECTS

Une maxime peut être enfreinte pour ne pas en enfreindre une autre. Mais elle peut également être enfreinte exprès, pour produire un effet de sous-entendu. L'exemple suivant, repris à Récanati (1979 : 189), peut illustrer le premier cas. Si quelqu'un, à qui il est demandé où habite une certaine personne, donne une réponse du genre « quelque part sur la rive gauche », on peut considérer qu'il n'est pas suffisamment informatif – donc qu'il enfreint la maxime de quantité. Mais, considérant qu'il respecte malgré tout les maximes, on peut sans doute considérer qu'il ignore où habite exactement la personne en question et ne peut donc satisfaire la maxime de quantité sans enfreindre la maxime de qualité, ce qu'il donne à entendre par sa réponse délibérément évasive.

Le cas du sous-entendu peut s'illustrer de l'exemple suivant, proposé par Grice et repris par Récanati : « Supposons maintenant qu'un professeur de philosophie, interrogé sur les talents dans cette matière d'un étudiant, réponde : "Son français est correct, et il est toujours à l'heure au cours." Ici aussi, la première maxime de la quantité est enfreinte ; mais on ne peut expliquer cela, ainsi que précédemment, en forgeant l'hypothèse comme quoi le professeur ne peut pas satisfaire la maxime (...). Une explication possible est qu'il ne veut pas y répondre, sa réponse risquant d'être trop désobligeante. Mais cette hypothèse, selon laquelle il enfreint délibérément une maxime ne permet pas de concilier son énonciation avec la présomption de respect des règles (PRR), à moins qu'on ne l'intègre à une hypothèse plus vaste, telle que celle-ci : le professeur enfreint exprès la maxime de la quantité pour que l'auditeur, cherchant la raison de l'infraction, se rende compte du fait que le professeur ne veut pas dire son opinion désobligeante ; le professeur fait une sorte de figure du discours puisque, à un premier niveau explicite, il tait son opinion désobligeante et enfreint la maxime de la quantité ; mais en faisant cela, il signifie à un deuxième niveau, implicite, qu'il a une opinion désobligeante, et il satisfait donc la maxime, par un détour. » (*op. cit.*, 189).

On voit bien dans cet exemple l'importance de l'intention de communiquer ce qui est sous-entendu. Grice a caractérisé comme suit le type de raisonnement effectué par l'auditeur : « Il a dit que p ; il n'y a pas de raison de supposer qu'il ne respecte pas les maximes, ou du moins le principe de cooperation ; or ici il ne les respecte que dans l'hypothèse où il pense que q ; il sait (et sait que je sais qu'il sait) que je puis apercevoir que la supposition comme quoi il pense que q est requise ; il n'a rien fait pour me retenir de penser que q ; par conséquent il veut me signifier par sous-entendu que q. » (Grice, cité par Récanati, *op. cit.,* 190).

L'intention de communiquer par sous-entendu ne concerne pas seulement l'intention d'informer à propos d'un état de chose ; elle peut également concerner les actes illocutionnaires à travers une illocution dont la force et le contenu signifiés ne correspondent ni à la force ni au contenu effectivement accomplis. L'exemple type est celui de la phrase « Pouvez-vous me passer le sel ? » énoncée pour demander le sel. L'acte accompli réellement diffère du potentiel d'acte illocutionnaire de la phrase, la différence pouvant d'ailleurs se manifester simultanément au niveau de la force et du contenu propositionnel ou au niveau d'un seul de ces deux aspects. Pour définir quel est l'acte indirect accompli par le locuteur, l'auditeur aura recours à la fois au contexte de l'énonciation, à l'information d'arrière-plan[1] (Searle, 1982) et aux règles constitutives des actes de langage[2].

1. Searle définit l'information d'arrière-plan comme l'ensemble des connaissances, biologiques et culturelles, communes aux partenaires de l'interlocution : il s'agit « d'un arrière-plan d'assomptions et de pratiques qui rend la communication possible » (1982 : 35).
2. L'analyse des actes indirects révèle plusieurs aspects de leur fonctionnement qui rendent leur classification malaisée. Il semble tout d'abord nécessaire de distinguer ceux qui relèvent d'une convention d'usage pragmatique (« Pouvez-vous me passer le sel ? », par exemple), et non d'une convention sémantique (Searle, 1982). En suite, les deux actes illocutoires – le primitif et le dérivé, le littéral et le primaire, selon les auteurs – ne sont jamais accomplis simultanément : l'un des deux oblitère l'autre et seul le contexte d'énonciation permet de lever l'ambiguïté pragmatique de l'énonciation car sémantiquement cette dernière n'est nullement ambiguë. Anscombre enfin (1980), observe que certains actes indirects présentent un « marqueur de dérivation », renvoyant à une loi du discours, i.e. à une règle constitutive des actes de langage qui correspond, on s'en souviendra, à l'expression d'une des conditions de satisfaction définie par Searle. On comprend dès lors que les actes dérivés marqués ne puissent accomplir qu'un seul des deux actes à la fois, le marqueur de dérivation faisant office d'aiguillage ou d'embrayeur.

Pour clarifier les choses, reprenons l'un des exemples cités par Searle à l'appui de ses thèses (1982 : 74 et svt). Un étudiant A propose à un camarade B d'aller au cinéma. Celui-ci lui rétorque : « Je dois travailler pour mon examen ». L'énonciation de B équivaut à un refus, mais non pas en vertu de son sens. Le rejet est accompli au moyen d'un autre acte, à savoir l'affirmation par B qu'il doit préparer son examen. Or, pour comprendre cet acte de refus, A doit développer une stratégie d'inférence qui l'amènera à comprendre que le but illocutoire de cet acte diverge de celui de l'acte littéral (l'affirmation de la nécessité pour B de travailler) et à déterminer, parmi tous les actes possibles, quel est l'acte illocutionnaire dérivé réellement accompli (le refus). Sans entrer dans le détail des étapes de la dérivation telles que les décrit Searle, relevons l'essentiel du mécanisme, du calcul d'inférence. A doit comprendre que si B ne dit rien de la proposition tout en respectant la règle de pertinence, c'est qu'il veut sans doute dire plus qu'il n'en dit. Le but illocutionnaire de son énonciation doit donc diverger de son but illocutionnaire littéral. Comme par ailleurs, A sait que préparer un examen demande du temps (information d'arrière-plan), il comprendra que B ne peut probablement pas aller au cinéma et travailler à son examen le même jour. Or, selon le principe de coopération, A suppose que B sait que la condition préalable à toute acceptation d'un acte promissif consiste dans la capacité d'accomplir la promesse et il suppose aussi que B respecte cette condition. Cette capacité à réaliser l'acte est en effet une des règles constitutives de tout acte de langage. Aussi A inférera-t-il que B ne peut probablement pas accepter la proposition faute de pouvoir respecter son engagement et que son affirmation est un refus.

On doit cependant distinguer les actes indirects caractéristiques de l'énoncé et ceux qui ne sont accomplis que par l'énonciation ainsi que par les mécanismes d'inférence qu'elle suscite. Au premier type appartiennent des actes du type de « Voulez-vous me passer le sel ? », forme polie qui permet d'accomplir un acte illocutoire à force d'ordre. Personne ne songerait à répondre à cette question par un simple « Oui, je le veux. » Ces actes indirects, qui ne sollicitent plus aucune activité inférentielle de la part d'un locuteur francophone, peuvent être considérés comme conventionnels. Ils sont d'ailleurs porteurs d'une marque linguistique conventionnelle d'indirection, ici la forme interrogative.

La demande de fermer la fenêtre, exprimée indirectement par l'assertion « Il fait froid ici », relève, quant à elle, du second type puisque seul le contexte de l'énonciation la fait apparaître comme une demande et non comme un simple constat portant sur la température du lieu, jugée froide par l'énonciateur. Remarquons que cette assertion pourrait paraître conventionnelle ou tout au moins être en voie de le devenir. D'autres énoncés, en effet, pourraient être utilisés dans des contextes identiques par l'énonciateur pour effectuer la même demande : « J'ai froid », « Tu ne trouves pas qu'il fait froid ici », « Je vais mettre un pull », etc. À travers ces différents énoncés et la diversité de leurs contenus propositionnels, un seul aspect demeure : l'énonciation d'une des raisons, d'un des arguments justifiant l'acte de demande dérivé ou permettant de l'inférer. C'est précisément à cette condition que l'acte dérivé sera reconnu, identifié par son destinataire et qu'il sera donc sanctionné. Ce type de demande, qui ne contient aucune marque linguistique conventionnelle d'indirection, peut être néanmoins considéré comme un acte dérivé conventionnel, mais du point de vue pragmatique : seuls l'usage et un *habitus* lié au contexte d'arrière-fond, permettent d'accomplir conventionnellement la dérivation. On devra en distinguer les stratégies d'indirection qui sont exceptionnelles, particulières à un contexte donné.

Dans certains cas, un acte illocutionnaire primaire est dérivé globalement à partir de nombreux actes secondaires pouvant appartenir à des types illocutionnaires très différents. Nous avons longuement discuté cette classification à l'occasion d'analyses concrètes, de fragments de discours (Peraya, 1985). L'une des interprétations possibles, comme l'avait par ailleurs suggéré Nef (1980), serait de considérer de tels actes comme des macro-actes dont la dérivation peut être accomplie par l'auditeur soit au fur et à mesure des enchaînements du langage soit de manière récurrente à partir du dernier acte de langage de l'enchaînement.

Récanati a fait remarquer qu'il est d'autres principes normatifs que les maximes gricéennes qui peuvent motiver l'indirection d'un acte : « Ainsi, les sociologues font état de principes généraux gouvernant l'interaction sociale : “Ne pas faire perdre la face au partenaire” serait un de ces principes. Comme l'ont montré Brown et Levinson (1978), ce principe justifie l'emploi d'une stratégie d'indirection pour atténuer ce qu'un acte illocutoire peut avoir de menaçant pour la face de l'interlocuteur. Si un principe de ce genre n'interagissait pas avec la “maxime de modalité” selon laquelle il faut être direct et explicite dans la mesure du possible, on ne pourrait, dans bien des cas, accomplir indirectement un acte illocutionnaire sans, par la même, enfreindre cette maxime, car le locuteur n'aurait aucune raison valable de ne pas accomplir cet acte directement ; l'auditeur, dès lors, ne serait plus en mesure d'inférer l'accomplissement de cet acte sur la base du fait qu'il permet de concilier l'énonciation avec le respect présumé des maximes conversationnelles (…). D'une façon générale, n'importe quel principe normatif mutuellement accepté peut jouer un rôle analogue à celui des principes conversationnels dans des stratégies d'indirection. » (Récanati, 1981 : 58-59).

Mais la remarque de Récanati conduit à une autre : dans le cadre des interactions sociales, le caractère direct ou indirect des actes de discours peut être considéré comme un des moyens dont dispose l'individu pour se positionner dans les rapports sociaux. On peut être indirect pour ne pas faire perdre la face, mais on peut aussi, contre la norme, être direct pour faire perdre la face (dans un débat politique par exemple), ou tout au moins adresser une menace à autrui, ou encore pour montrer qu'on occupe une position au-dessus de la norme. En fait, direction et indirection sont des choix intervenant dans diverses sortes de stratégies interactionnelles et pouvant d'ailleurs viser différentes sortes d'effets (perlocutionnaires).

Si l'on se réfère à nouveau au discours médiatique, on remarquera que si la publicité, très normalement, est souvent directement prescriptive (il s'agit pour la publicité commerciale, de faire acheter, ou, pour la publicité sociale, de suggérer des comportements), elle use souvent de l'indirection, se limitant dès lors à des actes constatifs (présentation des qualités d'un produit, des avantages d'un comportement, d'un fait constaté...), à charge du destinataire de comprendre la suggestion qui lui est faite. Cela permet, dans certains cas, de renforcer l'assertion concernant la qualité d'un produit qui semble alors indépendante des préférences mêmes des interlocuteurs. Cela peut également permettre, en laissant dans l'implicite et donc le vague, la suggestion qui est faite, de ménager la susceptibilité (la face) du destinataire : par exemple, en accompagnant l'image d'un nouveau parfum du slogan « l'odeur du succès », on évite au destinataire le sentiment que son pouvoir de séduction dépend du parfum, ou tout simplement qu'on le considère comme un simple séducteur. Dans d'autres cas, il s'agit surtout de gagner la complicité du destinataire, ou, de l'impliquer dans la formulation même de la pensée communiquée. Dans le slogan, déjà rencontré, de prévention contre le SIDA, « Ta santé est aussi celle des autres », on peut considérer que l'indirection, par la démarche inférentielle qu'elle exige, implique le destinataire dans la formulation de la prescription implicite et peut même jouer comme embrayeur d'une réflexion plus générale sur les aspects éthiques des problèmes que pose la maladie. Mais ce dernier aspect des choses sera plus visible quand on aura approfondi la question de l'inférence.

4 GÉNÉRALITÉ DE L'INFÉRENCE

Les sous-entendus et les actes indirects sont certainement des cas patents de communication inférentielle. Mais l'évidence de tels cas ne doit pas masquer la généralité du processus inférentiel. On l'a déjà vu à propos des actes spécifiques : ceux-ci ne se déterminent pas au moyen de simples indicateurs linguistiques ; il faut une interprétation de la part du destinataire. En poussant encore un peu plus loin l'analyse, on s'aperçoit que le contenu propositionnel lui-même réclame une interprétation. Lorsqu'un locuteur accomplit un acte de référence, la description d'un état de chose, il arrive souvent que son auditeur doive compléter le contenu descriptif de l'énoncé. Par exemple, il arrive qu'il soit obligé de construire des « passerelles-inférences » pour restituer à un énoncé un contexte de référence commun qui seul rend l'énoncé compréhensible. Si, par exemple, quelqu'un dit « Marie sortit les vivres du pique-nique de la voiture, la bière était tiède », l'auditeur qui n'a pas vu Marie sortir le ravitaillement de la voiture inférera qu'il contenait de la bière. Si l'on considère que le contexte est une construction psychologique, un sous-ensemble d'hypothèses sur le monde du locuteur, l'auditeur ne fait rien d'autre que formuler une hypothèse lui permettant de reconstruire pour lui-même un contexte identique à celui du locuteur. Plus concrètement, il ajoutera la bière à l'ensemble des objets qui sont connus par les deux interlocuteurs au moment de leur conversation.

Les énoncés ne sont pas seulement lacunaires, il leur arrive aussi d'être ambigus et que dès lors leur sens descriptif demande à être élucidé. L'auditeur doit procéder à des inférences pour pouvoir trouver la signification des expressions référentielles, les références des expressions indexicales, les antécédents des pronoms, pour identifier les homophones ou les homonymes, etc. Les exemples de ce type sont nombreux et l'on pourrait multiplier les phrases du type « le livre de ma grand mère » où l'auditeur doit pouvoir décider s'il s'agit du livre écrit par ma grand mère, du livre qui lui appartient [à la grand mère] ou qu'elle lui [au locuteur] aurait donné, prêté, etc. Que dire alors de ceci « le livre de ma grand mère que je viens d'achever ». Trognon (1986) commente cet autre exemple emprunté à Récanati (1981 : 156-157), où la nécessité d'élucidation provient de l'homonymie attachée aux mot « cuisine » (le lieu où l'on prépare à manger, l'activité ou encore le résultat de cette dernière) et au prénom « Dominique » (masculin ou féminin) :

Locuteur 1 : « De mon temps, on lavait la cuisine à grande eau tous les jours, mais les femmes aujourd'hui ne savent plus tenir leur maison ».

Locuteur 2 : « La cuisine de Dominique est impeccable ».

Dans ces deux énoncés, cuisine se réfère au lieu et la référence de Dominique ne peut être que féminine. Toute autre interprétation dans le second énoncé serait incompatible avec le premier sauf à transgresser ouvertement le principe de coopération, ce qui serait contraire au fondement même de l'interaction. Ce type d'inférence qui porte sur le sens descriptif de l'énoncé et qui vise essentiellement à le débrouiller, à le clarifier, est parfois appelé « désambiguation ».

Au total, il apparaît que la communication n'est jamais accomplie au moyen d'un simple décodage linguistique. En général, et contrairement à ce que prévoit le modèle du code, le sens linguistique d'un énoncé ne détermine que très partiellement sa compréhension. Pour être compris, un énoncé doit être interprété. Mais la notion d'inférence à laquelle on a généralement recours pour caractériser le processus mental d'interprétation est elle-même ambiguë et demande à être complétée et enrichie. Comprendre ce processus suppose que l'on s'interroge sur la nature des représentations mentales et sur les types d'opérations mentales dont est capable l'esprit.

Cette interrogation a fait se rencontrer les sciences du langage et les sciences cognitives, ces dernières apportant aux premières des notions susceptibles d'éclairer les processus d'interprétation. Mais les diverses composantes des sciences cognitives étant loin d'être d'accord à propos de la manière d'aborder ces processus, il en découle une certaine diversité théorique. En effet, les opérations mentales relatives à l'inférence se conçoivent très différemment, par exemple, selon que l'on envisage la représentation mentale comme essentiellement propositionnelle ou essentiellement iconique, selon qu'on la considère comme susceptible d'être définie par une définition du dictionnaire ou un article d'encyclopédie. On a cependant l'impression que, malgré leur opposition apparente, les diverses conceptions théoriques sont complémentaires, chacune d'elles explicitant un aspect d'un processus très complexe comportant diverses sortes d'opérations à différents niveaux.

On parcourra ici certaines des notions principales ayant alimenté le débat sur l'inférence dans la communication et l'on tentera ensuite de proposer des pistes pour leur articulation.

5 LA NOTION DE SCHÉMA

Des notions telles que celles de « schéma », « cadre » (*frame*), ou encore « scénario » ont été proposées par des psychologues pour répondre à la nécessité de rendre compte de représentations mentales d'un niveau supérieur à celui correspondant au sens des mots ou de la phrase (représentation propositionnelle).[3]

L'opposition dictionnaire *vs* encyclopédie permet de préciser la différence entre le niveau élémentaire des représentations et le niveau que visent les notions de schéma, cadre, ou scénario : « D'un côté, les théoriciens de la représentation tiennent couramment pour acquis que la signification des mots ressemble plutôt à ce qu'on peut trouver dans un dictionnaire : les aspects essentiels du sens des mots. D'un autre côté, on pourrait supposer que le sens d'un mot est plutôt représenté par quelque chose qui ressemble à un article encyclopédique sur le sujet. Dans ce cas, on s'attendrait à trouver, dans un schéma pour le concept "oiseau", non seulement les informations du dictionnaire, mais aussi un certain nombre de faits et de relations en rapport avec les oiseaux (...) » (Rumelhart et Norman, 1995 : 312-313). Ainsi, alors que le sens du mot « oiseau », tel qu'il est consigné dans un dictionnaire, ne contient que quelques caractéristiques élémentaires et différentielles du concept « oiseau », le schéma correspondant contient toutes sortes d'informations sur les oiseaux, sur leurs formes, leurs couleurs, leurs chants, leur vie, leurs mœurs, etc.

Pour le linguiste Langacker, la notion d'encyclopédie rend compte du fait qu'un concept réfère à différents domaines qui sont autant de réserves de connaissances permettant de les spécifier. Le concept « banane », par exemple, comporte une spécification pour la forme dans le domaine spatial, une spécification dans le domaine des couleurs, une autre dans le domaine du goût, etc. ; il comporte également des spécifications dans des domaines plus abstraits (le savoir qu'elles se mangent, qu'elles viennent des pays tropicaux, etc.).

Les schémas, selon l'expression de Rumelhart et Norman, sont des « paquets d'informations ». Ceux-ci concernent des objets, des situations, des événements, des suites d'événements ou d'actions ; ils sont des ensembles de données relativement stéréotypés et enregistrés par la culture en raison de la fréquence de leurs occurrences. Le terme « pêcheur », remarque Eco (reprenant l'exemple à Greimas) contient toute une narration potentielle concernant ses actions, son comportement, son cadre de vie (Eco, 1985 : 19). Une expression comme « Marie alla au restaurant » suffit à ren-

3. Parmi les chercheurs ayant contribué à l'élaboration de telles entités, on peut citer Bartlett (considéré comme précurseur), Minsky (pour la notion de cadre), Schank et Abelson (pour les notions de scénario et plan), Rumelhart, Ortony et Norman (pour la notion de schéma).

seigner sur la suite des événements possibles (entrer, trouver une place, consulter la carte, commander, manger, demander l'addition...). Le terme « poste de télévision » suffit à activer la représentation d'un cadre consistant en une pièce comportant outre le poste de télévision, des fauteuils, une table probablement basse et d'autres éléments composant ce qu'on appelle un salon. D'autres cadres peuvent également être activés en parallèle, comme celui correspondant à « chambre » par exemple ; ce seront alors les autres informations co-occurentes qui stabiliseront l'une ou l'autre représentation.

Selon Rumelhart et Norman, les schémas concernent tous les niveaux d'abstraction. Ils représentent nos connaissances et celles-ci s'enchâssent les unes dans les autres : « Une (...) caractéristique importante des schémas est qu'ils peuvent s'enchâsser les uns dans les autres. C'est ainsi qu'un schéma consiste généralement en une configuration de sous-schémas. Chaque sous-schéma à son tour, consiste en une configuration de sous-sous-schémas, etc. (...) Par exemple, notre schéma du corps humain comporte des sous-schémas et sous-sous-schémas qui peuvent se spécifier en cascade (corps global, visage, œil, iris...). » (*op. cit.,* 312).

On peut faire la supposition (Meunier, 2003 : 200 et svt) ici que ces schémas et sous-schémas enchâssés s'agencent selon deux axes : un axe de la contiguïté et un axe de la similarité. L'axe de la contiguïté concernerait les parties et sous-parties d'un objet ou d'un événement qui se sont agglomérées au cours de l'expérience (par exemple les parties du scénario du restaurant, ou les parties du corps humain global) ; l'axe de la similarité concernerait quant à lui les niveaux d'abstraction successifs issus de la comparaison de représentations similaires. Tandis que sur l'axe de la contiguïté, le concept d'arbre s'est enrichi de nombreuses parties co-existantes (tronc, racines, feuilles...) et de contextes possibles (forêt, parc...), sur l'axe de la similarité, la perception répétée de nombreux arbres de différentes sortes (chênes, cerisiers, pins, palmiers...), a entraîné l'extraction de formes schématiques (celle correspondant à l'arbre en général, celle correspondant aux feuillus, celle correspondant aux résineux, etc.) pouvant se spécifier selon les contextes.

Les schémas comportent donc des parties constantes (les formes schématiques restant invariables à travers de nombreuses occurrences) et des parties variables :» Ainsi, par exemple, le schéma pour le concept CHIEN comporte-t-il des parties constantes, telles que « un chien a quatre pattes » et des parties variables telles que « la couleur d'un chien peut être noir, fauve, blanc (...) ». De façon similaire, dans le schéma du verbe DONNER, les aspects qui impliquent un changement de possesseur sont des constantes, et les aspects concernant l'identité de celui qui donne ou qui reçoit sont des variables. » (Rumelhart et Norman, 1995 : 312).

Du point de vue communicationnel, les schémas, cadres et scénarios permettent de comprendre un aspect important du processus d'inférence : celui consistant à compléter le contenu informatif d'un énoncé sous-spécifié. Les schémas sont en quelque sorte des modèles du monde composés d'éléments ou d'aspects interreliés. Dans la communication, le locuteur ne doit fournir au destinataire que les seules informations lui permettant de trouver le schéma adapté. D'autant que les aspects variables comportent des valeurs par défaut (les valeurs les plus probables pour ces aspects) susceptibles de combler le manque d'information.

La réussite de la communication, cependant, suppose que la capacité des schémas à rendre compte de la situation soit constamment évaluée. Soit l'exemple suivant, emprunté à Wilkes : « John had got up late and as he hurried to school, he worried about the first lesson, which was Maths. Last week, he had been unable to control the class. It was unfair of the Maths teacher to leave him in charge. It was not part of the Janitor's duties. » (Wilkes, 1997 : 47).

Dès la première phrase, un schéma correspondant au cadre de l'école est évoqué et John y prend la place d'un élève. Mais à l'audition des phrases suivantes, cette interprétation est automatiquement modifiée et John se voit successivement assigner le rôle de professeur puis finalement celui de concierge. Ces modifications, de plus, entraînent à chaque fois un changement de l'âge approximatif qui, par défaut, est attribué à John (plus ou moins 12, puis 35, puis 50 ans). Cet exemple montre bien à la fois le caractère dynamique de l'interprétation et l'adaptabilité des schémas. Ceux-ci ne sont pas encodés dans la mémoire sous forme de représentations fixes. Ils sont plutôt en interaction continue avec le contexte.

Pour Rumelhart et Norman, ce sont ces modèles eux-mêmes qui évaluent leur propre adéquation à la situation : « Les schémas devraient être envisagés comme des processus actifs, dans lesquels chaque schéma est aussi un processus qui évalue sa propre capacité à rendre compte de la situation (...) » (1995 : 313).

Le processus apparaît donc comme largement automatique et inconscient. Cependant nous savons que la compréhension réclame quelquefois une attention soutenue ainsi que des formes de raisonnement relativement élaborées. Pour rendre compte de ce dernier aspect, il faut faire appel à d'autres cadres théoriques que la seule théorie des schémas.

6 LE MODÈLE COOPÉRATIF INFÉRENTIEL

Sous l'influence du cognitivisme orthodoxe, plusieurs auteurs conçoivent, explicitement ou implicitement, le processus inférentiel en termes de calcul propositionnel. C'est notamment le cas de D. Sperber et D. Wilson (1989) – un anthropologue et une linguiste – dont le modèle très élaboré mérite une attention toute particulière en raison des multiples aspects de la communication qu'il envisage. Ce modèle se trouve au croisement de la pragmatique de Grice et de la conception cognitivisme de l'esprit.

6.1 Le message comme indice du « vouloir-dire »

Le modèle de Sperber et Wilson se définit en opposition radicale au modèle du code pour lequel la communication se ramène toujours à un processus d'encodage-décodage au moyen d'un code ou d'un système de correspondance entre des pensées et des mots.

Un énoncé ne déterminant que très partiellement son interprétation, il ne peut être considéré comme contenant une pensée encodée ; il doit plutôt être considéré comme un indice à interpréter.

L'analyse du « vouloir-dire » proposée par Grice permet alors de comprendre le mécanisme d'interprétation. Grice, en effet, a donné de la communication une description en termes d'intention et d'inférence qui peut servir de point de départ. Dans la perspective de Grice, la communication est réussie lorsque l'auditeur, partant du sens linguistique de l'énoncé, en infère le vouloir-dire du locuteur : « La communication verbale est une forme complexe de communication. Le codage et le décodage linguistique y jouent évidemment un rôle, mais la signification linguistique d'une phrase énoncée n'encode pas complètement le vouloir-dire du locuteur : le sens aide simplement le destinataire à inférer le vouloir-dire. Le résultat du décodage est à juste titre traité par le destinataire comme un indice des intentions du communicateur. Autrement dit, le processus de codage-encodage est subordonné à un processus inférentiel du type analysé par Grice. » (Sperber et Wilson, 1989 : 48).

6.2 Le principe de pertinence

Ce qui permet de reconnaître le vouloir-dire du locuteur, c'est, comme l'a montré Grice, le respect de certaines normes. Pour Sperber et Wilson, le principe de pertinence (correspondant approximativement à la maxime de relation de Grice), suffit à lui seul à expliquer la compréhension verbale. Selon ces auteurs, ce principe peut être caractérisé en termes d'efforts et d'effets : « Qu'est-ce que la pertinence ? Le traitement de l'information par les êtres humains leur demande un certain effort mental et produit en eux un certain effet cognitif. L'effort demandé est un effort d'attention, de mémoire et de raisonnement. L'effet produit consiste en une certaine modification de croyances de l'individu : l'addition de nouvelles croyances, l'élimination de croyances antérieures ou simplement un affaiblissement ou un renforcement de croyances antérieures. On peut caractériser une notion comparative de pertinence à partir des notions d'effet et d'effort de la façon suivante :

(a) Toutes choses étant égales par ailleurs, plus grand est l'effet cognitif produit par le traitement d'une information donnée, plus grande sera la pertinence de cette information pour l'individu qui l'a traitée.

(b) Toutes choses étant égales par ailleurs, plus grand est l'effort requis par le traitement d'une information donnée, moins grande sera la pertinence de cette information pour l'individu qui l'a traitée. » (Sperber et Wilson, in Andler, 1992 : 228-229).

Les communicateurs cherchent toujours la plus grande pertinence possible. Par l'acte même de parler, un locuteur garantit la pertinence de son énoncé et son destinataire cherchera automatiquement l'interprétation la plus cohérente avec le principe de pertinence, celle qui lui permet le maximum de modifications de croyances pour le moindre effort, améliorant ainsi sa connaissance du monde.

6.3 Le dispositif déductif

Mais qu'est-ce qu'une croyance (ou hypothèse) et en quoi consiste son traitement ? Dans la perspective cognitiviste de Sperber et Wilson, une hypothèse a forcément une forme propositionnelle car ce sont les propriétés logiques de celles-ci qui autorisent un traitement inférentiel : « C'est en vertu de sa forme logique qu'une représentation conceptuelle peut subir des opérations logiques et entrer dans des relations de contradiction ou d'implication avec d'autres représentations conceptuelles. » (*op. cit.*, 1989 : 13).

Quant aux règles s'appliquant aux propositions, ils faut les considérer comme des règles déductives, c'est-à-dire des règles qui préservent la vérité des prémisses dans les conclusions du raisonnement. De plus, toujours dans la même perspective cognitiviste, ces règles sont envisagées d'un point de vue syntaxique plutôt que sémantique ; autrement dit, elles s'appliquent aux hypothèses en vertu de leur forme logique, non de leur contenu sémantique. Par exemple, les propositions « Si Fred est au travail, il est probablement dans son laboratoire » et « Fred est au travail » impliquent « Fred est donc probablement dans son laboratoire » par application d'une règle bien connue de logique formelle :

Si p alors q
p
Donc q

Ce sont les concepts composant les formes propositionnelles qui déclenchent l'application des règles déductives qui leurs sont associées. Un concept, en effet, est une adresse en mémoire comportant des informations de trois types : « L'entrée logique d'un concept énumère les règles déductives qui s'appliquent aux formes logiques dont le concept est un élément. L'entrée encyclopédique rassemble les informations sur l'extension ou la dénotation du concept, c'est-à-dire sur les objets, les événements ou les propriétés qui tombent sous le concept. L'entrée lexicale contient les informations sur l'expression linguistique de ce concept (...) » (Sperber et Wilson, 1989 : 135). Et ce sont les règles déductives de l'entrée logique qui, s'appliquant aux hypothèses où figure un concept, explicitent ou analysent les prémisses d'une déduction.

Au total, l'interprétation des énoncés suppose un dispositif déductif : « Le dispositif déductif humain est un système qui explicite le contenu de tout ensemble d'hypothèses qui lui est soumis. » (*op. cit.,* 152).

La notion d'effet contextuel permettra de mieux comprendre le fonctionnement du dispositif en question.

6.4 Les effets contextuels

La notion d'effet contextuel désigne le résultat du traitement d'une information nouvelle dans un contexte d'informations anciennes. « La notion d'effet contextuel a un rôle essentiel à jouer dans la description du processus de compréhension verbale. À mesure que le discours se déroule, l'auditeur se remémore ou construit un certain nombre d'hypothèses qui participeront au traitement de l'information. Ces hypothèses forment un arrière-plan qui se modifie graduellement et en fonction duquel l'information nouvelle est traitée. L'interprétation d'un énoncé ne se réduit pas à reconnaître l'hypothèse que cet énoncé exprime explicitement ; il est essentiel en outre de découvrir les conséquences qu'entraîne l'adjonction de cette nouvelle hypothèse à un ensemble d'hypothèses antérieurement traitées. Autrement dit, il faut percevoir les effets contextuels de l'hypothèse nouvelle dans un contexte qui est, au moins en partie, déterminé par les actes de compréhension antérieurs. » (Sperber et Wilson, 1989 : 181).

La pertinence d'une information peut alors s'exprimer en termes d'effets contextuels. Une hypothèse est d'autant plus pertinente dans un contexte donné, que ses effets sont grands et que les efforts pour l'y traiter sont moindres. L'exemple suivant, proposé par les auteurs, illustre la notion de pertinence dans un contexte et donne également des éléments de réponse à la question – importante – de savoir comment se constitue un contexte d'interprétation ?

Soit le dialogue suivant :

> Pierre : « Je suis fatigué »
> Marie : « Je vais préparer le repas »

La réponse de Marie est pertinente à condition qu'on la situe dans un contexte de compréhension comprenant, outre l'énoncé explicite de Pierre, l'énoncé implicite : « Pierre souhaite que Marie prépare le repas ». Dans ce cas, la réponse de Marie implique contextuellement : « Marie fera ce que Pierre souhaite ».

Soit maintenant le dialogue suivant qui ne diffère que très peu du précédent :

> Pierre : « Je suis fatigué »
> Marie : « Le dessert est déjà prêt. Je vais préparer le plat de résistance »

Si l'on s'en tient au seul niveau explicite, la réponse de Marie n'a pas d'effets contextuels. Sa pertinence ne peut se comprendre que si on la situe dans un contexte constitué par :

- l'hypothèse exprimée explicitement par Pierre
- les hypothèses implicitées (« Pierre souhaite que Marie prépare le repas »)
- les entrées encyclopédiques des concepts figurant dans ces hypothèses, comme « Un repas comporte un plat de résistance et un dessert »

Dans ce cas, on peut dériver du contexte ainsi constitué :

- « Marie prépare le repas »
- « Marie fera ce que Pierre souhaite »

En multipliant les exemples de cette sorte, on peut montrer que l'interprète doit quelquefois ajouter au contexte plusieurs strates d'entrées encyclopédiques. Par exemple, si Marie répond « Je vais préparer un osso-bucco », il faut ajouter au contexte l'entrée encyclopédique de « osso-bucco » qui spécifie qu'il s'agit d'un plat de résistance. Il est important de remarquer ici que c'est à chaque fois l'interprète qui constitue le contexte. Ce dernier n'est pas donné, il est choisi par l'interprète pour maximiser la pertinence de l'énoncé en cours de traitement et il est ouvert à des révisions tout au long du processus de compréhension.

6.5 Le processus de compréhension

Le processus de compréhension intervenant au cours d'une communication peut dès lors se représenter globalement comme suit. À la fin de chaque processus déductif, la mémoire du processus déductif se trouve dans un état caractérisé par un certain contexte initial comprenant les hypothèses issues de l'interprétation de l'énoncé précédent.

Lorsque survient une hypothèse nouvelle (un énoncé nouveau), l'auditeur peut procéder à différents élargissements du contexte initial lui permettant de maximiser la pertinence en obtenant le plus d'effets possibles pour le moindre effort. On peut élargir le contexte en revenant en arrière, c'est-à-dire en faisant revenir dans la mémoire du dispositif déductif des hypothèses utilisées au cours des processus déductifs antérieurs et conservés un moment dans une mémoire générale à court terme. On peut également élargir le contexte en ajoutant les entrées encyclopédiques des concepts impliqués dans le traitement (cf. plus haut l'exemple des entrées encyclopédiques de « osso-busso » et de « repas », etc.). Enfin, on peut élargir le contexte en ajoutant des informations issues de l'environnement observable.

En résumé : « Après chaque processus de pensée, l'esprit se trouve dans un état qui est caractérisé par un certain contexte initial et par des extensions possibles de ce contexte. Si nous avons raison de supposer que le déroulement des pensées est guidé par la recherche d'une pertinence maximale, alors l'esprit devra s'efforcer de choisir parmi les sources d'information dont il dispose (y compris ses propres ressources internes), une information qui soit maximalement pertinente dans le contexte initial, c'est-à-dire qui donne lieu à des effets contextuels maximaux pour un effort de traitement minimal. Cette information est à rechercher dans les extensions du contexte qui sont accessibles, qu'elles fassent appel à la mémoire encyclopédique, à la mémoire à court terme ou à l'environnement. » (Sperber et Wilson, 1989 : 222).

6.6 Conclusion à propos du modèle inférentiel

Le modèle de Sperber et Wilson comporte de nombreux points forts. On a de bonnes raisons (y compris intuitives) de penser que le principe de pertinence ainsi formulé, explicite convenablement un aspect fondamental de la communication en général. De même, la notion d'effet contextuel et l'idée que le processus de compréhension d'un énoncé suppose la constitution d'un contexte plus ou moins large pour son interprétation explicitent des composantes importantes de la communication. Il est possible, et même probable, que ces composantes varient selon les formes sémiotiques mais on peut supposer leur présence dans toute forme de communication.

La caractérisation du processus déductif constitue également un aspect intéressant du modèle. Notre intuition de sujet communiquant nous indique qu'au moins dans certains cas (à préciser), notre compréhension procède en raisonnant, c'est-à-dire en déduisant les implications des hypothèses en mémoire. Mais cela n'implique pas qu'il en soit toujours ainsi, comme le montre déjà la théorie des schémas. Notre intuition nous porte plutôt à croire que le recours à des règles formelles d'inférence est peu fréquent ; elle nous conduit aussi à considérer les nombreux cas où, plutôt que d'appliquer de telles règles à des propositions, nous réfléchissons à partir des représentations imagées qu'induisent ces propositions.

Ces dernières remarques conduisent à considérer le modèle de Sperber et Wilson comme partiel. Cela tient au primat accordé à la représentation propositionnelle. Ce choix très cognitivisme oblige à surévaluer les formes logiques du raisonnement. De plus, étant donné le caractère souvent spontané et largement automatique de l'inférence dans le processus de compréhension, cette surévaluation conduit à attribuer au calcul propositionnel un caractère fortement inconscient. Sperber et Wilson sont tout à fait clairs à ce sujet : « Une fonction centrale du dispositif déductif est de calculer spontanément, automatiquement et inconsciemment, les implications contextuelles de toute information nouvelle dans un contexte d'informations anciennes. » (1989 : 167). Or, il semble que ce soit lorsque l'inférence comporte un certain degré de prise de conscience qu'intervient le raisonnement de type propositionnel.

Finalement, il paraît nécessaire resituer le raisonnement déductif dans une perspective plus large prenant en compte divers types de processus et différents niveaux.

7 LES MODÈLES MENTAUX

Certains psychologues et linguistes ont insisté sur le caractère principalement imagé des représentations mentales. Johnson-Laird, en particulier, conçoit la représentation comme un modèle, c'est-à-dire une sorte d'analogue du monde extérieur : « Un modèle mental est une représentation interne d'un état de chose. Il s'agit d'une forme de représentation des connaissances reconnue par de nombreux chercheurs en sciences cognitives, comme étant la façon naturelle dont l'esprit humain construit la réalité, en conçoit des alternatives, et vérifie des hypothèses, lorsqu'il est engagé dans un processus de simulation mentale. » (Johnson-Laird, in Ehrlich, H.Tardieu et M. Cavazza, 1993 : 1).

Dans cette perspective, la communication doit être comprise comme transmission de modèles et le langage comme le moyen de cette transmission : « Les humains perçoivent le monde et en construisent des modèles (...). Ils peuvent aussi reproduire ces modèles dans le discours, c'est-à-dire produire des comportements symboliques – des expressions linguistiques – censées transmettre les modèles à quelqu'un d'autre. De son côté, l'individu qui décode ces expressions linguistiques construit un modèle qui ressemble à l'état du monde que le locuteur a connu et voulu transmettre. » (Johnson-Laird, 1994s : 369).

Pour évidente qu'elle paraisse à l'intuition, la notion de modèle mental pose de nombreux problèmes concernant notamment la structure précise de ce dernier, son degré d'analogie avec le monde perçu, la façon dont il est construit à partir d'énoncés verbaux qui, eux, n'ont rien d'analogique, etc.[4]

Disons quelques mots ici au sujet de l'analogie. Les modèles comportent bien sûr des éléments représentant des objets ou des individus, mais aussi des notions abstraites ainsi que divers types de relations entre ces éléments (spatiales, temporelles, causales...). Cela dépend, en partie tout au moins,

4. Concernant ces problèmes et d'autres, on se référera avec profit au recueil d'articles publié sous la direction de M.-F. Ehrlich, H. Tardieu, M. Cavazza (1993).

des types de discours (narratif, descriptif, expositif...). Dans le cas d'un récit, on admettra facilement que le modèle comporte un haut degré d'analogie – entre les situations décrites et le monde de la perception – et que les personnages, leurs comportements et leur vécu, prennent un relief particulier. Dans le cas des textes scientifiques, il va de soi que les concepts et relations représentées dans le modèle doivent être beaucoup plus schématiques. Il faut ainsi admettre des variations dans l'analogie. Denis et De Vega résument ainsi les résultats de leurs travaux à propos de cette question : « L'analogie, de fait, n'est pas une relation qui s'établit par tout ou rien. Ainsi, il existe des degrés dans l'analogie réalisée entre deux ensembles d'entités. Il existe un degré minimal d'analogie dans tout modèle mental. Cependant, lorsque ce modèle est destiné, par exemple, à figurer des relation spatiales parmi un ensemble d'éléments, l'analogie franchit un degré supplémentaire, dès lors que le modèle s'organise selon une structure dimensionnelle dans laquelle les distances sont représentées par des distances et où les relations entre distances sont préservées. L'image est alors une expression du modèle, tel que celui-ci se trouve saisi sous un certain « point de vue ». L'imagerie emprunte le passage obligé de la spécification. Elle restitue les traits perceptibles des objets évoqués et donne au modèle une extension spatiale. Elle lui fournit en somme, de façon transitoire, son existence figurale. » (Ehrlich, Tardieu, Cavazza, 1993 : 50).

Au bas de l'échelle donc, des images mentales figuratives centrées sur le point de vue particulier de l'observateur et enracinées dans sa perception. Au sommet, les modèles de nature plus abstraite, présentant un réseau de relations unissant des unités conceptuelles. Entre les deux, des représentations de différents degrés d'abstraction.

Par ailleurs, plusieurs chercheurs s'accordent à penser que les modèles mentaux, en tant que représentations analogiques, sont plus qu'une simple représentation visuospatiale et qu'ils comportent également des éléments sensorimoteurs. Le philosophe P. Lévy a souligné la pluralité des modalités perceptives qui peuvent se combiner dans les modèles : « Les modèles mentaux ne sont pas liés à une seule modalité perceptive. On peut leur donner des traductions visuelles, mais aussi haptiques, proprioceptives, ou même leur trouver des équivalents sous forme d'enchaînements de schèmes moteurs. » (1990 : 153).

En fait, la structure des modèles mentaux reste largement à explorer. Par ailleurs, la question se pose de savoir quel rapport exact existe entre le monde extérieur et la représentation imagée. D'un point de vue objectiviste, comme celui que semble adopter Johnson-Laird, on conçoit le modèle comme une sorte de reproduction du monde extérieur. Mais, dans une perspective plus constructiviste, l'accent sera mis sur le fait que tout modèle mental est une construction du réel dans laquelle interviennent le corps et son appareil perceptif particulier, la culture, les points de vue propres des locuteurs, etc.[5] Pour le linguiste Langacker (1987), dont les travaux peuvent éclairer la question des rapports entre le langage verbal et la représentation imagée (on y reviendra plus loin), par exemple, la notion d'imagerie est indissociable de celle d'« ajustement focal » en ce sens que les conventions lexicales et grammaticales utilisées pour représenter une situation (un « état de chose ») opèrent nécessairement une sélection de certains aspects, règlent leur saillance relative, la perspective sous laquelle ils sont vus, le niveau d'abstraction auquel on les considère, etc. Comparez par exemple les énoncés suivants, qui réfèrent tous à une même situation « objective » :

« Le chat mange la souris. »
« La souris est mangée par le chat. »
« Un félin mange sa proie. »

Quoi qu'il en soit de cette importante question du rapport entre représentation et monde, ce qu'il faut envisager ici, ce sont les implications de la notion de modèle mental à propos du problème de l'inférence.

7.1 Modèles mentaux et inférence

Dans la perspective des modèles mentaux, il ne saurait être question de réduire l'inférence à un simple calcul propositionnel. Comme dans toutes les approches, la compréhension d'un énoncé suppose tout d'abord que son contenu explicite soit complété sur la base de connaissances préalables, mais la théorie des modèles exclut que cette opération soit seulement constituée du rappel de propositions contenues dans la mémoire. Elle consiste plutôt en l'élaboration d'un modèle mental. À condition que l'on conçoive les schémas, cadres et scénarios comme des images, la théorie des schémas – avec ses notions de valeurs par défaut et d'adaptation continuelle des schémas aux énoncés en cours – s'accorde bien avec la notion de modèle mental. En reprenant le cadre notionnel proposé par Sperber et Wilson, on peut dire que c'est à partir des schémas conservés en mémoire que se constituent le contexte et ses extensions nécessaires à la compréhension.

5. Pour une présentation plus complète des points de vue objectiviste et constructiviste, on peut se référer à J.-P. Meunier, 2003, *op. cit.*

L'exemple suivant, issu de la recherche expérimentale, peut illustrer le processus et mettre en relief le rôle des connaissances (schémas) préalables : « Dans une épreuve de mémoire incidente, Bransford *et al.* (1972) ont par exemple montré que les sujets étaient incapables de se rappeler quelle phrase, parmi les deux suivantes, ils avaient entendue lors d'une phase antérieure de l'expérience :

> *Three turtles rested on a floating log and a fish swam beneath it.*
> *Three turtles rested on a floating log and a fish swam beneath them.*

En revanche, ils ne confondaient pas

> *Three turtles rested beside a floating log and a fish swam beneath it.*
> *Three turtles rested beside a floating log and a fish swam beneath them.*

La différence linguistique entre les phrases intra-paires est la même dans les deux cas (le dernier mot est soit *it* soit *them*) ; pourtant les deux phrases décrivent probablement la même situation dans le premier cas, mais pas dans le second. Or, pour établir ces faits, il faut combiner l'information explicite donnée dans les phrases et des connaissances concernant la taille habituelle des tortues, des poissons et des troncs d'arbre, de sorte que dans le premier cas, on peut conclure que si le poisson est passé sous le tronc, il est probablement passé aussi sous les tortues, alors que dans le second cas, s'il est passé sous le tronc, il n'est probablement pas passé sous les tortues. » (Garnham et Oakhill in Erhlich, Tardieu et Cavazza, 1993 : 28-29). Outre que cette expérience plaide évidemment en faveur des modèles mentaux (ce sont les modèles que l'on retient, non les propositions) il montre clairement l'intervention des valeurs par défaut (la taille des différents animaux) issues des schémas de connaissances préalables.

Un modèle commence à s'élaborer dès l'audition (la lecture) d'un discours puis est progressivement enrichi, modifié, corrigé, transformé au fur et à mesure de l'acquisition d'informations nouvelles. Il est généralement admis que ce processus est à la fois intégratif et incrémentatif : le modèle en cours d'élaboration sert de contexte d'interprétation pour un énoncé nouveau, lequel modifie le modèle et par la même le contexte interprétatif de l'énoncé suivant.

Diverses sortes d'opérations inférentielles, autres que la simple activation de connaissances préalables, peuvent intervenir durant le processus.

Commençons par la déduction. Johnson-Laird a donné de cette opération une interprétation essentiellement fondée sur la construction et la comparaison de modèles. Selon cet auteur, l'homme qui raisonne exerce son intelligence d'une manière qui ne relève manifestement pas des règles de la logique formelle à savoir des règles syntaxiques ne prenant pas en compte le sens des expressions. Une déduction du genre de celle rencontrée plus haut :

« Si Fred est au travail, il est probablement dans son laboratoire. »
« Fred est au travail. »
« Fred est donc probablement dans son laboratoire. »

ne s'effectue pas (en tout cas pas souvent) par application de la règle formelle :

Si p alors q
p
Donc q

À cette conception d'inspiration cognitiviste, en effet, on peut certainement opposer notre intuition que notre raisonnement suppose généralement la compréhension des significations et que c'est à partir de celles-ci qu'un sujet tire des conclusions. Pour Johnson-Laird, les modèles mentaux permettent précisément de formuler une théorie satisfaisante de la manière dont les sujets raisonnent à partir des situations imaginées : « Nous avons vu qu'une inférence est valide si sa conclusion ne peut pas être fausse quand ses prémisses sont vraies. Il est donc possible de faire une inférence valide en imaginant la situation décrite par les prémisses, en formulant une conclusion informative qui est vraie dans cette situation, et en voyant pour finir s'il y a un moyen que la conclusion soit fausse. Imaginer une situation, c'est, selon moi, construire un “modèle mental” (...). Vous construisez un modèle fondé sur le sens des prémisses, et non sur leur forme syntaxique, et sur des connaissances générales déclenchées par leur interprétation. Ensuite, si possible, vous tirez du modèle une conclusion. Enfin, vous cherchez d'autres modèles des prémisses qui contrediraient la conclusion. S'il n'y en a pas, c'est que la conclusion est valide. » (*op. cit.*, 241-242)

Un exemple emprunté à Johnson-Laird, peut illustrer cette suite d'opérations. Soit une pièce où se trouvent des archéologues, des biologistes et des joueurs d'échecs et soit les affirmations suivantes :

Aucun des archéologues n'est un biologiste

Tous les biologistes sont des joueurs d'échecs

Jonhson-Laird a montré que peu de gens font immédiatement une déduction correcte à partir de ces énoncés. La bonne réponse vient après la construction de plusieurs modèles successifs.

Le premier modèle construit est souvent :

[archéologue]	—biologiste	
[archéologue]	—biologiste	
	[biologiste]	joueur d'échecs[6]
	[biologiste]	joueur d'échecs.

Ce qui donne la conclusion erronée :

Aucun des archéologues n'est un joueur d'échecs ;

Le rejet de cette conclusion entraîne généralement la formation du modèle suivant :

[archéologue]	—biologiste	
[archéologue]	—biologiste	joueur d'échecs
	[biologiste]	joueur d'échecs
	[biologiste]	joueur d'échecs

qui réfute le premier et donne pour conclusion :

Certains des archéologues ne sont pas des joueurs d'échecs.

Cette conclusion est également erronée parce qu'elle est réfutée par un troisième modèle mental :

[archéologue]	—biologiste	joueur d'échecs
[archéologue]	—biologiste	joueur d'échecs
	[biologiste]	joueur d'échecs
	[biologiste]	joueur d'échecs

qui donne la conclusion valide :

Certains joueurs d'échecs ne sont pas archéologues (*op. cit.*, 243-248).

Aucun nouveau modèle des prémisses ne venant réfuter cette conclusion, elle peut être considérée comme valide.

6. Le signe – indique la négation et les [ ] indiquent que l'ensemble considéré est complet.

L'exemple étant construit à des fins d'expérimentation, il peut paraître peu « naturel » et éloigné des situations réelles de communication. On peut cependant penser qu'il rend bien compte de la procédure la plus générale et la plus naturelle de la déduction : construction de modèles en accord avec les prémisses, examen de ces modèles pour en tirer des conclusions non explicitement données dans les prémisses, transformation éventuelle des modèles et réexamen. Cette théorie rend compte de ce que le raisonnement humain procède souvent par approximation. Elle rend compte également des difficultés du raisonnement spontané et des erreurs les plus fréquentes. La capacité de la mémoire de travail étant limitée, elle permet notamment de prévoir que plus le nombre de modèles possibles est élevé, plus l'inférence sera difficile et souvent limitée à une partie seulement des modèles issus des prémisses, cette limitation pouvant par ailleurs s'expliquer dans certains cas par les croyances ou les préférences des sujets ; Johnson-Laird a en effet observé que les sujets qui arrivent à une conclusion en accord avec leurs croyances préalables ont tendance à arrêter la recherche de modèles alternatifs.

Une déduction n'ajoute aucune information à celles qui sont contenues dans les prémisses, c'est-à-dire au(x) modèle(s) construit(s) à partir des énoncés entendus et des connaissances préalables. L'appel à celles-ci (les schémas et scénarios connus et les valeurs par défauts probables) relève quant à lui de l'induction. Mais que se passe-t-il quand le sujet ne dispose pas des connaissances préalables nécessaires à la compréhension ?

Partons à nouveau d'observations fournies par la recherche expérimentale. On a pu montrer que lorsque des sujets ne disposent pas de l'information préalable pour effectuer une inférence impliquée par un texte, ils ne cherchent pas nécessairement à effectuer cette inférence et en restent à un modèle incomplet. « Par exemple, les sujets qui lisent :

Conner used Kevlar sails because he expected little wind.

peuvent, sur la base de *because*, inférer d'une part, un lien de cohésion entre les deux propositions de la phrase, et d'autre part que la deuxième proposition donne les raisons pour lesquelles Conner a accompli l'action mentionnée dans la première. De plus, même les lecteurs qui ne connaissent pas les propriétés des voiles en Kevlar peuvent faire l'inférence que (Conner pense que), ces voiles sont mieux adaptées aux conditions de petit temps, de faible vent. Cependant, Noordman et Vonk (1992) ont trouvé que les sujets, tout en ne remettant pas en question la cohérence de tels textes (voire en présupposant cette cohérence), n'ont pas traité la relation entre les voiles en Kevlar et le vent pendant leur lecture, mais seulement plus tard, si on leur demandait une vérification. Ainsi, lorsqu'on ne dispose pas des connaissance préalables nécessaires à la compréhension d'un texte, on n'infère pas ces connaissances à partir du texte sans y être poussé par une raison externe (nécessité de vérifier une phrase) ou même interne (désir d'apprendre quelque chose). Les modèles mentaux construits pendant la première lecture de tels textes sont donc d'une certaine façon incomplets. » (Garnham et Oakhill, 1993 : 31).

De fait, il arrive souvent que nous nous contentions, lors de la lecture – par exemple de la presse – de modèles incomplets. Mais il arrive aussi que nous fassions des hypothèses pour comprendre un texte, ce qui, soit dit en passant, présente un certain intérêt du point de vue de l'apprentissage informel. Dans ce cas, on peut parler d'une sorte d'abduction au sens que Peirce a donné à ce terme. L'abduction consiste à élaborer une hypothèse compatible avec ce que l'on sait déjà d'une situation, comme par exemple « les voiles en Kevlar conviennent mieux au vent faible », ce qui implique « il existe différents types de voiles et dans la situation dont il est question, les voiles en Kevlar sont les plus appropriées », et même, en allant un peu plus loin : « les différents types de voiles doivent varier selon des propriétés qui les rendent plus ou moins sensibles à la puissance du vent ». Ainsi, le destinataire qui ne dispose pas de connaissances approfondies sur la navigation à voile, mais qui désire comprendre, est obligé de construire un modèle hypothétique concernant le rapport entre les types de voiles et la vitesse du vent, modèle qui lui permet de comprendre la décision de Conner et de déduire son intention d'améliorer sa vitesse pour arriver à destination dans les meilleurs délais. Il est tout à fait vraisemblable que l'analogie joue un rôle déterminant dans la construction de modèles hypothétiques ; par exemple, dans le cas simple qui nous occupe : l'analogie entre la technologie des voiles et d'autres domaines technologiques mieux connus dans lesquels on peut observer des modifications d'un même instrument en fonction des diverses circonstances auxquelles il doit s'ajuster.

Mais une hypothèse reste une hypothèse et, comme le montre le processus examiné plus haut de la déduction, l'interprète d'un discours reste toujours prêt à comparer différents modèles, à expérimenter différentes constructions hypothétiques.

Dans la perspective de la théorie des modèles, on voit clairement que le raisonnement logique – faisant intervenir des règles d'inférence formelle – ne peut être considéré que comme un cas particulier d'une activité de raisonnement beaucoup plus fondamentale. « Nous faisons l'hypothèse, écrit

P. Lévy, que la déduction et l'induction ne sont que des cas particuliers ou des éléments partiels d'une activité de raisonnement "complète" définie comme construction, simulation et comparaison de modèles mentaux. » (1991 : 106).

8 CONCLUSION

La compréhension d'un énoncé (ou d'un texte comportant plusieurs énoncés) apparaît finalement comme une activité très complexe. Sans vouloir faire une synthèse intégrée des différentes approches théoriques qui tentent d'en rendre compte, on peut, en adoptant une attitude éclectique mais en restant au plus près de ce que nous enseigne l'intuition introspective, tenter d'articuler les principaux aspect du processus mis en évidence par les différentes théories envisagées.

8.1 Représentations propositionnelle et imagée

La distinction entre représentation propositionnelle et représentation imagée étant à l'origine des deux conceptions très différentes de l'inférence, il convient tout d'abord de prendre position à son sujet. Pour nous, il ne s'agit pas de deux types de représentation indépendants l'un de l'autre, comme le laisse supposer la conception cognitivisme classique. Loin d'être autosuffisante, la représentation propositionnelle – considérée ici comme issue du langage verbal – n'a d'autre fin que la représentation iconique qu'elle sert à construire et communiquer. C'est en tout cas ce que suggèrent la théorie des modèles mentaux et la sémantique cognitive de Langacker (cf. plus loin, 2e Section). C'est également ce que suggère l'intuition.

Cependant, la représentation propositionnelle ne se réduit pas à un simple moyen au service de l'iconique. On y reviendra dans la seconde section de cet ouvrage, mais on peut déjà entrevoir ici qu'elle modifie notre rapport aux images de différentes manières. Elle crée une attitude de distance par rapport au monde, et donc une certaine prise de conscience des éléments verbalisés. Elle introduit aussi de la structure dans ce même monde car elle permet la constitution de classes de choses et l'expression de relations. Autrement dit, la verbalisation de l'iconique permet un certain traitement analytique et réfléchi des représentations iconiques. « Le langage, écrivent Sperber et Wilson, est indispensable non à la communication, mais au traitement de l'information » (1989 : 257). De fait, c'est en parlant que l'on peut tenir un raisonnement du genre :

« Si Fred est au travail, il est probablement dans son laboratoire. »
« Fred est au travail. »
« Fred est donc probablement dans son laboratoire. »

Peut-être la distinction entre les deux types de représentation se ramène-t-elle finalement à la différence existant entre les représentations iconiques verbalisées et celles qui ne le sont pas, cette différence recouvrant celles que l'on peut établir entre conscient et inconscient (ou moins conscient) ou, plus généralement, entre explicite et implicite.

8.2 Les processus inférentiels

Partant de là, on peut alors considérer la compréhension comme un processus inférentiel pouvant comporter plusieurs étapes et impliquant plusieurs niveaux auxquels correspondent différents types d'opérations.

Il faut tout d'abord considérer qu'à partir des mots d'un énoncé (formulé, donc, sur un mode propositionnel) et des connaissances encyclopédiques qu'ils activent, nous construisons un (ou plusieurs) modèle(s) mental(aux) qui constitue(nt) ce que Sperber et Wilson appellent le contexte initial. À condition en effet qu'on les envisage sous une forme imagée plutôt que propositionnelle, les notions de contexte et d'effet contextuel gardent toute leur pertinence pour l'analyse du processus inférentiel. La théorie des schémas rend bien compte de la manière dont nous construisons et anticipons le non-dit du contexte initial au moyen de nos connaissances encyclopédiques préalables. D'accord avec les théoriciens des schémas, on peut considérer ce processus inductif comme étant en grande partie automatique et inconscient (fondé sur les associations antérieures qu'explique la conception connexionniste de l'esprit). On se souvient que pour les théoriciens des schémas, ce sont les schémas eux-mêmes qui évaluent leur adaptation au message. On dira plutôt ici : qui évaluent leur adaptation aux modèles mentaux dont le discours de l'énonciateur sollicite l'élaboration.

Il est plus que probable que le principe de pertinence, dans la version qu'en donnent Sperber et Wilson, intervienne dans cette évaluation. Quelle que soit la manière dont on envisage les représentations mentales (verbales ou iconiques), il y a toujours un effort d'interprétation à produire et des effets, et le principe de pertinence peut s'appliquer. Cela, du reste, relativise quelque peu le caractère inconscient de l'activation des schémas car la recherche de pertinence réclame une attention constante à l'intention – au « vouloir-dire » – de l'énonciateur, cette attention fût-elle réduite au minimum.

Il peut par ailleurs y avoir des moments d'incertitude à propos du vouloir-dire. Ce sont précisément de tels moments qui réclament réflexion et peuvent engendrer (mais pas nécessairement) un raisonnement de type propositionnel sous la forme d'un discours intérieur dont le degré d'élaboration peut d'ailleurs varier de la simple esquisse à la véritable discussion intériorisée. Autrement dit, c'est souvent la question « qu'est-ce qu'il a voulu dire ? » ou, pour être plus le plus général possible, « qu'est-ce que ça veut dire ? », qui, parce qu'elle demande un examen attentif de la situation, déclenche le recours à la verbalisation car celle-ci est le moyen privilégié pour une analyse précise de la nébuleuse de nos représentations imagées.

Plusieurs cas d'incertitude ou d'interrogation peuvent se présenter, qui concernent soit la constitution du contexte initial, soit les effets contextuels. Sans vouloir être exhaustif ni tout à fait systématique, on peut envisager ici certains cas typiques.

8.3 Les effets de contextes

Un premier cas est donné par l'interrogation – survenant quelquefois au début de l'interprétation d'un message – concernant le thème (ou *topic*) général dans lequel se situe le message. Par exemple, la phrase (déjà rencontrée) « La cuisine de Dominique est impeccable » induit une incertitude relativement à deux thèmes possibles (la qualité de plats cuisinés ou la propreté d'un lieu) et oblige l'esprit à envisager les deux hypothèses. U. Eco (*op. cit.*) appelle disjonctions de probabilité de tels cas où plusieurs interprétations sont possibles en fonction des schémas ou scénarios disponibles. Parmi les nombreux exemples qu'il donne, citons celui-ci qui se situe au niveau phrastique : la phrase « L'ami des simples » peut générer deux représentations selon que l'on se réfère au domaine botanique ou à celui des attitudes éthiques. Sa lecture ou son audition oblige à construire deux hypothèses et à les maintenir présentes à l'esprit jusqu'à la réduction de l'incertitude au moyen d'un examen plus attentif du contexte.

L'importance des extensions de contexte nécessaires à la compréhension constitue une autre occasion de développer une attention active. Soit l'exemple suivant, de Sperber et Wilson, d'extension nécessaire de contexte dans une situation de vie quotidienne :

« Pierre : Je suis fatigué ». »
« Marie : je vais préparer la spécialité du restaurant *Le Capri*. »

Il faut effectivement que Pierre quitte mentalement un court instant la situation vécue et active des connaissances relatives au restaurant en question pour comprendre finalement que Marie a l'intention de préparer un certain repas et donc de faire ce qu'il souhaite. Autrement dit, en termes de modèles mentaux, il faut traiter séparément une partie du modèle global de la situation sans perdre celui-ci de vue, pour y revenir ensuite. Il s'agit d'une sorte d'analyse d'une situation globale comprenant aller-retour de la partie au tout, analyse pour laquelle on comprend que la verbalisation doive quelquefois intervenir.

Un cas intéressant est constitué par les messages nécessitant une extension de contexte mais pour laquelle, comme dans l'exemple examiné plus haut des voiles en kevlar, l'interprète ne dispose pas des schémas de connaissances préalables nécessaires. C'est dans ce cas, avons-nous vu, que l'on peut parler d'abduction. S'il veut comprendre, l'interprète est alors obligé d'imaginer des modèles hypothétiques. Nous avons fait l'hypothèse que l'analogie avec des situations connues joue un rôle déterminant dans cette opération. La plupart du temps, les analogies viennent spontanément à l'esprit – on verra plus loin, à propos de la métaphore, que c'est une des aptitudes les plus fondamentales et primitives de l'esprit que de percevoir une situation dans les termes d'une autre – mais la plupart du temps aussi, l'interprète doit en examiner attentivement et consciemment la cohérence. On est parfois obligé de construire plusieurs modèles et de les expérimenter mentalement afin de maximiser les effets contextuels que l'on peut en déduire en fonction du principe de pertinence. C'est alors que peut s'imposer la verbalisation et que le raisonnement peut prendre l'allure d'une analyse discursive intérieure (« si l'on suppose X, alors on aura Y, mais si l'on croit que Z, alors... »). Ce processus d'abduction est particulièrement intéressant car il permet de comprendre certaines formes d'apprentissages informels se réalisant à travers les communications : les hypothèses construites pour comprendre sont expérimentées au cours de communications successives et transformées progressivement en schémas de connaissance.

Le calcul des effets contextuels peut lui aussi être marqué par une certaine incertitude poussant à la réflexion verbalisante. C'est évidemment le cas lorsque, comme on vient de le rappeler, il faut expérimenter des modèles hypothétiques. Mais c'est aussi le cas lorsque, les connaissances préalables étant largement suffisantes, l'intention du locuteur est précisément de nous convier à effectuer différentes extensions de contextes afin de nous faire envisager divers aspects d'une situation et d'examiner diverses sortes d'effets contextuels. Comparons à nouveau les deux slogans de préventions contre le SIDA qui nous ont déjà servi d'exemple :

« Ouvrez les yeux pour que le SIDA ne vous les ferme pas. »
« Ta santé est aussi celle des autres. »

Il semble évident que le deuxième de ces slogans oriente vers davantage de contextes que le premier qui n'a guère d'autre effet que d'évoquer le danger mortel que constitue la maladie. L'affirmation qu'il contient implique en effet différents domaines cognitifs : celui, bien sûr, de la maladie et de la santé, celui aussi des relations corporelles par lesquelles elle se transmet ; au-delà, celui, plus social, où se pose la question de la solidarité entre les êtres, cette dernière question communiquant directement avec le domaine éthique et des interrogations relatives à la responsabilité sociale et au respect d'autrui.

Plutôt que d'incertitude, il vaut peut-être mieux parler dans ce cas d'ouverture et de complexité. Ouverture car on voit bien que l'intention du locuteur est moins d'orienter vers un domaine précis et des conclusions définies que de provoquer une réflexion pouvant porter sur divers aspects des choses, les conclusions auxquelles peut aboutir cette réflexion étant dans une certaine mesure laissées à charge de l'interprète. D'une façon générale, plus les contextes auxquels un énoncé fait allusion sont diversifiés, plus les effets contextuels possibles sont nombreux et complexes, et plus est grande la participation du destinataire à l'élaboration du sens. De tels cas justifient les notions de co-énonciation ou de co-production (de sens) quelquefois utilisées pour souligner la nécessaire collaboration du destinataire à la construction du sens.

8.4 La co-énonciation

Certains auteurs ont tendance à substituer purement et simplement à la notion de destinataire (ou récepteur, ou auditeur) celle de co-énonciateur. Pour Maingueneau par exemple : « Toute énonciation, même produite sans la présence d'un destinataire, est en fait prise dans une interactivité constitutive (...). Si l'on admet que le discours est interactif, qu'il mobilise deux partenaires, il devient difficile de nommer "destinataire" l'interlocuteur car on a l'impression que l'énonciation va à sens unique, qu'elle n'est que l'expression de la pensée d'un locuteur qui s'adresse à un destinataire passif. C'est pourquoi, suivant en cela le linguiste A. Culioli, nous ne parlerons plus de "destinataire" mais de **co-énonciateur**. » (1998 : 40).

Selon nous, c'est aller trop loin. D'une part, l'énonciation n'est pas interactive au point que l'on ne puisse dire qu'elle a un point de départ chez un locuteur et s'adresse à un destinataire qui doit d'abord écouter. D'autre part, le rôle de ce dernier peut être très réduit ; si l'inférence est toujours nécessaire (ne fût-ce que pour fixer le sens précis des mots et décider des référents), elle se limite souvent à reconstituer l'intention informative (souvent simple et univoque) du locuteur. Mais le concept de co-énonciation est intéressant si l'on en fait un concept relatif et comparatif. Autrement dit, si l'on en fait une mesure de la part du destinataire dans la construction du sens, celle-ci étant d'autant plus importante que l'intention informative n'est pas simplement donnée à reconnaître mais que, au-delà du contenu explicite que véhicule l'énoncé, se profile un ensemble relativement non analysé d'implications possibles dont certaines sont inédites et dont l'analyse réclame souvent la verbalisation. Dans ce cas, notons-le, il conviendrait de substituer aux expressions « vouloir-dire » ou « intention informative » (qui laissent toujours entendre que le contenu implicite est déterminé) l'expression « vouloir-signifier » qui laisse plus indéterminée l'intention informative.

La question de l'inférence est très complexe. Les éléments de synthèse que l'on vient de proposer doivent être pris pour ce qu'ils sont : des éléments. Il serait nécessaire de multiplier les analyses de cas pour aboutir à une théorie adéquate. Retenons pour résumer les principales dimensions de variation du processus : les types d'opérations cognitives pouvant intervenir : induction, déduction et abduction ; le degré de verbalisation des modèles mentaux élaborés durant l'interprétation et corrélativement les niveaux de prise de conscience impliqués ; enfin, le degré d'ouverture des énoncés et par conséquent le niveau de collaboration énonciative ou de co-énonciation. Ce dernier aspect, on le verra plus loin, est à mettre en rapport avec la nature des relations sociales impliquées par la communication.

Chapitre 6

Langage et relation sociale

La sémiotique et la pragmatique débouchent immanquablement sur des questions d'ordre sociologique. La première parce que les unités de sens qu'elle met au jour apparaissent comme constitutives d'une culture, et que celle-ci façonne les connaissances et les comportements des membres d'une formation sociale ; la seconde parce que, considérant la communication comme action, elle est conduite à considérer les discours comme des actes sociaux constitutifs de rapports sociaux.

Considérons l'aspect connaissance du monde. Le structuralisme issu de la conception sausurienne de la langue a mis en exergue le caractère de médiation culturelle du langage « Chaque langue a donc sa sémantique propre (...) et c'est au travers de la sémantique propre à une langue que se construisent concrètement les mondes représentés. Ces mondes ne peuvent donc pas ne pas être « marqués » par cette sémantique particulière, et c'est à cette diversité des sémantisations des mondes représentés que s'origine sans doute une part importante des variations entre cultures humaines. » (J.-P. Bronckart, 1996 : 36). Une sémantique particulière génère une organisation particulière de concepts et de significations et sert de base aux formes variées de discours par lesquels se construisent les mondes représentés. Et la sémantique linguistique n'est pas ici seule en cause. En généralisant cette perspective à tout ce qui fait sens dans une culture (images, objets, vêtements...), la sémiologie a montré que tous les signes que véhicule une culture participent à la construction de nos représentations du monde. Ainsi, pour ne reprendre ici que le mieux étudié des systèmes sémiologiques, les signes de connotation que portent les images d'une culture constituent une sorte de mythologie, comme le disait Barthes (cf. plus haut), qui véhicule et entretient toute sortes de représentations stéréotypées du monde. On aura l'occasion plus loin de reprendre ce sujet et d'examiner quelque peu la manière dont se construisent les significations.

La pragmatique, quant à elle, s'est située d'emblée au niveau même de l'action humaine, là ou le discours est partie constitutive de l'interaction sociale et donc directement impliqué dans la manière dont les hommes structurent leurs rapports, s'attribuent des rôles, jouent leur image...Telle qu'elle est conçue par les pragmaticiens, l'activité langagière se trouve donc directement connectée avec des questions psychosociologiques et sociologiques. Les actes illocutionnaires, avons-nous vu, ont été conçus et définis par les linguistes eux-mêmes comme des actes sociaux impliquant des relations. On se souvient de la formule de Récanati : « En énonçant sérieusement une phrase dans une situation de communication, un locuteur accomplit, selon Austin, un certain type d'acte social, défini par la relation qui s'établit, au moyen de l'énonciation, entre le locuteur et l'auditeur. » (Récanati, 1981 : 19). On connaît aussi la manière dont Watzlawick, prenant en compte, il est vrai, l'ensemble des aspects – linguistiques et non linguistiques – de la communication, a caractérisé les enjeux relationnelles et identitaires de la parole : « Dans ces énoncés, au niveau de la relation, une ou plusieurs des assertions suivantes sont toujours en jeu : C'est ainsi que je me vois... C'est ainsi que je vous vois... C'est ainsi que je vous vois me voir... et ainsi de suite théoriquement à l'infini » (Watzlawick, 1972 : 49). Mais au-delà des relations interindividuelles qui se nouent et se dénouent à travers les interactions singulières, on voit se profiler le monde social dans sa globalité. Plusieurs niveaux sont donc à considérer et il est alors tentant d'imaginer une relation circulaire entre le niveau des interactions et celui de l'organisation sociale. À travers leur activité langagière – leur « agir communicationnel » selon l'expression d'Habermas – les hommes construisent un monde social différencié, comportant des places, des rôles, des statuts, etc., auxquels se trouvent attachées des capacités d'action et d'interaction, et celles-ci, en retour, structurent l'activité langagière. Dans cette perspective, le langage apparaît comme une réserve de moyens discursifs correspondant à des positions ou rôles socialement constitués, et chaque interaction comme un positionnement mutuel. Les marques de personne, les différentes sortes d'actes illocutoires, les manœuvres discursives que permettent présupposés, sous-entendus, etc., sont à la fois les résultats et les moyens d'interactions communicationnelles structurantes et structurées.

Ce cadre théorique global pose néanmoins de nombreuses questions, des questions difficiles et complexes ayant d'ailleurs inspiré parmi les théoriciens de la communication des prises de positions diverses. Quel est le ressort principal des interactions sociales ? La coopération et l'intercompréhension nécessaires à l'action en commun, comme le pense le philosophe Habermas ? La compétition, l'influence et le pouvoir, comme le pensent plusieurs psychologues sociaux (voir par exemple, Ghiglione et Trognon, 1993) ? Selon que l'on adopte l'un ou l'autre de ces points de vue, comment concevoir l'évolution des institutions sociales ? Et si l'on admet que ces deux principes antagonistes jouent conjointement, comment caractériser la complexité de leurs rapports ? Par ailleurs, quel est le poids que les structures sociales établies font peser sur le jeu communicationnel ? On peut considérer en effet qu'un acte de langage ne peut opérer que s'il s'inscrit dans l'ordre institutionnel établi, lequel agirait un peu comme une cause extérieure sur l'ordre linguistique (notamment Bourdieu, 1982). Mais on peut à l'inverse mettre l'accent sur l'autonomie des actes de langage et soutenir que « la relation conversationnelle est l'élément de base de l'action organisée qui lie les individus ensemble dans les groupes (...). Les liens sociaux maintenus à travers la conversation servent à organiser l'action, à générer le consensus et à distribuer l'information au travers d'une communauté » (Allen et Guy, cité par Ghiglione et Trognon, 1993 : 267).

On voit ainsi se constituer une vaste problématique des rapports entre l'infrastructure des interactions communicationnelles et la superstructure des institutions sociales. S'il était nécessaire, ici, de présenter cette problématique dans son ensemble, elle ne sera pas notre objet principal. Notre propos étant avant tout sémiologique, nous nous bornerons, pour l'instant, à l'évocation des notions que certains linguistes pragmaticiens et psychosociologues, confrontés à la nécessité de caractériser les implications relationnelles de l'énonciation linguistique, ont proposées à cette fin. Plus loin, après que nous aurons élargi le point de vue pragmatique et précisé notre approche de la relation sociale au travers des notions de mimétisme, centration, décentration, nous reprendrons ce sujet de la relation communicationnelle un peu plus en détail.

1 DROITS, DEVOIRS ET RÔLES

Partant du point de vue que tout acte illocutionnaire est destiné à transformer la réalité, Ducrot s'attache à définir quelles sont les modifications qu'apporte l'énonciation. Il les spécifie en ces termes : l'acte illocutoire apparaît comme un cas particulier d'un acte juridique, comme un acte juridique accompli par la parole et c'est en cela que l'énonciation crée des obligations entre le locuteur et l'auditeur : « Il s'agit, écrit-il, d'une transformation juridique, d'une création de droits et d'obligations pour les interlocuteurs. » (Ducrot,1972-a : 286). Chaque type d'acte serait donc créateur d'un type de contrat particulier : à la question correspond l'obligation de répondre, à l'ordre ou à la promesse celle de faire et à l'assertion celle d'être cru. Certes, ces transformations juridiques n'ont qu'un statut purement intentionnel et elles ne valent que dans le cadre créé par l'énonciation. « Tel que je l'ai décrit, écrit Ducrot, le caractère illocutoire d'un énoncé tient à une certaine image qu'il donne de la parole, la présentant comme source de droits et de devoirs. Si on admet cela, il n'y a aucune raison d'attribuer à ces droits et devoirs une existence indépendante : ils ne valent que dans le monde déployé par l'énonciation au moment où elle s'effectue (...) » (Ducrot, 1972 : 293). Cependant si uun soldat donne un ordre à son supérieur, mais alors son dire – ou mieux le faire attaché à son dire – apparaîtra comme vain, comme pure prétention. C'est que le contexte d'énonciation ne garantit pas les conditions que nous avons appelées les conditions de félicité ou de sanction sociale.

Les affirmations (les actes constatifs) sont plus difficiles à analyser. En effet, elles n'imposent pas seulement l'intention, de la part du locuteur, d'être cru, voire d'être cru sincère. En affirmant, celui-ci exprimerait son intention de dire quelque chose qu'il croit vrai et de cette façon, il authentifierait « le dit par le dire » : « (...) on en arrive facilement à comprendre que l'acte d'affirmer, se présentant comme la preuve de la croyance, puisse se présenter parfois aussi comme la preuve de la chose crue » (Ducrot, 1972-a : 21). Mais en dehors de ces cas extrêmes, on pourrait peut-être dire alors que les affirmations procèdent d'une tentative de se situer à un autre niveau que celui des relations intersubjectives et d'atteindre une certaine objectivité référentielle, celle d'un discours sans sujet. Mais l'obligation créée n'en est pas moins réelle, ce qu'atteste le langage enfantin qui proclame « C'est vrai puisque je te le dis », ou le mensonge et la dissimulation dont la forme la plus adéquate – parfaite ? – est celle de l'affirmation.

Arrêtons-nous encore au cas de l'interrogation[1]. Certes, la question exprime de la part du locuteur une incertitude, une volonté de savoir ou un

1. Cette analyse repose le problème théorique de la place de l'interrogation parmi les actes illocutionnaires. En effet dans ce contexte, il semble qu'il s'agisse d'un acte générique alors que nous avons défendu l'idée de considérer l'interrogation comme une acte spécifique. Cette distinction ne change cependant rien à l'obligation créée.

désir d'information. Mais elle est plus qu'une simple demande de renseignement : elle met le destinataire dans l'obligation de répondre, elle l'oblige à prendre la parole à son tour, au risque de devoir avouer son ignorance : « Le pouvoir proprement interrogatif de la question doit donc être fondé sur une sorte de déontologie – qui n'a rien de naturel – et qui attribue à certaines formules prononcées dans certaines circonstances, le pouvoir (exorbitant) d'obliger le destinataire à continuer le discours » (1972 : 4). Obligation exorbitante, pouvoir « redoutable », qui permet de donner de la question rhétorique une nouvelle interprétation. Contrairement à ce qui se passe lors d'une interrogation « normale », le locuteur n'a ni le désir de savoir ni le besoin d'une information puisqu'il connaît la réponse. Cela ne l'empêche pas d'user de son pouvoir de contrainte face à l'auditeur. Ensuite, la question crée pour le locuteur la nécessité de reconnaître, implicitement ou explicitement, ce que le locuteur tient pour vrai, « parce qu'elle lui impose de répondre alors que la réponse est évidente ». Autrement dit, la question rhétorique apparaît comme un élément important de stratégie discursive, au même titre que la présupposition ou l'argumentation : comme dans ces deux derniers cas, l'important ne serait pas l'informativité du langage – considérée comme seconde –, mais bien la possibilité de contraindre, d'imposer à l'autre une place et un rôle. On voit ainsi que la langue comporte une grande variété de rôles et de rapports interhumains parmi lesquels le locuteur se choisit le sien et impose à l'auditeur le rôle complémentaire.

Sur ce point, les conceptions de Ducrot, Austin et Récanati convergent : les actes de discours renvoient à des rôles illocutionnaires qui correspondent, quant à eux, à des rôles sociaux. Si l'on reprend l'exemple de l'ordre évoqué ci-dessus, il est évident que la forme linguistique de l'acte illocutionnaire permet au locuteur de se poser comme s'il avait l'autorité nécessaire pour obliger l'autre à obéir. Ce qui rend la tentative dérisoire, c'est bien sûr la contradiction entre le rôle institutionnel attaché à l'acte proféré et la position du locuteur (le soldat) face à son interlocuteur (le supérieur hiérarchique). Que, dans la vie quotidienne, il nous arrive de pouvoir réagir à un ordre ou à une question en réfutant leur légitimité (« Tu n'as pas d'ordre à me donner », « De quel droit me poses-tu cette question ? « Je n'ai pas à te répondre », etc.) montre bien que la mise en demeure a été comprise, que l'acte de discours – l'ordre, la question – a été identifié et sa forme socialement reconnue. Ce qui se trouve rejeté dans ce cas, ce n'est pas l'acte de discours mais la prétention du locuteur à assumer le rôle social que lui confère l'acte proféré, puisque les conditions de félicité ne sont pas remplies (cf. *Chapitre 4, 1.2.*). Mais cette dernière remarque laisse néanmoins entrevoir les possibilités de négociation des rapports sociaux qu'implique l'échange de parole. L'exemple choisi du soldat donnant un ordre à son supérieur est évidemment trop caricatural pour illustrer de telles possibilités ; les rôles sont trop bien définis d'avance et la contrainte institutionnelle beaucoup trop forte. Mais il existe de nombreuses autres interactions dans lesquelles l'enchaînement des actes de langage modifie ou même crée la situation sociale. La plupart du temps, le jeu de la reconnaissance mutuelle à travers les échanges communicationnels se réalise sans être dit, sans accord explicite de la part des protagonistes. C'est pourquoi la notion d'implicite peut être utile pour caractériser ce processus.

2 L'IMPLICITE DISCURSIF ET LA NOTION DE PLACE

C'est dans le cadre de l'implicite discursif (cf. *supra, 5.3. Les formes de l'implicite*) qu'il faut, pour leur donner toute leur dimension, replacer les recherches de Flahaut sur les implicites à valeur illocutoire. Dans la *Parole intermédiaire* (1978), l'auteur a proposé une interprétation de la relation en terme de place, fondée sur l'idée suivante : l'énonciation illocutoire aurait un effet sur la position intersubjective de chacun des interlocuteurs.

Dans la catégorie de l'implicite fondé sur l'énonciation, existent certains actes de langages qui sont avancés, « joués », pour d'autres raisons que l'accomplissement de l'acte illocutoire attaché à leur potentiel. Ce qui les distinguent cependant des actes indirects, c'est que l'acte implicite porte sur l'identification et sur la définition des positions de chacun des interlocuteurs bien plus que sur l'accomplissement d'une force illocutionnaire dérivée. Il ne s'agit donc pas seulement, à l'occasion d'une demande, d'effectuer un ordre mais bien de spécifier la place que chacun occupe par rapport à l'autre. Ce serait, selon l'un des exemples de Flahaut, « donner un ordre, ou un conseil à quelqu'un, non pas dans le but essentiel qu'on s'y conforme mais pour attester qu'on est fondé à le donner » (1978 : 44).

On se souvient de la distinction, proposée par Ducrot, entre l'implicite fondé sur l'énoncé et l'implicite fondé sur l'énonciation (cf. *supra*, *Chapitre 5*). La compréhension du premier demande que l'on tienne compte avant tout du contenu de l'énoncé. La compréhension du second demande que l'on tienne compte aussi des circonstances de l'énonciation et avant tout de l'énonciateur. C'est donc naturellement cette seconde forme d'implicite qui peut agir sur le rapport social.

Pour Flahaut, l'implicite discursif fondé sur l'énonciation peut produire un effet illocutoire en ce sens qu'il agit sur les positions qu'occupent les deux interlocuteurs l'un par rapport à l'autre. L'auteur propose à l'appui de sa thèse de nombreux exemples dont un extrait de Proust (un bref dialogue entre Charlus et Madame Verdurin) qu'il analyse longuement afin de débrouiller tous les sous-entendus que contiennent ces quatre répliques : « Dites donc, Charlus, dit Mme Verdurin, qui commençait à se familiariser, vous n'auriez pas dans votre faubourg quelque vieux noble ruiné qui pourrait me servir de concierge ? – Mais si... mais si..., répondit Mr de Charlus en souriant d'un air bonhomme, mais je ne le vous conseille pas. – Pourquoi ? – Je craindrais pour vous que les visiteurs élégants n'allassent pas plus loin que la loge » (1978 : 47). Toute la confrontation verbale se joue autour des positions sociales – réelles et souhaitées – de chacun d'eux : « On voit par cet exemple qu'un acte illocutoire peut s'effectuer aussi bien à partir de la place que réellement nous occupons, qu'à partir d'une place à laquelle nous prétendons, à partir d'une identité que nous nous reconnaissons, mais que l'autre ne nous reconnaît pas nécessairement » (*ibid.*). La notion de place ne correspond donc pas seulement à une place objective, susceptible, par exemple, d'une description de type sociologique ; il s'agit aussi d'une « place pour soi », dépendant de notre propre représentation de nous-mêmes et de l'autre.

Comme le montre cet exemple, le concept de « place » ou de position concerne l'identité que les sujets se reconnaissent mutuellement. Celle-ci se construit à travers une « mise en place » des interlocuteurs dans l'acte d'interlocution : « toute parole, si importante que soit sa valeur référentielle et informative, se formule aussi à partir d'un « qui je suis pour toi, qui tu es pour moi » et est opérante dans ce champ ; l'action qu'elle engage au titre de ces enjeux se manifeste à travers ce qu'on peut appeler des « actes illocutoires » ou « effets de place » (*op. cit.*, 50). Autrement dit, ce n'est pas l'identité qui commande la mise en place, c'est au contraire, la mise en place qui commande l'identité et « cela en vertu du fait qu'aucune parole (...) ne peut échapper au champ de son inscription dans un système de place » (*ibid.*, 53). Dans tout échange de paroles, les représentations de soi et de l'autre découlent de la mise en place mais elles constituent l'une des conditions de réussite de l'échange : « on n'est pertinent que par et pour un autre » (*ibid.*, 76). Qu'une erreur dans la mise en place survienne et la parole devient déficiente.

Nous avons pu montrer la pertinence de ce type d'analyse pour rendre compte de situations énonciatives plus complexes (Peraya, 1985 et 1989).

À travers l'analyse des réactions qu'a suscitées la méthode d'apprentissage du français destinée à l'enseignement primaire au Sénégal, nous avons pu analyser l'importance des stratégies discursives mises en œuvre par les différents acteurs sociaux, linguistes et scientifiques coopérants ou expatriés attachés à l'université, directeurs d'école, inspecteurs, instituteurs, politiciens et syndicalistes, journalistes, etc. Il nous a été possible de faire apparaître que l'échec de la méthode pouvait partiellement être expliqué par l'inadéquation, au niveau pragmatique, du discours des linguistes et des méthodologues. Autrement dit, ceux-ci ont développé, à travers un discours scientifique et méthodologique, une représentation des instituteurs, de leur rôle et de leur statut totalement incompatible avec leur propre représentation d'eux mêmes. Ils ont donc tenu un discours scientifiquement pertinent (cohérent par rapport à la théorie linguistique et à l'évolution de la pédagogie des langues secondes) mais totalement déficient d'un point de la symbolisation de l'autre et des effets de place qui en découlent.

Certes, l'extension, opérée par Flahaut, de la notion d'illocutoire aux « effets de place » est sans doute abusive eu égard à la notion habituelle d'illocutoire attachée aux actes de paroles inscrits dans les possibilités de la langue (ordre, promesse...). Et sans doute vaut-il mieux, pour éviter les confusions, s'en tenir à la notion habituelle. Mais, en dehors de cette restriction terminologique, il reste que Flahaut aborde un aspect essentiel de l'interlocution : de manière implicite et donc sans que cela puisse faire l'objet explicite de l'énoncé, toute énonciation s'opére depuis une certaine place que l'on occupe – que l'on prétend occuper – dans le réseau des rapports intersubjectifs. L'énonciation engage l'identité des sujets parlants, identité qui s'est justement constituée à travers ces mêmes rapports et sous l'aiguillon du désir de la reconnaissance. Autrement dit encore, toute énonciation met en scène un personnage dans lequel il nous plaît de – il nous faut ? – nous identifier et que nous proposons à l'autre afin qu'il nous reconnaisse.

On peut trouver une perspective similaire chez d'autres psychosociologues. Ghiglione et Trognon, par exemple, ont également insisté sur la caractère implicite de la négociation des rapports sociaux qui se joue dans les jeux conversationnels : « Il y a donc également les cas où les rapports sociaux se réalisent sans avoir besoin d'être dits, sans que leurs éléments aient été l'objet d'une négociation explicite. Ceux-ci sont progressivement constitués dans la succession des actions accomplies par les conversants. Une organisation sociale émerge de leur composition, de plus en plus accessible, manifeste, reconnaissable aux interactants (...) » (Ghiglione et Trognon, 1993 : 242). Ces auteurs expliquent la négociation en se fondant sur la logique illocutoire et notamment sur la relation entre la réussite et la satisfaction d'un acte illocutoire. Dans la conversation, la satisfaction d'un acte de langage (par exemple, le fait qu'un locuteur donne une information suite à une requête d'un autre locuteur) entraîne rétrospectivement sa réussite, fixant ainsi sa valeur intersubjective et confirmant le fait que les locuteurs remplissent les conditions nécessaires à l'accomplissement de l'acte. C'est ainsi que la suite des actes de parole, comme interprétation en action, produit de l'intercompréhension et des rapports sociaux. Ghiglione et Trognon insistent par ailleurs sur le fait qu'une organisation sociale en découle : « Le processus conversationnel, parce qu'y opèrent les lois fondamentales de la logique illocutoire, stabilise intersubjectivement les actions et du même coup tisse de l'organisation sociale, puisque celle-ce n'est rien qu'une combinaison d'actions avec ses rôles, sa division du travail et ses procédés de coordination » (Ibid. : 257)

Ainsi, les actes de langage paraissent être à l'interface du linguistique et du social. En parlant, nous construisons du social. Cela étant admis, reste alors à se poser les questions que l'on évoquait plus haut à propos des rapports entre l'infrastructure des rapports interpersonnels et la macrostructure sociale.

Section 2

DES MOTS ET DES IMAGES

Les mots ne sont pas des images. Il convient maintenant de théoriser les spécificités entrevues durant notre première approche phénoménologique à la lumière des concepts que nous venons de présenter dans la *Section 1*.

Nous n'envisagerons pas ici toutes les catégories de signes. Nous laisserons de côté les signes sonores dont l'examen dépasserait le cadre fixé pour cet ouvrage d'introduction. Nous porterons notre attention surtout sur les mots et les images et procéderons par comparaison. Partant de ce qui est commun aux mots et aux images – leur qualité de signe –, nous examinerons ensuite ce qui les différencie en les opposant sur plusieurs plans :

- celui de l'attitude qu'ils exigent par rapport à eux-mêmes et au réel que tout à la fois ils médiatisent et médient ;
- celui des significations qu'ils portent ;
- celui enfin, des processus cognitifs qu'ils sollicitent.

C'est par commodité que nous distinguons ces différents plans car, on l'aura sans doute déjà compris, les aspects qui leur correspondent sont profondément solidaires.

1 LA GENÈSE DES SIGNES

Les mots et les images sont des signes. Mais qu'est-ce qu'un signe ? Nous l'avons vu, la sémiologie le décrit comme une réalité à deux faces – un signifiant et un signifié – impliquant une séparation entre quelque chose qui représente et quelque chose qui est représenté. À première vue, cette définition semble convenir aux images comme aux mots : l'image d'un objet est un signifiant au sens où elle représente cet objet, lequel est son signifié. Mais l'usage généralisé de la notion de signe, son application systématique à tous les signes concrets, pour justifiée qu'elle soit, a trop souvent conduit à effacer ce que ces signes concrets ont de particulier dans leur manière de faire signe. Si l'on peut toujours distinguer dans un signe un signifiant et un signifié, la séparation entre ces deux faces n'est pas toujours aussi nette que pourrait le faire croire cette distinction théorique. Il y a des formes et des degrés de séparation dont on peut rendre compte au moyen des catégories de Peirce évoquées ci-dessus. Reprenons-en les éléments importants.

L'indice est signe parce qu'il annonce un phénomène dont il est en quelque sorte une trace sensible, ou une manifestation. Autrement dit, avec l'indice, il n'y a pas vraiment séparation entre le signifiant et le signifié. Tous deux font partie d'un même tout, du même objet ou de la même séquence d'événements. La relation qui les lie est de contiguïté au sein d'un même ensemble. La coupure entre signifiant et signifié est donc ici toute relative. Et si le théoricien est en droit de la faire valoir puisqu'il y a au moins ébauche de séparation, pour le sujet qui vit et agit dans un monde signifiant, les indices sont à peine dissociables de ce que leur apparition manifeste, et qui peut être vital pour lui.

Le point de vue génétique sur la question prend ici toute son importance. Pour plusieurs auteurs, les indices sont à la naissance des processus signifiants. Ils annoncent et sans doute préparent, sans encore vraiment en faire partie, la représentation au sens propre, laquelle nécessite les images et les mots pour se constituer. Pour Bateson, le langage animal débute lorsque au sein d'une relation, certains gestes deviennent significatifs de l'interaction dans laquelle ils s'insèrent ; lorsque, par exemple, la menace de croc d'un chien devient signe de l'interaction agressive dont cette menace constitue le début (1980 : 168 et svt). Pour le psychologue généticien Piaget, la fonction symbolique débute, dans l'enfance de l'homme, avec les indices, lorsque certains éléments perceptifs permettent de prévoir certains événements ; lorsque, par exemple, l'enfant qui entend craquer un lit reconnaît par là la présence de la mère qui vient le nourrir (1977 : 217 et svt). De tels indices concernent un sujet qui ne se détache pas encore de son environnement pour le re-présenter, qui reste donc encore relativement immergé dans son milieu, corps parmi les corps.

L'icone est d'une tout autre nature que l'indice. Entre l'icone et ce qu'elle représente, la relation n'est plus de contiguïté mais de ressemblance. La séparation entre le représentant et le représenté est bien davantage marquée qu'avec l'indice[1]. Le représentant est un véritable substitut de la chose représentée avec laquelle il n'entretient plus de lien existentiel. Une photographie est prise pour représenter la chose photographiée en un autre lieu et un autre temps ; elle remplace cette chose à laquelle elle ressemble. « L'icone s'ajoute au monde alors que l'indice est prélevé sur lui par détachement métonymique » (Bougnoux, 1991 : 51). Pour Piaget, l'icone représente, par rapport à l'indice, un progrès considérable de la fonction symbolique. Elle constitue même la première véritable manifestation de cette fonction qui s'enracine, point important, dans l'imitation. C'est de l'imitation, en effet, que procéderaient les images sous leurs différentes formes : les images mentales dont la formation intéresse particulièrement Piaget, les symboles que les enfants utilisent dans leurs jeux ou le dessin. Et ceci au cours d'une longue évolution comportant plusieurs stades dont il importe de tenter un bref résumé.

Tout le monde a pu observer ces phénomènes de contagion mimétique si caractéristiques de la petite enfance. Souvent, l'enfant reflète sur son visage la mine de la personne qui le regarde ou reproduit sur son corps propre le geste du corps qu'il observe, comme dans ce bel exemple noté par Wallon : « Il arrive souvent que le petit enfant s'absorbe à regarder ce qui l'intéresse comme s'il y était incorporé. C'est par exemple, le fils de Preyer qui demeure comme hypnotisé à la vue d'un oiseau pépiant devant lui et qui en imite le cri à l'instant où le départ de l'oiseau interrompt sa contemplation. Il semble d'une imprégnation posturale qui s'est résolue en gestes d'imitation » (1980 : 267-268). Une telle « imprégnation posturale » caractérise l'indifférenciation qui marque les rapports primitifs de l'enfant à son environnement. Si l'enfant mime les êtres qui l'entourent, c'est qu'il se vit en eux, sans encore s'en distinguer. Et l'on peut dire la même chose du rapport de l'enfant aux objets eux-mêmes, comme l'atteste cette observation de

1. On rappellera à ce propos ce merveilleux passage de *Pourquoi j'ai mangé mon père* (Roy Lewis, Actes Sud, 1990 : 56-57) où Alexandre dessine l'ombre de son oncle à l'aide d'un morceau de charbon de bois. L'oncle Vania croit que l'enfant lui a volé son ombre tandis que celui-ci prétend avoir inventé l'art figuratif. Il s'agit bien de la première rupture entre l'indice (l'ombre est l'indice de la personne) et l'icone (la première image imitative puisque l'ombre est « détachée » de la personne).

Piaget : « Laurent regarde une boîte d'allumettes que je tiens dressée dans le sens de la hauteur et que j'ouvre et ferme alternativement. Enchanté de ce spectacle, qu'il regarde avec la plus grande attention, il imite la boîte de trois manières. 1° Il ouvre et ferme sa main droite, tout en regardant l'objet. 2° Il fait *tff, tff* avec la bouche pour reproduire le bruit de l'objet. 3° Enfin (...) il ouvre et ferme la bouche (...) » (1976 : 66).

L'imitation est déjà une sorte de représentation en acte mais elle n'est pas encore représentation à proprement parler. Celle-ci prend vraiment forme, explique Piaget, lorsque cette reproduction mimétique en acte, se libérant de la présence immédiate du modèle, devient « imitation différée » ou imitation en l'absence du modèle. L'acte d'imitation devient alors signifiant différencié. « A 1, 4(3)[2], J. reçoit la visite d'un petit garçon de 1, 6, qu'elle voit de temps en temps et qui, au cours de l'après-midi, se met dans une rage terrible : il hurle en cherchant à sortir d'un parc à bébés et le repousse en frappant des pieds sur le sol. J. qui n'a jamais vu de pareille scène, la regarde stupéfaite et immobile. Or, le lendemain, c'est elle qui hurle dans son parc et cherche à le déplacer, en tapant légèrement du pied plusieurs fois de suite. L'imitation de l'ensemble est frappante (...) » (*op. cit.*, 64).

L'imitation différée est encore évocation gestuelle mais déjà symbolique. Avec son corps comme pouvoir de reproduction mimétique, le sujet humain est devenu capable d'évoquer des choses ou personnes absentes. Par la suite, l'imitation s'intériorise. C'est-à-dire qu'elle se réduit à des esquisses ou ébauches motrices et celles-ci, toujours selon Piaget, conduisent à l'image mentale : « Avec l'image mentale, ensuite, l'imitation n'est plus seulement différée mais intériorisée et la représentation qu'elle rend possible, dissociée ainsi de tout acte extérieur au profit de ces ébauches ou esquisses internes d'actions qui la supporteront dorénavant, est alors prête à devenir pensée » (1984 : 45).

L'imitation intériorisée est aussi à l'origine du dessin. Qu'est-ce que dessiner sinon projeter sur le papier des formes issues de la perception et reproduites de façon mimétique par le corps et la main du dessinateur ? Même si ces formes sont pures inventions, elles proviennent nécessairement du commerce que le corps percevant entretient avec le monde. Remarquons dès à présent, pour ce que cela comporte d'indications au sujet de la compréhension des images, que si le mimétisme se trouve ainsi à l'origine de la formation des signes iconiques, on doit également le retrouver à la

2. Les chiffres indiquent l'âge selon la formule : an(s), mois (jours).

base de la perception. Qu'est-ce que comprendre un dessin sinon se mettre en correspondance mimétique avec les formes perçues sur ce dessin ? Percevoir une image ne consiste pas simplement à décoder un contenu visuel, comme la sémiologie naissante l'a longtemps laissé croire (cf. *Section 1, 2.1, Les fondements conventionnels du signe iconique*). On comprendrait mal la perception de l'image si on ne voyait dans cette activité qu'un simple décodage. La perception de l'image engage le corps percevant tout entier, elle est reprise mimétique des formes dessinées. Nous l'avons vu dans notre chapitre d'introduction : la posture de Mitterrand est l'objet d'une reprise intérieure qui nous la fait sentir comme posture décontractée.

Dans ses *Vingt leçons sur l'image et le sens*, Gauthier montre comment les petites variations graphiques de l'œil de Linus, personnage de bande dessinée, induisent des significations différentes. Par exemple, les dessins 1 et 2 (1986 : 177) correspondent respectivement à « émotion forte » et « calme » (cf. Illustration. 3). Le but de Gauthier est de montrer que la schématisation correspond ici à un certain codage : aux variations conventionnelles du signifiant graphique correspondraient des variations conventionnelles du signifié. Cela correspond partiellement à la vérité. Il ne fait pas de doute que la répétition des formes conduise à certaines conventions graphiques dans l'expression des émotions. Mais les émotions en question ne sont pas fondamentalement perçues en fonction de ces conventions, même si celles-ci peuvent jouer un rôle. Le dessin 1 ne signifie pas « forte émotion » par opposition au dessin 2. S'il porte ce signifié émotionnel, c'est parce que le lecteur qui perçoit cette figure est simplement capable, par mise en correspondance de son regard avec celui de Linus, d'ébaucher les mouvements (des paupières, d'ouverture de l'œil, etc.) dont rend compte le dessin et par là de ressentir l'émotion pour son propre compte, de la ressentir comme comportement face à quelque objet « émotionnant ».

Illustration 3

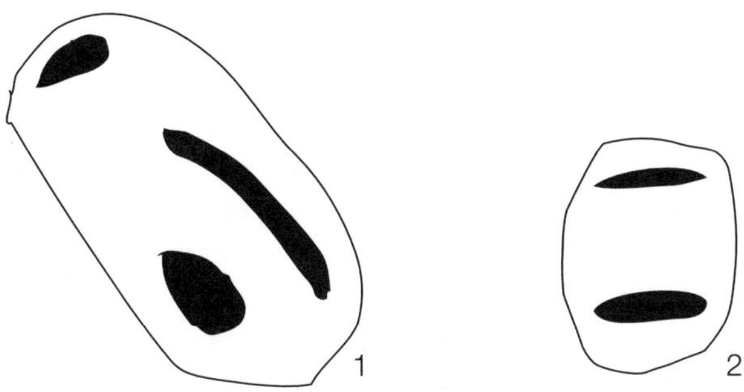

Finalement le signe iconique implique à la fois coupure et continuité. Il implique coupure puisqu'il comporte un signifiant différencié de son signifié et donne au sujet qui le perçoit le moyen de se détacher de l'environnement en pouvant se le représenter à distance. Et il implique continuité puisque son signifiant ressemble à son signifié, et qu'il en offre ainsi un véritable substitut analogique avec lequel il est possible d'entrer en correspondance mimétique.

Le troisième terme de la trilogie de Peirce, le symbole, que nous avons appelé signe digital (cf. *Section 1, 2.1, Le digital et l'analogique*), témoigne d'une nouvelle coupure, plus profonde que la précédente et qui, comme elle, concerne à la fois le signe et le sujet. Ce qui caractérise ce type de signe, c'est qu'il est arbitraire et conventionnel. Ces notions sont maintenant bien connues et même trop connues si l'on en juge par la généralisation de la conception saussurienne du signe à tout ce qui fait sens. Avec le signe arbitraire donc, la différenciation signifiant/signifié préfigurée par le signe indiciel et commencée réellement avec le signe analogique, atteint le stade maximal : la séparation pure et simple.

Mais dans l'ordre des signes arbitraires, la pertinence de la notion de distinction va bien au-delà de la question du lien Sa/Sé puisque la langue est faite de différences, « différences de sons combinées avec une série de différences d'idées » (Saussure, 1972 : 66). Pour correspondre au concept d'arbre, le mot « arbre » doit se distinguer de tous les autres mots de la langue auxquels sont assignés d'autres concepts. Telle est bien la fonction discriminatoire des signes linguistiques : fondés sur la différence et l'opposition, les signifiants linguistiques introduisent de la différence, et par là même de l'identité, dans le monde. Considérons le signifié du signe arbitraire. Le signifié de la définition saussurienne est un concept, quelque chose de l'ordre de l'idée abstraite qui ne peut correspondre à aucun objet singulier mais vraisemblablement à une classe d'objets. Le concept d'arbre n'est pas lié à tel ou tel arbre concret ; il correspond à la classe générale des arbres. Du point de vue génétique, la formation de tels concepts ou classes générales est loin d'être simple. Il faut évidemment que le sujet soit capable de dépasser, et de loin, son expérience immédiate. Mais il doit être aussi capable de ne plus retenir des différentes images, celles des objets particuliers qui peuplent son monde, que certains caractères communs et abstraits. Par exemple, la formation du concept d'arbre implique que le sujet ne retienne des arbres concrets, ceux qu'il rencontre et dont il peut reproduire intérieurement une image, que les aspects schématiques partagés qui les constituent en classe. C'est d'ailleurs seulement lorsqu'il possède la classe que le sujet peut désigner des êtres individuels – des arbres particuliers, dans notre exemple – comme appartenant à cette classe ; individualité et généralité vont de pair (Piaget, 1976 : 235 et svt). Tant qu'un sujet ne dispose que d'images pour représenter, il reste relativement enfermé dans son expérience des configurations immédiates et particulières. Au contraire, le sujet qui dispose du concept se tient assez éloigné des arbres particuliers que lui fournit la perception pour, les survolant tous, être capable d'apercevoir leur équivalence à l'intérieur de la classe abstraite des arbres et leur différence par rapport à d'autres objets réunis à l'intérieur d'autres classes. On conçoit que ce détachement à l'égard du particulier ne puisse véritablement s'accomplir qu'au moyen de signifiants arbitraires et oppositifs. On ne s'étendra pas davantage sur ce point ; il nous suffisait ici de souligner l'importance, du point de vue génétique, de la coupure par rapport au réel, de la « fracture sémiotique » (Bougnoux, 1991) qu'implique le signe arbitraire-digital.

Nous pouvons maintenant préciser notre connaissance du monde des signes.

1) Tout signe implique une différenciation entre un signifiant (Sa) et un signifié (Sé), ou entre un représentant (Ra) et un représenté (Ré).

2) On distingue trois grandes catégories de signes : le signe indiciel, le signe iconique et le signe arbitraire-digital.

3) On peut supposer une hiérarchie entre ces catégories qui, selon toute vraisemblance, apparaissent les unes après les autres dans l'ontogenèse humaine : les signes indiciels, les signes iconiques, enfin, les signes digitaux.

4) Cette hiérarchie se caractérise sur le plan sémiotique, par des niveaux croissants de séparation entre les aspects du signe (Sa et Sé) et, parallèlement sur les plans psychologique et psychosociologique, par des niveaux croissants de distance entre le sujet et son environnement physique et humain.

Le tableau suivant synthétise ces données.

	Aspect sémiotique		Aspect psychosociologique
	Niveau de différenciation Sa/Sé	Type de rapport Sa/Sé	
Signe indiciel	Différenciation minimale entre Sa et Sé	Contiguïté spatio-temporelle	Différenciation minimale sujet-environnement. Le sujet reste lui-même en rapport de contiguïté spatio-temporelle avec son environnement.
Signe iconique (ou analogique)	Dissociation entre Sa et Sé (les signes iconiques se surajoutent au monde)	Rapport de – ressemblance – substitution	Le sujet se sépare de son environnement qu'il peut reproduire à distance
Signes arbitraires	Distinction accomplie entre – le signe et le perçu – le Sa et le Sé – les Sa	Arbitraire	Le sujet se distingue de son environnement physique et humain

Bien sûr, comme tout tableau, celui-ci peut paraître réducteur et il fait forcément l'économie de complexités que nous ne pourrons pas toujours éluder. Nous le verrons plus loin, les catégories de signes peuvent être mises en rapport d'une part, avec les opérations mentales que peut effectuer le sujet et d'autre part, avec les modes de relation et de communication que ce même sujet peut entretenir avec ses semblables.

2 L'IMAGE SUBSTITUT : RÉEL ET IRRÉEL

C'est surtout sur le signe iconique que nous allons maintenant porter notre attention. L'image repose sur l'analogie, ce qui en fait une sorte de substitut du réel. C'est certes vrai pour les images en général, mais il est important de remarquer que cela ne l'est jamais tout à fait et qu'il existe des degrés de ressemblance, une sorte « d'échelle d'iconicité » (Moles, 1981). Par ailleurs, selon les différentes formes et fonctions de l'image, selon aussi les attitudes du sujet à son égard, le caractère de substitut apparaît plus ou moins affirmé. À première vue, l'image cinématographique est davantage un substitut qu'un plan d'architecte ou un signal du code de la route figurant, par exemple, la présence possible d'écoliers sur la voie. Certaines images, comme celles que nous offrent le cinéma de fiction, la peinture, la bande dessinée, etc. valent davantage pour elles-mêmes que d'autres qui, comme les photographies d'identité, les dessins scientifiques, les cartes géographiques, les planches d'anatomie du dictionnaire, etc. s'offrent plutôt comme des intermédiaires – des moyens de connaissance ou de reconnaissance à distance – entre le réel et nous. Ce sont ces dernières que Moles appelle « images fonctionnelles ».

Dans le cas du cinéma ou de la peinture, les images se substituent au réel au sens où elles prennent littéralement sa place. Au contraire, dans le cas de la carte géographique, le spectateur ne se sert en principe de l'image que pour mieux ajuster son comportement au réel. Le rapport de substitution est alors imparfait ; la dualité entre le réel et l'image subsiste dans la mesure où le sujet ne se sert de l'une que pour se référer à l'autre. Cette bipolarité dans le rapport de substitution est révélatrice d'une sorte de conflit entre l'image et le réel. Bien loin de se soumettre simplement au réel – c'est-à-dire de se confiner dans un rôle subalterne d'intermédiaire –, le signe iconique a tendance à s'autonomiser, à faire oublier le réel qu'il est cependant censé représenter. À ce propos, il faut se souvenir qu'un enfant, dès qu'il est capable d'imitation, utilise cette nouvelle capacité pour alimenter les jeux symboliques grâce auxquels il déploie un monde pour lui seul, à l'écart de la réalité (Piaget, 1978). De même, les adultes ont coutume d'utiliser toutes les possibilités techniques de la duplication iconique du réel pour créer des mondes imaginaires largement autonomes.

Qu'est-ce qui, dans le « semble-réel » des images, les rend plus intéressantes, plus captivantes que le réel lui-même au point que l'homme n'a cessé de perfectionner l'illusion ? Pourquoi préfère-t-il souvent le substitut à l'original ? Commençons par éviter une fausse piste : celle qui consiste à chercher dans le degré de ressemblance objective au réel, la raison principale de l'attrait des images. S'il en était ainsi, on ne comprendrait pas la fascination que peuvent exercer le dessin animé ou la bande dessinée, qui ne cherchent pas vraiment la ressemblance objective. Les images présentent des formes – objets, sujets humains, etc. – dont le degré de « réalisme » peut varier considérablement sans que cela ne semble affecter leur intérêt pour le sujet qui les perçoit. Ce qu'il faut noter, c'est que ces formes, dans leur diversité, ont toutes en commun un certain caractère d'irréalité. Le film le plus réaliste partage avec la bande dessinée la plus fantaisiste le fait d'être perçu comme irréel : « Le secret du cinéma, écrit Christian Metz, c'est d'arriver à mettre beaucoup d'indices de réalité dans des images qui, ainsi enrichies, restent néanmoins perçues comme images » (1968 : 23).

Essayons de définir cette notion d'irréalité. L'image présente quelque chose à percevoir mais ce quelque chose apparaît toujours comme ne faisant pas partie de l'environnement réel. Autrement dit, le signe analogique présente toujours son signifié comme absent, en dehors du champ de présence. Et il faut qu'il en soit ainsi pour que l'image apparaisse comme image. « Au musée de Rouen, écrit Sartre, il m'est arrivé de prendre des personnages d'un immense tableau pour des hommes. L'illusion fut de très courte durée – un quart de seconde peut-être, – il n'en demeure pas moins que je n'ai pas eu, pendant cet infime laps de temps, une conscience imagée, mais au contraire, une conscience perceptive. Sans doute, la synthèse était mal faite et la perception fausse, mais cette perception fausse n'en était pas moins une perception. C'est que, dans le tableau, il y a une apparence d'homme » (Sartre, 1940 : 48). Précisément, lorsque l'« apparence d'homme » se présente sans ambiguïté comme une image, c'est qu'elle se détache clairement de l'espace réel qui l'entoure. Aussi l'objet irréel apparaît-il d'un coup comme hors d'atteinte par rapport à la réalité. Voir une image, c'est constituer un objet en marge de la totalité du réel, tenir le réel à distance, s'en affranchir ; en un mot, le nier. Ou, comme le dit Sartre, « nier d'un objet qu'il appartienne au réel, c'est nier le réel en tant qu'on pose l'objet ; les deux négations sont complémentaires et celle-ci est condition de celle-là » (*op. cit.*, 352). Exprimons cela autrement : le signifiant analogique présente un signifié perçu d'emblée comme absent, c'est-à-dire en dehors – « en marge » – de la réalité perçue conjointement.

3 L'IMAGE ET LE RÊVE

Cette première caractéristique du signe analogique est déjà riche d'indications quant à la manière dont nous l'appréhendons. Quelles impressions peuvent nous donner des objets et personnages que nous percevons comme absents, sur lesquels nous n'avons pas prise et qui n'ont pas prise sur nous ? Quelle attitude perceptive réclament de nous de tels objets et personnages ?

Il est intéressant ici d'interroger l'attitude du rêveur. Ce qui caractérise en effet le rêveur, c'est qu'il se détourne du réel pour s'adresser exclusivement aux images. Plus que tout autre spectateur, le rêveur se met à l'écart du monde réel et plus que toute autre image, les images du rêve nous apparaissent marginales tout en s'imposant avec force à la perception. Mais il s'agit bien d'images et l'on peut penser que le rêve ne fait que porter à leur comble une impression et une attitude que l'on doit pouvoir retrouver dans toute perception d'image. Plusieurs auteurs ont abordé dans cette perspective les images cinématographiques, qui sont sans doute les plus proches de celles du rêve.

L'analogie entre le rêve et les images cinématographiques conduit immanquablement aux idées de fascination et de régression. Le rêveur et le spectateur de cinéma ont en commun au moins ces deux attitudes : le désinvestissement du réel et l'immobilité, ou mieux, le retrait de la motricité, c'est-à-dire la capacité d'agir sur le monde extérieur. Or, dans la perspective psychanalytique, c'est la motricité qui est à la base de ce qu'on appelle l'épreuve de réalité. Que le sujet ne dispose plus de la motricité, et c'est son sens de la réalité qui s'en trouvera considérablement amoindri. Le sujet régressera alors vers une forme primitive de rapport au réel, antérieure à la constitution du monde comme réalité extérieure au sujet. La caractéristique de ce type de rapport est que le sujet ne peut encore faire la distinction nette entre ce qui relève de l'extérieur (la réalité précisément) et ce qui relève de l'intérieur (la représentation, l'image subjective).

J.-L. Baudry a proposé, de ce point de vue, des analyses particulièrement fouillées et convaincantes dont voici deux extraits significatifs : « Les transformations opérées par le sommeil dans l'appareil psychique : retrait des investissements [du réel] (...) retour au narcissisme, retrait de la motricité (impossibilité de recourir à l'épreuve de réalité), contribuent à reproduire les caractères spécifiques du rêve : sa capacité de figuration, traduction de la pensée en images, réalité accordée aux représentations. On pourrait même ajouter qu'il s'agit d'un « plus-que-réel » pour le différencier du sentiment de réel que donne la réalité dans la situation normale de veille. Plus-que-réel traduisant la cohésion du sujet à ses représentations propres, la submersion du sujet dans ses représentations, la quasi-impossibilité qu'il éprouve à s'y soustraire, et qui est incomparable sinon incompatible avec l'impression résultant du rapport avec la réalité » (1975 : 66). Quant « au dispositif cinématographique, si l'on tient compte de l'obscurité de la salle, de la situation de passivité relative, de l'immobilité forcée du ciné-sujet, comme sans doute des effets inhérents à la projection d'images douées de mouvement, [il] déterminerait un état régressif artificiel. Il entraînerait artificiellement le sujet dans une position antérieure de son développement (...). Ce serait le désir, évidemment non reconnu comme tel par le sujet, de retrouver cette position, un stade précoce de développement avec ses formes propres de satisfaction, qui pourrait être déterminant dans le désir du cinéma et le plaisir qu'il y trouve. Retour vers un narcissisme relatif, et plus encore vers une forme de relation à la réalité, qu'on pourrait définir comme enveloppante, dans laquelle les limites du corps propre et de l'extérieur ne seraient pas strictement précisées » (*op. cit.,* 16).

L'intérêt de cette conception est qu'elle fait droit au sentiment de participation au perçu – ou d'enveloppement dans le perçu – qu'éprouve tout spectateur de cinéma et qu'elle l'explique par l'intervention d'un désir de régression. Pour bien comprendre, il faut préciser quelque peu cette notion de régression. Pour la psychologie du développement comme pour la psychanalyse, le sujet humain vit d'abord immergé dans un monde dont il ne se distingue pas. À ce premier état du sujet, les freudiens font quelquefois correspondre la notion de « narcissisme primaire », notion que justifie l'idée d'un sentiment de toute-puissance lié à l'absence de limitation extérieure. Dans la perspective génétique piagétienne, c'est la notion d'égocentrisme qui qualifie ce premier état. Notion ambiguë dans la mesure où elle est censée désigner une situation d'indifférenciation dans laquelle le moi ne s'est pas encore opposé au monde extérieur, mais qui s'explique du fait que précisément, dans cette situation d'indifférenciation, le sujet n'éprouve aucune limitation de son moi, aucune nécessité de décentration de son point de vue propre. Le développement humain est alors à comprendre comme un long processus de différenciation moi-autrui-le monde. Le « principe de réalité » de la théorie freudienne a été précisément introduit pour rendre compte de la nécessité pour le sujet, d'abord dominé par le seul principe de plaisir, de tenir compte des résistances imposées par la réalité, laquelle dès lors devient réalité « extérieure ». La psychologie du développement cognitif décrit un processus à peu près semblable. Au fur et à mesure que les objets prennent corps dans un espace extérieur et que les autres sujets apparaissent comme autres ayant chacun leur point de vue propre, le sujet prend conscience de son moi propre comme entité circonscrite opposée à tout ce qui lui devient extérieur. De quelque manière que l'on aborde le développement humain, un même schéma s'impose : de l'indifférenciation primitive (entre le sujet et le monde, entre le sujet et son alter ego) émerge par différenciation progressive un sujet conscient de lui-même – ayant un moi – confronté à un monde devenu extérieur et qu'il doit partager avec d'autres sujets, semblables mais différents. Mais aussi, de quelque manière que l'on aborde le développement, on s'aperçoit toujours de la subsistance des rapports anciens sous les rapports nouveaux. Le rêve est précisément là pour attester que le sujet reste toujours relié de quelque manière à l'état ancien de confusion. Le rêve est une plongée dans cet état ancien qui envahit à nouveau le sujet lorsque celui-ci, fermant les yeux, rompt avec le monde extérieur qui lui résiste, avec ces autres qui lui opposent leurs désirs et leurs points de vue et du même coup, avec tous les moyens qu'il a développés pour affronter toute cette altérité (la motricité, l'argumentation logique, etc.). Les objets et personnages qui apparaissent sur l'écran du rêve ne sont pas vécus comme des représentations intérieures ; ils sont en deçà des distinctions extérieur/intérieur ou objectif/subjectif, perception/représentation. Le rêve produit un sujet enveloppé dans ses images. Et il en serait de même au cinéma.

Comme dans le rêve, le spectateur d'images cinématographiques se met à l'écart du monde des réalités externes – résistantes –, met du même coup entre parenthèses son sens des réalités extérieures et se laisse envelopper par les images. Mais l'analogie ne vaut pas seulement pour les images cinématographiques. Si celles-ci sont les plus proches du rêve, on peut penser que toutes les autres images suscitent, à des degrés divers, des mécanismes du même type. Certes, le cinéma, à cause des conditions de perception qui lui sont propres, donne à l'effet-image une force maximale et paraît, à cet égard, prototypique, mais il n'en constitue pas moins un cas particulier d'un fonctionnement plus général. Dès le moment où ce qui est perçu sur l'image est perçu comme absent, hors de cet environnement réel de choses et d'individus qui nous concernent, notre sens de l'extériorité – ou de l'altérité – diminue. Il suffit en effet de cela pour qu'il y ait, comme le dit J.-L. Baudry, « mise en suspens de la motricité » et donc du « principe de réalité ». Ce qui veut dire que les choses et les individus perçus nous apparaissant hors de prise et, réciproquement, n'ayant sur nous aucune prise, toute une partie des différenciations acquises au cours du développement est neutralisée.

Nous ne pouvons toucher ces choses imagées qui sont sans nous et du coup, nous ne pouvons plus apprécier ni leur résistance, ni les limites de notre comportement à leur égard. Nous ne sommes pas concernés par ces personnages imagés que nous voyons, nous n'avons donc pas à nous comporter vis-à-vis d'eux, c'est-à-dire à échanger, à discuter, à raisonner ou encore à argumenter. Dans ces conditions, notre moi – avec son point de vue, ses motivations et ses aptitudes propres – tend à s'effacer. Du reste, ce moi – comme « image de soi » – constitué sous l'effet du regard d'autrui, n'est même plus perçu par ces autres très particuliers que sont les personnages des images.

Bref, dans la mesure où dans le triangle moi-autrui-le monde, l'un des sommet – celui occupé par le moi – perd de son relief pour la conscience du sujet, une relative indifférenciation resurgit. Devenu relativement inconscient de lui-même – de son corps comme comportement parmi les choses, de son moi comme image pour autrui – le sujet retrouve l'enveloppement dans le perçu.

On comprendra mieux encore la nature de cet enveloppement après avoir examiné une autre caractéristique importante de l'image.

4 COMPLÉTUDE DU SIGNIFIÉ ANALOGIQUE[3]

La première caractéristique de l'irréel est donc de se présenter comme absent ou, comme le disait Sartre, « hors d'atteinte ». La seconde, impliquée du reste par la première, tient dans cette impression d'achèvement qu'il donne, impression qui est relativement inconnue dans le réel et que le terme de complétude pourrait caractériser. Pour préciser cette impression et analyser ses conséquences, comparons, du point de vue de la perception, le réel et l'irréel.

Les choses et les personnes réelles, comme l'ont montré les phénoménologues, nous apparaissent toujours en perspective : nous les percevons comme totalités, mais à chaque fois, à travers un seul de leurs différents aspects. Cela veut dire que nous percevons plus que ce qui nous est effectivement donné mais que ce plus, parce qu'il n'est précisément pas donné, reste relativement indéterminé, indistinct, incomplet. Nul mieux que Merleau-Ponty n'a exprimé cette complexité de la perception : « Les choses dans l'expérience naïve sont évidentes comme *êtres perspectifs* : il leur est essentiel à la fois de s'offrir sans milieu interposé et de ne se révéler que peu à peu et jamais complètement ; elles sont médiatisées par leurs aspects perspectifs, mais il ne s'agit pas d'une médiation logique puisqu'elle nous introduit à leur réalité charnelle ; je saisis *dans* un aspect perspectif, dont je sais qu'il n'est qu'un des aspects possibles, la chose même qui le transcende. Une transcendance pourtant ouverte à ma connaissance, c'est la définition même de la chose telle qu'elle est visée par la conscience naïve » (1967 : 202).

C'est la même idée qu'exprime Bateson lorsqu'il affirme, dans le langage de la théorie de l'information, que la signification des choses tient à leur redondance : « Tout agrégat d'événements ou d'objets (par exemple une séquence de phonèmes, une peinture, une grenouille ou une culture) est dit contenir une « redondance » ou un « modèle ». Si en le divisant de quelque façon que ce soit par une « barre », un observateur qui perçoit seulement ce qui se trouve d'un côté de la barre peut deviner sans trop risquer de se tromper, ce qui se trouve de l'autre côté ; on peut également dire que ce qui est d'un côté contient de l'information (ou une signification) quant à ce qui se trouve de l'autre côté ; ou bien en termes techniques, que l'ensemble contient de la « redondance » ; ou encore, du point de vue de la cybernétique, que l'information disponible sur un côté de la barre restreint les chan-

3. Ce point et le suivant reprennent en partie : J.P. MEUNIER, *Essai sur l'image et la communication*, Cabay, Louvain-la-Neuve, 1980.

ces de mal deviner (...) » (1977 : 142). Autrement dit, chaque partie du monde visible implique, ou contient d'une certaine manière, les parties avoisinantes : « À partir d'un arbre, visible au-dessus du sol, on peut deviner l'existence des racines enfouies dans la terre. La cime fournit de l'information sur la base » (*op. cit.,* 143).

Prenons un autre exemple. D'un cube, nous ne pourrons jamais percevoir que trois faces d'un seul coup. Cependant, ce que nous percevons, ce ne sont pas ces trois faces prises isolément mais le tout – un volume comprenant six faces – dont elles ne constituent qu'un profil. Et s'il en est ainsi, c'est parce qu'au cours d'une interaction complexe entre les données sensibles et notre activité perceptive, ce profil devient significatif du tout et que le cube se constitue comme volume, comme « corps » reconstitué et vécu par le sujet[4]. Au cours de l'interaction sujet/objet les aspects visibles du perçu se construisent en référence à des aspects invisibles mais anticipés et qui constituent, dès lors, avec les premiers, les entités perçues. Ainsi se constitue la redondance inhérente à la perception des choses.

Mais la redondance ne concerne pas que les choses : elle se retrouve également à la base de la perception d'autrui.

Tous les comportements – les attitudes, les gestes, les mimiques, etc. – qu'une personne donne à voir et qui constituent une sorte de donné, prennent sens pour nous parce que nous sommes capables de saisir intérieure-

4. Nous pouvons détailler cette opération afin de mieux la faire comprendre. Considérons le cube ABCDEFG.

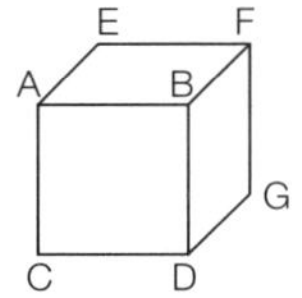

Dès qu'il aperçoit cette forme, le regard s'ancre à l'intérieur de l'espace cerné par les lignes et ignore tout ce qui lui est extérieur. Il fait ainsi valoir comme milieu dense, plein, la partie intérieure aux lignes et comme milieu vide ou fond homogène la partie extérieure. Ensuite, parcourant les lignes, il organise le milieu plein qu'il a déterminé comme volume comportant plusieurs faces. Il se centre sur une certaine région – la face ABCD – qu'il consacre ainsi comme « avant » lui faisant face. Par contre, il maintient dans un certain flou les autres régions du volume et ne se dirige vers elles qu'avec retenue et par des ébauches de mouvements anticipant leur vision de face ; il les constitue ainsi comme faces vues de biais et formant avec ABCD un certain angle.
C'est ainsi que les faces visibles deviennent significatives d'un ensemble comportant d'autres faces car il est impliqué dans la manière dont elles sont ainsi vues qu'elles ne forment que la partie apparente d'un volume fermé sur soi, comportant d'autres faces cachées. Celles-ci sont elles-mêmes anticipées par des mouvements contournant amorcés par les yeux lors de leur rencontre avec les arêtes extérieures (GF, EF).
Une description plus approfondie des gestes accomplis par celui-ci (gestes oculaires poursuivant la reproduction de tous les contours, attitude globale.../....../... imitant vaguement la forme, la masse, etc. du cube) ferait mieux apparaître l'importance de l'activité mimétique du sujet.

ment les intentions qui les animent. La saisie du geste d'autrui se construit dans l'interaction sujet/autre sujet : « Le geste dont je suis le témoin dessine en pointillé un objet intentionnel. Cet objet devient actuel et il est pleinement compris lorsque les pouvoirs de mon corps s'ajustent à lui et le recouvrent. Le geste est devant moi comme une question, il m'indique certains points sensibles du monde, il m'invite à l'y rejoindre. La communication s'accomplit lorsque ma conduite trouve dans ce chemin son propre chemin » (Merleau-Ponty, 1945 : 216). Mais nous savons combien notre saisie d'autrui dépasse le geste immédiatement perçu. Comprendre un geste, c'est se glisser dans une vie car ce geste devient immédiatement significatif d'une foule d'autres gestes possibles, qu'autrui a posés ou pourrait poser. Comme le profil perçu d'un cube est significatif d'un cube comme totalité, le geste perçu nous apparaît comme un profil saisi sur une totalité que l'on appellera « caractère » ou « personnalité ». Tel geste vif ou brusque nous apparaît comme la manifestation instantanée d'un caractère « déterminé » ou même agressif, caractère que l'on s'attend alors à retrouver dans d'autres gestes, plus ou moins éloignés dans le temps. Les psychologues sociaux appellent « processus d'attribution » le fait d'inférer, à partir de l'observation de certains comportements isolés, des structures permanentes sous-tendant les manifestations immédiatement perceptibles.

Qu'on la conçoive à partir de la notion de « perspectivisme » des phénoménologues ou de celle de « redondance », la perception du réel peut donc toujours se représenter comme un mouvement allant de la partie au tout.

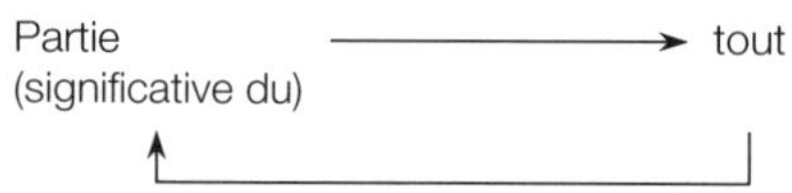

La partie (le profil, l'aspect) contient donc le tout (la multiplicité infinie des aspects), mais il y a dans ce processus d'inférence perceptuelle une rétroaction du tout sur la partie qui rend celle-ci incertaine, d'où la position paradoxale du sujet percevant. D'une part en effet, celui-ci bénéficie d'une sorte d'ubiquité ou toute-puissance perceptive puisqu'il peut reconstituer ou anticiper une totalité permanente à partir d'un fragment. Mais d'autre part, le même sujet doit éprouver une sorte d'impuissance à dépasser la limitation radicale de son point de vue. Car la totalité n'est jamais donnée mais seulement anticipée : plus on la connaît, plus elle nous semble riche et inaccessible ; chaque nouvel aspect découvert la transforme et fait présumer d'autres aspects encore inconnus. Cette personne que j'avais jugée sévère suite à un premier contact – un regard ou un geste avait suffi pour que je lui attribue cette sévérité comme manière d'être, comme un comportement général – m'apparaît maintenant capable d'indulgence et même de faiblesse et je m'aperçois aussi que plus je la connais et plus elle me semble complexe et plus elle m'échappe.

Le développement humain consiste sans doute en grande partie en l'apprentissage de cette complexité ou, comme l'écrit Merleau-Ponty, de cette transcendance des êtres, c'est-à-dire de leur extériorité par rapport à notre point de vue. Au départ d'un égocentrisme initial où tout est confondu (les choses, les autres, soi), le sujet fait progressivement l'apprentissage de l'extériorité des choses par rapport à son point de vue et de l'extériorité du point de vue des autres par rapport au sien propre, ce qui l'oblige à pratiquer toujours plus la décentration. Et plus il est capable d'intégrer des aspects de ces choses et êtres extérieurs, et plus ils lui deviennent complexes et « transcendants ». Au cours de ce développement, sa connaissance grandissante des êtres s'accompagne de leur éloignement progressif.

Venons-en maintenant au signe analogique. Ce que nous venons de rappeler au sujet de la perception du réel suggère une série de questions essentielles. Les « réalités » perçues sur les images sont-elles aussi extérieures et transcendantes que les êtres réels ? Autrement dit, les choses de l'image sont-elles aussi objectives que les choses réelles ? Les personnages imagés sont-ils aussi « autres » que les personnes de la vie ?

Perçus mais perçus comme absents, les êtres présentés par l'image sont aussi perçus comme des simulacres, c'est-à-dire de fausses apparences. Il se peut qu'ils représentent des êtres réels existant ailleurs mais tels qu'ils apparaissent sur l'image, ils ne sont précisément qu'apparences. En prenant en considération ce caractère de fausse apparence, il est possible de formuler une réponse à nos interrogations. Sans conteste, les apparences de choses sont perçues de la même manière que les choses réelles. Comme ces dernières, elles s'offrent en perspective et l'on peut à leur sujet parler de redondance. C'est d'ailleurs pour cela, comme on va le voir, qu'elles sont possibles. Le cube dont nous nous sommes servi pour illustrer le perspectivisme de la perception n'était justement pas un vrai cube, mais un cube dessiné sur la page, un simulacre de cube. Mais en montrant que ce cube ne peut se présenter qu'à travers un seul profil à la fois, nous avons mis en évidence une caractéristique partagée par l'irréel et le réel. Il est évident que l'inférence perceptuelle, le mouvement de la partie au tout, s'applique dans les deux cas. Nous ne percevrions pas un cube sur la page si nous n'étions pas capables, par notre regard, d'investir et de faire valoir la forme dessinée comme profil d'une totalité transcendante comportant plusieurs autres profils momentanément invisibles. Mais c'est cependant sur ce point que l'on peut saisir une caractéristique essentielle de l'irréel : ce momentanément invisible n'existe que par et pour notre regard qui investit l'image.

Face à une image – et sauf erreur comme celle de Sartre au musée –, nous éprouvons toujours la sensation qu'il s'agit d'un simulacre. Les totalités que les apparences visibles nous amènent à percevoir n'ont d'existence que par nous. D'une certaine manière, c'est nous qui les constituons. Prenons un autre exemple. Nous savons que tous les profils sensoriels d'une chose s'impliquent mutuellement. La couleur d'une chose, son éclat, sa consistance, sa sonorité, etc., sont autant de caractères qui s'enveloppent l'un l'autre. Dans la seule couleur blanc éclatant d'une chose, je puis déjà pressentir son degré de dureté et l'éclat de sa sonorité parce que le corps percevant, capable de perception synergique, comprend les correspondances et sait ce que signifie, pour la totalité de l'expérience sensible, un seul fragment de cette expérience. Et cela vaut évidemment pour la chose irréelle et pour la chose réelle. Mais dans le cas de la chose irréelle, ces correspondances intersensorielles définissent complètement la totalité sensible alors que dans le réel, elles ne fournissent qu'une anticipation hypothétique de la chose. Il y a toujours à explorer dans une chose réelle ; elle est inépuisable.

Revenons à la perception d'autrui et regardons un instant cette image publicitaire utilisée par Verón (1970 : 65) pour illustrer la notion de contiguïté, notion qui, précisément, implique que ce qui est perçu sur une image apparaisse en liaison avec d'autres choses (cf. illustr. 5). Attardons-nous au comportement de l'homme. L'image ne nous donne pas grand-chose comme information à son sujet : une attitude figée, un geste, un regard dirigé sur la femme qui occupe l'avant-plan de la scène. Cela suffit pourtant, ici comme du reste dans le réel, pour que, ayant situé ces éléments dans une scène possible – une scène de séduction par exemple –, ce comportement nous apparaisse comme manifestant une intention correspondant à une certaine attitude vécue à l'égard de la femme, et que cette attitude, au-delà de l'instant particulier, nous semble manifester une manière générale d'exister, un caractère. Comprendre, par mimétisme, la conduite perçue revient, nous l'avons dit, à nous glisser dans une vie. Nous éprouvons cette conduite comme moment d'une existence en relation avec d'autres moments. La confiance que nous sentons dans l'attitude de l'homme, nous l'éprouvons comme liée au succès probable d'une interaction récente avec la femme de l'avant-plan. Nous sentons le comportement perçu proche d'autres comportements – immédiatement passés et immédiatement futurs – que nous ressentons presque dans leur actualité. Et cette séquence relativement limitée nous semble en impliquer d'autres plus éloignées, moins distinctes, mais encore saisissables. L'interaction actuelle de l'homme avec la femme nous semble en relation avec toutes sortes d'autres actions dont la détermination et le succès ont confirmé cette confiance affichée dans l'instant. Et celle-ci, à nos yeux, s'en trouve renforcée. Il y a donc bien circularité entre la partie et le tout. Un aspect momentané d'une vie implique d'autres aspects plus ou moins proches qui ébauchent avec le premier le sens d'une totalité ; ce sens rejaillit alors sur l'aspect actuel qui devient significatif d'une manière générale d'interagir.

Illustration 5

Mais quelle certitude avons-nous au sujet de cette manière d'être, de ce comportement général ? Dans le réel, notre compréhension d'autrui comme « personnalité » reste perpétuellement à l'état d'ébauche. Nous n'avons pas vraiment accès à ces conduites qui se profilent en amont et en aval du comportement actuel. Les plus proches ne sont déjà que probables ; quant aux plus lointaines... Nous sommes toujours prêts à modifier l'idée que nous nous faisons d'autrui. Dans l'irréel, au contraire, notre perception d'autrui s'accompagne toujours de la conviction que tous ces horizons de conduites qui entourent le perçu n'ont d'existence que dans et par cette perception même. L'action de l'homme de la publicité nous apparaît dans un contexte d'autres actions, passées et futures, non pas comme une action réelle suit et précède d'autres actions réelles, mais seulement comme les lignes d'un dessin impliquent leur continuation : à titre de pure possibilité sans existence concrète. Tout personnage imagé surgit dans un monde dont tout le contenu est projeté par nous à partir des apparences visibles. Ses actions passées ou futures ne sont qu'ombres projetées, par nous, à partir de sa conduite apparente : purs prolongements virtuels de cette conduite. Lorsque, par mimétisme, nous comprenons la conduite visible du personnage, nous ne nous glissons pas dans sa vie de la manière déjà décrite, obliquement, en marche, avec tout ce que cela comporte d'incertitude. Au contraire, dans ce cas, nous y entrons de plain-pied, pourrait-on dire, parce que sa conduite visible nous donne accès à tout son contexte de vie. L'homme de la publicité nous apparaît déterminé, viril, confiant en lui et capable de manifester ces traits de caractère dans n'importe quelles circonstances et nous sommes sûrs que rien ne viendra démentir cette intuition, pas plus que n'importe quelle autre. Plusieurs significations sont en effet possibles qui auront toutes un caractère de plénitude parce qu'elles sont précisément de purs possibles.

Autant pour le personnage que pour la chose, on peut dire que la totalité perçue n'existe que par notre saisie de la partie visible et donc que cette partie résume, synthétise ou « totalise » la totalité. Entre cette partie et la totalité, la redondance est parfaite, entre la vision et ce qui est vu, l'accord apparaît complet. On pourrait encore dire, en synthèse, que les choses et personnes irréelles ont perdu leur extériorité ou transcendance, ce dont il faut maintenant tirer les conséquences au sein du triangle moi-autrui-le monde.

Le sujet spectateur d'image est un sujet « tout-percevant » comme l'ont bien dit Baudry (1970) et Metz (1975) à propos du cinéma. Le premier fonde son analyse sur la construction perspectiviste de l'image cinématographique qui place l'œil du spectateur en position centrale. Le second tient compte, entre autres choses, du caractère strictement imaginaire du « signifiant » cinématographique, qui, tout en étant parmi les plus perceptifs des signifiants (il comporte images, paroles, musique, etc.) n'en est pas moins le plus irréel (il n'y a sur l'écran que des taches lumineuses). Ce qui explique pourquoi l'activité perceptive du sujet est vécue comme constituante. Metz a exprimé très clairement cette idée : « Au cinéma, le *savoir du sujet* prend une forme bien précise sans laquelle aucun film ne serait possible. Ce savoir est double (mais il ne fait qu'un) : je sais que je perçois de l'imaginaire (et c'est pourquoi ses bizarreries, au besoin extrêmes, ne me troublent pas sérieusement), et je sais que c'est moi qui le perçois. Ce deuxième savoir se dédouble à son tour : je sais que je perçois réellement, que mes organes des sens sont physiquement atteints, que je ne suis pas en train de fantasmer, que le quatrième mur de la salle (l'écran) est vraiment différent des trois autres, qu'il a en face de lui un projecteur (ce n'est donc pas moi qui projette, ou du moins tout seul) – et je sais également que c'est moi qui perçois tout cela, que ce matériel perçu-imaginaire vient se déposer en moi comme sur un second écran, que c'est en moi qu'il vient faire cortège et se composer en une suite, que je suis donc, moi-même, le lieu où cet imaginaire réellement perçu accède au symbolique en s'instaurant comme le signifiant d'un certain type d'activité sociale institutionnalisée, dite « cinéma ». Le spectateur, en somme, *s'identifie à lui-même*, comme pur acte de perception (comme éveil, comme alerte) : comme condition de possibilité du perçu et donc comme une sorte de sujet transcendantal, antérieur à tout *il y a* » (*op. cit.,* 34). On voit l'intérêt de ce long passage dont certaines expressions conviennent on ne peut mieux à la situation de maîtrise perceptive qu'occupe le spectateur d'image. Mais on sera évidemment moins restrictif quant à leur portée. Le cinéma n'est pas seul en cause et le caractère particulier d'irréalité du signifiant cinématographique ainsi que la construction perspectiviste sont des aspects réels mais relativement secondaires d'une condition de perception où ce qui importe fondamentalement, c'est le rapport partie (perçue)/tout (imaginaire) et l'absence d'extériorité de ce tout. Quel que soit le support (image dessinée, photographie, décor de théâtre, gestes d'un mime, etc.), un simulacre offre au sujet le moyen de constituer une totalité possédant ce caractère de plénitude qui donne ce sentiment d'être « tout-percevant », « condition de possibilité du perçu », « sorte de sujet transcendantal antérieur à tout il y a ».

Enfin, il est encore possible de caractériser la toute-puissante position du sujet percevant par référence à l'espace et au temps. L'image fait perdre au spectateur tout sentiment d'espace et de temps. Le spectateur se sent délocalisé, comme sans attache parmi les choses et les personnages qu'il perçoit : par rapport aux unes comme aux autres, il n'est à proprement parler nulle part. Avoir un point de vue totalisant sur des êtres imaginaires qui n'ont plus d'extériorité réelle, c'est être libéré de la contrainte d'avoir à tenir compte d'autres points de vue situés ailleurs dans l'espace et le temps, c'est-à-dire d'autres moments. Dans le réel, chaque point de vue – chaque moment – est toujours à la fois absolu et relatif. Il est absolu puisqu'il synthétise toute une expérience passée et anticipe tout un développement futur possible. Mais il est en même temps relatif puisque cette anticipation même fait apparaître l'aspect particulier et fugace du moment présent. Le sujet qui perçoit le cube de notre exemple s'appuie sur son expérience acquise pour constituer une totalité à partir de ce qui lui est donné, et anticipe ainsi une multiplicité d'aspects possibles qui pourrait se confirmer dans le futur. Faisant cela, il fait bien sûr une sorte de pari sur l'avenir. Est-ce bien un cube ? Est-il réellement comme je crois qu'il est ? De synthétique qu'il était, le moment présent devient alors un moment parmi d'autres. Cependant, dès lors que la totalité imaginaire n'existe qu'en tant qu'elle est constituée par le sujet, le moment de perception qui lui correspond devient une sorte d'absolu. La notion de futur toujours indéterminé perd son sens et du coup, l'expérience acquise cesse de se signaler comme venant du passé. La différenciation passé-présent-futur tend à se résorber et le moment de perception cesse d'être relatif. D'où cette impression que le temps s'arrête durant la contemplation des images qui nous intéressent ; impression, bien sûr, qui ne peut durer qu'un temps. Et ceci reste vrai même quand les images introduisent elles-mêmes du changement car, au cinéma, les êtres fictifs se meuvent et se déplacent, et les bandes dessinées ne dévoilent que peu à peu les choses, les personnages et les événements. C'est qu'il y a indétermination et indétermination. Celle qui a cours dans le réel est radicale et insurmontable parce qu'elle vient des êtres eux-mêmes et de leur extériorité. Celle des images n'est tout d'abord que passagère car tout spectacle en image a un début et une fin et donc sa complétude ne peut être que différée. Ensuite et surtout, l'incertitude des images ne vient pas des êtres perçus eux-mêmes. Elle ne peut avoir que deux origines : d'une part, l'auteur des images dont la mise en scène oriente la perception du spectateur et qui peut ménager des surprises, provoquer des changements de points de vue, etc. ; d'autre part, la référence au réel lorsque les images, par certaines de leurs caractéristiques, nous conduisent à penser au réel lui-même et à sa complexité. Mais dans tous les cas, le spectacle immédiatement proposé par les images demeure un « réel-pour-nous », parce qu'il est constitué par nous et que nous ne cessons d'être sujet tout-percevant.

Nous avons déjà vu que le caractère d'absence des êtres irréels pouvait expliquer, partiellement tout au moins, la relative adhérence au perçu dont fait preuve le spectateur d'images. Les caractères de non-extériorité et d'intemporalité que nous venons d'examiner vont nous permettre de compléter et de préciser cette explication.

5 IMAGE, PARTICIPATION, IDENTIFICATION

Les images captivent le spectateur au point que la fin de la projection d'un film ou de la lecture d'une bande dessinée se marque par une sorte de réveil, de reprise de contact avec soi et avec le monde. Tout comme le passage du sommeil au réveil, le passage de la contemplation des images au monde réel correspond à un changement d'état psychologique. Tout se passe comme si le soi propre et le monde extérieur récupéraient brusquement leur relief.

La question de l'état du spectateur d'images est un des grands thèmes récurrents des recherches sur le cinéma. Elle a intéressé de nombreux auteurs, en particulier ceux qui dans les années cinquante, alors que le cinéma était en pleine expansion, formulèrent le projet de constituer une discipline, la filmologie, chargée d'expliquer, entre autres, l'emprise des images. À l'état spectatoriel furent associées les notions de participation et d'identification : participation du spectateur au déroulement du film, identification aux personnages. Il n'est pas inutile de rappeler ici brièvement la manière dont certains auteurs ont décrit et interprété la participation au film et, en particulier, les phénomènes d'identification.

Michotte, psychologue, auteur de quelques articles importants sur la question, définissait ainsi l'« empathie » qui, selon lui, caractérise le rapport du spectateur de film au personnage : « Ceux-ci [les phénomènes d'empathie] se manifestent lorsque le spectateur d'une action exécutée par une autre personne, la « vit » lui-même en quelque sorte, et ne se borne pas à la comprendre d'une façon purement intellectuelle, en la classant dans telle catégorie conceptuelle » (1953 : 87). Et il précisait de la manière suivante la réalisation de ce rapport empathique : « (...) la correspondance entre les mouvements de l'acteur et ceux, plus ou moins semblables, qu'ils induisent chez le spectateur, de même que la correspondance entre les expressions affectives de l'acteur et les émotions éprouvées par le spectateur, tendent à provoquer la fusion de ces processus (...). Et comme, d'autre part, les mouvements et les expressions de l'objet visuel acteur semblent naturellement lui appartenir, il est concevable que ce lien d'appartenance s'étende à tous les processus dont la fusion s'est opérée avec ses mouvements et ses expressions (...) l'acteur sera « devenu » pour ainsi dire l'aspect extérieur de la personne du spectateur » (*op. cit.*, 95). Pour le moment, remarquons la force des termes (fusion, correspondance, etc.) utilisés par l'auteur, qui, dans le même article, s'étonnait cependant qu'une telle fusion – ou incorporation – puisse se réaliser.

Morin, quant à lui, a insisté à plusieurs reprises sur la participation affective du spectateur au spectacle filmique, participation que l'on peut comprendre comme activation des processus de projection-identification imaginaire à l'œuvre dans notre vie réelle : « Les processus de projection-identification qui sont au cœur du cinéma sont évidemment au cœur de la vie (...). La projection/identification (participation affective) joue sans discontinuer dans notre vie quotidienne, privée et sociale (...). Nous jouons un rôle dans la vie, non seulement pour autrui mais aussi et surtout pour nous-mêmes. Le costume (ce déguisement), le visage (ce masque), les propos (ces conventions), le sentiment de notre importance (cette comédie), entretiennent dans la vie courante ce spectacle donné à soi et aux autres, c'est-à-dire les projections/identifications imaginaires. Dans la mesure où nous identifions les images de l'écran à la vie réelle, nos projections/identifications propres à la vie réelle se mettent en mouvement » (1956 : 97).

Cohen-Seat a lui aussi consacré beaucoup d'attention aux problèmes posés par la participation spectatorielle. Les explications qu'il proposait dans les années soixante n'ont rien perdu, selon nous, de leur pertinence : « Le propre de la participation cinématographique est avant tout d'exclure le dédoublement réflexif et la prise de recul » (1961 : 166). Ou encore : « Le ressort de cette participation est un phénomène de « mimétisme » qui procède directement de la connaissance intuitive. Dans certaines conditions, ce qui est vu sur l'écran donne lieu, au niveau de la tout élémentaire prise de conscience initiale, à des ébauches de mouvement d'accompagnement qui sont inséparables et comme constitutives de la compréhension des activités perçues dans ces conditions. De sorte que cette compréhension ne serait pas tant la cause que la conséquence de la part prise par le spectateur aux conduites et aux comportements d'autrui au cours des événements qui se déroulent sur l'écran » (*ibid.*).

D'autres auteurs, dans des textes plus récents, ont rapproché les images cinématographiques de la phase imaginaire de la psychanalyse d'inspiration lacanienne. On connaît la distinction établie par Lacan entre la phase imaginaire et la phase symbolique. Sans entrer dans les détails, rappelons seulement ici que la première, qui correspond à la petite enfance, est dominée par le processus d'identification – identification du sujet-enfant à son image dans le miroir, identification aux autres enfants – tandis que la seconde est dominée par les séparations et les distinctions qu'impose le langage. On entrevoit dès lors la possibilité de comparer le reflet dans le miroir de la petite enfance et le reflet sur cet autre miroir qu'est l'écran. Des auteurs comme Baudry et Metz auxquels nous avons déjà fait référence, ont suivi cette voie. L'écran-miroir nous replongerait – d'une certaine manière et dans une certaine mesure, car le spectateur adulte n'est pas le petit enfant – dans cet univers des doubles de la phase imaginaire, univers dans lequel l'autre et le moi se distingueraient à peine.

« Empathie », « fusion », « projection/identification », « mimétisme », « identification imaginaire » : les notions ne manquent donc pas pour désigner et expliquer cette sorte d'adhésion ou de participation au spectacle en images dont nous faisons tous l'expérience.

Dans la continuation de ce qui précède, il semble que ce phénomène doive être rattaché au caractère de plénitude du signifié de l'image, à son aspect quasi intemporel et à l'espèce de toute-puissance perceptive qu'il confère à son spectateur. Ce que nous avons caractérisé comme absence d'extériorité des « êtres d'image » implique en effet que le sujet qui les perçoit ne s'en distingue plus – ou presque plus – parce que rien ne le renvoie plus à lui-même, à sa position dans l'espace, à son corps propre, à son « moi ». Que l'on médite, à ce propos, cette petite phrase de Piaget : « c'est dans la mesure où le moi s'incorpore la réalité externe qu'il est inconscient de lui-même, puisque la conscience du moi est relative aux résistances des objets et des autres personnes » (1976 : 214). Or, précisément, la non-extériorité des êtres irréels, des êtres d'images, implique leur assimilation complète par le sujet et donc, pour celui-ci, une relative inconscience de soi.

Dans le réel, l'extériorité du perçu nous renvoie toujours à notre position particulière dans l'espace et dans le temps. L'existence d'aspects non actuellement visibles, que nous anticipons mais dont la réalité nous échappe tout de même largement, nous indique constamment que nous occupons un lieu précis dans l'espace et le temps, à partir duquel certains aspects nous apparaissent et d'autres non. Les sentiments d'incertitude et d'incomplétude qui accompagnent donc toujours la perception en situation réelle sont indissociables d'une certaine prise de conscience – plus ou moins aiguë selon les lieux et les moments mais jamais complètement absente – du corps propre comme objet situé parmi d'autres objets, impliqué dans des rapports de position relative et de distance.

Au contraire, la non-extériorité de l'irréel, le caractère absolu du point de vue du spectateur qui en découle, font perdre à celui-ci les notions mêmes de situation et de point de vue. Le spectateur d'images ne se sent pas occuper un « ici » séparé d'un « là-bas », il ne se sent vraiment ni près ni loin des êtres irréels qu'il perçoit ; bref, il ne se sent nulle part. Il sait, ou sent, que son point de vue est absolu, que tourner autour des objets irréels ne lui ferait pas découvrir des réalités autres que celles qu'il constitue imaginairement et il en oublie la sensation même d'avoir un point de vue.

Bien sûr, il existe au cinéma comme dans les autres catégories d'image une échelle des plans (plan d'ensemble, gros plan, etc.), mais les effets visuels qui en découlent, s'ils modifient le sentiment relatif à l'objet, n'impliquent rien concernant la sensation du corps propre du spectateur. Un gros plan de cinéma peut accroître le rapport fusionnel à l'objet ; il ne donne cependant pas la sensation de s'en être approché physiquement. Une plongée peut donner le sentiment de dominer l'objet, elle ne donne pas la sensation de le survoler physiquement. Le spectateur n'est jamais situé.

Seuls les personnages sur l'image – à l'écran, dans les cases des bandes dessinées, sur les affiches publicitaires – lui paraissent situés les uns par rapport aux autres, et occuper une place particulière dans le monde irréel. Lui, le spectateur, n'est pas situé parmi eux, il n'occupe aucune place particulière dans l'espace fictif ou, ce qui revient au même, il survole toutes les places et comprend toutes les situations.

Or, c'est précisément ce rapport spectateur/personnage qui concentre la participation affective. Nous l'avons dit, c'est toujours par mimétisme, reprise intérieure des conduites perçues, que nous comprenons le semblable. Les mécanismes de participation s'observent donc dans toute perception d'autrui, réel ou irréel. Mais à partir du moment où le semblable perd de son extériorité par rapport à notre saisie, nous cessons nous-mêmes de nous percevoir comme être différent de lui. Dans le réel, la fusion mimétique s'accompagne toujours d'un mouvement de différenciation : le même est aussi autre. Dans l'irréel, au contraire, la fusion mimétique n'est plus contredite par aucun mouvement de différenciation : le même et l'autre restent confondus et le spectateur en oublie son propre moi. C'est dans ce sens qu'il faut comprendre l'absence de dédoublement réflexif dont parle Cohen-Seat.

Voici un personnage : il accomplit certaines actions dans l'espace fictif. Supposons, pour être un peu plus précis, que ce personnage regarde quelque chose ou quelqu'un, comme dans la publicité examinée plus haut (cf. illustr. 5). Mon regard de spectateur s'accroche à celui du personnage, épouse sa visée et, tout en restant en contact avec cet autre regard comme à l'origine d'un éclairage particulier des choses, se saisit du monde et des objets perçus tels qu'ils se présentent à lui. Bref, mon regard spectatoriel se glisse dans le point de vue du personnage. Et le corps percevant tout entier suit le mouvement. Je saisis, en la reprenant d'une certaine façon, l'expression du personnage ainsi que sa posture ; je comprends sa manière de regarder l'objet, j'éprouve le sens qu'a, pour lui, la situation, je vis son intérêt ou son rejet, sa satisfaction ou son dégoût, etc. Mais cette épreuve d'autrui ne s'accompagne plus d'aucun sentiment de différence ou d'extériorité puisque, comme nous l'avons vu, je suis devenu le pur contemplateur tout-percevant d'un spectacle immanent à ma perception. L'intention du personnage, sa conduite, le vécu émotionnel qui l'accompagne, sont ce que j'éprouve qu'ils sont. Ma saisie de ce personnage ne m'apparaît plus comme saisie inadéquate et renvoyant, par son inadéquation même, à mon comportement propre, à ma manière particulière de vivre les choses. Mon vécu et le sien propre restent confondus.

Mais concentrons-nous sur le regard et l'intériorité, qui constituent un point crucial de la participation. Le regard est le lieu d'un double mouvement d'ouverture aux choses et de recul, de retour sur soi ou si l'on veut, de réflexion intérieure. Je me vois regarder les choses. Tout en visant un objet extérieur, le regard s'intériorise. Ceci explique l'étrange mélange de fusion et de distanciation qui accompagne la rencontre du regard d'autrui. Toujours, dans le réel, ma participation au regard d'autrui – au monde qu'il voit, aux intentions qu'il manifeste – s'accompagne du sentiment que ce regard autre s'intériorise comme le mien propre, mais d'une intériorisation qui n'est pas la mienne. Je le sens échapper à ma compréhension et se retirer dans une intériorité qui est, dans un certain sens, semblable à la mienne et donc compréhensible, mais aussi, dans un autre sens, qui est radicalement différente.

Le regard d'un personnage de fiction n'est le siège d'aucun mouvement réel d'intériorisation véritable. Le regard de La Joconde, pour mystérieux qu'il soit, n'est qu'un simulacre de regard. Il ne peut me manifester un tel mouvement qu'autant que mon propre regard l'habite, l'anime et ébauche avec lui ce mouvement d'intériorisation. Il ne peut en être autrement ; il est en effet inconcevable que les êtres d'image se mettent à vivre leur propre vie intérieure. Cela n'est guère arrivé qu'à Pinocchio, mais c'était justement à l'intérieur d'un monde d'images. Le regard d'un personnage de fiction n'est qu'une apparence vide à compléter par le spectateur. Mais entrant dans ce regard pour le faire vivre, ce dernier s'y perd, puisqu'en l'absence du sentiment d'altérité, il ne peut plus se saisir lui-même dans sa singularité. Le regard spectatoriel reste accroché à celui qu'il anime. C'est ainsi que l'on peut comprendre l'expression de Michotte citée plus haut : au cinéma, le personnage « devient pour ainsi dire l'aspect extérieur de la personne du spectateur ».

Les signes analogiques que sont les images sont donc des signes vides, offerts au regard tout-percevant du sujet pour qu'il s'y perde. Libéré de tout sentiment de contingence, centré entièrement sur son point de vue propre de sujet tout-percevant, le spectateur survole les choses imaginaires qu'on lui fait percevoir et les personnages qu'il remplit d'intentions et de sentiments.

Il est bien clair maintenant que si les signes analogiques sont des substituts, ce ne peut être seulement dans le sens où ils remplaceraient simplement un réel absent ou inaccessible dont ils tiendraient lieu. L'idée de substitution doit être prise dans un sens beaucoup plus fort : elle concerne moins les choses elles-mêmes que l'expérience que nous en faisons. Les images se posent sur le monde pour faire écran à notre expérience habituelle de celui-ci, ou si l'on veut, pour transformer notre rapport au monde. Elles font de nous des sujets transcendants, survolant le monde et les êtres sans subir les contraintes nées de leur extériorité. Ainsi retrouvons-nous quelque chose de la fusion primitive avec le monde et les êtres, fusion pleine de satisfaction pour qui a dû faire l'apprentissage de l'altérité et de l'incertitude du monde.

Dès que les enfants sont capables de copier le monde, ils se servent d'emblée de cette capacité nouvelle pour élaborer de nouveaux mondes imaginaires dans le jeu symbolique, mondes qui se substituent à l'autre – le réel – auquel l'enfant ne peut encore vraiment s'adapter : « Obligé de s'adapter sans cesse à un monde social d'aînés, dont les intérêts et les règles lui restent extérieurs, et à un monde physique qu'il comprend encore mal, l'enfant ne parvient pas comme nous à satisfaire les besoins affectifs et même intellectuels de son moi dans ces adaptations, qui, pour les adultes, sont plus ou moins complètes, mais qui demeurent pour lui d'autant plus inachevées qu'il est plus jeune. Il est donc indispensable à son équilibre affectif et intellectuel qu'il puisse disposer d'un secteur d'activité dont la motivation ne soit pas l'adaptation au réel mais au contraire l'assimilation du réel au moi, sans contraintes ni sanctions : tel est le jeu, qui transforme le réel par assimilation plus ou moins pure aux besoin du moi (...) » (Piaget, 1984 : 46). Il faudra longtemps pour que l'enfant reverse le jeu au réel en s'en servant – comme dans les jeux de construction – pour la compréhension de celui-ci.

Les adultes, mieux adaptés aux choses extérieures, ne cessent cependant de construire de l'imaginaire en dehors de toute finalité pratique ou cognitive. La peinture, la statuaire, le théâtre, le cinéma, la photographie, etc. sont les matériaux de cet imaginaire posé sur le monde. Leur histoire est complexe. Il n'y a peut-être pas de progression linéaire comme en témoignent, par exemple, les épisodes iconoclastes de notre culture et les cultures ayant banni les représentations iconiques. Mais il est un fait qu'à considérer notre actuelle civilisation du spectacle, les mondes imaginaires semblent n'avoir cessé d'augmenter en quantité et en raffinement ; les mondes virtuels en sont la dernière version technologique. Tout se passe donc comme si l'extériorité croissante du monde réel découvert par notre connaissance – son extension indéfinie, ses mystères – devait s'accompagner d'une compensation également croissante en expériences imaginaires : « Toute la vie des sociétés dans lesquelles règnent les conditions modernes de production, s'annonce comme une immense accumulation de spectacles. Tout ce qui était directement vécu s'est éloigné dans une représentation » (Debord, 1971 : 9). Représentation de substitution, comme l'indique bien cette remarque humoristique de Boorstin : « Les films sonores en couleur ont conduit toute la génération des premiers amateurs de cinéma à imaginer Benjamin Disraëli comme une pâle imitation de l'acteur Georges Arliss exactement comme la télévision poussa la génération suivante à considérer le cow-boy de l'Ouest comme un mauvais pastiche de John Wayne. Le Grand Canyon lui-même n'est plus que la décevante reproduction de l'original en Kodachrome » (1971 : 36).

On a pu dire du cinéma qu'il était un appareil idéologique, non pas tant en raison des contenus qu'il présente – stéréotypes comportementaux, valeurs bourgeoises proposées – qu'en raison de l'illusion qu'il entretient chez le sujet-spectateur : illusion d'être tout-percevant qui conforterait l'idéalisme dans la pensée et le narcissisme propre à l'individualisme contemporain (Baudry, 1970). Et sans doute cette vue est-elle justifiée. Centré sur son point de vue propre, physiquement désimpliqué, incapable de mesurer la résistance des êtres, assimilant le perçu à son moi – comme dirait Piaget –, le spectateur d'images – de dessins, photos, cinéma, etc. – que nous sommes tous, se voit constamment confirmé dans les sentiments d'omnipotence qu'il a hérités de son enfance.

Qu'en est-il, dans cette perspective, du rapport au réel offert par les médias ? S'agit-il d'un ouverture au monde ? Ne s'agirait-il pas plutôt d'une sorte de conjuration du réel dans les images du réel, comme l'a dit le sociologue Baudrillard dans sa critique de la société de consommation : « Nous vivons ainsi à l'abris des signes et dans la dénégation du réel. Sécurité miraculeuse : quand nous regardons les images du monde, qui distinguera cette brève irruption de la réalité du plaisir profond de n'y être pas ? (…) Le contenu des message, les signifiés des signes sont largement indifférents.

Nous n'y sommes pas engagés, et les médias ne nous renvoient pas au monde, ils nous donnent à consommer les signes en tant que signes, attestés cependant par la caution du réel (...). » (Baudrillard, 1970 : 32-33).

En fait, les images médiatiques posent de nombreuses questions à la fois sur le plan psychologique et sur le plan sociologique, ces deux plans étant du reste fortement corrélés. Quel est le rôle des images médiatiques dans la constitution du « moi » de nos contemporains ? Quel rapport entre cette question très psychologique et la tournure qu'ont prise les rapports sociaux dans nos sociétés généralement qualifiées d'individualistes ? Questions complexes qu'on ne peut ici qu'évoquer.

Dans la conception psychanalytique, la constitution du « moi » est généralement décrite comme dérivant de l'identification à autrui, et cette constitution est quelquefois considérée comme aliénation si l'on considère que l'autrui dont il s'agit est avant tout une image qui ne peut correspondre vraiment à la réalité du sujet. La psychanalyse lacanienne a fortement insisté sur cet aspect « imaginaire » du « moi », mais sans entrer dans un débat approfondi sur le sujet, on remarquera que cette idée se trouve en filigrane de toute conception associant la formation du moi à l'identification, comme dans le passage de Morin, cité plus haut, assimilant projection-identification cinématographique et projection-identification dans la vie courante : le « moi » y est décrit comme un spectacle donné à soi et aux autres.

Dans ce cadre d'idée, on pourrait considérer que la multiplication des images dans l'univers médiatique contemporain entraîne les sujets dans une recherche aliénante et toujours recommencée de définition de soi sur le mode imaginaire. Autrefois, les hommes ne pouvait guère s'identifier qu'aux personnes de leur entourage (parents, amis, maîtres...) dont ils reproduisaient les manières de se comporter ; les images (peintures d'inspiration religieuse au Moyen-age, par exemple, puis portraits et statues des notables) ne leur offraient que des possibilités de participation à distance à la vie de personnages largement inaccessibles. Mais avec le développement des industries culturelles durant le vingtième siècle, les images se sont rapprochées des humains. Les stars, comme l'a dit Edgar Morin dans de remarquables analyses sont des sortes d'olympiens vivant des aventures extraordinaires dans des mondes relativement mythiques mais néanmoins assez proches de leurs spectateurs pour que ceux-ci puissent, au-delà de la participation que leur procure le spectacle lui-même (tout particulièrement le cinéma), les reproduire dans leur conduite et leur apparence physique avec l'aide des divers accessoires que leurs procure l'industrie de consommation (Morin, 1962). Une relation en boucle lie ainsi l'économie et la vie psychique des individus : le narcissisme des individus active l'industrie de consommation qui nourrit le narcissisme des individus.

La société contemporaine est souvent caractérisée par son individualisme, ce qui signifie à tout le moins que les individus se constituent moins en se référant à quelque identité collective qu'en se regardant eux-mêmes. « S'il est un trait caractéristique de la personnalité ultra-contemporaine, ecrit Marcel Gauchet, c'est précisément l'adhérence à soi. Si l'on veut parler un peu sérieusement du narcissisme (...), c'est de là qu'il faut partir » (M. Gauchet, 2002). Cette centration sur soi de l'individu contemporain est un phénomène complexe à mettre en corrélation avec de nombreuses évolutions (politique, économique, philosophique...) déjà bien étudiées par les sociologues et sur lesquelles on ne peut ici s'étendre. Elle est aussi, soulignons néanmoins cet aspect, un phénomène paradoxal, car si le regard narcissique sur soi suppose une indifférence grandissante à autrui, elle suppose dans le même temps une dépendance accrue à son égard, car l'indifférent ne peut croire à son « moi » que s'il le fait reconnaître par autrui (R. Girard a fourni sur ce point des analyses éclairantes, 1978). On comprend, d'après ce qui précède, que l'image ait joué un rôle important dans la constitution de la personnalité « ultra-contemporaine ». Outre que son mode de perception invite le regard tout percevant à se reposer sur soi – sans donc qu'il lui soit nécessaire de se décentrer –, elle fournit également à ce même regard les modèles dont il a besoin pour se fabriquer le moi qui constitue l'objet de son attention. Et elle entraîne du même coup les individus dans des problèmes de reconnaissance dont le marché tire le plus grand profit.

Les choses sont cependant moins simples que ne le laisse paraître cette analyse quelque peu négative du rôle de l'image. Jusqu'à présent, nous avons limité notre attention aux effets les plus immédiats de la relation à l'image, ceux qui ont précisément entraîné cette formidable industrie du spectacle génératrice d'une multiplicité d'univers fictionnels. Mais l'image peut également élargir et permettre d'approfondir notre rapport au réel, comme le laissent pressentir les images documentaires. Par ailleurs, et même dans le cadre du l'univers du spectacle, l'image peut être un facteur de compréhension d'autrui. La compréhension, comme l'avait bien vu Cohen-Séat, est moins la cause que la conséquence de la part prise par le spectateur au spectacle (cf. plus haut). La participation sans dédoublement réflexif peut effectivement être la source d'une saisie d'autrui autre que celle que nous faisons habituellement dans le réel, quand nous avons à nous situer par rapport à lui. Autrement dit, et par un nouveau paradoxe, il est possible que l'image implique une capacité de décentration égale à la centration que nous avons jusqu'ici examinée. Mais cela dépend de divers facteurs qui serons examinés plus tard, dans la partie de cet ouvrage consacrée aux aspects pragmatiques de la communication audio-visuelle.

IMAGE	SPECTATEUR
Ségrégation de l'espace irréel ↔	Mise en suspens de la motricité et donc du sentiment de notre existence corporelle
↕	↕
Espace et choses irréels : apparences pleinement significatives des totalités perçues partie → tout imaginaire sans extériorité ↔	Sujet-spectateur *tout percevant* = point de vue totalisant, non situé dans l'espace et le temps
↕	↕
Personnages irréels : gestes (regards) → • intentions • vécu (sentiments) • manière générale de se comporter... sans extériorité ↔	Sujet-spectateur *participant* = adhésion sans dédoublement réflexif

6 LE SIGNE DIGITAL COMME DISTANCIATION

Comme les images, les signes verbaux sont eux aussi des substituts, mais d'une manière profondément différente. Les images remplacent au sens où elles captent toute l'attention pour elles dans une expérience en marge du réel. Les mots au contraire, ne se substituent au réel que pour mieux permettre de le tenir à distance tout en s'y référant.

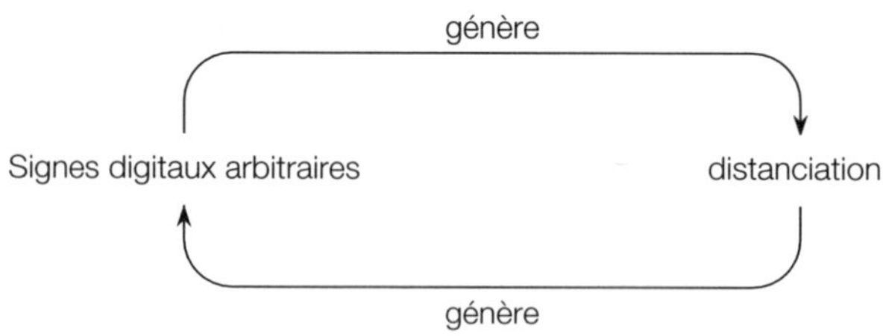

Il ne manque pas de théories pour corroborer ce point de vue : la psychanalyse, la psychologie piagétienne, certaines théories anthropologiques sur l'évolution des signes ou encore celle qu'a formulée Bateson (1980) pour expliquer l'émergence de la communication digitale. Il n'est pas inutile d'évoquer ici certains de ces travaux.

Bateson explique l'émergence du langage digital dans l'évolution des communications animales, par une sorte de prise de distance ou de décrochage. Au départ, la communication est essentiellement iconique : les animaux interagissent et peuvent utiliser certaines parties de leurs interactions pour les symboliser dans leur ensemble. Par exemple, la menace des crocs peut être utilisée par un chien pour figurer le combat possible qui pourrait se réaliser entre lui et un autre chien. Mais il arrive que l'animal auquel ce signe – indiciel et iconique à la fois – s'adresse, refuse le combat et exprime ce refus par des comportements d'évitements, comportements qui expriment selon Bateson, une sorte de « ne fais pas ça », forme primitive de la négation, laquelle est essentielle à la constitution du langage verbal. Or, le « ne fais pas ça » suppose une capacité à se dégager de l'interaction, c'est-à-dire à la nier. Distanciation et négation sont liées, indissociables, constitutives l'une de l'autre et ensemble, elles sont indissociables dans leur évolution conjointe, des langages digitaux, ce qu'a bien noté Bateson : « (...) il est important de remarquer que l'évolution d'une négation simple constitue une étape décisive vers le langage tel que nous le connaissons de nos jours. Cette étape permet de donner immédiatement aux signaux (...) une certaine distance par rapport à leurs référents, ce qui justifierait le fait que nous appelions les signaux des « noms ». Cette même étape permet d'utiliser les aspects négatifs de la classification ; les éléments qui ne sont pas les membres d'une classe identifiée deviennent alors identifiables comme non-membres. Et enfin, les assertions indicatives simples deviennent alors possibles » (*op. cit.*, 182).

Pour Freud et les freudiens – surtout ceux d'inspiration lacanienne – nommer les choses et les êtres consiste bien à sortir de l'immédiat. À l'appui de cette idée, on cite souvent le fameux jeu d'enfant décrit par Freud dans *Au-delà du principe de plaisir* : un enfant fréquemment séparé de sa mère joue à faire disparaître et réapparaître un jouet tout en accompagnant ses gestes des expressions « fort » et « da ». Il y a là comme une double symbolisation : « (...) le sujet donne à signifier la présence et l'absence successive du corps maternel par l'apparition et la disparition de son jouet, puis, derechef, l'absence et la présence de cet objet par les mots "fort" et "da" » (De Waelhens, 1972 : 35). Par cette opération de symbolisation, le sujet cesse de simplement coller à l'expérience ; il devient capable de la déployer devant lui et de la maîtriser : « Au régime de l'adhérence et de la fragmentation successive, commence de se substituer celui d'une réalité qui est là (ou qui n'est pas là) devant le "sujet" et bientôt pour lui, parce qu'elle est dite par lui. » (*ibid.*, 36-37). Autrement dit, c'est parce qu'il y a mise à distance par les signes digitaux que le sujet, sortant de son immersion dans les êtres, acquiert le sens d'une réalité qui est devant lui, extérieure à lui. « La capacité de désigner confère une double, encore que relative, autonomie : celle du sujet qui prend distance de sa propre épreuve, mais aussi celle d'une chose réelle – l'objet, etc. – qui s'offre ou se dérobe, que le sujet poursuit ou dont il se détourne, sans qu'elle ne cesse pour autant de devenir réelle. Bien plus, reliant et englobant l'un et l'autre, c'est un monde qui apparaît » (*ibid.,* 37). Le jeu du « fort/da » met bien en évidence le moteur affectif de la symbolisation : signifier les alternances de présence et d'absence de la mère permet à l'enfant de ne plus simplement subir les affects qui y sont liés.

La psychologie piagétienne a davantage mis l'accent sur les aspects cognitifs de la symbolisation mais, du point de vue qui nous occupe maintenant, le processus est le même : l'acquisition du langage est liée à la capacité du sujet à dépasser l'égocentrisme qui est synonyme, rappelons-le, d'indifférenciation entre le sujet, les choses et les personnes. L'usage du mot « arbre », correspondant au concept d'arbre, suppose que l'on ne soit lié à aucun arbre particulier de l'expérience immédiate mais qu'au contraire, on ait pris la distance nécessaire pour considérer simultanément les arbres comme ensemble – classe – d'éléments présents et possibles.

On aperçoit donc à travers la convergence de ces théories, ce qui distingue radicalement le digital et l'analogique. Le digital s'oppose à l'analogique comme le négatif s'oppose au positif : « Les voies (du signe) sont deux. Car il n'y a que deux façons de remplacer quelque chose au sens où la signification est un remplacement : soit par participation à ce que l'on vise, soit par l'exclusion de ce que l'on ne vise pas. Ce sont là de véritables catégories où on joue avec la tension la plus fondamentale : celle du positif et du négatif, de l'inclus et de l'exclu, de l'intérieur et de l'extérieur. Aussi est-il traditionnel de distinguer dans les signes deux grands types : les images, ou icones, opérant par participation et par position, et les symboles au sens technique, opérant par sélection, opposition, exclusion. Comme on préfère dire aujourd'hui, les signes sont soit analogiques, soit digitaux » (Van Lier, 1980 : 37).

Nous retiendrons deux idées fondamentales : d'une part, la corrélation entre négation et distanciation et d'autre part, l'opposition entre positif et négatif. Ces deux idées sont solidaires et doivent être mises en rapport avec la structure des signes et des langages digitaux. Les mots du langage peuvent être dits négatifs en plusieurs sens qui s'impliquent réciproquement. Ils sont négatifs parce qu'ils n'ont pas de rapport avec les choses – réelles ou imaginaires – qu'ils désignent et que cet arbitraire est l'indice d'un détachement du sujet, ainsi que le suggère Bateson dans le passage cité. Autrement dit, le fait de désigner une chose par un signe sans ressemblance avec elle prouve bien que le sujet s'est dégagé de la perception, ou mieux, de l'espèce de communion avec la chose – communion mimétique comme nous l'avons suggéré plus haut – qu'implique la perception. Si les signes ressemblants ne font qu'accentuer cette communion, seuls les signes non ressemblants peuvent la rompre. En disant d'un arbre que « c'est un arbre », je me dégage effectivement de cette réalité perçue avec laquelle je peux m'identifier.

Mais j'accomplis encore un autre geste : je dis quelque chose sur ce que l'arbre de référence n'est pas. On touche ici à la conception saussurienne de la différence comme fondement de la valeur des signes, qui peut être comprise comme une seconde acception du caractère négatif des signes du langage. Le signe « arbre » peut référer à quelque chose qui ressemble à un arbre parce qu'il exclut d'autres signes correspondant à d'autres choses. C'est ce qu'exprime Bateson dans sa proposition sur les « aspects négatifs de la classification ». L'important ici est de remarquer que le principe de la différence implique une visée complexe de la part du sujet. Viser quelque chose « par exclusion de ce que l'on ne vise pas » (Van Lier), implique en effet que l'on vise néanmoins ces choses d'une certaine manière, d'une manière collatérale pourrait-on dire. En prononçant la phrase explicite « c'est un arbre », je dois implicitement me référer à tout un ensemble de choses (assimilables ou opposables), à la limite au monde entier tel qu'il peut être signifié par la langue. On mesure toute la distance qu'implique cette référence implicite. La digitalité est donc bien l'instrument de la distanciation.

L'iconicité – du moins l'iconicité idéalement réalisée – n'implique quant à elle, aucune exclusion ou référence collatérale implicite. Les signes iconiques sont positifs au sens où ils présentent des choses dont la présence s'impose en dehors de toute référence : « Un gros plan de revolver, écrit Metz, ne signifie pas "revolver" (unité lexicale purement virtuelle), mais signifie au moins, et sans parler des connotations, "voici un revolver". Il emporte avec lui son actualisation, une sorte de voici » (1964 : 77). Cependant, cette affirmation, selon Verón, ferait encore la part trop belle au modèle linguistique. L'image implique bien une sorte de présentification de la chose présentée mais cette présentification ne serait même pas comparable à une affirmation linguistique : « Cette qualité présentative ne devrait être identifiée en aucun sens avec une assertion linguistique au mode affirmatif. Je suis donc en désaccord avec la façon dont Metz s'est exprimé sur ce point. En fait, je pense que Metz est tombé dans un piège linguistique qui se rencontre couramment quand on étudie les signes non linguistiques. "Revolver" est une unité lexicale purement virtuelle ; le gros plan ne l'est pas, mais il n'est pas non plus équivalent à "voici un revolver". La qualité présentative demeure hors de la sphère des fonctions de vérité qui peuvent s'appliquer au jugement verbal assertif. En d'autres termes, l'équivalence proposée par Metz obscurcit précisément la différence cruciale entre le gros plan et le jugement verbal. Je veux dire que le message verbal "voici un revolver" n'a pas de qualité présentative quelle qu'elle soit » (1970 : 63).

De fait, l'assertion « voici un revolver » peut être évaluée sur le plan de son adéquation au réel, ce qui montre bien la subsistance d'une distance entre l'énoncé et le réel perçu, entre celui qui énonce (l'énonciateur), celui qui reçoit (l'énonciataire), et le monde de la perception. Le revolver en gros plan de Metz, lui, est simplement présent, d'une présence visuelle qui ne demande ni à être infirmée ou confirmée. Il est même plus-que-présent dans la mesure où, du fait de la complétude de signifié et à cause de la participation qu'implique cette complétude, la question de la référence ne se pose pratiquement plus. C'est en cela qu'il est positif, s'imposant tel qu'il est en lui-même, sans référence à quoi que ce soit d'autre.

Bien sûr, il faut nuancer. Il y a des degrés d'iconicité – on y reviendra – et par conséquent, des degrés de positivité. Pour certaines catégories d'images très conventionnelles et souvent schématiques, on peut relever des traits différentiels, c'est-à-dire des traits qui ne se comprennent bien que par référence collatérale à d'autres traits. C'est le cas d'images fortement marquées par la culture. Dans l'iconographie chrétienne, par exemple, les saints se différencient par des postures ou des objets particuliers – les clés pour Saint Pierre, le chien pour Saint Roch... Dans la signalétique moderne, les figures servant à la signalisation des lieux doivent être claires et surtout distinctes les unes des autres. Mais il s'agit de cas hybrides dans lesquels la force différenciatrice des mots est intervenue dans la conception même des pictogrammes. Si, comme on dit souvent, un dessin vaut mieux qu'un long discours, c'est à la condition que le discours soit en quelque sorte signifié par le dessin. Positivité et négativité, on le voit, peuvent s'entremêler et sans doute faut-il concevoir les catégories de signes qui en découlent comme s'échelonnant sur un continuum plutôt que comme se départageant en deux classes distinctes.

Par ailleurs, la négativité des signes digitaux n'implique pas que ceux-ci soient sans aucun rapport avec l'iconicité. On verra plus loin que les mots peuvent être conçus comme liés conventionnellement à des images, que leur fonction communicationnelle est précisément liée à l'imagerie mentale.

Cela signifie que la négativité induite par les signes digitaux concerne essentiellement le rapport au réel ou à sa représentation. La négativité commence avec l'indice car celui-ci implique déjà une certaine distanciation : le perçu immédiat cesse de valoir simplement pour lui-même puisqu'il indique au sujet percevant autre chose à considérer (la partie invisible des objets, la suite des événements, etc.). Mais c'est avec les signes digitaux que peut se réaliser pleinement la prise de distance à l'égard du perçu ou de sa représentation imagée. Celle-ci, lorsqu'elle est simplement considérée pour elle-même, implique bien une distance, synonyme de rupture, par rapport au monde, mais c'est le plus souvent pour reconstituer à l'écart de ce monde – dans le jeu, au théâtre, au cinéma, etc. –, un monde pour soi, une relation aux choses (irréelles) dans laquelle s'efface la distinction extérieur/intérieur. L'image est un substitut dans les deux sens suivants : d'une part, elle remplace les choses réelles auxquelles elle permet éventuellement de se référer ; d'autre part, et de façon contradictoire, elle remplace la relation au réel par une relation de participation au perçu qui nie la possibilité même d'une référence.

7 LA QUESTION DU SENS

On peut, à propos d'une image comme d'une phrase, se poser la question du sens. Celle-ci peut d'ailleurs prendre plusieurs formes qui ne sont pas rigoureusement identiques. Qu'est-ce que cela signifie ? Qu'est-ce que cela représente ? Qu'est-ce que cela veut dire ? Cette diversité de questions s'explique du fait que le problème du sens peut lui-même être posé sous différents angles de vue. On peut s'interroger sur le sens d'une phrase à partir de la signification des mots. Cette sorte d'interrogation s'observe dans la vie quotidienne lorsque, dans l'incertitude à propos de l'interprétation à donner à un énoncé verbal, nous recourons au lexique ou tentons de préciser pour nous-mêmes la signification conventionnelle des mots utilisés. Dans la théorie, cette attention donnée aux éléments de la signification conduit à une centration sur le code (le lexique et la syntaxe). On peut également s'interroger sur le sens en prenant appui sur le référent ou, plus exactement, en considérant le rapport entre l'énoncé et le référent. « Qu'est-ce que cela veut dire ? » correspond alors à « À quoi cela correspond-il ? » ou « Qu'est-ce que cela représente ? ». Au niveau de l'expression théorique, ce type d'interrogation conduit à identifier la signification d'un énoncé à ses conditions objectives de vérité. Une autre manière consiste à centrer l'attention sur la situation liant les interlocuteurs et à se demander comment un énoncé agit dans cette situation, comment par exemple, un énoncé transforme la relation existant entre le destinateur et le destinataire. Telle est la démarche adoptée, nous l'avons vu, par la linguistique pragmatique. Rappelons que, pour un linguiste comme Ducrot (1980-b), le sens d'un énoncé n'est rien d'autre que la manière dont cet énoncé représente son énonciation telle qu'elle est effetuée par des interlocuteurs qui, ce faisant, créent entre eux certains droits et obligations. Mais d'autres points de vue sont encore possibles sur le sens. Une attitude récente consiste à focaliser l'attention sur les processus cognitifs déclenchés par la production d'un message : « (...) on peut définir la langue (mais aussi bien n'importe quel langage) comme un instrument servant à déclencher la construction ou l'activation de modèles mentaux. » (Levy, 1991 : 114). Le sens, dans ce dernier cas, nécessite la référence à ces processus cognitifs pour être compris et caractérisé. Chacun de ces points de vue sur le sens est justifié : il constitue effectivement un des points de vue sur une réalité complexe dont il contribue à éclairer certaines dimensions.

Mais ces diverses perspectives se sont constituées à propos des communications linguistiques. Qu'en est-il des communications iconiques ?

8 SENS ET RÉFÉRENCE

Nous savons déjà la difficulté qu'il y a, lorsqu'il s'agit d'image, à parler du sens en terme de correspondance au référent. Des questions du genre « Qu'est-ce que cela représente ? » ou « Est-ce vrai ? » n'ont alors presque plus de sens pour le sujet percevant. Certes, pour un certain nombre d'images (une photo d'identité, une carte routière, un film scientifique, etc.), nous l'avons dit, le problème du rapport au référent se pose avec évidence. Dans ces cas, l'image a un rôle de médiation. Mais dans beaucoup d'autres cas – la majorité peut-être –, le problème s'estompe, ce qu'explique, nous l'avons vu, le caractère de substitut analogique des images. Si les choses, les personnes ou les événements représentés m'apparaissent avec la même évidence perceptive que dans le réel, si le substitut possède la même structure que le réel perçu, pourquoi s'interroger sur cette correspondance ? Surtout, si l'image fait perdre le sens de l'extériorité des choses et si, de ce fait, elle provoque régression, adhésion, enveloppement dans le perçu, il faut en déduire qu'elle annihile en même temps l'aptitude à se poser des questions sur les « conditions objectives de vérité ».

Au contraire, les mots, parce qu'ils situent le sujet parlant d'office à distance, rendent ces questions très présentes à sa conscience. Dire, fût-ce en le montrant du doigt, « ceci est un arbre », induira presque toujours chez le destinataire de l'énoncé un comportement de vérification ou d'observation. Le lecteur du journal *Le Monde* n'a guère de contact visuel avec les événements que lui relatent les pages – exclusivement écrites – du quotidien. Les mots qu'il parcourt lui permettent de construire quelque image mentale – vague, schématique – de ces événements, mais il ne perdra pas toutefois le sens de la distinction entre ces images et le réel qu'elles représentent. Le lecteur de *Paris-Match* a, quant à lui, beaucoup plus d'éléments visuels à sa disposition, mais tout absorbé qu'il est par ces éléments spectaculaires (et tout favorise cette absorption : la taille des images, les gros plans, etc.), devenu incapable de recul, il perd de vue – c'est peut-être bien le cas de le dire – le rapport que ces images entretiennent avec le réel et les problèmes que peut poser ce rapport. Le spectacle devient un spectacle pour lui, à consommer dans une adhésion sans distance, dans une autosuffisance narcissique.

Il ne s'agit que de tendances, mais de tendances bien réelles. Si je lis « les gens sont en colère dans la région X », la colère en question reste très abstraite. Le mot « colère » a une certaine couleur affective, différente de celle d'autres mots, comme « calme » par exemple. Sa lecture peut induire une image mentale ou un comportement : un vague – très vague, très intériorisé, très fugace – mouvement corporel de colère qui peut se marquer, par exemple, dans la manière avec laquelle le mot « colère » sera prononcé intérieurement. Mais cette image ou ce mouvement passager et bref, souvent nécessaire pour la compréhension du mot, n'accapare que très peu l'attention. L'esprit reste disponible pour la compréhension des autres mots et de leurs signifiés, pour l'examen des rapports entre ces signifiés et la construction du modèle mental qui résulte de ces rapports, pour, enfin, l'évaluation du rapport entre ce modèle et le réel lui-même.

Mais si je vois un gros plan photographique des gens de la région X manifestant leur colère, l'étendue des faits, des événements et des rapports que peut envisager mon attention se restreint considérablement. Je deviens prisonnier de cette colère visible à laquelle, par mimétisme, je participe affectivement. À l'intérieur du monde imaginaire, les gens en colère que je perçois ne sont pas vraiment là, avec leur colère réelle et leur histoire réelle. Comme je n'ai affaire ainsi qu'à des personnages de papier dont le vécu est reconstitué par moi et non saisi sur le vif avec tout ce que cela comporterait d'incertitude, je reste immergé dans mes propres projections. Ma capacité de recul et de mise en relation en est profondément altérée. L'image, d'une manière générale, décourage la référenciation. Elle le fait, bien sûr, à des degrés divers. S'il s'agit d'images de fiction, l'absence de référenciation atteint évidemment son paroxysme. S'il s'agit d'images tirées de la réalité – images documentaires, d'actualités, photographies de presse, etc. –, une référenciation subsiste : le perçu sur l'image est à référer à un ailleurs inaccessible immédiatement. Dans l'exemple des « gens en colère », je peux garder à l'esprit que la colère perçue et revécue par moi doit être attribuée à ces gens lointains dont l'histoire m'échappe en grande partie, ce qui implique une certaine distance et une certaine incertitude. Mais l'image est trop forte : la colère, ma colère – revécue par moi et pour moi – a tendance à l'emporter sur la colère vécue par eux. L'image n'est souvent que le moyen de jouer, pour soi, des sentiments.

De quoi dépend alors le niveau de distanciation et de référenciation auquel peut atteindre un spectateur d'images ? De deux choses essentiellement. D'une part, il y a l'attitude du spectateur lui-même, sa culture, son information sur les faits rapportés par l'image, son état d'éveil ou de fatigue. D'autre part, il y a les mises en forme opérées sur le message : le rapport image/texte, l'échelle du plan, la composition, etc. Dans l'univers des médias, ces mises en forme varient considérablement. Il suffit de considérer les différences, évidentes, entre la presse à sensation et la presse « sérieuse », ou celles entre les diverses chaînes de télévision, publiques et privées. Mais s'il faut dégager une tendance générale, il faut bien admettre que les médias jouent globalement dans le sens de l'assimilation du réel au moi spectatoriel. Ils sont à l'origine de la transformation de la réalité en quasi-rêve, du réel « en soi » en réel « pour soi », de l'extérieur en intérieur, de l'incertitude vécue qui pousse à l'interrogation et au raisonnement à la certitude vécue qui annihile la raison. Il s'agit toujours, comme le disait Baudrillard (cf. plus haut), « de conjurer le réel dans les signes du réel ». C'est peut-être la raison pour laquelle la question du sens des images ne fût guère envisagée à partir de son rapport au référent. Sous l'influence de la linguistique structurale, c'est la notion de code qui parut être la clé de compréhension du sens des images. Nous allons, dans les pages qui suivent, examiner cette voie en continuant de comparer, comme on l'a fait jusqu'ici, le signe iconique au signe verbal. Nous verrons que la discussion de la notion de code débouche sur les aspects cognitifs de la compréhension des images. La perspective pragmatique sur le sens sera envisagée ultérieurement.

9 SENS ET CODE

La sémiologie de l'image est née de la conviction qu'il existe des systèmes de signes dans l'image, que celle-ci est donc susceptible d'une application des notions saussuriennes de signe (comme rapport signifiant/signifié), de code ou lexique, de syntagme, de paradigme, etc. Dans cette perspective, il fallait, selon l'expression de Metz, aller *au-delà de l'analogie* et découvrir les codes de/dans l'image.

C'est dans cette perspective que Barthes a développé des concepts aujourd'hui largement vulgarisés dans l'analyse des images. Dans son fameux article « Rhétorique de l'image », auquel nous avons déjà fait allusion, il tente de répondre à la question de l'existence d'un code analogique et donc de donner un fondement à ce qui ne serait, sans cela, qu'une simple conviction. Découvrir les codes de l'image implique, méthodologiquement, qu'il faille la soumettre à une série d'opérations de distinction et de découpage afin de découvrir et d'isoler des unités de signification (semblables aux signes de la langue, donc comportant un signifiant et un signifié) capables de s'organiser en un système (comme celui de la langue). Le premier pas dans cette démarche a été la distinction de deux niveaux de sens : le sens dénoté et le sens connoté. Nous l'avons vu (cf. plus haut *Section 1*), dénotation et connotation sont des concepts linguistiques destinés à rendre compte des architectures de signes dans lesquelles plusieurs systèmes s'emboîtent l'un dans l'autre. Dans l'image, le niveau de la *dénotation* correspond aux objets représentés, abstraction faite de ce que ces objets peuvent suggérer. À ce niveau, on trouvera comme signifiés les objets de la scène représentée et comme signifiants, les photographies – ou dessins – de ces mêmes objets. Le niveau de la *connotation* comprend les signes de second niveau : ceux-ci prennent pour signifiants les objets dénotés et pour signifiés ce que ces objets suggèrent, ou ce à qui/à quoi ces objets sont associés.

Le niveau de la dénotation fait l'objet d'une analyse relativement sommaire de la part de Barthes. On y trouve cependant une distinction intéressante entre le dessin et la photographie, distinction destinée à souligner, d'une part, le caractère codé du dessin et d'autre part, la « révolution anthropologique » qu'a constitué la photographie : « La nature codée du dessin apparaît à trois niveaux : d'abord, reproduire un objet ou une scène par le dessin oblige à un ensemble de transpositions *réglées* : il n'existe pas une nature de la copie picturale, et les codes de transposition sont historiques (notamment en ce qui concerne la perspective) ; ensuite l'opération du dessin (le codage) oblige à un certain partage entre le signifiant et l'insignifiant : le dessin ne reproduit pas *tout* (...) ; enfin, comme tous les codes, le dessin exige un apprentissage (...)" (1964-b : 46). La photographie, au contraire, serait un message sans code : "Dans la photographie en effet – du moins au niveau du message littéral – le rapport des signifiés et des signifiants n'est pas de "transformation" mais "d'enregistrement", et l'absence de code renforce évidemment le mythe du "naturel" photographique : la scène *est là*, captée mécaniquement, mais non humainement (le mécanique est ici gage d'objectivité) ; les interventions de l'homme sur la photographie (cadrage, distance, lumière, flou, filé, etc.) appartiennent toutes en effet au plan de connotation » (*ibid.*).

Ouvrons ici une parenthèse. Nous avons vu plus haut combien la question du codage a été débattue dans le cadre de la sémiologie. Il est difficile, après les travaux de Eco ou plus récemment du Groupe µ, d'encore penser le signe iconique – considéré ici au niveau de la dénotation – comme un simple reflet du réel. Dans sa saisie mimétique des choses, le corps propre impose certaines orientations au perçu (le haut et le bas, par exemple) qui se répercutent sur les représentations. Surtout, la culture modèle la vision (accentuation de traits considérés comme pertinents, constitution de prototypes des choses et des situations, etc.) et par conséquent la représentation. Elle intervient également dans l'élaboration des conventions graphiques qui commandent la transposition : la perspective de la Renaissance est un bel exemple de convention culturelle intervenant dans la construction d'une image ; la multiplicité des écoles de peinture et mêmes les styles individuels des auteurs attestent l'existence de systèmes de transformation graphique du réel perçu relevant de conventions culturelles ou personnelles. La photographie elle-même subit l'influence de la culture : la sélections quelle opère, le cadrage, la composition, la mise en valeur des couleurs et des formes, etc., tout cela s'effectue en raison de pratiques et d'attentes partiellement conventionnalisées et il est bien difficile, même s'agissant d'un enregistrement mécanique du réel, de séparer la dénotation de ces influences culturelles. Cependant, la notion de convention n'est pas coextensive à celle d'arbitraire. Pour conventionnelle qu'elle soit, l'image, dans sa structure d'ensemble est toujours aussi motivée, c'est-à-dire similaire aux configurations perceptives construites dans notre rapport au réel. Si l'on peut parler de codification à propos de l'image, ce ne peut être que dans un sens faible du mot « code », comme la bien précisé Eco en faisant correspondre à la distinction arbitraire/motivé la distinction code fort/code faible. Pour cet auteur, seuls les codes digitaux, avec leurs signes arbitraires et discontinus, méritent l'appellation de codes forts (cf. Section 1) tandis que les conventions graphiques relèveraient de codes faibles. Nous reviendrons un peu plus loin sur ce sujet crucial pour la bonne compréhension des images.

Dans l'article de Barthes, c'est au niveau de la connotation que la question du code devient véritablement pertinente. Rappelons les quatre connotations principales que déchiffrait Barthes dans son analyse de la publicité Panzani (cf. illustr. 6).

Signifiant de connotation	**Signifié de connotation**
« Filet entrouvert qui laisse s'épandre les provisions sur la table, comme au "déballé" ».	« Idée qu'il s'agit d'un retour de marché; ce signifié implique lui-même deux valeurs euphoriques : celle de la fraîcheur des produits et celle de la préparation purement ménagère... »
« Réunion de la tomate, du poivron et de la teinte tricolore (jaune, vert, rouge) de l'affiche».	« L'italianité »
« Rassemblement serré d'objets différents »	« Service culinaire total, comme si... Panzani fournissait tout ce qui est nécessaire à un plat composé... »
« La composition, évoquant le souvenir de tant de peintures alimentaires... »	« Signifié esthétique : la nature morte »

Les signifiants de connotation varient par leur substance, mais il serait possible, dit Barthes, qu'ils soient semblables par leur forme : « Les rhétoriques varient fatalement par leur substance (ici le son articulé, là l'image, le geste, etc.), mais non forcément par leur forme : il est même probable qu'il existe une seule forme rhétorique, commune par exemple au rêve, à la littérature et à l'image. Ainsi la rhétorique de l'image (c'est-à-dire le classement de ses connotateurs) est spécifique dans la mesure où elle est soumise aux contraintes physiques de la vision (différentes des contraintes phonatoires par exemple), mais générale dans la mesure où les « figures » ne sont jamais que des rapports formels d'éléments. Cette rhétorique ne pourra être constituée qu'à partir d'un inventaire assez large, mais on peut prévoir dès maintenant qu'on y retrouvera quelques-unes des figures repérées autrefois par les anciens et les classiques : ainsi, la tomate signifie l'italianité par métonymie (...) » (*op. cit.*, 50). On sait que cette dernière proposition au sujet de la rhétorique a inspiré quelques travaux intéressants sur l'image, notamment l'image publicitaire.

Mais si le langage de l'image relève essentiellement de la rhétorique, c'est qu'il est d'une autre nature que le langage verbal car les figures de rhétorique ne sont qu'un aspect du fonctionnement de celui-ci. De plus, il est possible de considérer que les figures de rhétorique sont, au niveau linguistique, le résultat d'une interférence entre la logique verbale (digitale) et la logique des images. Nous y viendrons, mais notons déjà que Barthes lui-même ne dénie pas l'existence d'un certain type de rapport analogique entre les signifiants et signifiés de connotation.

Illustration 6[5]

5. Source : Barthes, *op.* , 48.

Un autre aspect important de l'analyse de Barthes, riche d'indications au sujet du langage iconique, concerne les rapports qu'il peut y avoir au sein d'une image, entre l'image elle-même et les énoncés verbaux qu'elle peut contenir, comme c'est fréquemment le cas dans les affiches publicitaires. Relativement à l'image, les fonctions remplies par le message linguistique peuvent être d'ancrage ou de relais. La fonction de relais se réalise lorsque image et parole sont dans un rapport de complémentarité, apportant chacune leur part au sens global du message : « les paroles sont alors des fragments d'un syntagme plus général, au même titre que les images et l'unité du message se fait à un niveau supérieur « (*op. cit.*, 45). La fonction d'ancrage est la plus intéressante à considérer car elle se trouve mise en rapport avec le caractère polysémique de l'image qui peut sembler en contradiction avec son caractère codé : « Comme on le verra mieux à l'instant, toute image est polysémique, elle implique, sous-jacente à ses signifiants, une *chaîne flottante* de signifiés dont le lecteur peut choisir certains et ignorer les autres. » (*op. cit.*, 44). Or, la parole (le texte de l'image publicitaire notamment) est là précisément pour combattre cette polysémie et ancrer le sens.

Notons que la fonction d'ancrage touche les deux niveaux de sens que nous venons d'identifier. Au niveau de la dénotation, tout d'abord, lorsque la parole sert à identifier les éléments de la scène (les lieux, les objets, les personnages, etc.) représentée : « La fonction dénominative correspond bien à un *ancrage* de tous les sens possibles (dénotés) de l'objet, par le recours à une nomenclature ; devant un plat (publicité *Amieux*), je puis hésiter à identifier les formes et les volumes ; la légende (« *Riz et thon aux champignons* ») m'aide à choisir *le bon niveau de perception* ; elle me permet d'accommoder non seulement mon regard, mais encore mon intellection. » (*ibid.*). Au niveau de la connotation ensuite et surtout, lorsque la parole guide l'interprétation : « Au niveau du message « symbolique », le message linguistique guide non plus l'identification, mais l'interprétation, il constitue une sorte d'étau qui empêche les sens connotés de proliférer soit vers des régions trop individuelles (c'est-à-dire qu'il limite le pouvoir projectif de l'image), soit vers des valeurs dysphoriques. Une publicité (conserves d'*Arcy*) présente quelques menus fruits répandus autour d'une échelle ; la légende (« *comme si vous aviez fait le tour de votre jardin* ») éloigne un signifié possible (parcimonie, pauvreté de la récolte) parce qu'il serait déplaisant, et oriente la lecture vers un signifié flatteur (caractère naturel et personnel des fruits du jardin privé) » (*ibid.*). À ce niveau, le texte, dit encore Barthes, a une *valeur répressive*. Il exerce une fonction de contrôle face à la *puissance projective des figures*.

Mais tout cela semble aussi indiquer un aspect de l'image qui va à contresens des présupposés de l'analyse de Barthes : l'image semble résister à la codification ; sa polysémie semble l'antagoniste de la monosémie (relation plus ou moins fixe entre une expression et un contenu) que nécessite l'idée même du code. Cette notion de polysémie demande d'ailleurs à être élucidée.

Quoi qu'il en soit de ce problème dont il sera question bientôt, on peut admettre néanmoins que le déchiffrage des signes de connotation ait constitué – et constitue encore – une tâche importante de la sémiologie. Dans son article « Image et pédagogie », Metz assignait deux tâches importantes à tout projet d'éducation à l'image : « L'enfant qui sait déchiffrer l'objet, s'il veut également savoir déchiffrer l'image, doit encore apprendre :

1) à reconnaître un certain nombre de configurations signifiantes spécifiquement iconiques ;
2) à reconnaître un certain nombre de *symboles largement culturels* qui, dans leur principe, renvoient à la société globale bien plus qu'aux langages de l'image, mais dont les occurrences attestées revêtent dans un grand nombre de cas la forme d'images. » (1970 : 164).

De fait, la lecture et donc la prise de distance par rapport aux représentations culturelles qui s'inscrivent dans les images (cinéma, publicités, télévision, magazines) peut avoir un effet libérateur à l'égard de tous les stéréotypes qui empoisonnent les relations sociales. Metz écrit encore : « Ainsi, il suffira de faire remarquer à l'élève que, si l'Italien des films est presque toujours brun, un certain nombre d'Italiens d'Italie sont blonds, pour que l'emprise aveugle des *stéréotypes ethniques* – générateurs infaillibles de racisme populaire – commence déjà, si peu que ce soit, à être ébranlée dans son esprit » (*op. cit.,* 166). Et cette prise de conscience de représentations culturelles qui investissent l'image est d'autant plus nécessaire que la photographie – lorsque photographie il y a –, par son caractère apparemment objectif, a tendance à naturaliser ces représentations : « L'absence de code désintellectualise le message parce qu'il paraît fonder en nature les signes de la culture. C'est là sans doute un paradoxe historique important : plus la technique développe la diffusion des informations (et notamment des images), plus elle fournit les moyens de masquer le sens construit sous l'apparence du sens donné. » (Barthes, *op. cit.,* 47).

Cela dit, il faut maintenant explorer plus avant le langage de l'image puisque le modèle du code proposé par Barthes semble ne lui convenir que difficilement. Pour cela, la poursuite de l'analyse des rapports entre le signe iconique et le signe verbal semble bien être la voie à suivre. Ces rapports sont complexes comme on vient de l'entrevoir. Le rabattement du signe iconique sur le modèle du signe verbal fait surgir certains contrastes qui réclament un approfondissement. Nous allons dans les pages qui suivent envisager tour à tour les deux grandes catégories de signes en tentant à chaque fois de déterminer ce qui de l'une se retrouve ou ne se retrouve pas dans l'autre. Peut-on retrouver dans l'image des aspects qui la rapproche des concepts abstraits qui semblent être l'apanage des signes linguistiques ? Quels sont les rapports de ces derniers avec l'imagerie ? Ces questions vont nous servir de guide.

10 SIGNES ANALOGIQUES ET SIGNES VERBAUX : DU CONCEPTUEL DANS L'IMAGE

Partons d'un des signes de connotation relevés par Barthes dans la publicité Panzani, le signe relatif à l'italianité.

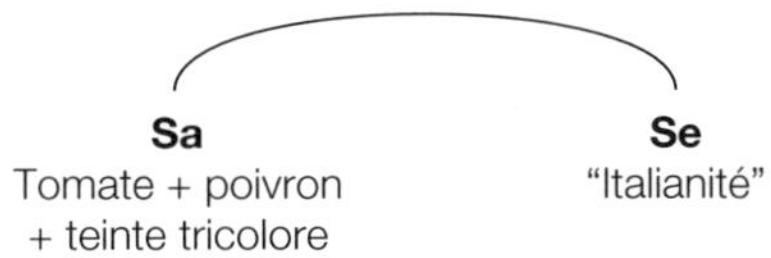

Nous pouvons, à fin de comparaison, disposer à gauche de ce signe iconique, le signe verbal correspondant à l'un des éléments du signifiant de connotation : la tomate.

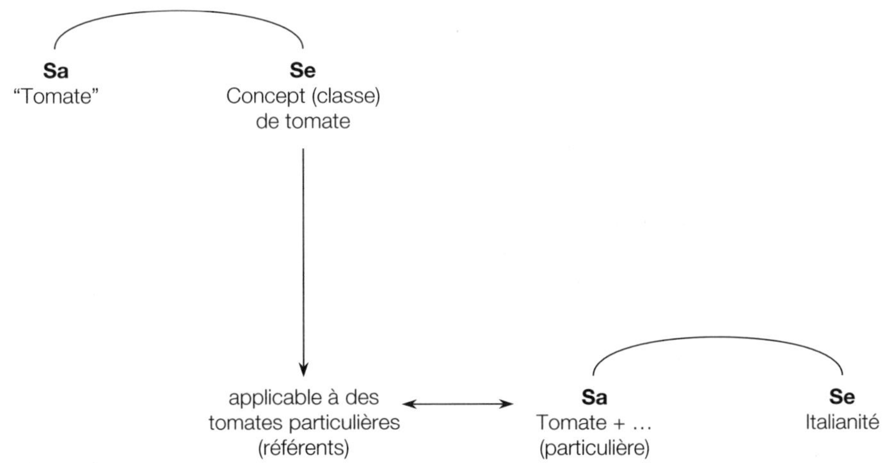

Le schéma auquel on aboutit est déjà riche d'indications : le décalage en hauteur entre les deux signes, décalage rendu obligatoire pour la mise en correspondance du particulier au particulier, rend sensible la différence entre l'abstrait et le concret. Le signe iconique – c'est une de ses caractéristiques fondamentales – reste relativement lié au particulier. « Relativement » parce que, ici comme ailleurs, il faut éviter les démarcations trop nettes de la logique binaire. Les figures dessinées peuvent atteindre une certain degré d'abstraction et de généralité, ce qu'a bien exprimé Verón : « (...) il faut tenir compte du fait qu'il existe indubitablement des systèmes de signes analogiques dans lesquels les règles stylistiques appliquées "séparent" pour ainsi dire les signes dans une certaine mesure du point d'attache concret impliqué dans la qualité présentative qui semble inhérente à l'analogique. Il est évident qu'il existe des messages véhiculés par des matériels analogiques comme des peintures ou des dessins qui peuvent atteindre un haut niveau d'abstraction. Prenons par exemple la sorte particulière de règles stylistiques qui caractérisent les dessins qu'on trouve généralement dans les dictionnaires et encyclopédies : ces messages analogiques peuvent en fait transmettre la notion d'une *classe* de choses ; ils sont parvenus à éliminer dans une très large mesure la qualité correspondant à la présentation d'un exemple ou d'un composant de quelque chose. Le dessin d'un corps humain dans un livre courant de biologie ou d'anatomie humaine ne peut être interprété comme équivalent à l'affirmation verbale "voici un corps humain", mais au contraire comme le support d'un message associé à l'idée ou au modèle du corps humain dans un sens général. Peut-être vaudrait-il mieux dire que ces sortes de messages analogiques n'ont pas perdu leur qualité présentative, mais plutôt qu'ils présentent ou proposent (par opposition à "affirment") une *classe* de choses et non un exemple particulier de quelque chose. » (1970 : 63).

On peut certainement trouver des signes analogiques encore beaucoup plus abstraits que le dessin du corps humain des livres de biologie. Certains dessins ne comportent plus que quelques « traits pertinents » : ceux que l'on peut voir dans les signaux routiers par exemple. Il y a donc une échelle d'abstraction et de généralité correspondant aux degrés de stylisation et de simplification des éléments iconiques. En général (pas toujours), le degré d'abstraction rapproche le signe iconique du signe digital, augmente sa transparence et donc, du côté du sujet percevant, favorise la distanciation et la référenciation. La définition du signe iconique en tant qu'unité tripartite – signifiant, type et référent – récemment proposée par le Groupe μ (voir ici même, Section 1) rend compte, dans le modèle même du signe, de l'abstraction, de la classe abstraite, qui fonde le type et le référent d'une part, organise les relations de conformité et de reconnaissance entre eux et le signifiant, d'autre part.

En fait, le problème posé a longtemps « encombré » la littérature sans que ne soit trouvées de solutions théoriques et méthodologiques entièrement satisfaisantes. Le caractère analogique du signe iconique, en effet, n'a cessé de rendre difficile son analyse au niveau dénoté. Plusieurs approches ont été adoptées par les auteurs pour tenter de rendre compte du degré d'abstraction, du degré de ressemblance que l'on observe parmi les différents signes iconiques mais aussi de la diversité même de ces derniers. Il n'est pas évident que l'on puisse généraliser à tous les signes iconiques les modèles et les analyses que nous avons présentés jusqu'ici, qui sont inspirées principalement de la filmologie et concernent surtout les images comportant un fort degré de ressemblance avec le réel.

Nous avons déjà fait allusion à la première de ces approches, celle de A. Moles (1979, 1988). L'auteur classe les différents signes en fonction de leur degré de ressemblance avec leur référent sur une échelle d'iconicité décroissante ou d'abstraction croissante. L'iconicité est définie comme la « grandeur » inverse de l'abstraction et comme « la quantité de réalisme, d'imagerie immédiate » contenue dans la représentation (1981 :102). Une telle échelle permet donc de classer les représentations, des plus analogiques (l'objet lui-même, degré 12)[6] aux plus abstraites (les mots et les formules algébriques, degré 0) : « l'objet tel qu'il est posséderait une iconicité totale, le mot qui le désigne ("le mot chien ne mord pas") possède par contre une iconicité nulle, telles sont les deux extrémités de l'échelle. » (*ibid.*).

Si la notion de quantité est utilisée, comme souvent chez Moles (1988), de façon métaphorique ou intuitive[7], une telle classification possède plus d'un intérêt. Tout d'abord, Moles entrevoit, à côté des langages cinématographique et photographique privilégiés par les études de communication, l'existence de différents systèmes de représentations, de diverses représentations figurées pouvant assumer des rôles et des fonctions différentes dans ce qu'il appelle une « écologie de la communication ». Notons

6. On peut s'étonner de trouver au plus haut degré d'iconicité l'objet lui-même. En effet, ceci supposerait qu'il puisse être envisagé comme sui-référentiel, comme s'auto-représentant et telle est d'ailleurs la position de Moles pour qui l'objet réel peut être considéré de la sorte dans la mesure où « il se désigne en tant qu'espèce » (1981 : 101).
7. On pressent l'existence dans les phénomènes de communication de degrés de complexité, de coût, d'iconicité, etc. Mais s'il est possible d'identifier les facteurs qui déterminent ces valeurs relatives, il est rare d'arriver à une réelle approche quantitative.

que la notion de degré d'iconicité ou de « valeur iconale » ne s'applique pas à toutes les représentations figurées. En réalité, son domaine d'application se limite aux seuls schémas, ces représentations figurées caractérisées par une volonté d'abstraction, par l'intention de « modifier par le symbolisme les relations de l'individu avec le réel » (1981 : 103). En conséquence, toutes les catégories de l'échelle[8], y compris la photographie, doivent être considérées comme des sortes de schémas. Par contre, les graphiques et les diagrammes à deux ou trois dimensions, organisés selon des systèmes de coordonnés – les graphiques économiques par exemple –, se trouvent exclus dans la mesure où « ils visent à l'exactitude et non à la simplification, au réalisme et non à l'abstraction » (ibid.). Alors qu'au regard des définitions sémiologiques, ils n'en seraient pas moins des icones.

Ensuite, cette classification propose une hiérarchisation des différents signes – signes arbitraires et signes analogiques – sur la base d'une échelle continue, sans marquer de coupure franche entre ces deux classes fondamentales pour la sémiologie classique de Saussure à Peirce. On passerait ainsi de l'analogie maximale à l'abstraction par un certain nombre de représentations intermédiaires qui feraient progressivement place à un certain degré d'abstraction et de conceptuel malgré leur nature profondément analogique. De ce point de vue, cette taxonomie n'est pas sans rappeler le « cône de l'expérience » de Dale qui proposait déjà en 1965 une classification des supports d'enseignement basée sur une échelle progressive allant du concret à l'abstrait, de l'objet réel – support classique de la « leçon de choses » – au langage verbal et aux signes arbitraires.

Enfin, le principe de l'échelle d'iconicité possède une forte valeur heuristique et il a d'ailleurs été utilisé, sous des formes plus ou moins adaptées, par plus d'un auteur. Parmi eux, ceux (notamment Richaudeau, 1979 ; Peraya et Nyssens, 1995, Peraya et Ott, 2000) qui se réfèrent à Moles ont

8. Rappelons-les brièvement en ordre d'iconicité décroissante (1988 : 52-53) :
12 l'objet lui-même
11 les modèles bi ou tridimensionnels de l'objet,
10 les schémas bi ou tridimensionnels réduits ou augmentés, les représentations anamorphosées ;
9 la photographie ou projection réaliste sur un plan ;
8 le dessin et la photographie détourée ;
7 le schéma anatomique ou de construction ;
6 la vue éclatée ;
5 le schéma de principe électrique ou électronique ;
4 l'organigramme ;
3 le schéma de formulation ;
2 le schéma en espaces complexes ;
1 le schéma de vecteurs dans les espaces purement abstraits ;
0 Description en mots normalisés ou en formules algébriques comme les formules, les équations, certains textes.

principalement retenu les différents degrés de cette classification tentant alors de l'appliquer et d'en aménager les catégories en fonction des systèmes matériels de représentation étudiés. Et c'est sans doute une des faiblesses de ce principe classificatoire que de demeurer très strictement dépendant de ce niveau d'empirie. Sa seconde faiblesse consiste à considérer le degré d'analogie avec le référent, considéré comme un objet réel, et non comme une catégorie mentale ou comme une classe générale ainsi que l'ont suggéré Eco et plus tard le Groupe μ.

L'idée que les représentations analogiques contiennent un certain degré d'abstraction a en effet été défendue par ce groupe (voir Section1, définition générale du signe iconique). Dans le *Traité du signe visuel*, les auteurs reprennent à leur compte les critiques de U. Eco portées à l'encontre des fondements de l'analogie. C'est en effet le concept même d'analogie qui ne résisterait pas aux exigences de la science et de l'épistémologie : la « ressemblance native », le fait de « représenter son objet principalement par similarité » (Peirce, 1978 :149 cité par Groupe μ, 1992 : 124), le fait d'avoir « d'un certain point de vue, les mêmes propriétés que le dénoté » (Morris, 1964 cité par Groupe μ, 1992 : 124) ou encore d'être « par leurs proportions et leurs relations similaires à la chose, à l'idée ou à l'événement qu'ils représentent » (Ruesch et Kees, sans date cité par le Groupe μ 1992 : 124). Ces définitions conduiraient en effet à affirmer que d'une part, « tout objet peut être considéré comme le signe de lui-même » et que d'autre part, « n'importe quoi peut être le signe d'un objet donné ». Il propose donc une nouvelle approche de l'isomorphisme : « À ne rester que sur le plan de la perception, il faut au moins prendre une autre précaution et affirmer, par exemple, que le signe iconique construit un modèle de relations (entre phénomènes graphiques) homologue aux relations perceptives que nous construisons en connaissant et en nous rappelant l'objet. » (Eco, 1970 : 21).

Pourtant, dans des écrits postérieurs, le *Tratto di semiotica* (1975), Eco reviendra sur la validité de cette conception de l'appariement de deux modèles de relation perceptives à cause de la diversité et de l'hétérogénéité des phénomènes auxquels elle s'applique. Il suppose alors que tous ces phénomènes ne relèvent pas de la sémiotique mais qu'il pourraient relever par exemple de mécanismes perceptifs (Groupe μ 1992 : 125). Enfin, dans l'impossibilité qu'elle est de proposer une typologie des signes, la sémiologie devrait « plutôt étudier les modes de production de la fonction sémiotique » (*op. cit.,* 126). Nous retiendrons pour l'instant le rôle indispensable que joue la connaissance de l'objet représenté, et donc plus généralement les processus cognitifs. Enfin nous le verrons, ces auteurs comme d'ailleurs R. Duval

(1995 et 1999)[9] intègrent à leur définition du signe analogique comme à leur typologie des représentations visuelles – images photographiques, vidéo et cinématographiques, icones, schémas, graphes, etc. – une réflexion sur le mode de production du système de représentation.

C'est donc dans le prolongement de cette discussion que les chercheurs du Groupe μ affirment alors renoncer à l'idée de ressemblance, de « copie » au profit de celle de « reconstruction » (*op. cit.,* 126). Si, expliquent-ils, la critique d'Eco porte principalement sur la naïveté de la relation iconique au réel, c'est que la conception même du réel est naïve dans la mesure où elle suppose l'existence d'objets, d'une réalité empirique, d'un « toujours là » : « C'est donc sur la notion d'objet représenté que la critique doit porter autant, sinon plus, que sur la relation que ledit « objet » entretiendrait avec le signe » (*op. cit.,* 129). Et de citer alors Greimas et Courtès : « Reconnaître que la sémiotique visuelle [...] est une immense analogie du monde naturel, c'est se perdre dans le labyrinthe des présupposés positivistes, avouer qu'on sait ce qu'est la « réalité », qu'on connaît les « signes naturels » dont l'imitation produirait telle ou telle sémiotique » (1979 : 177 cité par Groupe μ, *op. cit.,* 130). Renoncer à la position épistémologique positiviste, oblige à considérer que la réalité empirique n'existe qu'à travers des processus d'identification et de stabilisation provisoires, « opérés *hic et nunc* dans une substance inanalysable sans ce découpage ». Le référent n'est donc pas un « objet extrait de la réalité, mais un objet déjà culturalisé » (*ibid.*). L'objet réel se trouve donc exclu du processus de sémiose et donc du domaine de la sémiotique. Par contre, il faut y intégrer les deux caractéristiques d'un concept plus ancien, celui de *designatum* (Morris, 1974) à savoir d'une part, une catégorie, une classe d'objets relativement bien identifiés et stabilisés selon les contextes et les cultures et d'autre part l'actualisation de la classe dans un contexte d'énonciation particulier. La notion de classe d'objets implique celle de *construction*, de connaissances construites, et introduit du même coup à une sémiotique sensible au pôle de la réception tout autant qu'à celui de la production.

9. Nous ne présenterons pas ici les travaux de Duval qui a défendu l'idée extrêmement intéressante de la similarité des représentations mentales et sémiotiques. Pour cet auteur en effet, seul le mode de production des ces représentations diffère mais elles sont fondamentalement de même nature, sémio-cognitive. Par contre, il propose une classification des représentations sémiotiques qui, dans le cadre de la pratique scientifique et des ses langages, exclurait les représentations analogique obtenues par enregistrement : il ne reconnaît à ces dernières, assimilées à de simples traces ayant la valeur de données, aucun fondement sémiotique. Cette position nous paraît difficilement défendable.

On comprend alors pourquoi la définition du signe développée par le Groupe μ se construit autour de trois pôles dont nous avons déjà décrit les relations (voir Section 1, ci-desous) : le signifiant, le type – ou la classe –, enfin le référent considéré comme l'actualisation de la catégorie dans une situation de signification donnée, dans un contexte énonciatif particulier. Le type qui renvoie à une catégorie conceptuelle, à un modèle mental pourrions-nous dire, constitue bien le produit d'un mécanisme cognitif identifié et provisoirement stabilisé pour le sujet.

Dans ses travaux, Darras (1996, 1998) propose une conception assez proche de celle que nous venons de rapporter, mais il va plus loin. Si pour le Groupe μ, les mécanismes cognitifs sont constitutifs du signe iconique, indissociables de sa définition, Darras fonde, quant à lui, son analyse des différentes catégories de représentations visuelles sur les mécanismes cognitifs et les catégories conceptuelles.

L'auteur, qui s'est longtemps intéressé aux dessins d'enfants, à l'éducation aux médias et à la formation des enseignants dans ce domaine, découvre chez les adultes une façon de dessiner, un certain type de dessins, qui rappelle à s'y méprendre – ce que confirment d'ailleurs des épreuves de classement effectuées par des juges externes – les dessins d'enfants. Il appellera « imagerie initiale » cette façon de dessiner que partage la majorité des adultes et des enfants. Selon lui, l'imagerie initiale, qui comme la photographie traite du visible, répond à une logique toute différente : « Toutefois, l'immense différence provient du fait que les figures de l'imagerie initiale ne sont pas des projections optiques mais avant tout des projections de l'esprit. [...] l'acte photographique privilégie les aspects du vu et du visible alors que cette préoccupation est très marginale en imagerie initiale. » (1996 : 36). C'est donc bien la place et l'importance relatives des processus cognitifs par opposition aux processus perceptifs qui fondrait la différence entre ces deux types de représentations visuelles, mais aussi entre les différentes sortes d'imageries dont Darras s'attache à proposer la morphogenèse. Nous ne développerons pas dans le détail cette analyse fort complexe ; nous en retiendrons les traits essentiels pour notre propos.

Citant Peirce pour qui « la seule façon de communiquer est par le moyen d'une icone », l'auteur soutient que le mode iconique est le passage obligé pour le fonctionnement sémiotique résultant de l'activité cognitive : « Le processus iconique, engagé dans l'activité sensori-motrice et cognitive fonctionne comme un capteur, une interface permettant la capture du singulier et sa transformation en "genre de". » (1996 : 77). Or, cette transformation est celle qui préside à la constitution de catégories conceptuelles.

Analysant le processus de constitution – la morphogénèse – des figures caractéristiques de l'imagerie initiale, Darras montre que l'enfant élabore progressivement des résumés cognitifs – typiques et consensuels – dont il appelle les représentations figurées des « iconotypes ». Ceux-ci apparaissent relativement stables puisque, acquis dès l'enfance, ils perdurent à l'âge adulte. Cette stabilité s'explique car elle est le produit de représentations sociales et de résumés cognitifs partagés par une communauté, ensuite parce qu'elle provient « d'automatismes procéduraux (des routines essentiellement sensorimotrices) qui figent les actions et renforcent la ressemblance des occurrences du type ». L'iconotype et le processus de son élaboration sont essentiels dans le modèle de Darras dans la mesure où ils sont le produit d'une activité tant communicationnelle que sémiocognitive ; celle-ci sélectionne, en effet, progressivement les attributs et les propriétés saillantes des catégories à l'occasion d'actes iconiques qui « sont des comportements sémiotiques plurimédias (dans la mesure où ils impliquent par exemple une verbalisation) développés lors d'échanges sociaux » (1996 : 74).

Cela dit, l'éventail des représentations visuelles observables est fort étendu et parmi celles-ci on peut en identifier un certain nombre qui ne sont ni des répétitions ni des occurrences d'iconotypes. Darras y reconnaîtra deux grandes familles : les similis et les schémas. Les premiers ont pour caractéristique principale de simuler les phénomènes tandis que les seconds opèrent par simplification. Selon la terminologie, ces deux familles s'inscrivent dans des téléologies radicalement différentes : c'est la singularisation pour la première, la généralisation pour la seconde.

Les similis sont donc des représentations visuelles qui ressemblent à ce qu'elles représentent : elles s'enracinent dans le réalisme et dans les codes qui permettent de singer l'objet : « Pour réussir un simili réaliste, il faut être entièrement converti au réalisme, à ses conventions et à ses codes de rendu. » (1996 : 136). Si Darras s'intéresse essentiellement au dessin, on peut facilement étendre cette famille aux représentations telles que les images photographiques ou cinématographiques, les réalités et les mondes virtuels qui sont produits instrumentalement, par des artefacts techniques. Ces représentations que l'on peut caractériser par leur gradient de réalisme ont alors pour origine les mécanismes perceptifs. D'ailleurs, les échelles d'iconicité seront invoquées à nouveau par l'auteur pour tenter d'organiser ces différentes représentations. Il semble en effet difficile de se passer de la valeur heuristique de telles échelles qui restent valides même dans le cadre restreint de l'analyse des similis. Les schémas par contre obéiraient à une économie non plus perceptive, mais cognitive : « La schématisation est une action sémiotique consistant à prélever dans un phénomène, des fondements prégnants ou saillants ou supposés tels en fonction d'un contexte donné. Ces fondements sont ensuite convertis iconiquement dans un système d'expression. » (1996 : 133). Le schéma qui se construit sur le modèle de l'iconotype partage de nombreuses caractéristiques avec le résumé cognitif de sa classe, mais il n'apparaît pas comme issu d'une catégorie de base, d'une catégorie privilégiée, soit qu'il relève d'une catégorie sur ou subordonnée, soit que ses occurrences ne soient pas assez nombreuses. Cette « marginalité cognitive » explique la différence entre iconotype et schéma. On le voit, il y a du concept dans l'icone et pas seulement dans les iconotypes et les schémas. On doit en effet se rappeler la présence précoce de processus cognitifs dans l'élaboration de l'image perceptive comme nous n'avons cessé de le montrer à travers les différents cadres théoriques présentés dans cet ouvrage.

Cependant, quelle que soit l'activité de conceptualisation engagée dans la construction des signes iconiques et quel que soit leur degré d'iconicité, il subsiste une différence radicale entre ces signes et les signes verbaux arbitraires, différence que rend sensible le saut entre les images très abstraites mais comportant encore quelques éléments figuratifs et les signes qui n'en comportent plus aucun. Même stylisés à l'extrême, les signes iconiques conservent quelque chose de la continuité mimétique qui lie le sujet percevant, l'image et les réalités perçues. Percevoir la silhouette d'un écolier sur un signal routier implique encore un minimum de saisie par le corps percevant, un minimum de mise en correspondance mimétique entre le sujet et la silhouette de l'écolier. On est bien sûr ici à une limite. Rien dans la silhouette n'encourage l'identification. Il n'y a par exemple ni regard ni expression. Tout est fait pour que l'automobiliste se détache de l'image et se réfère à la possibilité de trouver un écolier concret sur la route. Cet exemple montre que l'abstraction rapproche le signe iconique du signe digital, en augmente la transparence et favorise la distanciation et la référenciation ; mais il montre très bien ce qui le retient du côté de l'iconique : la compréhension mimétique qu'il réclame encore et que ne saurait enclencher les signifiants arbitraires de la langue. Par ailleurs, il faut aussi considérer que l'abstraction dont font preuve certaines icones dépend peut-être de l'activité mentale rendue possible par ces derniers. Les iconotypes repérés par Darras se forment en effet au sein d'une activité de communication multimédia, impliquant donc le langage verbal. Cela peut signifier que la forme conceptuelle qui marque certaines images procède de l'effet cognitif des mots et non de l'iconicité en tant que telle. On y vient bientôt.

11 DE L'IMAGE DANS LE CONCEPT

Si l'image n'est pas sans rapport avec le conceptuel, il faut constater aussi que, réciproquement, le concept proprement verbal n'est pas sans rapport avec l'image.

La psychologie cognitive reconnaît l'existence d'une composante imagée dans le concept. Pour Piaget, par exemple, la formation du concept chez l'enfant comporte plusieurs stades dont les premiers sont fortement soutenus par l'imagerie mentale et dont les derniers, bien que construits sur un dépassement de l'imagerie, la récupèrent cependant avec une nouvelle fonction : celle d'illustrer le concept. Durant les stades préconceptuels, malgré les possibilités de catégorisation qu'offrent les mots, une certaine confusion subsiste dans l'univers des perceptions et des images. Un objet particulier peut être purement assimilé à un autre objet particulier. Par exemple, un jardin particulier peut être identifié à un autre jardin particulier, ou, pour reprendre un exemple de Piaget, « les limaces sont toutes « la limace » réapparaissant sous de nouvelles formes » (1976 : 240). C'est qu'alors l'image est encore dominante. Fixé sur une image particulière de limace (*la* limace), l'enfant ramène à cet objet privilégié les autres limaces dans une organisation mentale où le particulier interfère encore avec le général, où le concept ne s'est pas encore tout à fait dégagé des objets concrets et où ceux-ci se détachent mal les uns des autres. Il n'y a encore ni véritable classe générale ni individualité : « Or, ces deux caractères d'absence d'identité individuelle et d'absence de classe générale n'en font en réalité qu'un seul : c'est faute de classe à généralité stable que les éléments individuels, n'étant pas réunis en un tout qui les encadre, participent directement les uns des autres sans individualité pertinente, et c'est faute de cette individualité des parties que l'ensemble ne saurait être construit en tant que classe emboîtante. » (*ibid.*). Au stade conceptuel, le signifié verbal se dégage plus nettement de l'image et le général se dissocie du particulier. Le concept devient cette classe emboîtante encadrant des parties co-inclues dans la classe générale mais bien distinctes les unes des autres. Les limaces ne participent plus de « *la limace* » ; elles s'individualisent, devenant chacune un exemplaire de la classe générale des limaces. Cependant, même à ce stade où domine le signe verbal, l'image mentale continue de jouer un rôle, celui d'illustration ou, comme le précise Piaget, d'*adjuvant intérieur* : « Le signifiant de ce schème ne serait autre que le mot ou signe verbal, et l'image imitative ne servirait alors que de symbole individuel doublant à titre d'adjuvant intérieur, le signe collectif : l'image devenant ainsi bien distincte du concept. » (*op. cit.*, 242).

Mais l'image mentale est sans doute plus qu'un adjuvant intérieur inessentiel et facultatif comme incite à le penser le terme même d'adjuvant utilisé par Piaget. Certaines recherches de psychologie expérimentale[10] mettent en évidence l'existence d'une composante imagée dans le concept ou signifié verbal. Dans la perspective théorique sous-tendant ces travaux, le concept serait analysable en traits sémantiques et parmi ces traits, certains seraient nettement figuratifs et d'autres non (ou, en tout cas, moins). Le concept « aigle », par exemple, pourrait comporter comme traits sémantiques : « a un bec », « a des serres », « est brun », « est dangereux » ; et l'on voit bien que les trois premiers, en tout cas, de ces traits, auront tendance, une fois le mot entendu, à activer la représentation visuelle. Les mots auraient ainsi une certaine valeur d'imagerie que l'on peut définir comme suit : « La *valeur d'imagerie* mentale d'un mot est définie comme la capacité qu'a ce mot de susciter la formation d'une image mentale chez l'individu. » (Denis, 1989 : 138). Et les valeurs d'imagerie mentale varieraient en raison de la plus ou moins grande généralité ou spécificité des concepts : « Il a été démontré que les termes généraux comme *édifice*, *meuble* ou *vêtement* étaient moins propices à une activité d'imagerie que des termes spécifiques comme *église*, *chaise* ou *pantalon* » (*op. cit.*, 139). Dans cette perspective, il est possible de distinguer quatre catégories : les mots concrets spécifiques – hirondelle par exemple – les mots généraux homogènes – oiseau, par exemple –, les mots généraux hétérogènes – meuble, par exemple – et enfin, les mots abstraits – pollution, par exemple[11].

La conception piagétienne et celle des psychologues expérimentaux diffèrent sensiblement, notamment sur la manière dont elles se représentent la formation des images. Quoi qu'il en soit de ces différences, elles nous autorisent – c'est cela l'essentiel – à mettre en rapport l'imagerie et la représentation conceptuelle et à prendre en compte l'activité d'imagerie associée aux mots. La valeur d'imagerie des mots dont parlent les psychologues expérimentaux a certainement plus d'importance sémantique que ne le laisse supposer la notion piagétienne d'adjuvant car elle est une composante du sens. Mais il ne s'agit encore que d'une composante secondaire, subordonnée aux formes conceptuelles abstraites contenues en mémoire et tributaire de la

---

10. On en trouve une excellente synthèse dans les ouvrages de Denis (1979 et 1989).
11. Pour une discussion détaillée de ces catégories et de leur pertinence expérimentale, voir Denis (1989 :139 et svt). Notons au passage l'intérêt de cette notion de valeur d'imagerie pour l'analyse des messages concrets. Dans l'affiche électorale Mitterrand rencontrée plus haut, il est clair que le mot « chemin », dans l'énoncé « Le socialisme, une idée qui fait son chemin » a été choisi pour sa valeur d'imagerie et donc son aptitude à faire glisser, comme nous l'avons montré plus haut, le socialisme de l'idéel à l'imaginaire.

richesse de telles formes en traits sémantiques figuratifs : « l'image visuelle d'un objet, écrit Denis en conclusion d'un chapitre consacré aux rapports entre image et signification lexicale, [...] est comme l'"incarnation partielle" – et transitoire – du concept de cet objet. Elle ne reflète pas toute la connaissance attachée à cet objet, mais seulement les connaissances relatives à son aspect figuratif. » (Denis, 1989 : 155).

Mais d'autres travaux expérimentaux sont allés plus loin dans la reconnaissance du caractère imagé des significations portées par le langage : ainsi de la théorie des modèles mentaux, dont le principal représentant est sans doute le psychologue et psycholinguistique Johnson-Laird. Cette théorie concerne la compréhension des énoncés et des discours, niveau plus proche des processus naturels de communication que celui des concepts lexicaux. Partant du principe que la représentation analogique des « états de chose » du monde extérieur constitue une forme naturelle de représentation des connaissances, Johnson-Laird conçoit la communication linguistique comme transmission de telles représentations analogiques ou modèles mentaux : « Les humains perçoivent le monde et en construisent des modèles [...]. Ils peuvent aussi reproduire ces modèles dans le discours, c'est-à-dire produire des comportements symboliques – des expressions linguistiques – censés transmettre le modèle à quelqu'un d'autre. De son côté, l'individu qui décode ces expressions linguistiques construit un modèle qui ressemble à l'état du monde que le locuteur a connu et voulu transmettre » (1994 : 369).

Il faut évidemment admettre que les modèles mentaux sont des représentations plus ou moins abstraites, plus abstraites que l'imagerie mentale au sens restreint du terme que l'on conçoit souvent – à tort – sur le mode de la simple reproduction photographique. En tout cas, dans le cadre de l'hypothèse des modèles mentaux, les énoncés linguistiques ne semblent plus avoir d'autre finalité que la transmission des représentations analogiques.

Il en est de même pour la sémantique cognitive, une approche plus phénoménologique de la question du sens. Les théoriciens relevant de ce type d'approche ont mis l'accent sur les structures analogiques (représentations et opérations mentales) sous-jacentes au discours verbal. Le plus connu d'entre eux est sans doute Lakoff (1985) dont l'ouvrage sur les métaphores conceptuelles a eu un certain succès, on en reparlera plus loin Dans une perspective très similaire, le linguiste R. Langacker (1987) a mis au point une grammaire cognitive développant quelques arguments importants en faveur de l'imagerie et surtout, permettant d'approfondir les rapports entre celle-ci et les structures linguistiques.

On a vu que pour Piaget, le concept lexical exige un dépassement de l'imagerie car les représentations que permet celle-ci sont trop particulières, trop dépendantes de l'expérience individuelle pour permettre la compréhension mutuelle entre individus dont les expériences perceptives ne se recouvrent forcément que partiellement. Mais pour Langacker, cette limitation de l'imagerie ne s'impose pas dès lors que l'on admet que la représentation imagée peut atteindre un haut degré de schématicité. Il n'est pas nécessaire, pour que deux interlocuteurs se comprennent en parlant de chats, de chiens ou d'arbres, qu'ils aient en tête des concepts de ces choses complètement abstraits ; il leur suffit d'avoir à disposition des images suffisamment schématiques pour neutraliser les différences d'expériences individuelles. À l'inverse, un concept aussi abstrait que celui de triangle nécessite un minimum d'imagerie pour être compris : par exemple, la visualisation de trois lignes se recoupant.

Par ailleurs, la notion de schématicité permet de comprendre les structures grammaticales en termes d'imagerie. Dans la perspective de Langacker, les catégories verbales (noms, verbes, adverbes, prépositions, etc.) ne sont pas simplement les éléments d'une combinatoire régie par des règles. Elles possèdent un caractère figuratif qui fait de toute phrase entendue le moyen de reconstruire une sorte de tableau mental d'une situation représentée. Un nom (un « prédicat nominal » dans la terminologie de Langacker) peut être caractérisé schématiquement comme mettant en profil une région dans un domaine. Par exemple, le nom « arc » met en profil une région bornée du cercle, dont le nom, quant à lui, met en profil une région du domaine spatial. Par opposition, les adverbes, prépositions, verbes, etc. (« prédicats relationnels ») mettent en profil des interconnexions et se partagent en deux grands groupes selon que les interconnexions concernent les phases d'un processus temporel (ce qui est le cas des verbes) ou des relations intemporelles (ce qui est le cas des prépositions). Par exemple, une préposition comme « au-dessus » met en profil une relation schématique entre éléments superposés. Ainsi, les catégories grammaticales (noms, verbes, prépositions, etc.) correspondent à des opérations cognitives de mise en profil ; leur combinaison dans des énoncés et des textes offre aux usagers de la langue le moyen de rendre compte des situations conceptualisées en en construisant des images.

Dans cette perspective, le « sens » des expressions linguistiques (mots, énoncés, textes…) réside pour l'essentiel dans l'imagerie qu'elles permettent de construire. Il est alors essentiel de remarquer, avec Langacker, qu'une même situation peut donner lieu à différentes images correspondant à différentes manière de voir, à différentes mises en perspective. Que l'on considère par exemple les expressions suivantes se rapportant à une même scène :

La lampe au-dessus de la table.
La table sous la lampe.

Alors que la première de ces expressions met l'accent sur la lampe, la seconde fait plutôt ressortir la table car dans une phrase, le sujet correspond généralement au premier plan de l'imagerie.

Considérons encore les énoncés suivants :

Le chat mange la souris.
Le chat est en train de manger la souris.
La souris est mangée par le chat.
Le félin se nourrit d'un petit rongeur.

On perçoit les variations possibles de point de vue et d'abstraction pour un même état de chose. Tantôt, c'est le chat qui est mis au premier plan, tantôt c'est la souris. La deuxième phrase met également en évidence la durée de l'action. La dernière situe la scène à un plus haut niveau d'abstraction que les précédentes ; de plus, les termes utilisés situent les êtres considérés dans le domaine des espèces du genre animal alors que les précédentes les situent plutôt dans le domaine des animaux domestiques (en tout cas le chat).

D'une manière générale, les conventions lexicales et grammaticales utilisées pour structurer une scène correspondent à divers ajustements focaux (*focal adjustments*) : elles opèrent la sélection de certains aspects, règlent leur saillance relative, la perspective sous laquelle ils sont vus, le niveau d'abstraction – ou à l'inverse de spécificité – auquel on les considère, etc. (cf. Langacker, *op. cit.*, 117).

Remarquons, en passant, l'intérêt de cette conception pour les études sur l'argumentation dans le discours. La force de persuasion d'un discours tient sans doute en grande partie à l'imagerie que ce discours déclenche, notamment aux mises en saillance effectuées avec ce qu'elles entraînent sur le plan émotionnel (de qui se sent-on plus proche, du chat ou de la souris, dans les différents tableaux correspondant aux différents énoncés pris plus haut comme exemple ?).

On a finalement de bonnes raisons – théoriques autant qu'intuitives – de prendre au sérieux l'hypothèse de l'iconicité de la représentation mentale. Si les expressions linguistiques ont du sens, c'est parce qu'elles sont intimement liées à la représentation iconique, comme le pensait déjà Peirce : « La seule façon de communiquer directement une idée, pensait Peirce, est par le moyen d'une icone ; et toute méthode indirecte pour communiquer une idée doit dépendre pour son établissement de l'utilisation d'une icone. Par suite, toute assertion doit contenir des signes dont la signification n'est explicable que par des icones. » (Peirce,1978 :149).

En résumé, on admettra au moins à titre d'hypothèses les propositions suivantes :

1. tous les mots de la langue ont une valeur d'imagerie et celle-ci est une composante essentielle de leur sens (et non simplement un simple adjuvant) ;
2. comme toute activité d'imagerie, celle liée aux mots s'enracine dans notre capacité de reproduction mimétique des formes – choses, personnes, événements – et comporte, outre les productions mentales proprement visuelles (les images mentales au sens restreint), une dimension motrice et affective. On peut même supposer que les aspects moteurs de notre expérience imaginative des choses est prédominante pour certains mots, comme les verbes qui dénotent des actions ;
3. les images liées conventionnellement aux mots varient en abstraction – autrement dit en schématicité – en fonction des mots eux-mêmes (qui peuvent être plus ou moins généraux ou spécifiques), mais aussi des contextes linguistiques dans lesquels apparaissent ces mots (le mot « table » ne réclame pas le même degré de spécification selon qu'il apparaît dans un récit ou dans un manuel de menuiserie) ;
4. tout texte composé par un enchaînement de mots consiste en une représentation imagée structurée en fonction de divers ajustements focaux.

Sous certains aspects, le signe verbal est beaucoup moins éloigné qu'il n'y paraît du signe analogique – et réciproquement – et les rapports entre digital et analogique apparaissent de plus en plus complexes.

12 LE DIGITAL ET LA LOGIQUE IDENTITAIRE

Pour démonter un peu cette complexité, considérons maintenant ce qui, dans le signe verbo-digital, l'éloigne le plus du signe analogique : l'aspect arbitraire de son signifiant, support d'opérations de signification pour lesquelles l'image apparaît tout à fait inadaptée. À l'arbitraire du signifiant se rattachent plusieurs notions à la fois opposées et complémentaires : différence et identité, généralité et individualité. L'arbitraire fonde l'indépendance relative du concept général par rapport à l'image et au particulier ; il fonde aussi – en même temps – la signification par exclusion. Du coup, il permet l'identification des choses, des personnes et des événements, comme appartenant (ou n'appartenant pas) à telle ou telle classe générale et, dans le même mouvement, il fonde la logique et toutes les opérations d'association, d'inclusion, de séparation, de disjonction. C'est dans cette logique verbo-digitale que peuvent émerger et fonctionner des *connecteurs logiques* tels que « ou bien... ou bien... » ou « si... alors... » et que le raisonnement syllogistique a une base et une raison d'être.

Considérées sous l'angle de la logique, les images se caractérisent surtout par leur impuissance. L'image, explique Guy Gauthier dans une intéressante mise au point, ne peut contenir aucune négation ; une image peut montrer par exemple un homme ouvrant la fenêtre, elle ne peut dire « l'homme n'ouvre pas la fenêtre » (1986 : 181). L'image ne peut pas non plus exprimer l'alternative : « En matière de coordination, l'image ne peut guère aller au-delà de la conjonction et dire plus que « la porte et la fenêtre sont ouvertes ». La disjonction (la porte ou la fenêtre est ouverte) lui est interdite. » (*ibid.*, 182). On voit bien, surtout dans ce dernier passage, ce qui fait défaut au signe iconique : la capacité à soutenir une référence à autre chose que ce qu'il montre. Le « ou bien... ou bien... » suppose et effectue cette référence des choses – perçues ou imaginées, in praesentia – à d'autres choses possibles. L'image, dit encore Gauthier, ne peut que très difficilement exprimer la causalité : « Quoique l'image ait quelque peine à exprimer la causalité (« l'homme ferme la fenêtre parce qu'il fait froid »), elle n'est pas complètement désarmée, encore que l'équivalent de « parce que » ne se trouve qu'au prix de quelques manipulations. Quand l'image se contente, selon la tradition occidentale, de représenter approximativement le champ de la vision, il lui est parfois possible de mettre en scène [...] l'acte et son auteur en suggérant la cause de l'acte. Le roman populaire a beaucoup usé de ce type d'illustration : un homme vient d'en poignarder un autre, ou de l'abattre à coup de revolver, tandis qu'une femme généreusement déshabillée se tient horrifiée dans un coin. Pas difficile d'imaginer la cause du meurtre. » (*ibid.*, 182). Mais précisément, il s'agit de l'imaginer. Il faut être plus clair que Gauthier. Il n'y a pas d'équivalent du « parce que » dans l'image. La compréhension des images suppose quelquefois que s'exerce sur ce qu'elle montre une complexe activité d'inférence. C'est le cas du cinéma dont les ellipses mobilisent cette activité. Du vieillissement subit d'un personnage, il faut déduire que le temps a passé. À partir du rajeunissement, il faut au contraire comprendre qu'on a remonté le temps. D'un changement de lieu ou d'apparence vestimentaire, sociale, relationnelle, il faut déduire toute une évolution sociale. De telles inférences sont sollicitées par le montage cinématographique mais ni les opérations qu'elles effectuent ni les conclusions auxquelles elles aboutissent ne peuvent être exprimées explicitement par lui, comme le feraient des phrases telles que « quelques années plus tard », ou « de nombreuses années auparavant » ou « à la suite de quoi, il changea complètement de milieu et de relations ».

Il faut comprendre l'inaptitude de l'image à dire des relations logiques sur le double plan psychologique et sémiotique. Sur le plan sémiotique, on vient de le voir, l'image, toujours quelque peu figurative, ne peut fournir la base (arbitraire) nécessaire pour générer des concepts abstraits et expliciter les relations entre les parties de l'univers que ces concepts permettent de distinguer. Sur le plan psychologique, on l'a vu plus haut, la participation induite par l'aspect figuratif de l'image va à contresens de la distanciation nécessaire à la conceptualisation et à la prise en considération de relations entre parties. Les aspects sémiotiques et psychologiques sont en étroite corrélation : les signes servent de base à des opérations cognitives qui à leur tour, induisent la formation des signes qui leur servent de base. Cela n'empêche pas l'existence de complexes interférences entre signes et entre opérations cognitives, comme le montrent nos derniers exemples.

13 POLYSÉMIE ET RHÉTORIQUE VERBALES

Revenons maintenant aux aspects imagés des signes digitaux, aspects qui, nous l'avons déjà noté, ne semblent pas s'accorder d'emblée avec la logique digitale.

Barthes associe polysémie et image. Mais la polysémie existe aussi dans le langage verbal. Le mot « table » possède un sens propre et d'autres sens qui sont ses connotations (l'idée de *convivialité*, par exemple). D'où viennent ces sens seconds, ces nuances affectives qui entourent ce mot ? Très probablement de la valeur d'image du signe verbal « table ». Le signifiant de ce signe encadre l'imagerie, la limite, déterminant ainsi une image centrale (une représentation schématique de l'objet table et/ou une représentation plus précise servant d'exemple). Cependant, les tables que l'on peut percevoir ou imaginer apparaissent presque toujours en contexte, c'est-à-dire dans des *Gestalten* comportant d'autres meubles, des gens attablés, des murs, une ambiance, etc. Et ces contextes possibles, multiples dans l'expérience de chacun, auréolent l'image isolée par le signifiant de toutes sortes d'associations possibles. Le signifiant linguistique encadre le sens – il l'ancre disait Barthes – mais l'image, qui fait partie du sens fait facilement déborder celui-ci hors du cadre, vers les images et affects associés, par exemple vers les relations affectives qu'entretiennent les convives, ou vers toutes sortes d'autres choses : le jeu, la rivalité des discussions, les aveux, etc, etc. La polysémie des mots vient sans doute de l'associativité liée aux images.

Les figures de rhétorique mises en œuvre par le discours verbal permettent d'apercevoir les lignes de force de cette associativité qui concerne les images et qui semble bien jouer comme une force antagoniste à la digitalité du signifiant. On sait que la rhétorique classique distinguait une multiplicité de figures qu'elle classait au moyen d'un ensemble bigarré de notions : antithèse, chiasme, comparaison, hyperbole, synecdoque, catachrèse, métaphore, etc. Le linguiste Jakobson a ramené cette diversité à deux grandes figures génériques : la métonymie et la métaphore répondant l'une, au principe de contiguïté et l'autre, au principe de similarité[12]. Contiguïté et similarité correspondraient aux deux grands principes qui régissent l'associativité que nous cherchons à décrire.

Considérons d'abord la métonymie. Des expressions telles que « boire un verre » (contenant pour le contenu) ou « une voile à l'horizon » (partie pour le tout) en fournissent des exemples banals. Peu importe, ils illustrent l'essentiel : le lien de contiguïté qui lie le terme substituant au terme substitué. Des exemples aussi triviaux peuvent être donnés pour illustrer la notion de métaphore : « cet homme est un lion », ou, plus simplement, « ce lion ». C'est alors le rapport de similarité entre le substituant et le substitué qui est apparent. Le dictionnaire *Petit Larousse,* mentionne, dans la définition du mot *tomate*, l'expression « pomme d'amour », expression qui témoigne à la fois d'une opération métaphorique (pomme pour *tomate* en vertu d'une similarité de forme) et d'une opération métonymique (« d'amour » en vertu probablement d'un rapport de contiguïté entre le fruit et un contexte imaginaire de rapports amoureux auquel il s'est trouvé associé). Dans le cas de la métaphore, comme dans le cas de la métonymie, il semble donc clair que ce qui motive l'association relève de notre expérience perceptive ou imaginative des choses, c'est-à-dire des similitudes ressenties ou des voisinages perçus au sein de cette expérience.

Il convient ici d'insister sur le mot expérience pour éviter de croire et de postuler que les similitudes ou les proximités perçues existent dans les choses elles-mêmes. Dire d'un homme qu'il est un ours, selon une métaphore relativement banale, suppose que l'on ressente une certaine similitude entre la conduite de cet homme – perçue ou remémorée au moyen d'une image – et certains aspects de la conduite de l'ours. Mais s'agit-il d'aspects qui

12. Pour une histoire approfondie de cette réduction à deux grandes figures, cf. Metz Chr. (1977).

concernent l'ours lui-même ou simplement de ceux qu'a sélectionnés la culture dans laquelle nous vivons et que nous projetons dès lors sur l'animal ?

Remarquons enfin, avant de résumer l'essentiel, que le signifiant n'est pas complètement exclu de l'associativité métaphorico-métonymique. C'est que le signifiant, malgré un effacement derrière les états de choses signifiés, comporte de nombreux aspects perceptifs (rythme, intonation, ordre des mots, nombre de mots et disposition relative, etc.), aspects qui font partie de l'expérience vécue par les interlocuteurs et peuvent induire certains rapports métaphoriques au sein de cette expérience. Donnons de cela un seul exemple. L'itération « Il courut, et il courut, et il courut et courut encore » indique une course plus longue que « Il courut », ceci en vertu d'une relation métaphorique entre la longueur de la phrase et l'importance de son contenu (exemple emprunté à Lakoff et Johnson, 1985 : 137).

Nous pouvons maintenant résumer. La polysémie, les métaphores et les métonymies témoignent, au sein même du discours verbal, d'une associativité qui s'enracine dans l'expérience perceptive, que celle-ci soit immédiate ou reconstituée de façon imaginaire. Cette associativité s'exerce de deux manières : par contiguïté ou similarité, produisant dans les discours des substitutions de signifiants repérables comme métonymies ou métaphores.

Il faut encore, avant d'en venir aux images proprement dites, mesurer l'importance de cette associativité métonymico-métaphorique dans le langage et tenter de préciser l'espèce d'antagonisme actif dont elle témoigne.

14 DIGITAL VS ANALOGIQUE

Traditionnellement, on considère que les mots de la langue ont un sens propre relativement fixe mais qu'ils peuvent prendre des sens figurés suite aux jeux propres à la poésie ou à la rhétorique. Les figures sont alors à prendre comme des usages marginaux relevant de l'expression, de la persuasion ou de la simple ornementation du discours mais ne remettant pas en cause la stabilité de la relation signifiant/signifié. Les figures banales présentées plus haut sont effectivement de cet ordre. Désigner un homme au moyen du mot « ours » semble effectivement relever du jeu, en tout cas d'un usage marginal du mot. De telles figures, du reste passablement usées et conventionnalisées, sont incapables de donner une vue juste de l'importance sémantique des métaphores et métonymies et du rapport antagoniste qui oppose code digital et associativité métonymico-métaphorique (« analogique » pour faire court).

Le rapport digital/analogique se laissera mieux saisir si on se réfère au fait de l'émergence même des figures et à leur destin. Des métaphores et des métonymies, il peut en surgir à tout instant de nouvelles qui, soit ne dureront que le temps d'un énoncé, soit seront reprises et se banaliseront. Il peut même arriver que le sens dit « figuré » évacue purement et simplement le sens dit « propre ». Et l'histoire de la langue française fourmille d'exemples de ce type : le mot latin « caput » (à l'origine « tête »), suite à la métaphore qui lui a substitué le mot « testa » (à l'origine : fiole, tesson), a fini par être évacué du français où le mot tête n'a plus rien de métaphorique. Aussi est-on conduit à penser que les sens propres actuels sont d'anciennes métaphores ou métonymies : « Si les mots sont sans cesse en train de changer (ou de s'adjoindre des nouveaux sens), si les sens, eux aussi changent de mots très facilement, c'est pour part notable, à travers le jeu d'emplois figurés qui se perdent ensuite comme tels, qui deviennent des termes propres, et qui relancent ainsi l'écheveau diachronique par un double effet de contrecoup : supplantant l'ancien propre, et suscitant la montée de figurés nouveaux (...) » (Metz, 1977 : 188).

Métaphore et métonymie apparaissent alors comme le produit d'une interaction constante entre deux logiques : celle, – digitale et identitaire – du code, et celle des images. La logique digitale produit, comme on l'a vu, des différences et des correspondances terme à terme (Sa/Sé), tandis que l'expérience perceptive et imaginaire produit des glissements hors des correspondances établies. Il y a là un jeu complexe entre deux processus à la fois antagonistes et complémentaires, car au sein de la langue, l'un ne va pas sans l'autre. Les images apparemment glissent les unes dans les autres ou se contaminent les unes les autres. C'est la pression digitale qui fige les trajets associatifs et donne leur identité aux images, en faisant des « signifiés ». C'est elle qui rattrape et recadre les signifiés glissant dans les figures. La substitution d'un signifiant à un autre – effet des associations imagées – est à la fois une concession de la logique digitale et une nouvelle imposition d'identité. Dire « cet homme est un ours » ou « cet ours » dans un contexte où tout le monde comprendra la substitution homme/ours, c'est faire sa part à la similitude ressentie qui brouille les êtres, mais c'est en même temps dénouer cette confusion en instituant, entre ces deux êtres maintenus séparés, une ressemblance.

Les métaphores et métonymies linguistiques témoignent donc, dans la langue, d'une logique non identitaire relative à une couche d'expériences dominée par la continuité ressentie à travers proximités et ressemblances ; cette couche d'expériences dont nous avons vu qu'elle caractérise les phases qui, dans la genèse esquissée plus haut[13], précèdent l'établissement de l'ordre digital, et sont marquées, au niveau des signes, par l'indice (dont on aura maintenant compris le rapport avec la métonymie) et par l'icone.

Parler des figures en termes de glissements sémantiques ne rend pas encore bien compte de l'importance de tels processus sur le plan cognitif. Des auteurs comme Lakoff et Johnson ont montré que notre langage le plus ordinaire (qui n'a pas forcément de finalité poétique ou rhétorique), est entièrement traversé par la métaphore et que par conséquent, celle-ci concerne notre système conceptuel même, c'est-à-dire la façon dont nous structurons le monde à travers l'expérience que nous en faisons. Soit le concept correspondant au mot « discussion », pour reprendre un exemple fréquemment utilisé par ces auteurs. Il nous est difficile de ne pas en parler métaphoriquement dans la mesure où il concerne une expérience qui est largement comprise dans les termes d'une autre, comme l'indiquent les expressions courantes suivantes : « Vos affirmations sont *indéfendables*. Il a *attaqué chaque point faible* de votre argumentation. Ses critiques visaient *droit au but*. J'ai *démoli* son argumentation. Je n'ai jamais *gagné* sur un point avec lui. Tu n'es pas d'accord ? Alors *défends-toi !* Si tu utilises cette *stratégie*, il va t'écraser. Les arguments qu'il m'a opposés ont tous *fait mouche*. » (Lakoff et Johnson, 1985 : 14). Toutes ces expressions relèvent d'une même métaphore conceptuelle : la discussion, c'est la guerre. Et il ne s'agit pas là, pour Lakoff, d'un simple jeu de langage motivé par une certaine correspondance entre des concepts (des signifiés) préalablement indépendants. La métaphore est conceptuelle, ce qui signifie que le concept de discussion, dans notre culture, est fondamentalement compris comme guerre ; les jeux de langages en découlent : « *L'essence d'une métaphore est qu'elle permet de comprendre quelque chose (et d'en faire l'expérience) en termes de quelque chose d'autre*. La discussion n'est certes pas une sous-espèce de la guerre : les discussions et les guerres sont deux types de choses différentes. Mais la Discussion est partiellement structurée, comprise, pratiquée et commentée en termes de Guerre. Le concept est structuré métaphoriquement, de même que l'activité et par conséquent le langage sont aussi structurés métaphoriquement. » (*ibid.*).

Il existe de multiples concepts structurés métaphoriquement : le temps est conçu comme de l'argent – comme l'attestent de nombreuses expressions : « il m'a fait perdre mon temps », « cela m'a coûté du temps », etc.–,

13. Le stade préconceptuel décrit par Piaget montre bien la confusion qui règne dans les représentations imagées lorsqu'elles ne sont pas encore bien encadrées par l'ordre des signifiants.

les théories sont conçues comme des bâtiments comportant des fondations et des éléments plus ou moins solides, l'amour est conçu quelquefois comme un voyage, quelquefois comme un combat (« il est connu pour ses conquêtes », « il s'est battu pour la garder »...) etc.

D'une manière générale, la métaphore conceptuelle résulte de la projection d'un domaine-source (comme la guerre) sur un domaine-cible (comme la discussion) ; il en résulte que ce dernier voit certains de ses aspects mis en relief tandis que d'autres sont relégués à l'arrière-plan ou masqués (ainsi des aspects coopératifs de la discussion).

Toujours pour Lakoff et Johnson, la métonymie, pas plus que la métaphore, n'est réductible à un simple instrument rhétorique. La métonymie a une fonction référentielle dans la mesure où elle nous permet de renvoyer au tout au moyen d'une de ses parties. « Mais la métonymie n'est pas seulement un instrument référentiel ; elle a aussi pour fonction de faciliter la compréhension (...) La partie que nous retenons détermine l'aspect du tout sur lequel nous nolus concentrons » (*op. cit.*, 45). Ainsi, dans une phrase comme « Nous avons besoin de nouveaux visages autour de nous », la métonymie *le visage pour la personne* s'explique du fait que dans notre culture, nous percevons une personne d'abord à partir de son visage (*op. cit.*, 46).

Puisque nous conformons notre action à nos représentations conceptuelles, il faut encore ajouter à tout ce qui précède que métaphore et métonymie influent sur nos manières d'agir ; c'est un fait que dans notre culture, la discussion s'apparente souvent à une sorte de lutte comportant la victoire ou la défaite comme aboutissement. « En ce sens, les métaphores peuvent être des prophéties qui engendrent leur propre accomplissement » (*op. cit.*, 165).

La théorie de Lakoff et Johnson apporte un argument puissant en faveur de l'idée d'un antagonisme actif entre la logique identitaire du code qui établit des différences (la discussion n'est pas la guerre) et l'expérience imaginaire qui ne cesse de percevoir des similitudes et des contiguïtés.

15 MÉTAPHORES ET MÉTONYMIES DANS LES MÉDIAS

Ouvrons ici une nouvelle parenthèse à propos des figures dans les discours sociaux et tout particulièrement dans les discours médiatiques. Nous avons vu plus haut, en suivant en particulier le linguiste Langacker, que tout discours aboutit à la construction d'un modèle mental issu de divers ajustements focaux et que de cela vient sa valeur argumentative. Ce que nous venons de dire à propos des métaphores et métonymies conceptuelles s'accorde évidemment bien avec cette perspective. La projection métaphorique et le choix métonymique se laissent en effet décrire en termes d'ajustements focaux : mise en saillance de certains aspects des choses, masquage partiel ou total d'autres aspects.

Naturellement, la portée conceptuelle des figures dans le discours est variable. Les métaphores relevées par Lakoff et Johnson dans le langage ordinaire procèdent de projections métaphoriques ayant affecté profondément et durablement le système conceptuel propre à notre culture ; il est difficile de modifier le paysage mental qu'elles ont construit et qui sert de cadre à notre action. D'autres métaphores, se rapprochant plus des définitions traditionnelles de la rhétorique, n'ont véritablement de finalité que poétique ou rhétorique. Les « jeux de mots » qu'elles manifestent n'ont d'autre but que de faire surgir des images passagères souvent plaisantes mais sans impact sur le système conceptuel correspondant au langage quotidien. D'autres encore assument une fonction explicative en suscitant des rapprochements – souvent occasionnels – pour faire comprendre ; c'est notamment le cas dans la vulgarisation scientifique où des phrases comme « les continents flottent comme des icebergs » et « leurs mouvements produisent à la surface du globe un véritable ballet » apparaissant dans un exposé sur la tectonique des plaques ne visent qu'à rendre accessible un concept scientifique par projection métaphorique d'une image connue[14]. Mais les domaines restent bien séparés ; il n'y a guère de risque que l'assimilation de la cible à la source (le ballet) n'aille au-delà de la perception du ou des traits (le type de mouvement) que le rapprochement met en profil sur la cible.

Les médias abondent d'expressions métaphoriques et métonymiques qui remplissent diverses fonctions (quelquefois en les cumulant) et dont la récurrence, dans certains cas, aboutit à de véritables systèmes relativement figés de représentation du réel. Remarquons tout d'abord que la manière dont on aborde un sujet d'information, quel qu'il soit, est toujours quelque peu métonymique car on ne saurait rendre compte d'une chose ou d'un événement dans sa totalité. Il faut l'envisager sous un certain angle, ce qui conduit à mettre en relief certaines de ses parties, lesquelles influencent notre vision de l'ensemble. Dire par exemple que « Toyota a vendu plus de X exemplaires du modèle Y », c'est utiliser un processus métonymique dans

14. Ces exemples sont empruntés aux études de documents scientifiques réalisées par Jacobi (1999).

la mesure où la firme vaut à la fois pour les responsables et les travailleurs qui la composent, et c'est en même temps mettre l'accent sur la puissance de l'organisation en tant que telle. À l'inverse, une phrase comme « Napoléon a perdu Waterloo » qui est deux fois métonymique (le responsable principal pour l'ensemble des personnes impliquées et le lieu pour la bataille) met au premier plan la responsabilité individuelle. Ces procédés métonymiques fonctionnent du reste souvent en accord avec des procédés métaphoriques pour orienter notre perception. La phrase « Toyota a vendu… » est autant métaphorique que métonymique car elle fait de la firme une personne et renforce du même coup une certaine vision d'un monde économique dirigé par des multinationales conçues comme des êtres puissants.

Parmi les nombreuses métaphores qu'utilise la grande presse, il en est évidemment beaucoup qui sont simplement empruntées au langage ordinaire, c'est-à-dire à la culture ambiante, laquelle subit évidemment en retour les effets des choix effectués par la presse. Par exemple, il est habituel, dans notre culture, de dire d'un directeur qu'il a « pris la tête » d'une entreprise ou d'une institution car celles-ci sont très souvent assimilées à des organismes, mais cela deviendra d'autant plus habituel qu'en période de glorification des managers, la presse préférera ce type d'expression à d'autres possibles, renforçant ainsi la représentation du dirigeant-cerveau.

D'autres métaphores apparaissent davantage liées à certains genres médiatiques et remplissent plus ou moins systématiquement différentes fonctions. Parmi elles, on peut en relever de nombreuses qui poursuivent avant tout un but rhétorique : il s'agit alors d'accrocher le lecteur ou le spectateur par une image amusante, d'établir un rapport de complicité qui facilite le contact. Les titres de journaux utilisent souvent ce procédé. Dire par exemple d'une entreprise de transport aérien qui connaît de graves difficultés économiques qu'elle doit « atterrir en catastrophe », c'est tenter d'accrocher l'attention par une figure attrayante, d'autant plus attrayante dans ce cas précis que par un jeu subtil, l'image métaphorisante – le domaine-source autrement dit – est empruntée au domaine d'activités réelles du fait métaphorisé – le domaine-cible. Ce genre de subtilité est loin d'être rare.

On peut certainement ranger un grand nombre de métaphores médiatiques dans la catégorie des métaphores explicatives, mais cette catégorie, loin d'être homogène, peut elle-même se subdiviser en sous-catégories aux finalités relativement distinctes. Certaines métaphores du type de celles appartenant au genre de la vulgarisation scientifique, comme les figures examinées plus haut, procèdent surtout par comparaison et tout le problème est de trouver les domaines-sources les plus pertinents pour la compréhension d'un concept ou d'un état de chose. Mais beaucoup d'autres poursuivent plusieurs buts à la fois, la spectacularisation, et/ou la narrativisation venant doubler l'explication, ou en tenant lieu.

Par exemple, dans l'information économique, de nombreuses expressions métaphoriques masquent en grande partie la réalité trop complexe des faits en tentant de rendre celle-ci compréhensible en tant qu'histoire. Il est plus fréquent de lire dans la presse que « l'inflation menace » et qu'il faut « lutter contre », que de trouver une explication des causes économiques de l'inflation. L'information boursière est remplie d'images d'inspiration météorologique décrivant les « zones de turbulence » ou les « embellies » que traversent les actions cotées en bourse. Le traitement de l'information politique fait également usage de procédés métaphoriques relativement systématiques. Des termes comme « manœuvres », « adversaire », « stratégie », « arène », « combat », « affrontement », dans les compte-rendus et commentaires relatifs à l'actualité politique constituent un véritable système cohérent d'interprétation du débat politique en termes guerriers. Des termes comme « rupture », « cohabitation », « divorce », « mariage », tout aussi fréquents, constituent un autre système cohérent de compréhension de la vie politique en termes d'histoires de famille.

Les moments de tension politique sont un bon révélateur des systèmes métaphoriques utilisés par les médias. Voici par exemple un échantillon de titres relevés dans la presse belge lors d'une négociation difficile entre le parti écologiste et le premier ministre en octobre-novembre 1992 :

> « Après trois semaines de surplace, le bras de fer avec la majorité a véritablement commencé ».
> « Certes, les Verts le font lanterner. Mais les dés paraissent pipés… ».
> « Les Verts ont riposté à l'offensive des patrons et des industries qui (…) tirent à vue sur le projet de lever des écotaxes ».
> « Sauf coup de théâtre, ce dernier bras de fer majorité-Écolo risquait peu d'aboutir à une rupture ».
> « Divorce ou querelle d'amoureux entre Écolo et Agalev ».
> « les verts diront dans quelques jours s'ils se contentent d'un gain bien modeste ou s'ils préfèrent rejouer la mise au risque de tout perdre ».
> « Les écolos cocufiés ».

On voit la richesse métaphorique de ces expressions qui font tour à tour, mais de manière cohérente, appel à la guerre, au jeu, à la vie sentimentale, pour structurer un épisode somme toute assez banal de la vie politique. On en perçoit aussi les effets possibles sur les représentations que se font les citoyens des problèmes politiques. Il serait difficile de soutenir qu'il s'agit de faire comprendre car ce qui apparaît avant tout dans les scénarios construits au travers de ces mises en scène métaphoriques, c'est le jeu des personnages, leurs victoires et leurs échecs, et ce qui disparaît derrière ce premier plan spectaculaire, c'est l'objet même du débat. Or, les représentations métaphoriques, si l'on en croit Lakoff et Johnson, ont tendance à se réaliser en ce sens qu'elles structurent notre action elle-même. On comprend dès lors que le comportement politique de nombre de citoyens se réduit à une prise de parti pour un vainqueur possible et que les politiciens eux-mêmes doivent se conformer à l'image du combattant.

Il serait sans doute intéressant d'étudier les constructions métaphoriques et métonymiques correspondant aux divers genres médiatiques et d'examiner la manière dont elles font système avec les comportements du public.

Les discours verbaux sont ainsi travaillés par des images. Ils sont le produit d'une interaction constante entre la logique du code – qui rend possible la logique proprement dite – et une activité imaginaire de conceptualisation que rendent particulièrement sensible les choix métonymiques et les projections métaphoriques.

Que dire maintenant des images matérielles (dessins, photographies, images de cinéma, etc.). Puisqu'il s'agit d'images, il est vraisemblable que l'on retrouve dans leur fonctionnement signifiant les mêmes jeux métaphoriques et métonymiques, mais sans doute selon des modalités spécifiques puisque la logique identitaire de verbe s'en trouve absente. Un détour par les images du rêve permettra de mieux approcher cette spécificité.

16 MÉTONYMIE, MÉTAPHORE, DÉPLACEMENT, CONDENSATION

S'il est un domaine où les images règnent sans partage, c'est sans aucun doute celui du rêve. Dans le rêve, le verbal a peu de place ; il est lui-même réduit à l'état d'image : les phrases entendues dans un rêve sont, en quelque sorte, des images de phrase. Ce domaine du rêve, que Freud, comme chacun sait, a pris comme objet privilégié d'investigation, montre quasiment à l'état pur, le jeu des processus signifiants liés aux images.

L'interprétation des rêves a mis en évidence l'existence de deux grands modes de fonctionnement signifiant de l'appareil psychique, repérables dans le tissu des images du rêve : la condensation et le déplacement. Ces deux grands modes constituent ensemble ce que Freud a appelé le processus primaire, processus caractéristique du système inconscient et opposable pour cette raison au processus secondaire, caractéristique, lui, du système conscient. Ces notions sont intéressantes à considérer à plus d'un titre. Premièrement, elles ont été utilisées – au même titre que les notions rhétoriques et souvent mélangées avec elles – dans les études sémiologiques consacrées à l'analyse des images. Deuxièmement, et cela explique le premier point, les notions de déplacement et condensation ont été systématiquement mises en rapport – quelquefois identifiées – avec celles de métonymie et métaphore. Or, cette assimilation est d'un grand intérêt théorique pour la recherche des modes les plus fondamentaux du fonctionnement signifiant des images et de ses variations. Troisièmement, les corrélations établies par Freud entre primaire et inconscient d'une part, secondaire et conscient d'autre part, posent à nouveau – et permettent d'approfondir – la question des différents niveaux de conscience impliqués par les signes. Ces raisons conduisent à reprendre – une nouvelle fois – l'examen de ces notions, en les situant cependant plus précisément dans la perspective qui a été la nôtre jusqu'ici.

Commençons par rappeler quelques définitions. L'opposition processus primaire/processus secondaire doit être mise en corrélation avec deux autres oppositions : celle entre l'inconscient et le conscient que nous venons d'évoquer et celle entre principe de plaisir et principe de réalité. Voici la définition que Laplanche et Pontalis donnent de cette opposition primaire/secondaire : « Les deux modes de fonctionnement de l'appareil psychique tels qu'ils ont été dégagés par Freud. On peut les distinguer radicalement :

a) du point de vue *topique* : le processus primaire caractérise le système inconscient, le processus secondaire caractérise le système préconscient-conscient ;

b) du point de vue *économico-dynamique* : dans le cas du processus primaire, l'énergie psychique s'écoule librement, passant sans entraves d'une représentation à une autre selon les mécanismes de déplacement et de condensation ; elle tend à réinvestir pleinement les représentations attachées aux expériences de satisfaction constitutives du désir (hallucination primaire). Dans le cas du processus secondaire, l'énergie est d'abord « liée » avant de s'écouler de façon contrôlée ; les représentations sont investies d'une façon plus stable, la satisfaction est ajournée, permettant ainsi des expériences mentales qui mettent à l'épreuve les différentes voies de satisfaction possibles. » (1968 : 341).

Le point b) de cette définition concerne précisément l'opposition plaisir/réalité. Il y est précisé la manière dont le processus primaire régit le passage d'une représentation à l'autre : sans entraves. Quant aux mécanismes de déplacement et de condensation qui effectuent ce passage, ils sont définis plus précisément de la manière suivante. En ce qui concerne la condensation, d'abord : « Un des modes essentiels du fonctionnement des processus inconscients : une représentation unique représente à elle seule plusieurs chaînes associatives à l'intersection desquelles elle se trouve. Du point de vue économique, elle est alors investie des énergies qui, attachées à ces différentes chaînes, s'additionnent sur elle. » (*op. cit.,* 89). En ce qui concerne le déplacement, ensuite : « Fait que l'accent, l'intérêt, l'intensité d'une représentation est susceptible de se détacher d'elle pour passer à d'autres représentations originellement peu intenses, reliées à la première par une chaîne associative. » (*op. cit.,* 117).

Il sera sans doute utile d'illustrer ces notions par un exemple. Prenons le *rêve de la monographie botanique*, un des multiples rêves analysés par Freud dans son *Interprétation des rêves*. Le contenu manifeste du rêve est celui-ci : « J'ai écrit la monographie d'une plante (d'espèce indéterminée). Le livre est devant moi, je tourne précisément une page où est encarté un tableau en couleurs. Chaque exemplaire contient un spécimen de la plante séchée, comme un herbier. » (1967 : 245). Dans ce rêve, dit Freud, l'élément frappant est la monographie botanique. C'est à partir de cet élément que l'on peut remonter jusqu'au centre du rêve. « On voit aussitôt que la « monographie botanique » se rapporte à un *travail sur la cocaïne* que j'ai écrit autrefois ; de là, une association d'idées conduit d'une part à un livre jubilaire et à certains faits qui se sont passés dans un laboratoire de l'université, d'autre part à mon ami l'*oculiste Königstein* qui a contribué à l'utilisation de la cocaïne. Au Dr K... se rattache d'autre part le souvenir de notre conversation interrompue de la veille au soir, puis de nombreuses réflexions sur le moyen de rétribuer les services médicaux rendus entre collègues. Cette conversation est d'ailleurs la véritable instigatrice du rêve (...) » (*ibid.,* 245).

Sans être étranger à la condensation – les deux processus, du reste, ne sont pas opposables comme le blanc et le noir –, le trajet qui conduit de la monographie à la conversation sur les services rendus entre collègues illustre assez bien le déplacement comme passage sans entraves d'une représentation à une autre. La suite de l'interprétation freudienne de ce rêve met davantage en relief le processus de condensation. Chacun des éléments « monographie » et « botanique », explique Freud, « [...] pénètre profondément par des associations nombreuses dans le chaos des pensées du rêve.

Au mot *botanique* se rattachent les souvenirs du *Dr Gärtner* et sa *florissante* jeune femme ; de ma malade *Flora* ; de la dame à qui son mari avait oublié d'apporter des *fleurs*. *Gärtner*, de plus, fait penser au laboratoire et à la conversation avec *Königstein* ; il a été question des deux malades au cours de cette conversation. La dame aux *fleurs* m'amène à songer à la *fleur favorite* de ma femme, etc. » (*ibid.*, 245). L'élément botanique est un véritable nœud où se croisent plusieurs chaînes associatives. Il est, selon un autre concept freudien, « *surdéterminé* ».

Il est particulièrement intéressant, pour ce qui va suivre, de noter la manière dont la condensation opère. La condensation se repère – elle se montre à l'œuvre – lorsqu'un élément (personne, objet, etc.), tout en restant lui-même, fait allusion à plusieurs autres. Il y a identification entre ces éléments, comme le montre un autre exemple de rêve, celui du *rêve de l'injection faite à Irma* : « Le personnage principal de ce rêve est ma malade Irma ; elle est une avec ses traits propres et par conséquent représente en premier lieu elle-même. La position dans laquelle je l'examine près de la fenêtre provient du souvenir d'une autre personne, de la dame que je préférerais soigner en échange, ainsi que le montrent les pensées du rêve. Dans la mesure où Irma a les membranes diphtériques qui rappellent mes inquiétudes au sujet de ma fille aînée, elle représente mon enfant… » (*op. cit.*, 254). Toutes sortes de personnes se dissimulent derrière l'Irma du rêve qui devient, comme le dit Freud, une sorte d'image générique. Cette image procède déjà d'une sorte de mélange puisqu'elle apparaît dans certaines situations associées aux personnes qu'elles recouvre. Mais le mélange apparaît plus franchement lorsque la condensation rassemble plusieurs éléments en une unité disparate, un personnage composite, par exemple, réunissant les traits de plusieurs autres personnes : « La personne du rêve peut porter le nom d'un des individus qu'elle représente […] tandis que les traits sont ceux d'une autre ; ou bien l'image du rêve peut être faite de traits qui dans la réalité sont ceux des deux personnes. » (*op. cit.*, 276). À l'inverse de cette sommation de traits, la condensation de plusieurs éléments peut procéder par estompage de leurs traits qui ne coïncident pas et renforcement des traits qu'ils ont en commun.

On comprend que les notions de condensation et de déplacement aient été corrélées – et même identifiées – avec les deux grandes figures de la rhétorique : la métonymie et la métaphore. Le déplacement qui conduit de la monographie botanique au professeur K. en passant par l'un ou l'autre laboratoire semble bien, comme la métonymie, suivre un chemin d'associations par contiguïté. Quant à la condensation, il semble évident que les rapprochements qu'elle réalise relèvent de la similarité ou de la ressemblance.

Freud disait encore à propos de la condensation : « Une seule des relations logiques est favorisée par le mécanisme de la formation du rêve. C'est la ressemblance, l'accord, le contact, le « de même que » ; le rêve dispose pour les représenter de moyens innombrables [...] » (*op. cit.*, 275).

Nous ne discuterons pas ici des rapports qui, dans la conception psychanalytique, lient à la notion de processus primaire, les notions de censure, de refoulement, etc. Ce n'est pas notre objet. Quant à ce qu'on peut penser du rapport primaire/secondaire du point de vue cognitif, on y viendra un peu plus loin. Pour le moment, les remarques les plus intéressantes à formuler procèdent du point de vue sémiologique et concernent les signes et opérations des signifiants.

Métonymie et métaphore, déplacement et condensation, sont donc des notions largement similaires. Mais elles ne sont pas complètement identiques[15]. Leurs différences viennent essentiellement de la nature des signes entrant en jeu. Nous l'avons dit, métonymie et métaphore procèdent d'une interaction verbal/iconique tandis que la condensation et le déplacement freudiens s'enracinent beaucoup plus profondément dans l'élément iconique[16].

Les processus primaires inhérents aux images du rêve laissent clairement paraître leur associativité, beaucoup plus clairement que les figures de rhétorique. Dans l'interaction verbal/iconique dont procèdent celles-ci, le verbal, avons-nous vu, rattrape et stabilise continuellement les associations d'images, si bien que les processus associatifs eux-mêmes (glissement par contiguïté, superposition par analogie) disparaissent en quelque sorte derrière leur produit dans la logique digitale, si bien aussi que lorsqu'ils nous apparaissent, c'est sans doute avec quelques déformations qui viennent de la pensée verbale qui les réfléchit. Ce qui s'apparentait à de l'indifférenciation apparaît comme relevant de la correspondance ou de la comparaison entre éléments séparés.

Sur le thème des déformations imposées par le processus secondaire de la pensée verbalisée au processus primaire de la pensée imaginaire, Metz a formulé des remarques très éclairantes montrant à la fois la confusion

15. Les similarités et différences ont été très finement analysées par Metz dans l'article déjà cité.
16. Nous ne dirons pas qu'ils concernent exclusivement cet élément car ce serait sans doute faux : il est, en effet, difficile de concevoir un type de signe qui ne subirait d'aucune manière l'influence d'autres signes. Du fait, par exemple, que les images du rêve proviennent en partie de la vie perceptive consciente et que celle-ci subit les structurations effectuées par le discours, on peut conclure qu'il n'existe pas d'élément iconique pur.

associative propre à la pensée onirique et la logique différenciatrice que lui impose la pensée secondaire : « Soit le déplacement, sous sa forme primaire. On le définit couramment par le fait que la charge psychique se transporte d'une représentation à une autre. Mais la définition – et il ne saurait en être autrement – repose dès le départ sur une insurmontable contradiction interne. Elle fait semblant de croire (et parfois elle croit, ce qui est plus grave) que, entre ces deux représentations, il existerait quelque part une relation « véritable », authentique, consistant justement en ceci qu'elles sont deux. Elle risque ainsi de faire apparaître le déplacement comme une manifestation surajoutée et saugrenue, de l'ordre du cocasse, une manière d'illusion d'optique qui « voit » un seul objet (ou du moins quelque transitivité radicale, substantielle, entre objets) là où il y en a deux bien distincts. Mais où y en a-t-il deux bien distincts, sinon dans la pensée secondaire, qui conduit tout ce raisonnement où elle est à la fois juge et partie ? Le propre du déplacement, c'est qu'à ses yeux (car il en a, ou plutôt il en est), « un » et « deux » ne sont pas contradictoires : si mon rêve déplace sur la personne d'une amie l'ensemble de mes images maternelles [...] il n'y a pas à se demander si l'amie et la mère sont ou ne sont pas distinctes, le déplacement joue sur la non-pertinence de cette question, sur la vertu spécifique qu'a la figure de l'amie (terminus de ce déplacement) d'être et de n'être pas ma mère : faute de cette aptitude, pas de déplacement, du moins sur l'amie. » (1977 : 322-323). Le déplacement du processus primaire est une transition globale, un passage au cours duquel une image disparaît en même temps qu'elle se transforme en une autre.

Dans les superpositions d'éléments iconiques qui caractérisent davantage la condensation, il y a bien quelque chose d'une distinction sous l'analogie – d'une dualité sous l'unité du personnage composite, par exemple – mais c'est l'analogie ou l'unité qui domine. C'est ce qu'exprime encore très bien Christian Metz : « Petite mise en scène de la condensation : je rêve de monsieur X (une personne de ma connaissance) et je vois un rhinocéros. Je ne doute point que ce soit M. X, et je ne doute point que ce soit un rhinocéros : deux certitudes que je vais conserver à mon réveil. Mais mon rêve en avait une troisième : il s'agissait d'un seul et même être, l'évidente unité de la figure onirique n'était en aucune façon menacée par la dualité de M. X et du rhinocéros, elle aussi clairement établie dans le rêve. » (*op. cit.*, 325). Au contraire, à travers le discours verbal, la superposition identifiante a tendance à se déployer dans la comparaison : « L'acte de comparaison est par lui-même un compromis : j'entérine le rapprochement entre M. X et le rhinocéros, je l'admets dans la conscience, mais j'en atténue la portée (je ne rêve plus), j'ai soin de préciser (...) qu'il n'est justement rien de plus qu'un

« rapprochement », et ce mot exprime (à ma place, parce que c'est son sens dans ma langue) la double idée d'une séparation substantielle et d'un geste second de proximation [...] Comparaison : j'énonce une association, mais je la tiens à distance ; je la laisse passer, encore un coup, et je l'empêche de passer. Les modalisateurs explicites (« comme », « ainsi que », « ressembler à », etc.) sont spécialement affectés à cette fonction défensive [...] » (*op. cit.*, 327).

Autrement dit, les comparaisons et rapprochements effectués par les modalisateurs explicites sont un produit de l'opération du langage lui-même sur les images du rêve, car ce que révèlent celles-ci, quand on y réfléchit bien, c'est la profonde indifférenciation qui règne dans le processus primaire. Le rêve, comme nous l'avons expliqué plus haut, implique une confusion entre le sujet percevant et le spectacle, et l'on voit bien maintenant que cette confusion sujet/spectacle implique confusion entre les éléments du spectacle eux-mêmes. Il ne pourrait en être d'ailleurs autrement puisque, comme nous l'avons vu également, il faut prendre de la distance pour que les éléments perçus se disjoignent. Dans ces conditions – conditions dans lesquelles, on le voit encore ici, se trouvent corrélés le psychologique et le sémiotique –, le « langage » des images du rêve ne peut que signifier par déplacement et condensation. Notons ici l'ambiguïté mais aussi l'intérêt de la notion de comparaison comme caractéristique des opérations effectuée par l'esprit. La comparaison est sans doute, comme le pense Langacker (*op. cit.*, 101), l'aptitude la plus fondamentale de l'esprit humain, mais il faut alors l'entendre comme une activité spontanée, implicite, non consciente, de rapprochement entre choses perçues qui nous les fait les assimiler les unes aux autres ou les séparer – d'une séparation vécue plutôt que pensée. La notion piagétienne d'assimilation correspond du reste à la même opération. Il est vraisemblable que le processus primaire – en particulier la condensation – relève de cette aptitude. Les opérations effectuées par les modélisateurs explicites dont parle Metz procèdent quant à elles de cette même aptitude fondamentale mais ayant pris au travers du langage une forme consciente de rapprochement explicite entre choses maintenues distinctes devant l'esprit. On reviendra encore sur cette question.

17 MÉTAPHORE, MÉTONYMIE, CONDENSATION ET DÉPLACEMENT DANS LES IMAGES MATÉRIELLES

Les images matérielles (photos, peintures, affiches, films, etc.) se situent sans doute entre la rhétorique verbale et les images oniriques. Nombreux sont les auteurs ayant perçu la proximité entre les images matérielles et les images du rêve, et leur fonctionnement commun selon le processus primaire. Les termes psychanalytiques de déplacement et de condensation ont été souvent utilisés pour décrire les opérations signifiantes inhérentes aux images matérielles. Il ne faut cependant pas négliger les différences.

Concernant le rapport spectateur/image, nous avons montré plus haut que les images matérielles (en particulier les images filmiques) sollicitent participation et identification, bien plus que ne le fait le réel de la perception ordinaire. Cependant, on vient de le rappeler, cette adhésion au spectacle n'a pas le degré de profondeur qu'elle peut atteindre dans le rêve. Dans celui-ci, la régression vers l'indifférenciation primitive est beaucoup plus nette. L'absorption du rêveur dans les images est presque totale. C'est sans doute pour cela que Freud a pu écrire ces lignes : « C'est la personne même du rêveur qui apparaît dans chacun des rêves, je n'ai trouvé aucune exception à cette règle. Le rêve est absolument égoïste. Quand je vois surgir dans le rêve non pas mon moi, mais une personne étrangère, je dois supposer que mon moi est caché derrière cette personne grâce à l'identification. » (*op. cit.*, 278). Entendons que la *personne étrangère* perçue dans le rêve ne peut pas être différenciée du moi, même si ses traits sont étrangers à ceux que le rêveur se sait posséder dans la vie consciente.

Le spectateur de cinéma – et a fortiori celui des autres images – ne connaît, comme le dit J.-L. Baudry, qu'une régression artificielle. Il reste en contact, dans une certaine mesure, avec le monde réel et son moi propre. Il conserve un certain contrôle de la situation et de son propre état. Il reste même capable, si besoin en est – pour comprendre une intrigue difficile ou saisir la portée d'une ellipse inhabituelle – de réflexion et d'inférence logique. C'est dire que, corrélativement, les éléments du monde imaginaire restent relativement isolables. Le spectateur d'une image matérielle peut parcourir ou garder en mémoire les différentes parties qui la composent. À l'autre bout de la communication iconique, le concepteur d'images peut, lui, manipuler ou traiter ces parties en vue d'un effet qui sera, bien sûr global, mais dont la composition résultera d'une activité de *montage* à la fois intuitive et raisonnée, consciente et inconsciente.

Il reste que l'image est image, qu'elle ne possède pas d'opérateurs logiques, et que les phénomènes de participation et d'identification qu'elle favorise rendent son spectateur disponible pour des rapprochements semblables, dans une certaine mesure, à ceux du processus primaire du rêve. On va voir que l'essentiel de ses effets de sens réside dans de tels rapprochements.

18 POLYSÉMIE DES IMAGES

Soit cette photographie de Paul Almasy (cf. illustr. 7). Si l'on demande à un ensemble d'individus de fournir une légende à cette photographie, on obtient des réponses aussi diverses que « partie de carte », « un ouvrier se fait molester par son patron », « dessous de table », « samedi soir », etc.[17]. Tout dépend de la manière dont le spectateur accommode sa perception et entre en relation avec les personnages et les objets de la photographie. Cette accommodation, nous l'avons expliqué plus haut, enveloppe toute une activité mimétique de projection/identification dépendant à la fois des éléments perçus et de l'expérience du sujet. L'interprétation « un ouvrier se fait molester par son patron » suppose que l'attitude du personnage aux souliers soit ressentie comme rigide, voire menaçante, et que celle du personnage aux pieds nus soit, au contraire, vécue comme soumise. On est forcé ici d'utiliser des termes comme « ressentie » ou « vécue » car la rigidité ou la soumission ne sont pas ici des signifiés intellectuels, des pensées ou des concepts qui viendraient à l'esprit en regardant les personnages. La rigidité ou la soumission sont plutôt des qualités des comportements perçus – ou, mieux, revécus – par le spectateur au cours d'une mise en correspondance de son corps propre avec le corps perçu.

L'interprétation « partie de cartes » suppose une tout autre accommodation, au sein de laquelle les gestes des personnages seront ressentis tout différemment : décontractés par exemple. Et pas seulement les gestes ; les meubles eux-mêmes changeront de sens, ainsi que tous les éléments du décor. Une table de patron n'a pas la même physionomie qu'une table à jouer aux cartes : la première fait corps avec la rigidité du patron – normalement, elle semble appartenir à ce dernier – tandis que la seconde participe de la décontraction générale. Ces dernières remarques montrent la solidarité des éléments d'une image au sein du sens global qui se dégage d'une

17. Nous avons réalisé plusieurs fois cette expérience en prenant pour sujets des étudiants en communication.

accommodation : tous les éléments s'ajustent de façon cohérente à ce sens global. Chacune des accommodations possibles – et elles sont nombreuses – aboutit à une *Gestalt* dans laquelle chaque élément est vécu en fonction des autres.

Illustration 7[18]

Ces *Gestalten,* par ailleurs, ne concernent pas seulement les éléments immédiatement perçus ; elles concernent également les éléments non perçus mais impliqués par les premiers. Sur ce point, la photographie d'Almasy présente une configuration visuelle intéressante : la partie visible du contexte dans lequel évoluent les personnages – le décor – y est particulièrement réduite, les personnages eux-mêmes ne sont vus qu'en partie. Or, au sein d'une accommodation, quelle qu'elle soit, tous ces éléments non visibles sont en quelque sorte préfigurés. On ne dira pas « figurés » car cela signifierait que le spectateur imagine les détails concrets des physionomies des personnages et du décor. Les figures des personnages et les décors sont

18. *Le péon et le percepteur*, Paraguay, 1964.

simplement appréhendés dans leur allure générale. Par exemple, dans l'interprétation « un ouvrier se fait molester par son patron », la rigidité ressentie à partir de la partie visible du patron (principalement les jambes) rejaillit, à travers le corps propre du spectateur, sur la partie invisible (le tronc, le port de tête, les bras) dont la configuration est alors saisie (c'est-à-dire ébauchée par le corps propre et projetée sur l'image) comme « manière » rigide. Bref, une image sollicite de la part du spectateur une accommodation perceptive et celle-ci fait surgir l'une ou l'autre configuration significative cohérente, enveloppant à la fois le visible et l'invisible.

La polysémie de l'image, c'est donc cette variabilité du sens qu'elle peut prendre en fonction de la multiplicité d'accommodations mimétiques dont elle peut faire l'objet. Cette variabilité n'est pas seulement interindividuelle ; elle est aussi intra-individuelle, sans quoi il n'y aurait pas vraiment polysémie. Je peux, en tant que spectateur, sentir la diversité des sens dont peut se remplir l'image. Si, sur la photo d'Almasy, je perçois un patron, et que mon voisin perçoit un joueur de cartes, cela ne me surprend pas ; ce sens de l'image m'apparaît tout aussi plausible et du reste, je peux le faire surgir moi-même par une variation d'accommodation. L'image apparaît comme une forme – un signe vide – que l'on peut remplir de différentes façons. La « complétude » de l'image dont nous parlions plus haut s'accommode parfaitement de cette ambiguïté. Dans le réel, les choses demandent à être désambiguïsées et identifiées. Je ne pourrais me contenter, voyant une personne attablée, de penser qu'il s'agit d'un patron ou d'un joueur de cartes, et si je m'en contente, je garderai néanmoins à l'esprit que cette personne perçue est objectivement quelque chose de précis et de nommable (un patron, ou un joueur de cartes ou autre chose). La réalité est quelque chose que je dois découvrir. L'image, parce qu'elle est simple projection subjective, supporte et même favorise dans certains cas l'ambiguïté. Il n'y a que lorsqu'elle se donne explicitement comme image référentielle (photographie de presse, image scientifique) ou lorsqu'elle se livre comme le produit d'une intention expressive (celle de l'auteur qui s'exprime et veut signifier quelque chose de relativement précis sur le monde et sur lui-même) qu'elle demande à être identifiée et observée. Ces deux références (au monde d'une part, à celui qui s'exprime sur le monde d'autre part) restent toujours possibles puisque le spectateur d'images reste marginalement en contact avec le réel. Encore faut-il que la référence au monde – au « ça a été » disait Barthes à propos de la photographie – ne soit pas prétexte à une pure appropriation subjective comme dans le cas des photos de la presse à sensation.

Ces dernières remarques nous conduisent à relativiser les choses : l'image est polysémique, plus que le mot mais pas autant que les images oniriques. Ces dernières n'ont plus aucun lien avec le monde objectif et le rêveur, qui n'a même plus d'attache avec son moi, se laisse aller à toutes les dérives qui s'expriment dans la mouvance des processus primaires : les images glissent les unes dans les autres (l'image entraîne le rêveur qui entraîne l'image). Quant au mot, il comporte normalement un noyau définitionnel fixe – son sens tel qu'il est consigné dans le dictionnaire – qui détache son signifié de l'ensemble des configurations qu'il peut évoquer. Le dictionnaire attribue au mot « table » une définition précise mettant en relief la forme de l'objet. Une table apparaissant dans un rêve se trouverait immanquablement enfuie dans un entrelacs d'images associées – comme l'élément floral dans le rêve de la monographie botanique examiné plus haut. La table de la photographie d'Almazy possède une forme stable qui la rend identifiable comme table ; c'est son sens dénoté. Mais celui-ci n'apparaît généralement comme tel que suite à un effort particulier d'attention, car ce qui s'impose d'emblée au spectateur participant, c'est la (ou les) physionomie(s) particulière(s) qu'elle prend pour lui en fonction des accommodations perceptives que supporte l'image et qui témoignent de ce que celle-ci, comme les images oniriques mais sans doute avec moins de labilité, se trouve mise en liaison avec d'autres images.

Il nous faut maintenant aborder la question essentielle à laquelle nous conduit ce raisonnement : d'où viennent les multiples accommodations que rend possibles une image et qui expliquent sa polysémie ? Il est évident qu'il faut faire intervenir ici l'expérience perceptive du spectateur, en tant qu'être individuel, mais aussi en tant qu'être collectif.

19 CONTIGUÏTÉ, SIMILARITÉ

L'interprétation « un ouvrier se fait molester par son patron » ne peut s'expliquer que si le spectateur, en même temps qu'il perçoit la scène représentée, la situe dans un contexte spatio-temporel plus large (par exemple, l'histoire des rapports de production à une certaine époque, en un certain lieu) ou s'il l'assimile à d'autres scènes semblables perçues dans le réel, ou, plus sûrement, sur l'une ou l'autre (ou plusieurs) de ces nombreuses images que notre culture a produites comme illustrations des rapports de type dominant/dominé, exploiteur/exploité, etc. On aura reconnu ici le jeu des associations par contiguïté ou similarité et il nous faut formuler quelque précisions importantes à leur sujet.

En premier lieu, il apparaît que contiguïté et similarité apparaissent à plusieurs niveaux. Nous avons déjà rencontré l'effet de la contiguïté dans ces rapports d'interdépendance entre les éléments perçus et leur continuation non perçues. Quant à la similarité, elle nous est déjà apparue dans le processus de constitution de l'image comme substitut du réel. Ce que l'on voit ici, c'est que les principes de contiguïté et de similarité jouent à des niveaux supérieurs de l'élaboration du sens. On va bientôt y venir plus précisément.

Une seconde précision concerne la notion d'association. Ce terme peut faire penser à un enchaînement d'images distinctes. Or, il n'est pas nécessaire que soient reconnues explicitement les images associées. C'est généralement immédiatement qu'un personnage est perçu comme patron ou joueur de cartes. Dans la publicité Panzani analysée par Barthes, la tomate n'évoque pas explicitement l'Italie ; ce n'est pas pour rien que Barthes a choisi le terme d'« italianité » qui semble désigner une qualité de l'objet tomate plus que le pays lui-même. La tomate porte l'italianité en elle-même. C'est-à-dire qu'elle porte un sens qui lui vient de sa participation à des images d'Italie – perçues par ailleurs – tout comme la table patronale examinée plus haut porte une physionomie qui lui vient du contexte global de sens perçu sur l'image. Disons encore les choses autrement : percevant la tomate, je m'apprête à percevoir un voisinage de choses diverses plusieurs fois entrevues (soleil, plage, couleurs, mouvements, pâtes...), et cette simple ébauche d'activité perceptive possible rejaillit sur ma perception de la tomate, modifiant aussitôt sa physionomie. Lorsque les deux personnages de la photographie d'Almasy sont perçus comme patron et ouvrier, ce n'est généralement pas à la suite d'une comparaison explicite avec d'autres images. Il vaut mieux dire qu'ils sont reconnus comme patron et ouvrier sous l'effet d'une ressemblance avec des configurations déjà perçues et ayant déjà fait l'objet d'une accommodation perceptive ; les figures perçues font l'objet d'une accommodation semblable et révèlent des physionomies de patron, d'ouvrier, de joueur de cartes...

On voit combien ces phénomènes s'accommodent mal du vocabulaire linguistique (Sa et Sé de connotation) que la sémiologie d'inspiration saussurienne leur a appliqué. Il n'y a pas dans le sens connoté, de séparation entre le signifiant et le signifié. Il n'y a pas non plus de signifié au sens de concept ou de classe générale. Il n'y a que des images associées qui se contaminent l'une l'autre. Il n'y a, autrement dit, que des transferts au sein de l'activité perceptive : des images ou éléments d'images sont perçus en fonction d'autres images ou éléments d'images. Il y a bien, dans l'assimilation par similarité, une ébauche d'abstraction dans la mesure où quelque chose de semblable apparaît dans deux choses, mais on est loin du concept. Un schéma peut résumer tout cela :

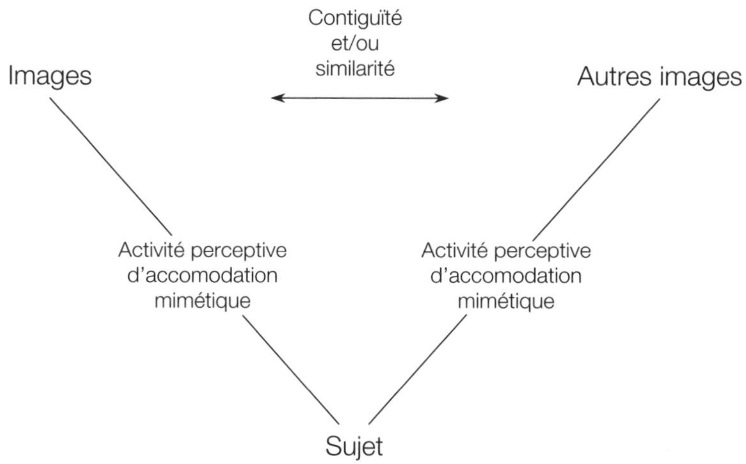

Jusqu'à présent, nous avons enveloppé dans un même discours général le principe de contiguïté et le principe de similarité. Mais nos dernières remarques suggèrent qu'il existe certaines différences entre ces deux principes.

La contiguïté fait qu'un élément iconique participe d'un contexte. Autrement dit, cet élément annonce – ou anticipe – un contexte perceptif et subit l'influence de ce contexte. La similarité, elle, n'annonce pas. Elle fait se superposer, se recouvrir, deux expériences perceptives et c'est à travers ce mécanisme de superposition qu'un élément iconique est perçu en fonction d'un autre. On voit bien qu'il ne s'agit pas exactement de la même chose, même si les deux principes aboutissent également à des interférences d'activité perceptive. Il y a, entre les deux, une dissymétrie que Metz a explicitée aussi bien à propos du couple métonymie/métaphore que du couple déplacement/condensation : la contiguïté, écrit-il, est « un lien "réel" (senti comme réel) ; la ressemblance, un lien "senti" (senti comme senti) » (1977 : 244). Et plus loin dans le même texte, à propos de la condensation : « *une figure* enfin (= un visage) où l'on reconnaît la métaphore bien plus que la métonymie, sans doute parce que la première (...) mobilise des ressemblances ou des contrastes qui sont beaucoup moins inscrits dans les glissements "naturels" d'objet à objet, dans les voisinages préexistants offerts par l'expérience perceptive, des ressemblances ou des contrastes qu'il faut davantage *remarquer*, qui font davantage appel à un acte mental de superposition, de mise en face (confrontement), de recouvrement » (*op. cit.*, 298).

Dans notre perspective, nous dirons que les manifestations iconiques du principe de contiguïté, tout comme ses manifestations verbales (la métonymie au sens propre), sont les héritières de l'indice, ce premier mode de signification apparaissant dans la genèse de la fonction sémiotique. Et de fait, comme Metz en exprime l'idée, ces manifestations restent fortement liées à l'expérience des choses. D'une certaine manière, la tomate renvoie à l'italianité comme, dans l'expérience primitive de l'enfant, le craquement d'une porte annonce l'arrivée de la mère, où la partie visible d'un objet permet d'anticiper la partie invisible. C'est cela qui fait écrire à Lakoff : « La métaphore et la métonymie sont des catégories différentes de processus. La métaphore est principalement un moyen de concevoir une chose en terme d'une autre, et sa fonction première est la compréhension. La métonymie, au contraire, a avant tout une fonction référentielle : elle nous permet d'utiliser une entité pour tenir lieu d'une autre. » (1985 : 45).

Cela fait penser que, si la notion de code peut convenir à l'image, cela doit provenir plus de la contiguïté que de la similarité. Ce n'est pas pour rien que Barthes, dont le but est bien la découverte du code dans l'image, insiste sur la métonymie (tomate + poivron + couleurs = italianité). Le signe de connotation qui a, selon Barthes, pour signifiant la composition de la publicité et pour signifié la « nature morte » est moins probant. La liaison est moins inscrite dans les choses, il faut sentir la similitude. Quoi qu'il en soit, cette dissymétrie n'est pas essentielle à la compréhension du sens de l'image. Plus important pour celle-ci est l'enchevêtrement des liaisons métonymico-métaphoriques.

20 LES RÉSEAUX MÉTONYMICO-MÉTAPHORIQUES

Ce n'est pas seulement globalement que l'image évoque d'autres images par similarité et/ou contiguïté. Chaque partie d'une image peut jouer un rôle déterminant dans la formation des trajets associatifs qui déterminent le sens global de l'image. Par exemple, dans la photographie d'Almasy, les souliers bien cirés du personnage de gauche peuvent à eux seuls rappeler, par similarité avec certaines représentations stéréotypées, les chaussures d'un « maffieux ». Cette similarité ressentie induit alors par contiguïté un contexte caractéristique et la scène prend l'allure d'une conversation ayant pour objet une plainte, un règlement de compte, une menace, etc. Mais les mêmes souliers peuvent aussi apparaître immédiatement comme ceux d'un fonctionnaire, auquel cas le contexte induit change radicalement ainsi que la scène visible.

Sur le dessin de couverture d'un dépliant consacré aux soins dentaires, deux éléments apparaissent : une bouche nantie d'une dentition superbe et cinq étoiles. Sur l'image, les étoiles entrent en résonance avec les dents blanches, rendant celles-ci plus brillantes (comme des étoiles). Mais les étoiles sont aussi là pour évoquer le contexte des hôtels de luxe et associer à ce contexte le propriétaire de la dentition parfaite dessinée sur l'image. Et, comme celui-ci peut être le lecteur lui-même, ainsi que l'indique le slogan (« des soins cinq étoiles pour *vos* dents ») (cf. illustr. 8), ce dernier peut participer imaginairement à l'ambiance des salons de palaces.

Illustration 8[19]

Chaque élément d'une image peut être à l'origine d'une chaîne d'associations qui infléchit le sens des autres parties et celui du tout. Ainsi se constituent de véritables réseaux métonymico-métaphoriques combinant les effets de l'image globale à ceux des parties qui la composent.

Considérons un troisième exemple, l'image « *The tie that binds* » qui a fait l'objet d'une analyse très fouillée de la part de Fresnault-Deruelle (1983 : 155 et svt), analyse mettant bien en évidence le rôle des parties dans la constitution des réseaux métonymico-métaphoriques (cf. illustr. 9). L'image (à l'origine une carte postale), montre un homme dont on évoque le cou et le col, lequel col est décoré d'une cravate ayant forme de femme : une femme-cravate.

Illustration 9[20]

19. Source : dépliant publié par Infor Santé, service d'éducation à la santé des mutualités chrétiennes, Belgique.
20. Source : Fresnault-Deruelle, *op. cit.*, 156.

Différents réseaux associatifs peuvent être déclenchés par cette scène. L'association femme-cravate conduit, explique Fresnault-Deruelle, à une idée comme « se faire cravater » et de là à l'idée que le mariage est une entrave. Mais si l'attention du lecteur se centre sur les pointes du col dont la ressemblance avec les oreilles d'une chauve-souris pourra paraître évidente à certains, la femme-cravate se transformera en femme-vampire. « Quelque chose de sinistre sourd de cette scène de cauchemar. Pendue au cou de l'homme, la petite créature a la tête tournée vers cette partie du corps du partenaire mythologiquement sensible depuis que se colportent les histoires de vampire (on songe à la veine jugulaire) : comme « assoiffée d'amour » parce que « brûlant de passion », la femme, monstrueusement, semble se désaltérer. Nous connaissons, par ailleurs, cette façon qu'a la mante religieuse de dévorer le mâle pendant l'accouplement. Or, à bien y regarder, le phantasme de la métamorphose peut jouer présentement, pour peu qu'on accepte de voir dans les pointes rabattues du col cassé de l'homme à la fois la forme (*Gestalt*) d'une coiffe de nonne [...] et celle des oreilles dressées de la chauve-souris. De la nonne (religieuse) à l'horrible insecte carnassier (mante religieuse), puis de ce dernier au vampire (chauve-souris, « buveuse de santé ») un court-circuit s'opère donc qui renforce notre délire... » (*op. cit.*, 158). Si le regard du lecteur donne du relief à la forme du trou de serrure qui occupe le centre de l'image, une nouvelle configuration, toute différente, tendra à s'imposer : « le matériel graphique ostensiblement offert à la divagation se restructure pour coïncider à présent avec la figure d'un trou de serrure (pour tel lecteur c'est d'abord cette forme qui se sera imposée...). Alors, derrière la porte, tel un voyeur j'épie une pénétration ; la tête de la femme commence à s'immiscer dans l'ouverture-fenêtre dessinée par le col. Femme-phallus d'autant plus rêvée (apte à jouer ce rôle) que la cravate fait l'homme [...] » (*op. cit.*, 160). Mais le regard peut encore s'accrocher à d'autres éléments et faire valoir d'autres assimilations. L'image, en effet, s'offre à toutes sortes d'interprétations. La position de la femme les bras en croix ne peut pas ne pas évoquer, par similarité, la figure bien connue de la crucifixion et toute l'ambiance de sacrifice qui y est attachée. Dès lors, la femme-vampire se mue en figure de l'abnégation et l'homme, de victime qu'il était, se transforme en symbole d'égocentrisme mâle. On mesure bien, sur cette image, toutes les implications d'une seule métaphore sur l'ensemble des éléments d'une image. La femme-vampire implique la perception de l'homme comme victime tandis que la femme-Christ implique la perception de l'homme comme maître. Dans le jeu de ces implications, le plastron et le col raide pourront paraître tour à tour métaphoriquement comme linceul, ou comme cuirasse ou encore comme un insigne de virilité.

Il y a toujours une certaine cohérence dans l'ensemble des implications d'un réseau d'associations métonomyco-métaphoriques.

Les trois images que nous venons d'examiner – surtout la dernière – illustrent bien cette créativité métonymico-métaphorique que Guy Gauthier met au principe de la communication visuelle : « [...] l'image ne se construit pas à partir de règles (dont tout énonciateur dispose à l'avance et dont il peut faire le même usage que son voisin) mais de stratégies (qui impliquent des cheminements que le destinataire peut remonter en fin de parcours sans être en mesure de les prévoir) à base métaphorique [...] c'est la créativité qui est bien à la base de la communication visuelle ce qui ne dispense pas l'image d'avoir recours au lexique des objets » (1986 : 188).

Cependant, bien que leur sens relève du même principe, les trois images en question présentent certaines différences. La photographie d'Amalsy est un fragment de réel transposé sur la pellicule. Sans doute, ce fragment a-t-il été bien choisi et cadré, mais il n'a pas fait l'objet d'autres manipulations. C'est sans doute pourquoi son sens reste relativement imprévisible et dépend en grande partie de l'expérience personnelle du destinataire. L'image de la femme-cravate au contraire, est le résultat d'un montage, d'une sorte de collage de formes culturellement très marquées (la cravate, la croix, la chauve-souris...). La superposition de ces formes – ou leur condensation au sens freudien du terme – est à l'origine de multiples trajets associatifs comme on vient de le voir, mais ces trajets ne sont pas imprévisibles. L'image a été manipulée pour les susciter. L'image aux étoiles est également le produit d'un collage mais les associations qu'elle est capable de susciter apparaissent moins nombreuses ; elle est moins polysémique parce qu'elle poursuit un but précis. Ces dernières observations conduisent à s'interroger sur les possibilités de montages et finalement de codage des éléments iconiques et sur les opérations signifiantes qui en résultent.

21 MONTAGE ET CODAGE

Il sera sans doute utile, afin de bien situer ces problèmes relatifs au montage et au codage de résumer en quelques points les acquis des pages précédentes.

1) D'une façon générale, l'analogique s'oppose au digital comme le positif au négatif.

2) D'une façon générale également, l'analogique ne peut servir de base aux opérations de la logique digitale.

3) Les icones sont polysémiques au sens où elles sollicitent différentes sortes d'accommodations mimétiques ; chacune de ces accommodations fait surgir une configuration significative cohérente (*Gestalt*) enveloppant le visible et l'invisible.

4) Les variations d'accommodations perceptives dépendent des associations par contiguïté (métonymie) et/ou similarité (métaphore) par lesquelles les images ou éléments sont perçus en fonction d'autres images ou éléments.

5) Les associations par contiguïté et similarité concernent la dimension analogique de tous les langages, d'où leur manifestations – plus ou moins prononcées et transformées en raison de leurs rapports avec les aspects digitaux de ces mêmes langages – dans la rhétorique verbale, les images matérielles et le langage onirique.

6) Qu'elles partent de la globalité de l'image ou de certaines de ses parties, les associations constituent de véritables réseaux d'associations métonymico-métaphoriques dont les implications se développent de manière cohérente.

Nous pouvons maintenant préciser quelque peu les possibilités de montage qu'offre l'image. À l'origine du montage, se trouve la volonté d'infléchir d'une façon ou d'une autre le sens perçu sur l'image, c'est-à-dire l'activité perceptive d'accommodation à l'image. Pour cela, il faut agir sur le réseau associatif qui se trouve à l'origine du sens perçu.

Cette action peut s'exercer sur les voies d'association par contiguïté. Dans ce cas, il s'agira généralement de choisir des éléments qui, dans l'expérience commune, apparaissent indissociables de certains contextes. Ces éléments emporteront leur contexte avec eux et transformeront la perception du tout. Ainsi, il suffira d'introduire une tomate, un poivron et quelques couleurs bien choisies pour induire un contexte d'italianité qui rejaillira sur tous les éléments perçus et impliqués (par exemple l'ambiance du repas à la confection duquel doivent normalement servir les légumes). Il suffira, comme dans cette publicité pour la cigarette *Kent*, de placer dans l'image un socle de salle d'exposition (ou de musée) pour y introduire en même temps l'atmosphère de respect pour les objets de valeur qu'on trouve dans ces salles et faire participer à cette atmosphère tous les objets visibles (le paquet de cigarettes) et leurs usagers éventuels (le destinataire, fumeur virtuel) (cf. illustr. 10). Dans un film, un plan suffira pour évoquer un contexte connu et infléchir la perception de l'ensemble des autres plans.

Illustration 10

L'action sur les réseaux associatifs peut également emprunter les voies de la similarité. Dans ce cas, il s'agira d'orienter les assimilations métaphoriques entre éléments iconiques en obligeant le regard à percevoir l'un en fonction de l'autre, et à accommoder sur l'un comme il accommode sur l'autre. Pour cela, placer un élément (objet, personnage, événement) dans le contexte d'un autre peut suffire. Placé sur le socle d'une salle d'exposition, le paquet de cigarettes *Kent* revêt tous les attributs d'un objet d'art parce que le regard l'investit de la même manière que ce dernier. Un procédé à peu près semblable consiste à conférer à un élément visuel des traits qui le font ressembler à un autre. Dans l'affiche Mitterrand (« le socialisme, une idée qui fait son chemin »), les proportions du cadre motivent le regard à accueillir le contenu de l'image comme un spectacle en cinémascope. Mitterrand lui-même – nous l'avons vu – a des allures de personnage déjà vu.

Quelquefois l'assimilation d'un élément à un autre est obtenue par superposition d'éléments appartenant à l'un et à l'autre. Le personnage féminin apparaissant sur cette ancienne publicité *Shell* combine des traits appartenant à différentes figures (cf. illustr. 11, a, b, et c). Cette femme en maillot style 1930 émerge d'un coquillage comme la Vénus de Botticelli et porte un récipient sur l'épaule exactement comme le personnage féminin d'un célèbre tableau de Ingres (*La Source*), lequel personnage n'est pas lui-même sans évoquer quelque figure antique. La superposition est parfaite et situe la baigneuse dans la ligne des grandes figures féminines consacrées par les mythes et les arts. Du coup, le bidon d'huile Shell devient assimilable à l'amphore de la jeune fille peinte par Ingres – amphore dont il a pris la place – et l'huile elle-même devient semblable à de l'eau de source. Par ailleurs, le fait que cette huile-eau de source se déverse dans la coquille d'où émerge la Vénus-baigneuse 1930, nous indique que la source est source de vie. Mais les implications ne s'arrêtent pas encore là. La baigneuse-Vénus, d'une certaine manière, a pris la place de la voiture puisque, comme celle-ci, elle se nourrit d'huile, ce qui implique aussi qu'une voiture est comme cette femme, une déesse d'amour et de beauté que seule peut générer et maintenir au fil des siècles l'huile *Shell* comme source de vie.

On le voit, les divers procédés graphiques par lesquels un élément iconique est assimilé à un autre – ou à une série d'autres comme dans la publicité *Shell* – sont en gros semblables à ceux repérés par Freud dans le langage des rêves (cf. plus haut). On pourrait les préciser davantage mais cela ne nous apprendrait guère plus sur le principe général qui les sous-tend. Il s'agit toujours de réaliser des superpositions ou juxtapositions de deux ou plusieurs éléments de sorte que chacun d'eux ne puisse se percevoir qu'à travers le ou les autres.

Illustration 11a

Illustration 11b[21]

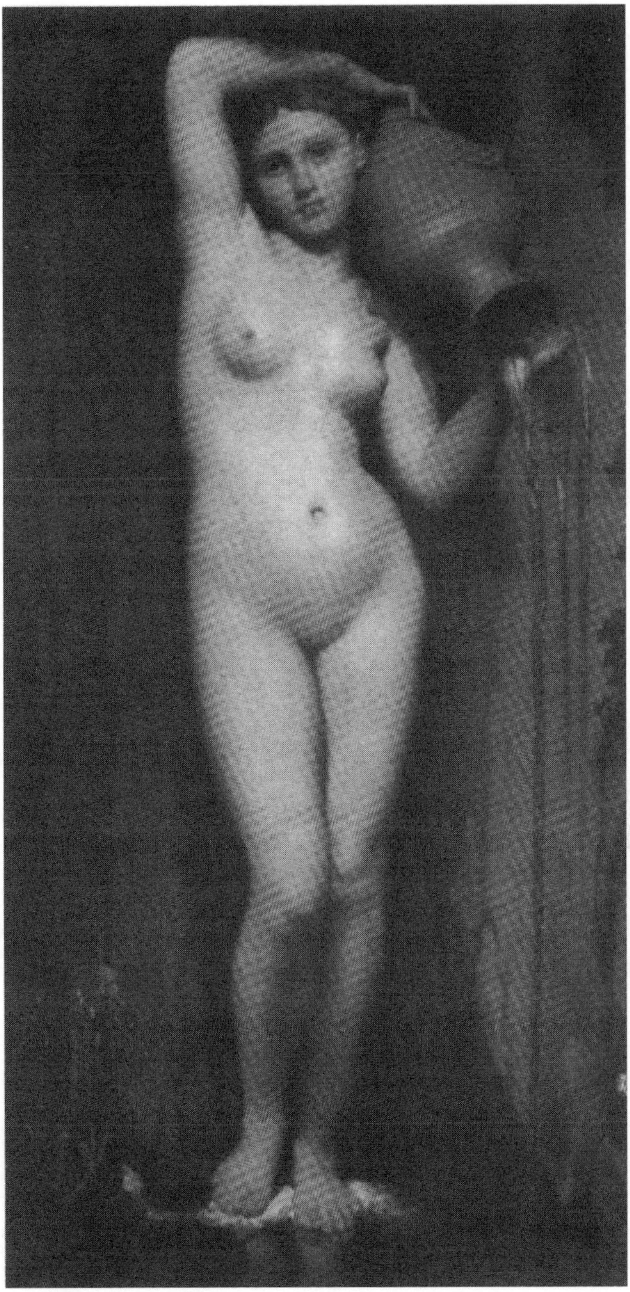

21. *La source*, Ingres, 1856, Musée d'Orsay, Paris.

Illustration 11c[22]

Il serait justifié de réserver les termes de métaphore et de métonymie aux différents procédés graphiques – procédés de montage au sens large – qu'on vient de passer brièvement en revue. Ces procédés, en effet, se rapprochent sensiblement des définitions données aux figures verbales au sens strict. De même que celles-ci se marquent par des substitutions de signifiants, ceux-là sont repérables dans l'image même (c'est surtout vrai pour la métaphore). Cependant, il ne faut pas perdre de vue que l'image se trouve

22. *Naissance d'Aphrodite*, Botticelli, vers 1486, Musée des Offices, Florence.

d'emblée dans un registre associatif. Dès lors qu'il est investit par le regard, un élément iconique se situe dans une continuité métonymico-métaphorique : il annonce toujours quelque chose d'autre (contiguïté) ou se présente souvent comme similaire à autre chose. Il n'y a pas de différence radicale entre les souliers cirés de la photo d'Almasy et la tomate de la publicité Panzani, si ce n'est que celle-ci fait partie d'un arrangement intentionnel, encore faut-il s'en rendre compte. Il n'y a pas non plus de différence radicale entre les rapprochements inscrits dans l'image (comme dans la publicité *Shell*) et ceux que peut suggérer n'importe quelle photographie « réaliste », si ce n'est que ces derniers relèvent davantage de l'interprétation personnelle du spectateur. Les « figures » iconiques ne sont pas, comme les figures verbales, le produit de deux logiques antagonistes : la digitale et l'analogique. Elle se présentent comme des associations préconstruites à l'intérieur même du tissu associatif des images. Elles sont, comme nous le disions plus haut, une manière d'orienter la perception assimilatrice vers certaines régions imaginaires à l'exclusion d'autres.

On comprend pourquoi la publicité et la propagande ont tellement usé de tels procédés. Leur but, en effet, est de profiter du pouvoir participatif des images en éliminant au maximum les inconvénients de la polysémie. On comprend aussi pourquoi ces procédés ont pu soutenir l'idée que les significations iconiques, comme celles du langage verbal, procèdent naturellement d'un code. Orienter les associations suppose que l'on s'appuie sur des liaisons déjà ancrées dans la culture. Il faut choisir des éléments déjà fortement associés à des contextes caractéristiques (des tomates, des étoiles…) ou suggérer des ressemblances avec des représentations iconiques bien connues d'un public large. La publicité et la propagande reposent en grande partie sur de telles représentations (emblèmes ou symboles s'enracinant profondément dans la culture, stéréotypes…) qu'elles renforcent à force de réitération, qu'elles transforment aussi en tenant compte des nécessités du moment ou des modes qu'elles contribuent elles-mêmes à créer ; il n'y a pas de solution de continuité entre la Vénus de Botticelli, la baigneuse *Shell* et les multiples baigneuses des publicités modernes qui, dans des baignoires, sous des douches, ou au bord de la mer, illustrent toujours le même thème : la femme et l'eau (sur la présence de ce thème dans la publicité, cf. Guy Gauthier, 1986, chap. 11).

Il n'est d'ailleurs pas que la publicité et la propagande pour user et abuser des stéréotypes. Les photographies de presse elles-mêmes, ces images que l'on pourrait croire issues du réel le plus brut, procèdent, en fait, au moyen de subtils rapprochements suggérés par la mise en forme, à une véritable interprétation symbolique du réel. Frédéric Lambert a mis au jour ce travail dans un livre consacré entièrement à la photographie de presse (1986). L'image de presse pense-t-il est en grande partie une mythographie. « Le mythe puise son sens dans la reconnaissance d'une forme exemplaire qui s'exprime à l'aide du symbole ou d'une graphie. Toute image figurative joue sur cette ambivalence [...] » (*op. cit.*, 23). Prenons un exemple : la nouvelle Miss France telle que représentée dans le journal *France-Soir* du 4 janvier 1980 (cf. illustr. 12).

Illustration 12

« Miss France est prise en contre-plongée. L'angle de prise de vue inscrit cette photographie dans l'imagerie et la symbolique républicaine, dans laquelle une république est symbolisée par une femme debout, avec un bras levé qui peut brandir soit un drapeau, soit le texte d'une déclaration, soit un fusil dans le cas du tableau de Delacroix : "La liberté menant le peuple aux barricades". Le cadrage et l'angle de prise de vue appartiennent sans aucun doute à l'iconographie républicaine [...] » (F. Lambert, *op. cit.*, 19). Il suffit de peu de chose pour contaminer le réel par des formes figées par la culture. La guerre du Golfe a été à l'origine d'une profusion d'images que l'on eût pu croire – par l'effet du cadrage, des couleurs, des angles de prises de vue – tirées d'un grand récit cinématographique hollywoodien.

Ainsi se constituent et se maintiennent des espèces de codes iconiques, mais on voit bien que ces codes sont autant, sinon plus, un produit de la manipulation de certaines images qu'une condition pour leur fabrication et leur lecture.

22 COHÉRENCE DES RÉSEAUX ASSOCIATIFS

Nous avons fait plusieurs fois allusion à la cohérence des significations (plus précisément des accommodations perceptives) issues des réseaux d'associations métonymiques et métaphoriques suscitées par une image. L'image de la femme-cravate (cf. plus haut l'image « *The tie that binds* ») est exemplaire à cet égard : la femme peut être sentie comme portée au sacrifice ou monstrueuse selon que les trajets associatifs la font percevoir comme femme-christ ou femme-vampire. Il est possible d'approfondir la manière dont se réalise cette cohérence en s'inspirant du modèle connexionniste[23] du fonctionnement de la cognition et, dans le cadre de ce modèle, en tentant de caractériser plus précisément les liens métonymiques et métaphoriques.

Si l'on appelle domaine[24] cognitif un ensemble d'éléments (choses, événements, concepts abstraits...) habituellement associés dans notre expérience mentale, on peut supposer que chaque élément d'une image perçue est susceptible d'évoquer plusieurs de ces domaines en fonction des liens de contiguïté ou de similarité que cet élément perçu entretient avec ces domaines. Les domaines évoqués par contiguïté sont les contextes, concrets ou abstraits, dans lesquels nous apparaît habituellement situé cet élément. Ce sont sans doute ceux qui viennent le plus naturellement à l'esprit. On peut supposer aussi que l'ensemble de ces domaines se trouve activé dans notre mémoire mais selon une gradation qui dépend de leur plus ou moins grande accessibilité, ou, autrement dit, de leur plus ou moins grande distance – sur

23. Le *connexionnisme*, un des grands paradigmes des sciences cognitives, suppose comme structure sous-jacente à la cognition, un réseau d'unités interconnectées – dont les neurones du cerveau fournissent le modèle – capables de s'activer ou de s'inhiber réciproquement suite au processus d'apprentissage.
24. La notion de *domaine cognitif* a été développée, notamment, par Langacker dans ses *Foundations of cognive grammar*, *op.* , 147 et svt).

le plan cognitif – à l'égard de l'élément évocateur. Les domaines évoqués par similarité sont ceux qu'une ressemblance entre certains de leurs constituants et l'élément évocateur a rappelés dans notre mémoire. On peut sans doute également supposer une possible pluralité de ces domaines ainsi qu'une gradation dans leur degré d'activation.

L'avantage de ce cadre conceptuel, c'est qu'il permet de comprendre la formation des significations à partir des interactions entre domaines évoqués.

Revenons à la publicité pour les pâtes Panzani. Les connotations relevées par Roland Barthes apparaissent maintenant comme les domaines rendus saillants par l'interaction des évocations. La tomate et le poivron évoquent le domaine des plantes potagères, celui, impliqué par le précédent, des plantes culinaires, celui, contigu, des activités et préparations culinaires, celui plus restreint des préparations culinaires d'inspiration méditerranéenne dont la cuisine italienne. Ce qui rend ce dernier domaine très saillant – plutôt que, par exemple celui plus général des plantes potagères –, c'est évidemment la proximité des pâtes et des couleurs très italiennes. Ces éléments se renforcent alors mutuellement et renforcent ensemble le contexte général d'italianité dont ils paraissent tous issus. La forme esthétique qui fait penser par similarité à la peinture renforce naturellement ce contexte général d'italianité tout en rendant saillants, à l'intérieur même de ce domaine, les aspects artistiques dont on connaît l'importance. La cuisine italienne en reçoit une allure picturale.

Mais voici un autre exemple, peut-être plus significatif des interactions impliquées par le processus associatif. Considérons les éléments iconiques apparaissant sur cette publicité Stassano (cf. illustration 13). Il n'est pas difficile d'énumérer les domaines auxquels renvoient les différents éléments iconiques repérés au plan de la dénotation (le yoghourt, le pot, les cerises, la cuillère) ni de voir ceux qui sont rendus les plus saillants au terme de leurs interférences : le domaine de la nourriture évidemment, mais aussi, compte tenu du slogan (« la douceur porte ses fruits ») celui de la nature y compris les phénomènes liés à la croissance et au renouveau. Mais concentrons-nous sur la cuillère. À elle seule, elle peut évoquer plusieurs domaines plus ou mois généraux ou spécialisés : celui des matières (domaine très peu apparent ici mais qui le serait sans doute davantage dans une publicité pour une marque de couvert), celui des ustensiles en général, celui des ustensiles de cuisine en particulier, celui de la nutrition et des gestes du repas... Compte tenu des autres domaines évoqués conjointement, c'est évidemment ce dernier qui occupe le premier plan.

Illustration 13

Mais la disposition de la cuillère en équilibre sur le pot transforme l'ensemble que constitue ces deux objets en une balance, et par le jeu de cette métaphore, d'autres domaines se trouvent convoqués, lesquels viennent interférer avec les précédents. La balance évoque le domaine des instruments de poids et mesure, celui des activités auxquelles donnent lieu ces instruments et tout particulièrement, puisque le domaine de la nourriture est déjà fortement activé, l'appréciation du poids du corps et au-delà, par contiguïté, l'ensemble des gestes relatifs aux soins du corps. Par ailleurs, la position de la cuillère sur le pot de yoghourt évoque, surtout dans le contexte impliqué par la balance, le concept plus abstrait d'équilibre, lequel, dans le contexte des soins du corps, s'applique spécialement à ce dernier, ce qui accentue encore les représentations relatives aux soins du corps. La balance, c'est aussi le symbole de la justice. Il est peu probable que le domaine de la justice, avec tout ce qu'il comporte, soit fortement activé, étant donné son éloignement des domaines relatifs au corps et à la nourriture. Mais il est néanmoins possible que le concept abstrait de justice prenne quelque relief sous l'instigation des idées activées de mesure et de poids et d'expressions métaphoriques devenues courantes dans le langage quotidien comme le « juste poids », la « juste mesure » et ce d'autant que le concept abstrait d'équilibre n'est pas étranger au domaine de l'ensemble des concepts utilisés dans le cadre de la justice.

Le jeu des associations et interférences ne s'arrête sans doute pas là. D'autre part, il n'est vraisemblablement pas le même pour tout le monde. Enfin, l'ordre séquentiel que nous avons imposé à ce jeu en tentant de le reconstituer verbalement est certainement factice car, selon toute vraisemblance, toutes les opérations décrites s'effectuent en parallèle. C'est comme cela que les conçoit la théorie connexionniste de l'esprit et du reste, nous n'avons aucune conscience d'une succession d'opérations mentales. On peut même dire que nous n'avons pas conscience du tout du processus. Il n'est pas complètement inconscient puisqu'on peut le réfléchir et tenter de le reconstituer verbalement. Mais nous avons aussi conscience que cette reconstruction rétrospective n'aboutit qu'à une sorte de dessin schématique et déformant d'une activité en très grande partie automatique et non réfléchie. Ce qui reste par contre très présent à l'esprit au terme du processus associatif, c'est l'aboutissement du processus en question. Nous l'avons dit, le signifié de connotation d'un élément iconique n'est pas comme le signifié d'un mot : une représentation réfléchie sur laquelle se dirige l'esprit à partir d'un signifiant transparent. Le processus associatif se résout en une accommodation perceptive, c'est-à-dire une manière de regarder accompagnée d'attitudes corporelles particulières impliquant certains sentiments. Dans notre exemple, le processus associatif ayant auréolé l'élément iconique principal (le pot de yoghourt) d'un ensemble hiérarchisé de domaines cognitifs plus ou moins saillants – dont beaucoup finalement valent surtout par l'ambiance affective qui en émane –, le regard et le corps percevant tout entier s'ajustent à cet élément en fonction de cette toile de fond.

Il reste beaucoup à découvrir au sujet de l'activité d'accommodation elle-même et des affects qui l'accompagnent. Quoi qu'il en soit, notre but ici était surtout de mettre l'accent sur la cohérence des réseaux associatifs sous-jacents à l'élaboration des significations iconiques et d'en proposer une explication. On en retiendra cette idée qui semble intuitivement justifiée et qui bénéficie du soutien théorique d'un des grand paradigmes des sciences cognitives : les nombreux domaines et sous-domaines évoqués au fil des associations métonymiques et métaphoriques enclenchées par les éléments iconiques perçus se renforcent ou s'inhibent mutuellement jusqu'à la mise en saillance de certains d'entre eux qui détermineront plus particulièrement l'accommodation perceptive et les affects correspondants.

23 LES SÉQUENCES D'IMAGES ET LES IMAGES ANIMÉES

Les images n'apparaissent pas toujours seules, comme dans la plupart des exemples que nous avons examinés jusqu'à présent. Le monde médiatique nous présente souvent des séquences d'images, comme dans les reportages photographiques, les expositions, les bandes dessinées ou, bien sûr, les images cinématographiques dont la succession, de plus, produit l'illusion du mouvement et dans le flux desquelles il est habituel de distinguer un enchaînement de plans et de séquences. Ces différentes sortes de montages d'images mériteraient chacune une étude attentive sur le plan de la signification. Le cinéma, d'ailleurs a fait l'objet de nombreuses recherches[25]. Nous ne pouvons ici faire la synthèse des études déjà faites ni envisager dans le détail les processus signifiants relatifs aux diverses possibilités de mise en séquence. Nous nous limiterons donc à quelques remarques à propos des implications signifiantes d'une succession d'images.

Commençons par rappeler ce qu'une succession d'images ne peut pas signifier. Nous avons déjà dit que l'image en général ne peut accomplir des opérations logiques, et naturellement, leur mise en séquence ne corrige pas cette inaptitude dont l'origine est à la fois sémiotique (absence de signes arbitraires constitutifs de catégories mentales oppositives) et psychologique (la participation affective qui rend difficile la prise de distance) ; au contraire, au cinéma par exemple, la succession est souvent à l'origine d'un effet de récit qui accentue et relance à chaque moment la cohésion du spectateur au perçu. La succession ne peut non plus générer une syntaxe comparable à celle de la langue. Il n'y a rien dans une succession d'images – même articulées comme dans un syntagme cinématographique – qui ressemble à un

25. Dont celles de Christian Metz restent parmi les plus pénétrantes.

verbe, un sujet, un adjectif, etc. Cette question de la syntaxe a quelquefois engendrer des comparaisons et des métaphores injustifiées (le langage cinématographique comme « grammaire », par exemple). Or Metz a bien montré que le cinéma est dépourvu de grammaire au sens linguistique du terme (Metz, 1968). Plus récemment, Pierre Lévy a fait une remarquable mise au point à ce sujet en renversant le point de vue sous lequel on envisage habituellement le problème. Prenant appui sur la conception iconique de la grammaire cognitive de Langacker (cf. plus haut), il met l'accent sur le fait que le cinéma est dépourvu de grammaire parce qu'étant directement iconique, il n'en a pas besoin : « S'il y a des noms, des verbes et des adjectifs, si un nom peut être sujet ou objet, c'est pour que des combinaisons de mots puissent évoquer de petites actions ou des micro-tableaux, figuratifs ou non, sur l'écran de notre imagination. Les langues ont besoin d'une syntaxe parce qu'elles ne travaillent qu'à partir d'éléments symboliques. Venant combler un déficit iconique, la grammaire leur ajoute la dimension de l'image, elle permet aux mots de représenter des scènes [...]. C'est pour rejoindre le mode de discursivité du cinéma (en fait celui de l'imagerie ou de la modélisation mentale) que les langues ont des grammaires. La grammaire est le tropisme de la langue vers le cinéma. » (Lévy, 1991 : 58). Il n'y a donc pas dans les agencements d'images, de structure grammaticale formelle qui vienne déterminer le sens et nous aider à sa compréhension.

Il faut en conclure que le sens des combinaisons d'images dépend de leurs interactions. Le problème est un peu plus complexe que pour les images isolées, mais il est de même nature. Tout se passe à l'intérieur de l'imagerie, au sein de la discursivité propre à l'image. Simplement, il faut ajouter aux interactions entre les domaines évoqués mentalement, les interactions entre les images perçues au plan de la dénotation ; ou pour être plus précis, car il ne peut s'agir d'une simple addition, il faut considérer les interactions entre ces deux sortes d'interactions.

Supposons une succession de deux images, les deux premiers plans d'un film ou les premières vignettes d'une bande dessinée ou encore deux photos successives d'une exposition. La première image perçue va faire l'objet d'une élaboration mentale du genre que l'on a décrit plus haut : les domaines cognitifs évoqués vont interagir de sorte que certains d'entre eux vont occuper le premier plan et déterminer l'accommodation perceptive du spectateur. Notons que parmi les domaines évoqués par les éléments iconiques perçus, il y a bien sûr ceux qui procèdent de notre expérience du monde – par exemple, des photographies de rues annoncent par contiguïté un milieu urbain –, mais il y a également ceux qui procèdent de notre expérience de spectateur habitué aux genres et aux styles – prises sous un certain éclairage et cadrées d'une certaine façon, des plans cinématographiques de rues annoncent fréquemment l'ambiance glauque typique du genre policier. Quoi qu'il en soit, l'accommodation réalisée va alors servir de cadre pour la perception et l'élaboration mentale de l'image suivante. Lorsque celle-ci apparaît, l'esprit fonctionnant toujours par assimilation d'une expérience à une autre, la comparaison spontanée entre les deux images fera immédiatement surgir des similitudes et/ou des différences, induisant diverses formes d'intégration ou de séparation à divers niveaux. Par exemple, l'apparition, dans la seconde image, d'un élément nouveau sur fond d'un décor partiellement inchangé indique un lien de contiguïté entre tous les éléments perçus et induit leur intégration en un même tout sur lequel le spectateur accommode alors sa vision en fonction de l'interaction des domaines cognitifs évoqués par les deux images. C'est ce qui se passe lorsqu'une séquence de film nous décrit une situation. Si au contraire, aucune similitude ne subsiste entre les deux images, l'esprit tentera de les intégrer à un niveau supérieur. C'est par exemple le cas dans un film de fiction lorsque un changement brusque de décor indique un changement de lieu et une nouvelle action à intégrer à la première à un niveau supérieur de compréhension du récit. Mais c'est aussi le cas dans une exposition ou dans un film documentaire lorsque les images présentent des aspects différents – une sorte d'échantillonnage représentatif – d'un certain domaine à conceptualiser au cours de comparaisons qui peuvent quelquefois devenir explicites, c'est-à-dire réclamant un certain niveau de prise de conscience. Lorsque les images successives présentent une similitude mais apparaissent comme appartenant manifestement à des domaines différents ou très éloignés, la comparaison induit l'esprit à saisir l'une en fonction de l'autre ; c'est le fonctionnement métaphorique tel que l'a repéré Christian Metz dans la chaîne filmique. Deux sortes d'enchaînement métaphorique répondent à ce fonctionnement. Dans la première, « deux images, deux motifs de la même image, deux séquences entières, ou une image et un son, un bruit et une parole, etc., deux éléments présents l'un et l'autre dans la chaîne, s'associent par ressemblance ou par contraste (à moins qu'ils ne créent cette ressemblance ou ce contraste par leur association). Exemple : la célèbre "ouverture" des *Temps modernes*, le film de Chaplin, qui juxtapose l'image d'un troupeau de moutons et celle d'une foule grégaire se pressant à l'entrée d'une station de métro. » Dans la seconde : « Les éléments filmiques s'associent de la même façon [...] mais ils se posent comme les termes d'un choix : dans la chaîne du film, l'un remplace l'autre, en même temps qu'il l'évoque. Un seul des deux y figure ; le terme métaphorisant n'accompagne plus le terme métaphorisé, il l'évince (et le représente d'autant plus). Exemple : le stéréotype [...] qui met des images de flamme à la place d'une scène d'amour [...] » (1977 : 227-228).

Il est impossible d'envisager ici tous les cas possibles d'opérations mentales sollicitées par une succession de deux éléments iconiques. L'inventaire est d'autant plus difficile à réaliser que la construction d'une représentation imagée complexe à partir d'une combinaison d'images est au moins partiellement contrainte par les caractéristiques du système techno-sémiotique qui supporte ces images. Ainsi, le cinéma et la bande dessinée imposent une succession temporelles d'images disposées dans un ordre immuable. D'autres système techno-sémiotiques autorisent des constructions moins linéaires : les images d'une exposition ou plus encore celles d'un hypermédia s'organisent en réseau de sorte que l'élaboration mentale qu'elles subissent dépend au moins en partie des choix du destinataire de la communication, c'est-à-dire de l'ordre qu'il impose lui-même au matériel iconique.

24 SYNTAGMATIQUES DE LA BANDE-IMAGE

Si l'on considère les arrangements strictement linéaires comme ceux que nous propose le cinéma, les différents types de syntagmes distingués par Metz dans sa grande syntagmatique de la bande-image pourraient apparaître comme le résultat, figé en procédés de montage, de l'interaction d'une technique vouée à l'enchaînement successif des images avec les opérations cognitives d'intégration rendues possibles et à la fois contraintes par la successivité du plan de la dénotation.

Sans entrer dans les détails, rappelons que Metz a distingué dans la succession des images du récit filmique classique, plusieurs grands types de syntagmes dont l'articulation peut se comprendre en référence à la temporalité qui est une dimension essentielle au récit en général. Les choses ou événements présentés par les images successives sont ou non situés dans le temps. Les arrangements a-chronologiques comprennent les syntagmes parallèles qui présentent une alternance à valeur symbolique entre deux ou plusieurs motifs (les riches et les pauvres, la ville et la campagne...) et les syntagmes en accolade qui « représentent des événements que le film donne comme des échantillons typiques d'un même ordre de réalité en s'abstenant de les situer les uns par rapport aux autres dans le temps, pour insister au contraire sur leur parenté supposée au sein d'une catégorie de faits que le cinéma a précisément pour but de définir et de rendre sensible par des moyens visuels. » (Metz, 19). Quand les images sont situées dans le temps, les événements présentés sont soit simultanés soit consécutifs. Le premier cas correspond au syntagme descriptif qui sert généralement à situer les lieux de l'action. Le second correspond aux syntagmes narratifs proprement dits qui présentent le déroulement chronologique des actions. Le syntagme narratif alterné présente par alternance deux ou plusieurs séries d'événements consécutifs (par exemple, les poursuivants, puis les poursuivis, puis les poursuivants...). Le syntagme narratif linéaire présente des événements consécutifs soit de manière continue, soit de manière discontinue. Continue, c'est le cas des scènes (conversation par exemple) présentant une consécution unique dans un même lieu. Quand le déroulement chronologique est discontinu, il peut l'être de manière inorganisée ou organisée. Dans la séquence ordinaire, la discontinuité est inorganisée en ce sens qu'on se contente de sauter des moments sans importance pour l'histoire. Dans la séquence par épisode, la discontinuité est organisée en ce sens qu'elle devient le principe d'intelligibilité de la séquence : les images deviennent significatives d'une évolution, ce qui implique que chacune d'elles se présente comme le résumé symbolique d'une phase.

Dans le film narratif, la consécution temporelle présente naturellement un caractère dominant. Il n'en est pas de même dans le film documentaire. Comme l'a montré Jacquinot, dans le film pédagogique, sous-catégorie du documentaire dont l'intention est explicitement didactique : « Ce qui donne lieu au plus grand développement dans la syntagmatique de la bande-image du film de fiction (les divers types de syntagmes chronologiques) est ce qui donne lieu au plus petit développement dans celle du film pédagogique (...)Par contre, ce qui est marginal dans la syntagmatique du film de fiction (la conceptualisation représentée par le syntagme en accolade) devient essentiel et prend diverses formes dans celle du film pédagogique (...) » (Jacquinot, 19 : 82). Selon cet auteur, on peut distinguer dans le film pédagogique deux grandes catégories de syntagmes : les syntagmes monstratifs et les syntagmes démonstratifs. Les premiers se subdivisent eux-mêmes en syntagmes monstratifs ordinaires dans lesquels une seule série de faits est présentée dans une continuité spatiale et temporelle et en syntagmes allusifs qui présentent plusieurs séries de faits qui se passent en des lieux et à des moments différents (par exemple : présentation des différentes phases ou opérations d'un processus). Les seconds impliquent une opération d'intellection et peuvent se caractériser comme syntagme démonstratif ordinaire, syntagme catégoriel, syntagme comparatif, et syntagme inclusif. Dans le syntagme démonstratif ordinaire, « la consécution des images à l'écran opère une démonstration par une mise en relation de cause à effet, à l'intérieur d'une même catégorie de faits » (*ibid.,* 78). Jacquinot donne de ce cas l'exemple suivant tiré d'un film pédagogique sur le hamster : « le hamster mange des grains de blé ; on voit le tas de blé qui diminue au fur et à mesure ; quand il sort du champ, le tas de blé a pratiquement disparu. Puis on voit le hamster qui rentre dans le champ et ressort de sa bouche le blé qu'il avait aspiré, le tas de blé s'est peu à peu reconstitué : ainsi est démontrée la fonction des abajoues, sorte de garde-manger chez le hamster. »(Ibid. : 79). Dans le syntagme catégoriel, plusieurs séries de faits sont montrées, entre lesquelles il faut découvrir un point commun par une opération cognitive : « Cette opération conceptuelle que le spectateur doit faire, est la catégorisation (...) » (*ibid.,* 79). Par exemple, dans le film sur le hamster cité plus haut, une séquence montre différents traits comportementaux typiques de l'animal (il grignote, il se bat...) qu'il faut rassembler dans la catégorie hamster. Dans le syntagme comparatif, les séries de faits présentés en alternance correspondent à une opération de comparaison. Par exemple, toujours dans le film sur le hamster, des images d'autres petits animaux permettent de focaliser sur les caractéristiques propres au hamster. Le syntagme inclusif présente également des faits en alternance mais cette fois pour signifier une dépendance, comme par exemple lorsque des images montrant un personnage qui parle de quelque chose alternent avec des images montrant ce quelque chose.

Alors que la connaissance des structures grammaticales d'une langue peut aider à comprendre un discours verbal, Il va de soi qu'il n'est pas nécessaire de connaître ces syntagmatiques pour comprendre un film narratif ou documentaire. L'habitude de voir des films peut évidemment créer des attentes et faciliter la compréhension, mais celle-ci repose avant tout sur les opérations cognitives de comparaison effectuées naturellement par l'esprit. Le rôle des arrangements syntagmatiques séquentiels consiste essentiellement à orienter ces opérations en organisant les rapports entre les images successives. Ces rapports sont faits de similitudes et d'écarts et les opérations mentales qui s'ensuivent s'échelonnent de l'intégration en un seul tout d'éléments vus comme contigus à la comparaison d'éléments perçus comme différents Dans tous les cas, l'esprit traverse les plans à la recherche des formes possibles d'unité : unité de lieu et/ou de temps, unité d'une ou de plusieurs actions, unité d'une évolution, unité d'un processus, unité d'une catégorie subsumant les éléments perçus dans différents plans, caractéristiques unitaires d'un élément spécifique, etc. Cette énumération, notons-le, laisse apparaître une certaine différence de niveau de prise de conscience. D'une manière générale, les syntagmes démonstratifs repérés par Jacquinot réclament des opérations explicites de comparaison qui sont sans doute moins fréquentes dans les syntagmes narratifs. Si par ailleurs on se réfère aux systèmes techno-sémiotiques dont la séquentialité est moins contraignante (exposition, hypermédia...), il est vraisemblable que les opérations relevées au niveau des syntagmes monstratifs et surtout démonstratifs y soient davantage favorisées, tant en raison des combinaisons spécifiques d'images que de l'attitude de réception des spectateurs. Quoi qu'il en soit, de telles opérations constituent sans doute la limite supérieure du niveau de prise de conscience que réclame la perception des images ; ce qui n'exclut nullement que cette perception puisse déclencher ultérieurement de profondes réflexion.

Au-delà des opérations plus ou moins explicites que l'image peut suggérer au regard, l'expression conceptuelle et le traitement logique restent du domaine réservé de la formulation linguistique. Se pose alors le problème de l'articulation entre le langage verbal et le langage iconique ; on y viendra dans la prochaine section.

25 CONCLUSION : SENS ET COGNITION

S'il est une chose que nous a apprise toute la discussion que nous avons menée au sujet du sens, c'est qu'il est difficile d'envisager ce dernier sans prendre en compte les processus cognitifs par lesquels il s'élabore. Le modèle du code a tendance à faire l'économie de ceux-ci. Dès lors qu'un langage est compris comme système de liaisons conventionnelles socialement partagées, ce système peut être envisagé pour lui-même, comme entité autonome matérialisable comme lexique, et les signes eux-mêmes ne demandent qu'à être reconnus quand ils nous atteignent de l'extérieur. Mais dès lors que l'on doit prendre en compte les activités associatives sous-jacentes à la construction du sens, on est naturellement conduit de la problématique du code à celle de la cognition. De fait, au terme de notre parcours, c'est à une conception cognitive de la signification que l'on aboutit ; conception pouvant du reste inclure le modèle du code comme correspondant à un aspect partiel de la construction des significations.

On peut résumer cette conception (qui reste en grande partie à développer) en disant que :

1) les éléments iconiques perçus déclenchent une activité cognitive largement inconsciente d'activations et d'interactions entre domaines – ou contextes d'éléments associés – évoqués par contiguïté et/ou rapprochés par similarité ;

2) cette activité règle l'accomodation perceptive du regard et du corps ainsi que les émotions qui s'ensuivent à l'égard du perçu (c'est ce point qu'il faudrait examiner davantage) ;
3) sur cette base, dans certains cas et suite à certains montages particuliers favorisant les comparaisons explicites, une activité réflexive peut se greffer.

Dans cette perspective, communiquer par l'image consiste essentiellement à orienter ou infléchir l'activité cognitive du récepteur au moyen des procédés de montage évoqués plus haut.

Mais ce que l'on vient de dire concerne essentiellement le processus cognitif de compréhension. Or, le domaine auquel renvoie le terme « cognition » contient également certaines préoccupations concernant le type de connaissance auquel aboutit le processus. Qu'est-ce connaître par les images ? Autrement dit, comment les images structurent-elles nos croyances, connaissances, représentations ?

Puisque le processus cognitif repose sur la métonymie et la métaphore, il semble que ce soit ces mêmes notions qui doivent nous permettre de caractériser la connaissance qui en découle, lorsque le sens concerne le monde.

Sur le plan du sens, la notion de métonymie implique qu'un élément iconique tire partiellement son sens des éléments auxquels il renvoie par contiguïté ou, ce qui revient à peu près au même, que ceux-ci sont signifiés par celui-là. La tomate de la publicité *Panzani* est perçue en fonction de l'italianité qu'elle annonce et celle-ci est signifiée par la tomate. Du point de vue de la connaissance, la même notion de métonymie signifie qu'un ensemble – une chose, un événement, une personne… – est appréhendée par une seule de ses parties ou éléments constitutifs. Rappelons la définition que donnent Lakoff et Johnson de la métonymie : « Dans le cas de la métonymie LA PARTIE POUR LE TOUT, bien des parties peuvent tenir lieu du tout. La partie que nous retenons détermine l'aspect du tout sur lequel nous nous concentrons. » (*op. cit.*, 45). Ainsi, sur le plan de la connaissance, les publicités pour les pâtes italiennes nous conduisent à ne plus connaître l'Italie qu'à travers quelques-unes de ses parties privilégiées : des tomates, des poivrons, des sauces, des couleurs, etc.

Le même raisonnement peut être tenu pour la métaphore. Sur le plan du sens, la métaphore signifie qu'un élément est perçu en fonction d'un autre élément auquel il ressemble. Sur le plan de la connaissance, la même notion de métaphore signifie qu'une chose est connue en terme d'une autre chose. « L'essence d'une métaphore est qu'elle permet de comprendre quelque chose et d'en faire l'expérience en termes de quelque chose d'autre. » (Lakoff et Johnson, *op. cit.,* 15).

On voit combien sens et connaissance ont partie liée. La différence entre ces deux notions tient à une simple variation de point de vue. Du point de vue du sens – et sous l'influence du modèle du code qui a prévalu en sémiologie – l'accent est mis sur la notion de renvoi d'un élément à l'autre. Du point de vue de la connaissance, l'accent est plutôt mis sur la détermination que ces renvois exercent sur la compréhension des éléments.

Il ne fait pas de doute – surtout aujourd'hui – que les images interviennent pour une bonne part dans notre connaissance du monde. Les photographies de presse, images de reportages, de films documentaires ou de fiction, images publicitaires ou de propagande, etc. constituent une bonne part des informations à partir desquelles s'élaborent nos pensées sur le monde. Mais ces images ne donnent jamais que des aspects de choses et souvent, à travers des formes déjà connues. Ces deux sortes de limitation pourraient d'ailleurs servir à caractériser la notion d'information qui nous est imposée ici par le point de vue de la connaissance. On peut dire d'une image qu'elle contient de l'information parce qu'elle nous donne accès à des ensembles à travers certaines de leurs parties et/ou parce qu'elle nous permet d'appréhender ces ensembles au moyen d'autres déjà connus. Il nous est possible ici, de représenter au moyen d'une sorte de scénario abstrait le développement de l'information iconique. Soit un événement A ; cet événement, en fait, est constitué d'un ensemble de choses et de sous-événements interreliés (a1, a2, a3, ...). La survenue de cet événement engage les médias à nous en informer, c'est-à-dire à nous livrer quelques images de quelques sous-événements (a1, a2, a3, ...). Pour faciliter la compréhension et/ou la spectacularisation, les sous-événements élus comme significatifs seront retenus en raison des similarités qu'ils permettront de construire avec l'un ou l'autre événement – réel ou imaginaire – déjà inscrit dans la mémoire du public (a1 est choisi parce que sa mise en forme iconique permet l'évocation, par ressemblance, de B, déjà connu). Ainsi l'événement A sera-t-il connu : très partiellement et dans les termes d'un autre événement. Au fil du temps, a1 sera le seul aspect que l'on retiendra et servira lui-même de base pour l'interprétation de nouveaux événements. Ce processus est inévitable. Cependant, des problèmes se posent lorsque le connu l'emporte sur l'inconnu, c'est-à-dire lorsque quelques clichés et stéréotypes se forment et que la prise de connaissance se réduit à une lecture codée des événements.

Au fond, c'est surtout à ce moment que l'on peut parler de code iconique et qu'une « sémioclastie » s'impose.

En simplifiant quelque peu, Il serait possible de soutenir que les images médiatiques suivent deux voies opposées : la voie de la connaissance et celle du spectacle. La première impose que l'on multiplie les vues partielles et les comparaisons : que l'on donne de A plusieurs aspects (a1, a2, a3, ...) et que l'on cherche les rapprochements les plus pertinents. La voie du spectacle impose que l'on ne retienne de chaque événement que celui ou ceux de ses aspects qui permettent de l'assimiler le plus immédiatement à la plus longue filière possible d'événements familiers déjà assimilés les uns aux autres. Dans le premier cas, l'événement reste extérieur et le processus de connaissance reste ouvert. Dans le second, il y a enfermement de l'événement dans la représentation, assimilation du monde au sujet (à la sphère du pour soi). Faut-il répéter ici que l'image, comme substitut au sens que nous avons défini plus haut, tend naturellement à privilégier cette seconde voie. Il semble évident aussi que la voie du spectacle aboutisse à un niveau moindre de réflexion consciente. Rappelons-nous la formule de Piaget : « C'est dans la mesure où le moi s'incorpore la réalité externe qu'il est inconscient de lui-même (...) » (*op. cit.,* 1976 : 214).

Nous avons du reste suffisamment insisté sur l'état de relative inconscience qu'implique l'adhésion aux images. Dans cet état, les assimilations métaphorico-métonymiques ne peuvent être que des formes élémentaires et relativement inconscientes de pensée, bien en deçà de celles développées par la pensée conceptuelle.

Les métaphores ou métonymies imposées par les montages iconiques nous sont en quelque sorte imposées. Elles structurent nos pensées et représentations des choses sans que nous nous en rendions clairement compte. Bien sûr, il est des degrés dans l'inconscience (ou dans la prise de conscience) ; nous avons vu aussi qu'il est des montages qui peuvent solliciter des modes plus élaborés de pensée. Il reste que les processus cognitifs les plus caractéristiques des images sont peu maîtrisés par les sujets-spectateurs. En général, les médias – surtout la publicité et la propagande – s'accommodent fort bien de ce niveau cognitif élémentaire. Il ne saurait en être de même, nous le verrons, pour les messages à visée pédagogique.

La communication n'est pas seulement affaire de sens et de connaissance ; elle est aussi corrélativement, affaire de relation. Nous avons vu, dans la première section de cet ouvrage, combien la pragmatique a accentué ce dernier aspect des choses ; et nous avons aussi entrevu, dans le cadre de l'hypothèse génétique formulée plus haut, combien sens et connaissance ont partie liée avec la relation aux différents niveaux du rapport au monde et à autrui correspondant aux grands types de signes (indice, icône, signe digital). Les mots et les images, donc, donnent à saisir du sens dans des situations d'interaction sociale qu'ils contribuent eux-mêmes à instaurer. C'est cette dimension relationnelle – et ses liens avec les autres dimensions – de la communication que nous allons aborder dans la prochaine section.

Section 3

PRAGMATIQUE DES COMMUNICATIONS AUDIO-SCRIPTO-VISUELLES

Chapitre 1

Communication et relation

1 INTRODUCTION

Toute communication est un acte et un acte social. Issue de la relation sociale, la communication forme, maintient ou transforme la relation. On peut figurer graphiquement cela au moyen d'un de ces schémas en boucle auxquels nous a habitués la pensée systémique.

Tel quel, ce schéma synthétise assez bien une des idées centrales de la linguistique pragmatique[1]. Mais il n'y a aucune raison de ne pas le généraliser. Tous les modes de communication, en effet, ont quelque chose à voir avec la relation sociale : la parole et la gestualité non verbale bien sûr, mais aussi l'écrit, l'image, le son, et toutes les combinaisons de ces *matières signifian-*

1. On se réfère ici à la pragmatique austinienne mais on verra comment la pragmatique inférentielle s'inscrit dans la perspective relationnelle. Dans les communications concrète, les aspects relationnels et cognitifs sont liés.

tes que l'on peut observer dans les médias. Inscrivons cette diversité de modes de communication dans notre schéma.

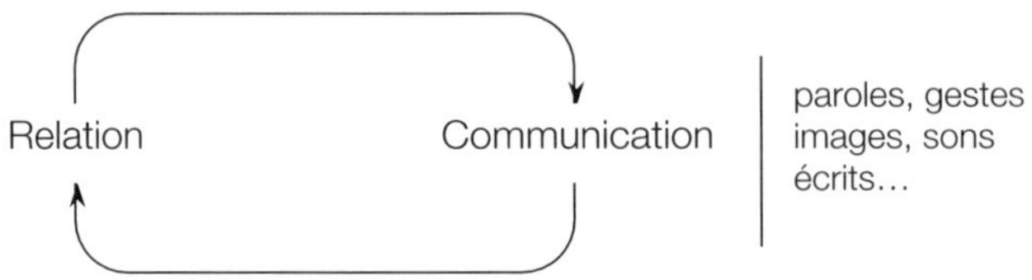

Cependant on se doute que ces modes de communication n'agissent pas de la même façon. Une des manières de les définir consisterait précisément à caractériser la façon spécifique dont chacun s'inscrit dans (et agit sur) l'interaction sociale.

Mais quelle extension doit-on donner au terme de relation ?

À un premier niveau d'interprétation, le lien communication/relation concerne ce qui se passe au moment même de la communication. Nous avons déjà évoqué le fait (cf. ici même, *Section 1*, *Chapitres 3* et *5*) que tout acte de parole vise à conférer à celui qui l'effectue, et au moment même où il l'effectue, une certaine position sociale par rapport à celui auquel il s'adresse. Mais à un second niveau d'interprétation, il faut considérer le contexte plus large dans lequel s'effectue un acte de parole et sur lequel il peut porter ses effets. Tout acte de parole s'inscrit dans une interaction qui, elle-même, s'inscrit dans un système plus vaste de rapports sociaux. Une école, par exemple, est un ensemble de positions et de rôles assez bien définis (le directeur, les maîtres, les élèves, etc.) impliquant des relations et des modes de communication – dont certains types d'acte de parole comme l'ordre, le conseil, la recommandation, les félicitations, etc. – facilement reconnaissables. Les interactions qui y ont cours forment un système et toute modification durable de certaines d'entre elles entraîne forcément des transformations en chaîne. Ainsi, la portée d'un acte de communication doit se mesurer à ses effets immédiats et à ses effets à long terme sur la relation.

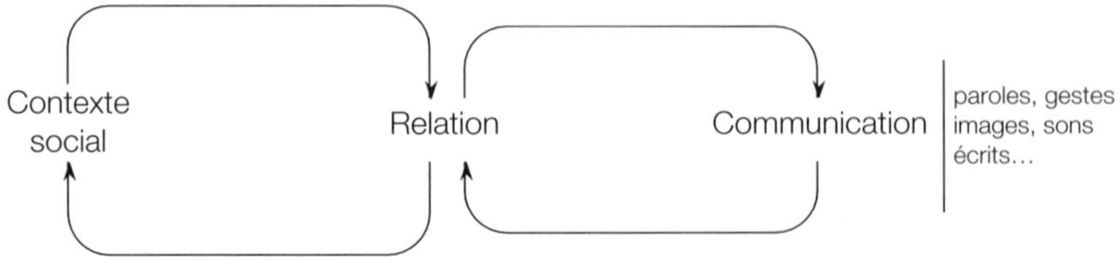

Il est important d'avoir à l'esprit ces interdépendances lorsqu'on veut apprécier tous les effets possibles d'une communication ou d'un ensemble de communications. Ces mises au point étant faites, il sera utile, avant d'affronter les communications proprement dites, de préciser quelques aspects de la relation.

2 LA RELATION SOCIALE

Les linguistes et psychosociologues pragmaticiens ont jeté un pont entre la communication, la psychosociologie et la sociologie. Avec la pragmatique, il n'est plus guère possible de considérer la langue – et plus généralement les systèmes de communication – comme des entités autonomes. Le pont ainsi établi oblige à relier des notions issues de domaines différents. On a vu qu'un linguiste comme Ducrot utilise un vocabulaire juridique pour caractériser cette sorte de transformation de la réalité qu'implique un énoncé verbal tandis que Récanati se sert de la notion sociologique de rôle (cf. ici même, Section 1, Chapitre 5, 2.2). Dans une perspective plus psychosociologique, d'autres auteurs ont tenté de caractériser le jeu de la reconnaissance mutuelle dans les échanges conversationnels en recourant aux notions de place ou d'identité.

Toutes ces notions se situent à la charnière entre la communication et le social et chacune d'elles est certainement pertinente à son niveau (rapport conversationnels, rapports entre rôles sociaux, etc.). Elles ne concernent toutefois que le rapport social tel qu'il se constitue dans et par le langage verbal et, si l'on veut intégrer à la réflexion pragmatique les modes de communication autres que linguistiques, il semble bien qu'il faille élargir notre point de vue et prendre en considération les formes les plus fondamentales du rapport social, celles que nous invitent à considérer l'ontogenèse de la fonction sémiotique examinée plus haut et surtout les rapports que nous avons été amenés à établir entre l'image (régressive et participative) et le langage verbal (impliquant distanciation et différenciation). Si l'on veut une vue large du rapport social et de ses formes les plus fondamentales, il faut partir du rapport mimétique primitif et tenter de comprendre son évolution. La notion de mimétisme, on va le voir, se laisse comprendre et développer au moyen de couples de termes antagonistes dont le premier est constitué par l'opposition fusion–différenciation.

La vie, avons-nous vu, commence dans l'indifférenciation par rapport à autrui, indifférenciation qui se manifeste dans les comportements primitifs de mimétisme affectif (Wallon). Cette indifférenciation est par ailleurs recherchée dans l'identification au parent ou au congénère (Freud, Lacan). On admettra que ce mimétisme est coextensif à la relation sociale, qu'il constitue une forme primitive de communication et une base permanente pour celle-ci à tous les niveaux du développement humain. On peut penser, avec Moscovici (1985), que ce mimétisme est au fondement du désir humain comme désir d'unité ou de cohésion. Cohésion avec l'image de soi à laquelle on s'identifie, cohésion avec d'autres dans les groupements que l'on constitue avec eux. Que l'on pense ici aux multiples manifestations du plaisir d'être ensemble, de partager les mêmes actions, les mêmes sentiments ou idées, de se fondre dans une foule, d'appartenir à un même groupe, de faire corps avec d'autres dans une institution, une entreprise, une nation, une région, un public, enfin, une classe sociale.

Mais ces mouvements fusionnels sont indissociables de mouvements symétriques de différenciation, de discrimination, d'exclusion. Qu'il s'agisse d'individus ou de groupes, la cohésion et l'identité ne s'obtiennent que par opposition au différent. Chaque individu construit son moi propre – cette image à laquelle il s'identifie – par une rupture de liens mimétiques à autrui, par repli sur soi, par distinction. Chaque groupe social construit sa propre cohésion sur l'exclusion d'autres groupes considérés comme étrangers. On le sait, les différences et les ségrégations sont paradoxalement le produit du désir d'unité. Les différences ne sont pas un donné pur et simple ; elles sont largement construites par les hommes dans leur recherche de cohésion. L'individu humain cherche à faire un avec soi – c'est le narcissisme –, un avec l'autre dans le couple – c'est le narcissisme de couple –, un avec d'autres dans le groupe – c'est le narcissisme de groupe. Et à chacun de ces niveaux, l'unité comporte nécessairement une certaine dose d'exclusion : telle est la condition de son existence même. Bien sûr, l'exclusion connaît de multiples degrés et nuances qui vont de la violence guerrière (exclusion physique d'autrui) aux petites distinctions – de conduites, de langage, etc. – qui font les petites exclusions entre gens se reconnaissant par ailleurs comme appartenant à une même société. Mais le principe est toujours le même : l'unité et la cohésion reposent sur la différence et l'exclusion. Ce que les nuances évoquées nous indiquent, c'est l'immense complexité des rapports sociaux engendrés par un principe simple. C'est que ce principe simple implique un enchaînement de différenciations s'emboîtant les unes dans les autres : le tissu social se fragmente en communautés opposées mais à l'intérieur de chaque communauté, il faut bien que des groupes se différencient à leur tour tout en se reconnaissant appartenir à une même communauté ; et à l'intérieur des groupes : des petits groupes, des dyades, des couples, des individus, etc. À certains moments, ce sont les grandes unités qui polarisent toutes les énergies, diluant les barrières entre les petites unités tandis qu'à d'autres moments, ce sont ces petites unités qui, précipitant à nouveau – au sens chimique du mot précipiter – font se décomposer les grandes unités. Selon Atlan, tout système – biologique, social – repose sur un compromis entre redondance et variété (1979). Selon Morin, tout système est *unitas multiplex*, à la fois un et multiple (1977). Et pour l'un et l'autre, les rapports varient entre l'un et le multiple, la redondance et la variété, selon les cultures et les moments historiques. La communication inscrit nécessairement ses effets dans ces mouvements.

Le couple fusion/différenciation conduit à un autre couple, celui que constituent les notions de centration et de décentration. La notion de centration renvoie à tous les « centrismes » observables aux divers niveaux du tissu social : égocentrisme, sociocentrisme, ethnocentrisme, etc. En fait, les mouvements de centrations que désignent ces termes sont parfaitement corrélatifs des mouvements de fusion et de différenciation que nous venons d'évoquer : ils impliquent qu'une unité sociale, par opposition à d'autres, s'éprouve comme centre d'un monde. Qu'il s'agisse d'individus ou de groupes, le centrisme est une forme de repli sur soi. Autrement dit encore, une forme d'autosuffisance entraînant la marginalisation de tout ce qui entoure le soi. La marginalisation, comme l'exclusion, comporte une infinité de degrés et de nuances que reflètent les désignations qui s'y rapportent ; par exemple : déni, rejet, indifférence, inféodation, subordination, etc. La centration, somme toute, est une implication du mouvement de fusion/différenciation. Mais cette notion permet de caractériser avec plus de précision ces phénomènes par lesquels les membres d'un ensemble social soudent leur unité en se donnant un centre de référence : dieu, roi, chef, président, leader, meneur, supérieur… Un centre de référence, c'est-à-dire une entité dans laquelle chaque membre se reconnaît et à laquelle il s'identifie, resserrant du même coup ses liens avec les autres membres. Pour engendrer la cohésion, le centre doit lui-même manifester la plus grande cohésion. C'est ce qu'a bien montré la psychologie des foules de Le Bon à Freud. Le chef, écrit Freud, n'aime personne, « il est doué d'une nature de maître, son narcissisme est absolu, mais il est plein d'assurance et indépendant. » (1967 : 151). C'est l'autosuffisance du centre, en quelque sorte, qui garantit aux membres du groupe leur autosuffisance globale à l'égard des autres groupes. Mais ici aussi, les degrés et nuances ne manquent pas : que l'on pense simplement à la différence qui sépare le centrisme absolu des dictatures du polycentrisme des sociétés démocratiques.

Qu'en est-il, maintenant de la notion de décentration ? Elle se situe évidemment exactement à l'opposé de la notion de centrisme. Mais son intérêt vient du fait qu'elle implique une sorte de dépassement. Il y a décentration lorsque un être social – un individu, un groupe, etc. – devient capable (au-delà des clivages et des différences) de reprendre à son compte la position des autres, de comprendre leur point de vue, leur vécu, leur pensée, etc. J. Piaget faisait grand cas de cette notion qu'il considérait comme le fondement du développement social et cognitif de l'individu. C'est par décentration, pensait-il, que l'individu dépasse l'égocentrisme primitif : la reconnaissance du point de vue de l'autre permet la reconnaissance de la particularité de son propre point de vue et c'est la nécessité de cette double reconnaissance qui, sur le plan social, permet l'émergence de l'échange et de la coopération, et qui, sur le plan cognitif, favorise la formation du raisonnement logique : « Comment naît donc le besoin de vérification ? C'est assurément le choc de notre pensée avec celle des autres qui produit en nous le doute et le besoin de prouver (...). C'est le besoin social de partager la pensée des autres, de communiquer la nôtre et de convaincre, qui est à l'origine de notre besoin de vérification. La preuve est née de la discussion [...] C'est donc la discussion qui est le nerf de la vérification : le raisonnement logique est une discussion vis-à-vis de nous-mêmes, qui reproduit intérieurement les aspects d'une discussion réelle. » (1978 : 164).

Mais ce processus de décentration n'entraîne pas un dépassement simple de l'égocentrisme. Il ne s'accomplit pas une fois pour toutes dans une évolution qui ne comporterait que deux états : l'égocentrisme et la reconnaissance mutuelle. La décentration constituerait plutôt une exigence continue, corrélative de mouvements de différenciation ininterrompus. L'enjeu de la décentration, c'est la complexité sociale, c'est-à-dire la capacité qu'ont les hommes de reconnaître toujours plus de différences chez leurs semblables et de transformer leurs rapports afin de rendre possible la nécessaire articulation de ces différences.

Pour être un peu plus concret, imaginons comment se jouent les mécanismes de centration et de décentration dans une interaction sociale. Soit une rencontre entre un individu A et un individu B. Pour qu'il y ait début d'interaction, il faut au moins que l'un deux (disons A) saisisse le sens des comportements de l'autre (leur orientation dans l'environnement, l'intention qui les anime, etc.). Il faut pour cela ce minimum de décentration que permet le corps propre avec sa capacité à entrer en résonance mimétique avec le corps d'autrui. À partir de là, plusieurs évolutions sont possibles. Par exemple, A peut rejeter B ou afficher de l'indifférence à son égard. A peut aussi tenter de s'assimiler B, c'est-à-dire d'intégrer les comportements de celui-ci à ses propres projets ; il possède pour cela une panoplie d'attitudes et d'actes de communication, tels que la menace physique ou morale, l'intimation ou l'intimidation, la séduction, la conviction, la persuasion, etc. Dans ce cas, on voit bien que la centration sur soi domine largement la décentration. Mais dans d'autres cas, la décentration peut se poursuivre au-delà de ce minimum que nous venons de décrire et viser des couches beaucoup plus profondes du comportement ou de la pensée d'autrui. La disponibilité de A – ou simplement la résistance de B – peut le motiver à tenter de ressentir les perceptions et sentiments de B, de pénétrer ses pensées, comprendre leur fondement dans une histoire individuelle et collective, etc. Un tel mouvement de décentration ne peut que rétroagir sur l'autoperception de A lui-même et, si la décentration est réciproque, le rapport A/B évoluera normalement vers des formes plus complexes de reconnaissance mutuelle et d'échange. On peut caractériser ce processus de complexification par une autre notion largement utilisée par les psychosociologues : celle de passage au métaniveau. La décentration, en effet, lorsqu'elle atteint un certain degré de profondeur, suppose que chaque sujet dépasse son propre point de vue et se situe à un niveau – un métaniveau – d'où il puisse échanger et confronter dans la sphère intrasubjective les différents points de vue expérimentés dans le rapport intersubjectif.

Cependant un métaniveau doit toujours être considéré comme un niveau et les points de vue qui s'y affirmeront demanderont à leur tour à être dépassés. La complexification est donc bien un mouvement continu, mais il n'est malheureusement pas irréversible : il connaît des progressions et des régressions. Il est des situations tendues – des points de bifurcation – qui peuvent, avec la même facilité, basculer vers l'affrontement des points de vue ou, au contraire, évoluer vers leur dépassement. Bien entendu, cette évolution, toujours incertaine, ne concerne pas que des individus. Le A et le B peuvent aussi bien représenter des groupes, des nations ou encore des cultures. Le problème des rapports interculturels est en grande partie un problème de centration/décentration et de passage, souvent difficile, au métaniveau. L'éthnocentrisme et le sociocentrisme procèdent d'un excès de centration sur soi ou, ce qui revient au même, d'un défaut de décentration. Le fait que l'on se pose actuellement beaucoup de questions à leur sujet est un indice : on se situerait à un point d'instabilité, à un point de bifurcation dans l'évolution sociale à partir duquel les hommes peuvent soit basculer dans des formes convulsives de repli sur soi et d'exclusion, soit effectuer un mouvement lent et difficile de décentration et de passage au métaniveau. Rien n'est jamais certain dans l'évolution des rapports sociaux.

La relation sociale, à tous les niveaux, des rapports interindividuels aux rapports interculturels, est donc continuellement traversée – travaillée, pourrait-on dire – par des mouvements contradictoires de fusion/différenciation et de centration/décentration, mouvements dont l'évolution conduit à des simplifications (repli sur soi, fermeture, exclusion du différent) ou à des complexifications (passage au métaniveau, articulation des différences dans un ensemble plus complexe).

Les fameuses interactions symétriques et complémentaires des psychosociologues de Palo Alto s'inscrivent dans cette logique. On sait que pour Bateson, l'interaction sociale peut évoluer soit vers la symétrie, soit vers la complémentarité. La symétrie, c'est la lutte des rivaux qui confine souvent à l'escalade. Le prototype en est la vantardise. La symétrie, indique Watzlawick, « se caractérise donc par l'égalité et la minimisation des différences » (1972 : 67). Chacun veut être au moins autant que l'autre. On dira, dans notre perspective, que la symétrie est une manifestation tout à fait caractéristique de l'exclusion sociale. Le terme d'égalité utilisé par Watzlawick ne doit pas faire illusion. Le but du vantard n'est pas simplement d'égaler son alter ego. Il est plutôt de le remplacer, de l'évincer ou au moins de le rejeter à la périphérie. La symétrie est en fait un terme commode pour désigner les phases conflictuelles de la lutte pour l'occupation du centre. La complémentarité, c'est l'ajustement des comportements différents dans un tout, une *Gestalt*. Dans une relation complémentaire, précise Watzlawick, il y a deux positions différentes possibles. L'un des partenaires occupe une position (…) supérieure, première ou « haute » (*one-up*) ; et l'autre, la position correspondante dite inférieure, seconde, ou « basse » (*one-down*). » (*op. cit.,* 67). On dira ici que la complémentarité désigne les articulations et ajustements réciproques de conduite autour d'un centre organisateur. La complémentarité est assez proche du phénomène de hiérarchisation ; elle en est en tout cas à la base.

On le voit, toutes les notions qu'on vient d'évoquer sont solidaires. Elles composent une constellation conceptuelle dans laquelle chaque terme conduit aux autres. La fusion mimétique implique la différenciation et ces deux notions impliquent celles de symétrie, complémentarité et centration ; enfin, cette dernière conduit naturellement à la décentration et à ses potentialités de complexification. Un examen plus approfondi permettrait de mettre en évidence mille degrés et nuances dans la signification de ces notions et dans les relations qu'elles entretiennent. On laissera au lecteur le soin de le faire. Le rappel de ces notions avait surtout pour but de faire entrevoir la multiplicité des questions que suggère le rapport relation/communication[2].

2. Pour une vue plus approfondie de ces notions, voir Meunier (2003).

On peut maintenant s'interroger sur la manière dont la communication s'intègre aux grands mouvements de fusion, différenciation, centration et décentration.

3 LES GRANDS MODES DE COMMUNICATION

L'histoire humaine et sociale nous a légué une multiplicité de modes de communication : la gestualité, la parole, l'image, l'écriture, etc. qui peuvent fonctionner séparément mais qui, dans beaucoup de cas, se combinent et interagissent dans des actes particuliers de communication. Définir les modalités de la relation sociale induites par ces modes de communication représente une tâche trop importante pour qu'on puisse l'entreprendre ici dans le détail. On se bornera à formuler quelques propositions générales dans le cadre de l'hypothèse, formulée plus haut, d'une évolution génétique des signes.

Une première proposition a trait aux relations opposées de fusion mimétique et de différenciation. On peut la formuler comme suit : selon qu'ils sont plus ou moins analogiques ou digitaux, les modes de communication induisent, au niveau des protagonistes de la communication, des relations plus ou moins fondées sur la fusion mimétique ou sur la différence. Cette proposition découle directement de l'idée d'une progression de l'indifférenciation sociale vers une plus grande différenciation corrélative d'une évolution des modes indiciels et iconiques (analogiques au sens large) vers des modes plus digitaux. À partir du moment où l'on admet cette corrélation, il faut aussi admettre que l'usage des modes analogiques et digitaux dans la communication s'imbrique étroitement avec les degrés de différenciation impliqués dans la relation sociale.

Une seconde proposition générale découle de la première et concerne les phénomènes de centration/décentration dans la relation sociale. De tels phénomènes existent toujours quel que soit le mode de communication utilisé. Même le mode de communication le plus analogique repose sur un minimum de différenciation entre les individus communicants, et dès qu'il y a différenciation, il existe nécessairement des mouvements de centration et de décentration à l'intérieur de la relation. Cependant, on admettra que les modes analogiques et digitaux correspondent à des niveaux différents des capacités de décentration des individus communicants. Nous avons vu que le langage verbal est source de distanciation et de discrimination, qu'il approfondit considérablement la différenciation moi-autrui-le monde. Or, très logiquement, plus les choses sont différenciées – et donc, d'un certain point de vue, plus autonomes – et plus leur compréhension nécessite de décentration. Plus le moi se saisit comme différent d'autrui et plus la perception de l'un par l'autre nécessite leur décentration réciproque. Mais plus aussi, sans doute, des tendances à la recentration se manifesteront.

Tentons maintenant de spécifier quelque peu ces propositions abstraites en montrant leur intérêt dans la compréhension du fonctionnement pragmatique de certains modes concrets de communication : la gestualité, la voix, l'image, la parole, l'écrit.

4 LA POSTURE ET LE GESTE

Il nous semble indéniable que tout ce qui, dans l'interaction sociale, relève du non-verbal – posture, mimique, regard, geste, style vocal, etc. – repose sur la relation mimétique. Nous avons vu que les premières interactions sociales se réalisent sur fond d'indifférenciation sociale ou de fusion mimétique. Certains auteurs situent vers quelques semaines les premiers mouvements imitatifs de la face et de la main, et ces duplications témoignent sans doute de l'imprégnation sociale de l'individu humain. Qu'on l'appelle mimétisme affectif (Wallon et les psychologues du développement) ou identification (Freud et les psychanalystes), cette imprégnation sociale est primitive. Nous pensons que les mimiques, postures, gestes, etc. se forment et se différencient sur fond de ce mimétisme primitif. Mis en présence l'un de l'autre, de jeunes enfants vivant encore leur relation sur le mode de l'indifférenciation adoptent certaines postures et effectuent certains gestes qui leur confèrent certains rôles.

Ainsi dans le couple contemplation/parade si bien décrit par Wallon : « Elle [l'attitude consistant à se donner en spectacle] est le fait du plus âgé : 0 ; 7 (17) regardée par 0 ; 5 (28) secoue sa sonnette de plus belle, heureuse de l'effet produit. 0 ; 8 (10), s'étant saisi du hochet après l'avoir disputé à 0 ; 7 (10) l'agite triomphalement devant lui... Mais entre le spectateur et l'exécutant, l'acte est pour ainsi dire, indivis ; 0 ; 6 (26), ne pouvant avoir le hochet, suit attentivement les jeux de 0 ; 7 (2) qui a le hochet. Les rôles se distribuent suivant la loi de l'âge mais les deux partenaires sont également captivés par la situation née de leur voisinage réciproque. Ils sont par elle confondus entre eux : celui qui parade étant comme excité par l'attente de l'autre, qui a les yeux attachés sur lui. » (1980 : 253)[3]. Ainsi, chez les jeunes

3. Les chiffres indiquent l'âge des enfants selon la formule : ans ; mois (jours).

enfants, les postures et gestes correspondant à la parade et à la contemplation supposent l'indifférenciation, la captation de l'un par l'autre. Le contemplateur s'identifie à celui qui parade, lequel vit du regard posé sur lui par le contemplateur. Cette boucle perceptivo-motrice montre bien comment la différenciation gestuelle s'enracine dans le mimétisme et l'indifférenciation.

Au niveau des adultes – et c'est cela qu'il faut souligner ici – la réalisation et la compréhension des postures, mimiques, gestes, etc. reposent toujours sur la *mimesis*. Adopter une posture, c'est mettre en scène le corps propre, exhiber une position corporelle au regard d'autrui. Et comprendre une posture, c'est la ressentir, c'est-à-dire la saisir de l'intérieur, la rejouer intérieurement. Une mimique faciale, un regard, un geste se donnent à voir. Ceux qui les effectuent, les jouent, et ceux qui les comprennent, les rejouent. Il n'y a guère moyen de comprendre une mimique ou un geste autrement que par reprise intérieure. Il n'y a pas de code des postures, gestes, mimiques, etc. Il en existe peut-être pour les théoriciens qui tentent – souvent vainement – de reconstruire de l'extérieur les significations, mais il n'y en a en tout cas pas pour les sujets communiquant. Ceux-ci ne peuvent avoir à leur disposition un lexique des postures, gestes, mimiques, etc. semblable à celui des mots. Au contraire des mots qui supposent un minimum de décodage intellectuel, les postures, les mimiques, les gestes, etc. sont de véritables interfaces mimétiques nécessitant un minimum d'appariement des corps des sujets communiquant. Aussi bien peut-on dire que le premier et peut-être le principal effet pragmatique de la communication non verbale, est l'établissement du contact mimétique, soubassement de toute communication. Il est vrai, comme le dit Watzlawick, qu'il n'y pas moyen de ne pas communiquer. S'il est facile de rompre la communication verbale, il est en effet impossible, pour des corps capables de se faire écho, de ne pas se saisir mutuellement, y compris dans leurs attitudes de rejet ou de rupture de contact. Il reste que pour qu'une communication s'instaure réellement entre des individus, il faut que cet incontournable contact mimétique soit positivement recherché au moyen de postures, gestes, mimiques, etc. À partir d'un certain point, ces gestes n'ont d'ailleurs d'autre but que de maintenir le contact et de le porter à l'extrême, comme dans la danse, les défilés militaires, les processions, les réunions de fans, les chants en commun, etc.

On n'abordera pas ici le problème, combien vaste et complexe, de la constitution et de la différenciation des signes non verbaux. Mais on observera, en accord avec ce qui a été proposé plus haut, que toute cette gestualité non verbale est le lieu de mouvements de centration et de décentration sociale. Le couple contemplation/parade de Wallon le montre bien : il y a, à l'intérieur même de l'indifférenciation interindividuelle, centration sur un individu, le paradeur, qui polarise sur lui l'attention des deux sujets. D'une certaine manière, on peut dire du paradeur qu'il est autoréférent et du contemplateur qu'il est plutôt hétéroréférent. Le premier s'identifie avant tout à lui-même ou plutôt à l'image qu'il exhibe de lui-même au regard d'autrui – il ne peut y avoir autoréférence sans référence à l'autre – tandis que le second s'identifie à l'autre et trouve paradoxalement dans cette identification le moyen de se croire autosuffisant. Il faut bien concevoir qu'il y a quelque chose de nécessaire dans ces phénomènes de centration. Bien qu'ils se confondent, les partenaires de la communication sont au moins deux : il faut donc bien que l'unité qu'ils forment ensemble se réalise sur l'un deux, quitte à ce qu'il y ait alternance dans l'occupation du centre.

On trouve chez les adultes un grand nombre de gestes autoréférents et un nombre sans doute correspondant de gestes hétéroréférents. Parmi les premiers : les postures, les mimiques ou les gestes d'autorité, d'exhibition, de séduction, etc. Parmi les seconds : les postures, les mimiques, les gestes de subordination, de contemplation, d'admiration, etc. Les nuances sont infinies mais les pôles sont clairement définissables. Dans certains échanges sociaux, les individus peuvent tour à tour occuper le centre – dans une conversation ou un débat par exemple –. Mais dans d'autres types d'échanges, les relations se figent et le centre peut être occupé de manière plus durable par certains individus.

Le premier effet du non-verbal, nous l'avons dit, est d'établir le contact mimétique. On peut désormais ajouter que le second effet consistera à moduler la centration au sein de la continuité mimétique instaurée. Aborder autrui dans une posture rigide, le regard haut, le visage fermé, les gestes économes et sûrs, c'est établir le contact tout en tentant de capter autrui par son apparente autorité ou sa maîtrise de soi. Les attitudes hetéroréférentes complémentaires se signalent par la fixation du regard sur autrui. Notons ici qu'il ne faut pas prendre les postures hétéroréférentes pour de la décentration ; elles sont au contraire l'indice d'une forte centration sur autrui. Pour qu'il y ait décentration dans l'ordre posturo-gestuel, il faut une sorte de va-et-vient entre soi et l'autre, il faut que le regard, tout en manifestant son ouverture à autrui, reste présent à lui-même ; il faut que le corps, tout en exprimant sa disponibilité à l'égard du comportement d'autrui – sa capacité à l'intérioriser –, reste en contact avec son comportement propre. On peut alors parler de compréhension, base nécessaire à la coopération. Il serait sans aucun doute intéressant, dans le cadre d'une pragmatique prenant réellement en compte les corrélations psycho-socio-sémiotiques, de caractériser les différents gestes, postures, regards, mimiques répertoriés par les sémiologues du geste, du point de vue des centrations et décentrations qu'ils sont capables d'engendrer dans le tissu intersubjectif.

L'analyse de cette forme particulière de gestualité qu'est le style vocal (Fonagy, 1983) permettra de mieux faire apparaître l'intérêt de cette perspective.

5 LE STYLE VOCAL

Pour Fonagy, le « style vocal », la manière de dire, se définit comme l'ensemble des écarts par rapport à la réalisation habituelle des phonèmes ; ces écarts sont alors interprétés comme des gestes porteurs de sens. Par exemple, l'arrondissement exagéré des lèvres de la maman parlant à son bébé transforme une phrase comme « Mais si, voyons » en « Meu su voyons » et l'amplification de l'articulation bilabiale produit une moue affectueuse. Il y aurait donc, dans tout énoncé, deux messages : à celui véhiculé par les phonèmes et les mots – au sens strict – s'ajouterait un second résultant de la phonation et des mouvements articulatoires des lèvres, de la glotte, de la langue, des muscles respiratoires. « Il faudrait admettre, par conséquent, deux aspects successifs d'encodage : un encodage linguistique qui transforme un message global, une idée, en une séquence de phonèmes, et un deuxième codage – qui coïncide admirablement avec l'acte de mise en sons des phonèmes – au cours duquel le message secondaire, gestuel, est greffé sur le message primaire. » (*op. cit.,* 14). Fonagy raisonne dans le cadre du modèle du code, d'où l'idée d'un double encodage qui le conduit au modèle que nous reproduisons fidèlement ici.

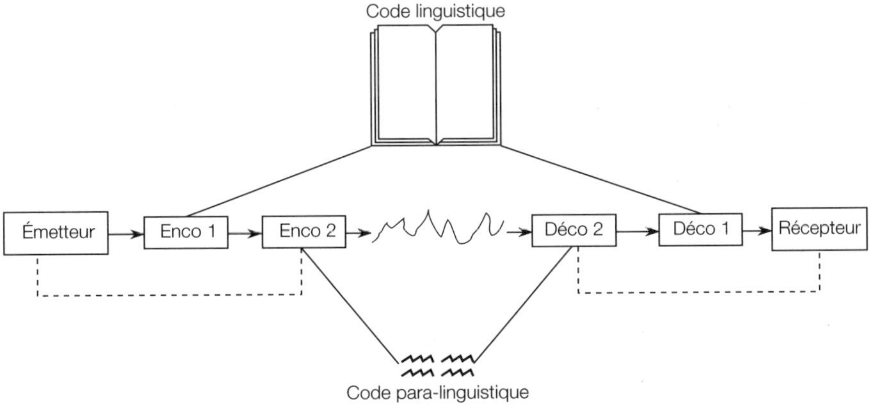

C'est l'existence, incontestable, de conventions dans la manière dont les gestes vocaux modulent les sons qui autorise à parler d'encodage et de code paralinguistique. Il reste, comme le précise Fonagy lui-même, qu'il s'agit d'un encodage très particulier, très éloigné de l'encodage linguistique, très proche au fond de l'expression naturelle. Le passage suivant traduit bien les hésitations de Fonagy entre le naturel et le conventionnel : « On serait tenté de considérer les règles de l'encodage secondaire comme des lois naturelles, et de rejeter en même temps le concept d'un encodage secondaire. Il est évident, cependant, que cette communication « naturelle » est basée sur des prémisses, et qu'elle suppose avant tout une convention tacite : l'emploi des signes, l'interprétation représentative sémiotique de certaines activités humaines. Il s'agit donc plutôt d'une coutume profondément enracinée qui est devenue notre seconde nature. Cependant, comme Pascal nous l'enseigne, les termes « nature » et « coutume » n'ont qu'une valeur relative (...). L'encodage secondaire qui consiste dans une déformation sémiotique (significative) du message primaire serait donc plutôt la tâche d'un modulateur qui n'est pas incorporé à la grammaire. » (*op. cit.,* 18-19).

Relevons les principaux traits caractéristiques des messages engendrés par le modulateur de Fonagy. Tout d'abord, ce que laisse suggérer la schématisation proposée par l'auteur, ils se produisent et s'interprètent à un niveau inférieur à celui de la conscience claire tandis que le verbal proprement dit – l'encodage primaire – relève de la pensée conceptuelle consciente : « Les flèches qui relient la source et le deuxième décodeur se trouvent au-dessous des cases, pour suggérer que l'encodage et le décodage des messages secondaires, gestuels, se situent à un autre niveau mental. Le message échappe à la conscience : on ne perçoit que son effet. » (*op. cit.,* 15). S'il en est ainsi, si l'on ne perçoit de tels messages que par leurs effets, c'est qu'ils relèvent du corps et de ses capacités expressives : « le mouvement, dit Fonagy, est inhérent à la perception des sons expressifs ».

Cette question nous ramène au mimétisme et à son importance dans la production ainsi que dans la compréhension des signes analogiques. Fonagy a souvent recours à des expressions qui soulignent d'une manière ou d'une autre la part du mimétisme dans la compréhension des signes vocaux. Ainsi dans ce passage qui concerne la compréhension de l'accent et de l'effort articulatoire et respiratoire qui le sous-tend : « En interprétant (automatiquement), les sons produits en fonction de leur production, on croit percevoir directement, revivre pour ainsi dire, l'effort articulatoire de la personne qui parle. » (*op. cit.,* 108). Plus encore que leur compréhension, la production des signes vocaux manifeste leur caractère mimétique. Pour Fonagy, ces signes sont essentiellement voués à l'expression des émotions et des affects, mais celle-ci exige de la part du locuteur l'accomplissement d'une véritable performance dramatique dont le mime constitue le principal ressort : « chaque attitude s'exprime par un jeu mimétique qui lui est propre. » La colère, par exemple, se manifeste par ces traits qui sont des gestes mimiques :

- des mouvements saccadés de la langue ;
- la tension musculaire linguale, labiale, pharyngée ;
- les voyelles [i] [y] [u], fermées sont plus fermées, et les voyelles ouvertes (a) (o) sont plus ouvertes[4] ;
- la langue est plus rétractée pour les voyelles comme pour les consonnes (timbre plus sombre) ;
- la mandibule est rétractée.

Dans la tendresse, au contraire :

- l'articulation est déliée ;
- l'articulation labiale et linguale est plus relâchée ;
- l'articulation est relativement avancée (timbre plus clair) ;
- les [i] et les [e] sont souvent labialisés ;
- les occlusives alvéolaires [t] [d] sont souvent mouillées, palatalisées (cf. *op. cit.,* 31-32).

On voit bien ici la manière propre de signifier des signes vocaux. Ces signes symbolisent par analogie, par métaphore : ce qu'ils représentent analogiquement et ce qu'ils miment, relève essentiellement du relationnel. Relevons, dans la masse d'analyses concrètes proposées par Fonagy, la suivante, qui concerne l'expression de la colère et montre on ne peut plus clairement la base mimétique des signes vocaux : « La violence de l'expiration, la forte contraction musculaire, l'effort simultané des groupes musculaires antagonistes, donc rivaux, semblent évoquer une lutte, un combat qui se situe paradoxalement à l'intérieur de notre moi corporel, plus précisément au niveau glottique. Dans l'éclat de colère, les forces activant les muscles

4. La définition de ces deux traits ne doit guère surprendre puisque la phonétique articulatoire a montré depuis fort longtemps que la tension et l'effort articulatoires renforcent la caractéristique d'aperture des voyelles : une voyelle fermée se ferme et, inversément, une voyelle, ouverte s'ouvre davantage.

expiratoires, prennent nettement le dessus : elles tendent à réduire une tension psychique en expulsant par une hyperventilation (...) l'objet invisible qui crée la tension. Au cours de la vocalisation haineuse (colère rentrée), par contre, l'effort des muscles expiratoires est contrebalancé par un effort non moins violent des muscles constricteurs du sphincter glottique. On essaye de maîtriser sa colère, mais selon l'indication contenue dans le terme suggestif de la voix *étranglée.* Malgré cette contrainte qu'on vient de s'imposer, l'acte phonatoire est accompagné d'un phantasme d'homicide. En « s'étranglant », on s'identifie au partenaire : on préfigure le meurtre. (...) L'éclat de colère reproduit l'activité vigoureuse, débordante, sans restriction, tandis que la vocalisation haineuse met l'accent sur le paroxysme de l'effort musculaire, sur la présence de deux adversaires qui se livrent un combat sans merci. Le locuteur peut s'identifier tour à tour à l'un des deux adversaires, soit à l'agresseur que représentent les forces agressives (l'effort des muscles expiratoires), soit à l'agressé que représentent les forces répressives (la constriction des muscles adducteurs de la glotte) (...) » (*op. cit.,* 49-50).

Ainsi, les organes de la parole, si l'on en croit Fonagy, ont la capacité de symboliser les actions du corps entier et « d'intégrer ces performances dramatiques miniaturisées à la communication linguistique » (*op. cit.,* 51). C'est bien la *mimesis* qui est en cause ici. On se rappelle que l'imitation est à la base de la formation des signes. Or, il n'y a aucune raison pour que cette imitation soit limitée aux rapports entre le corps et les objets extérieurs ; le corps peut exercer sa capacité d'imitation à son propre égard, se mimer lui-même en quelque sorte. C'est ainsi que des parties du corps peuvent mimer (métaphoriser), d'autres parties du corps et le corps tout entier.

Quoi qu'il en soit, les signes vocaux sont bien, comme nous le disions plus haut des signes gestuels en général, des espèces d'interfaces mimétiques dont l'effet pragmatique premier est d'assurer une connexion identificatoire entre locuteur(s) et allocutaire(s). Et comme les gestes en général, les signes vocaux ont le pouvoir – pragmatique – de moduler de diverses façons la relation identificatoire. Ce que dit Fonagy de la prosodie – cet aspect essentiel de l'expression vocale – est riche d'enseignements à ce sujet. Le degré de mélodicité peut symboliser – et induire – l'union primitive des êtres. « La voix caressante assure d'abord le partenaire de l'absence totale d'intention agressive, puis la berce, l'enchante par une sorte d'hypnose maternelle (...) pour l'amener vers les profondeurs d'une union complète qui restaure le paradis perdu que l'enfant retrouve sur le sein de sa mère. » (*op. cit.,* 121). La mélodicité est redondance, répétition du même, unité dans le mouvement. Adressée à l'auditeur, elle appelle cette vibration à l'unisson qui donne un sentiment d'unité. Ainsi, la mélodicité sollicite au maximum la fusion mimétique. Mais la prosodie possède d'autres aspects tout aussi significatifs sur le plan relationnel, ainsi de l'intonation. L'intonation est une projection spatiale de la mimique laryngée : le ton monte et descend par la vibration des cordes vocales : « Ce rapport bien établi entre la fréquence des vibrations et le mouvement spatial nous permet de *réduire* les gestes manuels ou corporels à des dimensions modestes et de les *dérober* à la vue. » (*ibid.*). Dans cette perspective, on ne s'étonnera pas que la courbe ondoyante exprimant la tendresse corresponde à des mouvements lents qui semblent esquisser la caresse, mais que l'agressivité corresponde à une courbe mélodique angulaire. Il est d'ailleurs plusieurs formes d'expression de l'agressivité ; celles examinées plus haut – notamment la « *voix étranglée* » – en sont les formes extrêmes. Il en est d'autres, plus atténuées, qui correspondent quelquefois à des types conventionnalisés de relation sociale. Dans ce cas, l'agressivité est en quelque sorte domptée et utilisée volontairement à des fins relationnelles précises. Ainsi l'attitude autoritaire s'exprime couramment par ce que Fonagy appelle le « modèle linéaire biparti » qui comporte deux paliers intonatifs :

« La personne qui parle impose ce schéma rigide à la phrase, le substitue à la fluctuation tonale naturelle. Cette attitude tonale autoritaire correspond à une vision manichéenne du monde qui ne connaît qu'*antagonismes*, oppositions et contrastes violents. Il n'est guère surprenant que ce modèle tonal apparaisse surtout dans les ordres catégoriques, les commandements militaires, les énoncés péremptoires. » (*op. cit.*, 127). Dans notre perspective, les diverses formes d'agressivité – de la colère à l'attitude autoritaire – correspondent à autant de tentations de centration sur soi de la relation sociale mimétique. L'autorité est autoréférence et il n'est pas étonnant qu'elle tente de s'affirmer au moyen d'une courbe mélodique saccadée et fermée. Cette courbe symbolise la relation antagoniste et, en même temps, se ferme sur elle-même, ne laissant place à aucune suite possible. On peut reconnaître ce type de courbe dans l'ordre, l'affirmation ou même la simple démonstration. Au contraire de l'autorité, la prise en considération du partenaire se manifeste généralement par des intonations moins heurtées et plus ouvertes. Mais, bien sûr, il y a mille nuances. Nous savons par expérience reconnaître des voix fortes, autoritaires, arrogantes, menaçantes, bienveillantes, condescendantes, résignées, sensibles, interrogatives, langoureuses, etc. Et si nous savons les reconnaître, c'est parce que nous subissons les effets de leurs intonations et accents infiniment diversifiés.

Le style vocal est d'une importance considérable dans la pragmatique des rapports sociaux. Sous les paroles qui s'échangent, quel que soit le sujet de nos conversations, le style vocal établit, maintient et module continuellement la relation sociale, relation d'abord mimétique au sein de laquelle des processus de fusion, de centration et de décentration se réalisent sans cesse. Les leaders connaissent d'instinct la puissance du style vocal et la capacité qu'ont certaines intonations – à la fois mélodiques et saccadées, comportant des gradations lentes et des chutes brutales – de faire l'unanimité, de rassembler les foules, bref, d'induire dans les masses des mouvements de centration sur leur personne ou sur leurs idées. La rhétorique verbale est avant tout une rhétorique vocale.

Chaque institution sociale possède son propre style vocal. On connaît le style vocal fusionnel des rassemblements religieux. Celui, plus saccadé, mais tout aussi fusionnel en certaines occasions, des rapports militaires. On connaît aussi le style vocal particulier des médias, style assez diversifié selon les types d'émission – information, magazines, jeux, etc. – mais dont l'effet général est presque toujours d'envelopper leur audience dans une même attitude spectatorielle faite de participation à distance. En étant très schématique, on peut caractériser de la manière suivante le modèle vocal qui sert de guide à l'énonciation des informations :

- énonciation des titres par une voix précipitée manifestant quelquefois des symptômes d'essoufflement et comportant des variations importantes de ton (ton élevé au début de chaque titre puis descente brusque suivie éventuellement d'une remontée) : on a l'impression d'assister à un feu d'artifice d'événements ;
- développement des différents titres en suivant un modèle mélodique rythmé enveloppant tous les événements dans une même onde et ceci malgré leur diversité et le caractère parfois dramatique de certains. Cette courbe, au degré assez élevé de mélodicité, emporte destinateur et destinataire dans un même mouvement ; l'un et l'autre sont portés par les événements du monde, ou participent au monde comme flot d'événements.

Ces traits vocaux font partie d'un dispositif d'énonciation global, défini lui-même par rapport à un contexte socio-culturel dans lequel le travail journalistique consiste, en grande partie, à conter des événements exceptionnels ou des actions d'hommes au-dessus du commun (vedettes de cinéma, du sport, de la politique, etc.) ; à conter, c'est-à-dire à faire participer plus qu'à expliquer.

Résumons ce qui vient d'être dit des modes de communication analogiques. Comme l'ont affirmé les psychosociologues de Palo Alto, ils concernent avant tout la relation. Ils s'apparentent à la représentation – au sens théâtral – et sont constitués essentiellement de gestes (mimiques, posturaux, vocaux) joués par un destinateur à l'adresse d'un destinataire qui, pour les comprendre, les rejoue intérieurement. Nous avons appelé de tels gestes des interfaces mimétiques. Considérés sous l'angle pragmatique, leur premier effet, est d'établir une continuité mimétique, fondée sur l'identification réciproque, entre les sujets communicants. Au-delà de ce premier effet, ces gestes modulent la relation intersubjective établie d'une infinité de façons qui peuvent se regrouper en quelques grandes orientations :

- exaspération de la relation mimétique conduite jusqu'à la fusion (gestes redondants accomplis en commun, chants, transes, etc.) ;
- centration sur l'un des sujets communicants, centration confinant quelquefois à l'exclusion pure et simple du ou des autres mais dont l'effet le plus général est d'établir des complémentarités entre attitudes différenciées ;
- décentration de l'un vers l'autre.

6 LE VERBAL

Contrairement aux signes analogiques, les signes verbaux (digitaux) ont pour effet pragmatique premier d'établir une discontinuité – une rupture de la continuité mimétique – entre les sujets communiquant. Nous avons vu que le langage verbal instaure distanciation (à l'égard du monde et des autres) et discrimination. Aussi parler revient-il toujours à mettre l'autre à distance, à le constituer précisément comme autre opposé à un moi : tel est l'effet pragmatique fondamental du langage verbal dans la communication, effet que les linguistes pragmaticiens n'ont peut-être pas assez souligné. Leur conception de la parole comme action présuppose que les sujets communiquant soient déjà constitués comme individus différenciés. Or, l'acte de parole est constitutif de cette différenciation : la distinction des sujets est corrélative de l'accès au langage et cette distinction se maintient à travers l'usage de la parole.

Le *je*, le *tu* et le *il* constituent les sommets d'une triangulation réalisée par et dans le langage. Nous avons rappelé (cf. ci-dessus, *Section 1, Une première approche de l'énonciation*) la manière dont Benveniste (1966) a caractérisé ces sommets : disant *je*, je ne puis parler sans parler de moi ; *tu*, la personne à laquelle je parle, ne peut être définie sans référence à *je* ; *il*, enfin, est énoncé en dehors de la relation *je/tu*. Cette analyse éclaire tout à la fois la distance intersubjective induite par le langage et la nouvelle dimension des phénomènes de centration/décentration. Le système verbal d'oppositions soutient la distinction de personnes subjectives autoréférentes. Il y a à la fois réversibilité et opposition entre le *je* et le *tu*. Le *tu* est appréhendé comme un autre *je* mais situé ailleurs, habitant un autre corps, disposant d'un autre point de vue sur le monde, d'une autre histoire, d'autres affects, etc. Dès lors, tout échange entre le *je* et le *tu* sera accompagné d'une incertitude et d'une interrogation. La communication peut alors se définir comme tentative de réalisation d'une communauté de sentiments et de points de vue à travers divers échanges discursifs (argumentation, démonstration, persuasion, etc.). Rappelons encore la corrélation établie par Piaget entre les échanges discursifs et le raisonnement logique : « C'est assurément le choc de notre pensée avec celle des autres qui produit en nous le doute et le besoin de prouver (...). C'est le besoin social de partager la pensée des autres, de communiquer la nôtre et de convaincre, qui est à l'origine de notre besoin de vérification. La preuve est née de la discussion. » (Piaget, 1976 : 164).

Il est vraisemblable également que c'est à travers les échanges discursifs que se développent les capacités de calcul inférentiel dont les théories de la communication font grand cas depuis Grice et la théorie des implications conversationnelles. Au sein de la communication verbale, l'alter ego est un être incertain dont il faut constamment interpréter les paroles pour comprendre ce qu'elles veulent dire. La communication verbale suppose toujours – en tout cas souvent – la formulation d'hypothèses et l'intervention d'opérations inférentielles plus ou moins complexes. C'est la question « Qu'est-ce qu'il a voulu dire ? » qui nécessite ces hypothèses et ces opérations. Et cette question est elle-même le produit de la décentration qu'implique la reconnaissance, dans et par le langage, du semblable comme subjectivité autre.

Cependant, la communication verbale soutient certaines formes de fusions et de centrismes. On le voit bien à l'usage qui peut être fait des pronoms personnels. Il est des énoncés pauvres en indications sur les interlocuteurs et d'autres, au contraire, qui s'y réfèrent constamment. On se souvient que Benveniste nomme les premiers *histoires* et les seconds *discours*. Les histoires et plus généralement tous les énoncés non embrayés ont pour caractéristique d'effacer les circonstances de leur énonciation –notamment, l'existence du locuteur, un être toujours situé dans l'espace et le temps – et par la même de se soustraire à la discussion intersubjective et de se présenter avec l'évidence d'une vérité indépendante des hommes. Ceux-ci, dans leur désir d'unanimité, sont souvent demandeurs d'énoncés de cette sorte, qui soudent la communauté qu'ils forment et satisfont le narcissisme de groupe. Chaque communauté possède son texte sacré ou son idéologie, sa charte ou son manifeste, n'importe quelle histoire grande ou petite dans laquelle se reconnaissent ses membres.

Les énoncés qui se rapprochent du type *discours* peuvent également induire certaines formes de centrisme. Le *je*, indique Benveniste, se distingue du *tu* par ceci : « (...) "je" est toujours *transcendant* par rapport à "tu". Quand je sors de "moi" pour établir une relation vivante avec un être, je rencontre ou je pose nécessairement un "tu", qui est, hors de moi, la seule personne imaginable. Ces qualités d'intériorité et de transcendance appartiennent en propre au "je" et s'inversent en "tu". On pourra donc définir le "tu" comme la *personne non subjective*, en face de la *personne subjective* que "je" représente ; et ces deux "personnes" s'opposeront ensemble à la forme de "non-personne" (= "il"). » (*op. cit.*, 232). Ces lignes éclairent le caractère paradoxal – et conflictuel – de la relation *je-/tu*. *Je* et *tu* impliquent à la fois reconnaissance mutuelle et assimilation possible de l'un par l'autre. Le *je* institue l'autoréférence et la centration subjective. Dire *je,* c'est se poser comme centre de perspectives et inclure – au moins momentanément – le *tu* dans son propre point de vue. Normalement, dans une conversation entre égaux, le *je* et le *tu* s'échangent, chacun occupant tour à tour la position centrale ; l'échange de vues est avant tout un échange de points de vue. Mais il est des discours qui prolongent, imposent, consacrent, la centralité – la transcendance – du *je*. Lorsque *je* ordonne ou déclare, ou affirme impérativement, il oblige – ou tente d'obliger – l'autre à se subordonner à son point de vue. Dans ces cas, d'ailleurs, le *je* peut se renforcer de son expansion en un *nous* plus massif. Le *nous* explique encore Benveniste, peut difficilement être conçu comme une addition de *je* : « Il est clair en effet que l'unicité et la subjectivité inhérentes à "je" contredisent la possibilité d'une pluralisation. S'il ne peut y avoir plusieurs "je" conçus par le "je" même qui parle, c'est que "nous" est, non pas une multiplication d'objets identiques, mais une jonction entre le "je" et le "non-je". Cette jonction forme une totalité nouvelle et d'un type tout particulier où les composantes ne s'équivalent pas : dans "nous", c'est toujours "je" qui prédomine puisqu'il n'y a de "nous" qu'à partir de "je" et ce "je" s'assujettit l'élément "non-je" de par sa qualité transcendante. La présence du "je" est constitutive du "nous". » (*op. cit.*, 233).

En fait, la réalité linguistique impose plus de nuances. Le *je* peut être plus ou moins noyé dans le *nous*. Le professeur ou l'homme politique qui renforce le poids de vérité de ses paroles par l'usage du *nous* (« nous pouvons affirmer que... », « nous voyons que... ») y perd quelque peu de sa transcendance mais son *je* conserve un certain relief ; il peut d'ailleurs alterner le *je* et le *nous* et doser ainsi unanimité massive et transcendance personnelle (« je vous dis que nous irons jusqu'au bout... »). Mais les individus d'une foule qui s'exclament en chœur (« nous vaincrons... », « allons enfants... », etc.) fusionnent vraiment dans un *nous* global où s'abolit leur transcendance personnelle. La globalité du *nous* peut donc être plus ou moins centrée sur un *je*. Elle peut être aussi plus ou moins décomposable – autre nuance à apporter aux propos de Benveniste – selon que les sujets qui se nomment *nous* se visent comme personne subjective unifiée ou comme ensemble proche de l'agrégat (« *Nous* étions tous rassemblés au même endroit »). *Je* et *nous* sont de toute façon des foyers de centration possibles. Le maximum de centration est sans doute atteint lorsque *je* et *nous* fusionnent complètement dans le *nous* de majesté qui consacre à la fois la transcendance absolue du *je* et la subordination complète des individus à ce *je*.

Il est aussi remarquable que la centralité du *je/nous* implique l'opposition à une entité autre : le *tu/vous* ou le *il*. Sur ce point la distinction classique entre le *nous inclusif* (nous = moi + vous) et le *nous exclusif* (nous = moi + eux) peut induire en erreur. Le *nous* implique toujours à la fois une inclusion (des personnes auxquelles *nous* s'adresse ou de celles que *je* qui parle représente) *et* une exclusion, explicite ou implicite (des autres dont *nous* parlons, de *vous* auquel *nous* s'adresse).

Le *tu* et le *vous* (amplification du *tu*) peuvent aussi apparaître comme des foyers de centration. La transcendance n'est pas réservée au *je/nous*. Il faut bien qu'il en soit ainsi d'ailleurs car lorsqu'un *je* s'est fait reconnaître comme centre unique de perspective, les autres ne peuvent s'exprimer que dans le sens de cette reconnaissance. On peut observer que l'usage du *je* se fait plutôt rare dans les énoncés linguistiques exprimant une prière, une demande, une supplication, etc. Il est plus normal de dire « Voulez-vous m'accorder... ? » ou « Pensez-vous que... ? » à un supérieur hiérarchique ou un maître à penser, que de dire « Je vous demande de m'accorder... » ou « Je vous demande votre avis au sujet de... ». Ces dernières expressions ne sont pas exclues mais leur usage manifeste déjà une atténuation – due à la contestation, à la familiarité ou à toute autre raison – de la transcendance reconnue à l'autre.

La troisième personne, dit Benveniste, c'est la non-personne. Le *il,* qui peut désigner une chose inanimée, se trouve en dehors de la relation de sujet à sujet (*je/tu*) ; ce qui explique certains emplois particuliers opposés : en manière de révérence ou en témoignage de mépris. De notre point de vue, le *il*, comme non-personne, est une réalité antagoniste et complémentaire de la communauté intersubjective qui peut s'établir éventuellement entre le *je* et le *tu,* lorsque ces derniers se trouvent soumis à un même centre (*il* de révérence plus ou moins transcendant), où lorsqu'ils soudent leur solidarité en une même subjectivité par opposition au monde et aux autres, considérés dès lors, à différents degrés, comme étrangers au centre qu'ils constituent.

Les marques de personne et leurs usages constituent peut-être la manifestation la plus remarquable et la plus instructive des effets pragmatiques de la parole. Les pronoms personnels segmentent le continuum social en entités distinctes et sont corrélatifs de la constitution de personnes subjectives autoréférentes. Dès lors, ils constituent les agents, peut être principaux, de cet effet pragmatique primordial de la parole qui est d'établir des différences. Mais les différences établies sont fluctuantes ; tantôt le *je* s'affirme dans son unicité, tantôt il fusionne avec *tu* dans un *nous* ; tantôt *il* est centre, tantôt il se trouve à la périphérie. Il y a interaction entre les segmentations établies par le langage et le jeu social des fusions, exclusions, centrations, décentrations qui travaillent le tissu social ; on peut considérer que les pronoms personnels – et leurs usages – sont le produit de cette interaction.

Les actes illocutionnaires se prêtent à une interprétation similaire. Les actes de parole, avons-nous vu, se laissent classer en types en fonction du critère d'ajustement entre le monde et le discours (cf. *Section 1, Chapitre 4, Les actes de paroles*). Or, ce critière procède de la parole en tant qu'elle opère, comme nous l'avons vu, une mise à distance. C'est donc dans le cadre déterminé par l'action de la parole qu'il devient possible de caractériser les paroles comme actions. La distanciation effectuée par la parole produit nécessairement une distinction entre représentation et monde. Dans l'élément de la parole, l'image-représentation est à la fois distinguée du monde et rapportée au monde. Anscombre et Ducrot (1983) ont bien décrit cette opération – introduisant à propos la notion d'imaginaire – et les rapports subtils qui en découlent : « (...) tout acte illocutoire A de contenu P possède, parmi ses fonctions discursives essentielles, celle de constituer un monde M, imaginaire, où la proposition P est vérifiée. C'est là une des composantes de ce que nous avons appelé (...) "aspect thématique de l'énonciation". Dans le cas de l'affirmation, le locuteur se porte en outre garant de ce que M coïncide avec le monde réel R. Dans le cas de l'ordre, il prétend contraindre son destinataire à faire coïncider M et R. Dans une supposition – par exemple matérialisée par un si (...) – M est distingué de R, et peut même être présenté comme irréel (*Ah, s'il ne s'était pas fourré dans le pétrin !* (...) » (1983 : 153).

Considérons maintenant les deux univers du discours déterminés par le critère de direction d'ajustement : le performatif et le constatif. La distinction, qui se voudrait seulement linguistique, concerne en fait (cf. *Section 1, Chapitre 4.3*) de près les rapports intersubjectifs et le rapport au monde. Pour certains théoriciens, le constatif concerne les actes de parole les moins intersubjectifs : « Dans la tradition issue de Grice, écrit Récanati, l'intention caractéristique de l'assertion est l'intention de susciter (au moyen de l'énonciation) une certaine *croyance* chez l'auditeur (...). Mais cette définition, outre qu'elle reviendrait à faire de l'assertion une espèce de prescription, échoue à rendre compte du fait, souvent noté, que l'assertion est le moins « intersubjectif » des actes de parole. Dans la tradition des philosophes-logiciens, ce qui caractérise l'assertion est moins la relation pragmatique des interlocuteurs que la relation sémantique entre ce qui est dit et ce qui est : le locuteur, en assertant quelque chose, n'exprimerait pas tant l'intention *d'être cru* (ou d'être cru sincère) que celle de *dire quelque chose de vrai.* » (1981 : 163). On sent bien que les deux interprétations ne sont pas exclusives. Une assertion peut être fortement *intersubjective* ; un locuteur peut engager son image dans une affirmation et assortir celle-ci d'une obligation, plus ou moins impérative, de croire. Il reste qu'une assertion concerne en premier lieu le monde en tant que tel – même si cette référence n'est parfois que prétexte – tandis que le performatif semble concerner avant tout la relation sociale. On a là deux pôles entre lesquels, sans doute, un continuum sur lequel on peut ordonner les actes de paroles selon qu'ils sont davantage centrés sur le monde ou sur la relation sociale.

Dans le domaine du performatif – où donc, la centration s'effectue sur la relation – il est remarquable que l'on peut faire correspondre les distinctions linguistiques avec les différences de centration dans le rapport psychosocial. Le prescriptif suppose une centration sur le locuteur (sur le *je*), laquelle culmine dans le déclaratif où les paroles produisent leurs effets en même temps qu'elles se prononcent (« Je déclare la séance ouverte »). Le promissif, au contraire, – de même que l'interrogation, non reprise dans la classification de Recanati – semble indiquer un renversement de l'orientation de la centration intersubjective, qui passerait ainsi du locuteur vers le destinataire (le *tu*). Nous aurions donc ici, à nouveau, deux pôles entre lesquels pourraient s'échelonner la variété infinie des actes performatifs concrets. Au premier pôle, correspondraient les formes extrêmes du prescriptif : l'ordre péremptoire ayant force de loi, dont, nous l'avons suggéré, la déclaration semble peu éloignée. À l'autre pôle, se situeraient les formes extrêmes du promissif, par exemple le serment d'obéissance absolue. Entre les deux, des actes multiples équilibrant et superposant d'une infinité de manières les deux centrations possibles.

Il importe de noter le rôle que joue le non-verbal dans le domaine du performatif. Les linguistes ont échoué dans leur recherche de véritables marqueurs linguistiques de force illocutionnaire. Cependant, les destinataires ne se trompent guère lorsqu'il s'agit de reconnaître la force illocutionnaire d'un énoncé. C'est que le gestuel sous tous ses aspects – et en particulier l'intonation – joue alors un rôle déterminant. Si l'ordre péremptoire se passe presque de mots, c'est que la posture, le regard, l'intonation, bref tout ce qui fait immédiatement impression sur le destinataire compte, autant sinon plus, que les mots. Les déclarations – que l'on dit quelquefois solennelles – s'accompagnent presque toujours de gestes rituels. Le serment d'obéissance ne vaudrait guère s'il n'était accompagné de gestes de soumission. L'importance des interfaces mimétiques dont nous parlions plus haut croît avec celle des aspects relationnels de la communication. Ce qui subsiste alors de représentation du monde dans l'échange linguistique se borne généralement à l'évocation de la transformation à accomplir. Lors de la réalisation d'un performatif, le rapport qu'entretiennent la représentation et le monde présente un aspect quasiment magique consistant en l'établissement d'un court-circuit, d'une identification entre parole, représentation et monde. Il y a, en tout cas, une prévalence de la représentation sur le monde qui fonde la performativité des paroles et s'enracine sans doute loin dans l'égocentrisme (compris comme non-différenciation). Il est vraisemblable aussi que ce privilège de la représentation sur le monde entraîne également une valorisation de l'élément imagé de la représentation. On n'exhorte pas quelqu'un à faire quelque chose avec des formules verbales abstraites ; mieux vaut dans ce cas, utiliser des symboles et des images comme l'ont bien noté les publicitaires, les propagandistes et les leaders politiques. En définitive, l'image est profondément corrélative de la performativité : l'image-substitut, parce qu'elle tend à abolir la distinction monde/représentation, entraîne la performativité comme réalisation du substitut.

Dans le monde du constatif, la direction d'ajustement va des paroles au monde et nous avons interprété cela comme une forme de centration sur le monde extérieur. La relation intersubjective moi/autrui s'ajuste elle-même à cette autre centration. D'une manière générale, on peut formuler l'hypothèse suivante : la relation intersubjective doit se distendre au fur et à mesure que s'accroît la centration sur le monde extérieur, et donc la complexité et la diversification du discours. Dès lors que le monde, reconnu dans sa radicale extériorité, ne se réduit plus à la représentation que l'on s'en fait, il faut faire droit à la multiplicité des points de vue selon lesquels l'aborder. La relation intersubjective devient alors dialogue. Bien sûr, il s'agit d'une tendance qui n'empêche pas, nous l'avons vu, des centrations sur des points de vue particuliers et des rassemblements autour de ces points de vue. Le domaine du constatif est rempli d'écoles et de doctrines souvent antagonistes. Mais cette tendance est bien réelle. Elle surimpose aux assimilations de points de vue, la nécessité de la réciprocité du *je* et du *tu*. Elle implique aussi davantage la transparence des signes et leur digitalisation. L'intonation importe moins au discours scientifique qu'au prescriptif ou au promissif. Ce qui lui importe plus, c'est le rapport des signes au monde, leur capacité à différencier les éléments qu'on y rencontre et à exprimer les relations qu'entretiennent ces éléments.

Cette tendance à l'objectivité du discours ne doit pas faire croire, cependant, à l'indépendance du monde à l'égard du discours. Il y a, sous-jacente au constatif, une sorte très particulière de performativité. Le monde – surtout le monde social – n'est pas indifférent aux caractérisations, aux définitions, aux descriptions qu'on en produit dans le discours. Il y a, entre le monde et le discours, une boucle de détermination réciproque que l'on commence à mieux connaître à travers la notion de prophétie autoréalisatrice (la *self-fullfilling prophecy* du sociologue Merton). Que les hommes s'entendent à décrire la réalité de leur rapport d'une certaine façon et il y a un certain nombre de chances pour que cette réalité se réalise[5]. Que les hommes, par exemple, se disent égaux et cette représentation qu'ils se font d'eux-mêmes se réalise – ou du moins à tendance à se réaliser – dans la démocratie. Que les théoriciens de la communication se représentent celle-ci comme un processus unidirectionnel de transmission – comme dans le modèle du code – et toute une série de pratiques médiatiques persuasives s'en trouvent justifiées, se développent et réalisent le modèle. On n'approfondira pas ici ce point mais il convient de ne pas le perdre de vue.

En synthèse, nous dirons que les actes de communication concrets sont des actes complexes combinant des aspects analogiques (gestuels au sens

5. J.P. Dupuy a analysé ce phénomène dans *Ordre et désordre*, Seuil, 1982.

large) et digitaux (verbaux au sens restreint). Les aspects gestuels de la communication (posture, regard, geste, mimique, style vocal) peuvent être considérés comme des interfaces mimétiques dont le premier effet pragmatique consiste à instaurer une continuité intersubjective et le second, à moduler cette continuité selon ces paramètres bipolarisés : fusion/individualisation, centration/décentration. Sur ce fond de relation analogique, les signes verbaux induisent la formation d'un triangle : moi-autrui-le monde. Leur effet pragmatique premier est d'instaurer des distinctions entre les sujets d'une part (je/tu), entre ceux-ci et le monde d'autre part. Il s'ensuit une différence entre la représentation (considérée comme subjective) et le réel extérieur (considéré comme objectif). L'usage de la parole, cependant, induit de nouvelles fusions et centrations comme l'attestent les « histoires » que se racontent les communautés, ainsi que les discours prononcés au nom d'un *je* transcendant, ou d'un *nous* collectif. Les identifications nouvelles répondent au désir mimétique toujours actif chez les individus malgré leur séparation, mais aussi toujours source de centrisme et d'exclusion. Lorsque la centration se fait sur le monde extérieur, les liens intersubjectifs ont tendance à se distendre et la relation sociale s'oriente vers le dialogue, de niveau méta, dont le but est d'articuler des points de vue reconnus différents, notamment par le raisonnement logique. Lorsque la centration s'opère sur la représentation – imaginaire – au détriment du réel extérieur, les liens intersubjectifs se resserrent laissant la performativité de la parole – qui relève plus du non-verbal que du digital – effectuer fusions et centrations intersubjectives, sources d'obligations interindividuelles et de rôles sociaux hiérarchisés.

7 LA MÉDIATISATION DE LA COMMUNICATION

Au cours de l'histoire de l'humanité, la communication s'est médiatisée. Les images et l'écriture ont été les premiers instruments de cette médiatisation, beaucoup plus ancienne en fait que ne le laisserait croire notre intérêt actuel pour une société médiatique que nous croyons tributaire des technologies modernes. Il serait trop long de retracer l'histoire de l'émergence et des transformations de ces supports très anciens que sont l'image et l'écriture. Il nous faut toutefois dire ici un mot au sujet des effets pragmatiques de ces grands modes de communication à distance.

L'écriture en tant que telle n'a guère été prise en compte par les pragmaticiens. Sans doute est-ce parce qu'elle n'est toujours considérée que comme la transcription de la parole et que ses effets relationnels sont dès lors censés se ramener à ceux qui s'exercent de vive voix. Pourtant, il ne fait guère de doute que cette transcription de la parole qu'est l'écriture soit à l'origine d'importantes transformations.

Plusieurs anthropologues ont souligné l'importance de l'écriture pour le développement de la raison logique. Leroi-Gourhan a insisté sur le fait que la subordination de l'ancienne graphie à la linéarité de la parole a entraîné un appauvrissement de la pensée multidimensionnelle corrélative de cette ancienne graphie (1964). Goody, par ailleurs, a insisté sur le fait que l'écriture, en tant que visualisation de la parole, a permis la constitution des tableaux et lexiques qui ont affiné la rigueur terminologique et la pensée logique, lesquelles en retour ont favorisé le développement de l'écriture (1979). Ces penseurs ont fortement accrédité l'idée que les modes de communication sont, d'un certain point de vue, des technologies de la connaissance. Mais en même temps, ils sont aussi, dirons-nous, des technologies de la relation sociale.

Dès son apparition, l'écriture a creusé une distance considérable entre les individus communiquant. Distance géographique évidemment, mais surtout distance sociale, comme le notent les philosophes Deleuze et Guattari : « La subordination du graphisme à la voix induit une voix fictive des hauteurs qui ne s'exprime plus que par les signes d'écriture qu'elle émet (...) » (1972 : 243) ; une voix hors de prise en quelque sorte, une voix transcendante. Il est vrai que cet extrait du livre de Deleuze et Guattari concerne surtout l'effet produit par le texte dans le cadre des premières sociétés historiques, sociétés despotiques dans lesquelles les mots écrits – notamment les textes sacrés – sont saisis comme venant d'en haut, du dieu ou du monarque unique. Il reste qu'aujourd'hui encore, dans les sociétés démocratiques où l'écriture s'est généralisée, le texte et son auteur continuent d'inspirer un certain respect. Les énoncés écrits semblent toujours posséder un poids de vérité supérieur à celui des paroles échangées dans les conversations. Le « c'est écrit » (dans tel livre, dans le journal) invoqué à l'appui de ce que l'on dit, s'impose souvent comme une garantie d'authenticité. L'écriture, comme acte de communication, semble toujours avoir pour effet pragmatique – variable selon les contextes historiques – de conférer à l'émetteur et au texte une certaine souveraineté et par conséquent, d'induire une distance sociale considérable entre ceux-ci et les lecteurs-destinataires. La raison fondamentale en est que l'écriture est génératrice d'autonomie. Autonomie de la parole, tout d'abord. Par l'écriture, la parole se détache du contexte immédiat d'énonciation et fait boucle avec elle-même à travers son double graphique. Autonomie des mots qui, à l'écart de leurs référents concrets sont considérés pour eux-mêmes, comme des objets visuels distincts susceptibles d'observation, de comparaison et même, à travers les lexiques, de définition. Autonomie des textes qui, à l'instar des mots qui les composent, se constituent en entités autoréférentielles (doctrines, théories, récits de toutes sortes, etc.). Autonomie de la pensée qui peut s'exercer pour elle-même, à l'écart du monde. Autonomie enfin, des auteurs et des écrivains qui exercent cette pensée abstraite.

L'écriture, au total, induit un niveau de significations abstraites (mots, textes, etc.) situé au-dessus des choses concrètes et les dominant. Elle induit du même coup la nécessité d'une position supérieure dont émanent ces significations. Écrire revient toujours, peu ou prou, à adopter cette position de surplomb. L'existence de l'auteur peut être plus ou moins explicite dans l'écrit – selon que l'on a affaire à une « histoire » ou un « discours », selon que le *je* s'affirme ou se dissout dans un *nous*, selon le degré auquel ce *je* manifeste sa présence – mais toujours le texte se donne comme produit d'une instance disposant d'un point de vue extérieur et autosuffisant. Il s'ensuit que la médiatisation par l'écriture est un facteur évident de centration et de hiérarchisation sociale. Elle dispose dans le tissu social des pôles transcendants d'élaboration des significations – ou si l'on veut de traitement de l'information – à partir desquels le pouvoir s'exerce. Mais il s'ensuit aussi qu'au fur et à mesure qu'elle se généralise, l'écriture devient source d'autonomie individuelle.

Du point de vue pragmatique, l'image exerce des effets bien différents de ceux qu'exerce l'écriture. L'image, avons-nous vu, est source de participation. La communication iconique se fait sous le signe de l'indifférenciation : indifférenciation entre image et réel extérieur d'une part, indifférenciation entre le sujet-spectateur et le monde de l'image, d'autre part. Il faut insister sur le fait que cette double indifférenciation en induit une autre : celle qui caractérise les relations entre les sujets eux-mêmes. Ceux-ci fusionnent dans un même regard égocentrique, un même sentiment syncrétique de participation au perçu. Il est difficile de parler d'effet pragmatique de l'image dans la mesure où sa tendance est justement de dissoudre les positions différenciées (destinateur, destinataire…) qui servent de points d'appui à l'approche pragmatique. En tant que mode de communication analogique, l'image exerce ses effets dans le sens de l'indifférenciation sociale. Contrairement à l'écriture qui approfondit la distance instituée par la parole, les images induisent les participations nécessaires à la formation et au maintien des communautés. Il est du reste intéressant de noter la complémentarité de ces deux modes de communication dans les sociétés hiérarchisées : l'écriture creuse la distance entre le pouvoir organisateur et les sujets, mais les images – statues des divinités, peintures religieuses, portraits des monarques, photographies des dirigeants ou des équipes méritantes, drapeaux, écussons, etc. –

créent une participation affective aux figures du pouvoir et soudent les éléments disjoints de la communauté. Dans ce cas, écriture et image contribuent ensemble, bien que de manière opposée, à la formation de groupes fermés et centrés. Mais de même que l'écriture, en se généralisant, crée de l'autonomie de pensée au niveau individuel, l'image en se rapprochant des individus – en leur proposant des modèles d'identification accessibles, ce que font les médias – est génératrice d'autoréférence ; et que cette autoréférence soit narcissique ne doit pas faire oublier qu'elle est également, d'un certain point de vue, source d'autonomie.

De toute façon, on le voit, les modes de communication agissent de manière complexe sur les relations intersubjectives. De leurs différences, combinaisons, interférences, oppositions, émergent des organisations sociales aux formes très diverses, plus ou moins unitaires ou fragmentées, centrées ou décentrées, plus ou moins conflictuelles enfin.

Chapitre 2

Les communications audio-scripto-visuelles

1 INTRODUCTION

Les techniques modernes ont multiplié les possibilités de combinaison entre modes de communication. Les différents types de messages cinématographiques (films de fiction ou documentaires, films didactiques, etc.), télévisuels (informations, magazines, jeux...) ou autres (affiches, images publicitaires, BD, etc.) présentent autant d'arrangements particuliers, plus ou moins typiques, des modes de communication. Dans chaque message, paroles, images, gestes, sons, entrent en rapport de manière singulière en vue de produire certains effets sur les destinataires, effets immédiats et effets à plus long terme. Tout acte de communication, avons-nous suggéré, s'inscrit dans une interaction qui elle-même s'inscrit dans un système plus vaste de rapports sociaux.

Une analyse pragmatique de tels messages exige :

1. que l'on prenne en compte leurs effets possibles dans la relation immédiate aux destinataires ;
2. que l'on situe ces effets dans le cadre plus général des systèmes sociaux (groupes, institutions, société) dans lesquels les messages s'insèrent.

Il est bien évident qu'une analyse pragmatique d'un message quelconque ne concerne que les effets potentiels de ce message et non ses effets réels (cf. *Section 2, Chapitre 4, Les actes de langages*, en particulier la discussion au sujet de la distinction entre acte illocutionnaire et acte perlocutionnaire). L'étude des effets réels relève de la recherche empirique ou expérimentale. L'acte de communication effectué par un message dépend des modes de communication utilisés, des combinaisons et des interactions entre ces modes. On peut s'attendre évidemment à une grande complexité. Dans les lignes suivantes, nous tenterons de dégager progressivement quelques points de repère permettant de jalonner l'analyse de cette complexité.

2 LA QUESTION DE L'ÉNONCIATION ICONIQUE

Nous avons vu que la question de l'énonciation est primordiale dans l'approche pragmatique des énoncés linguistiques. Le problème se pose d'emblée de savoir si cette question se présente de la même manière lorsqu'il s'agit d'énoncés audio-scripto-visuels qui ne sont pas strictement linguistiques. C'est que de tels énoncés comportent une importante composante iconique et que celle-ci ne contient guère de marques d'énonciation. Ainsi, en tant que telle, une image ne contient rien qui soit l'exact équivalent d'un pronom personnel ou d'un verbe performatif. Le point de vue théorique consistant à fonder l'approche de l'énonciation sur les systèmes de marques énonciatives qui font qu'un énoncé se présente, comme le disait Ducrot à propos de la langue, comme formulé par un énonciateur et adressé à un énonciataire, ne semble plus pertinent pour l'image. Nous savons du reste que cela est dû aux caractéristiques propres au signe iconique : son irréalité qui le détache de l'environnement réel – ce qui rend déjà improbable l'existence de déictiques –, les phénomènes de participation et d'identification qu'il induit ainsi que la position de sujet tout percevant qu'il confère à son spectateur, mettant celui-ci hors du type de relations au monde et aux autres qui procèdent des distinctions établies par le langage verbal. Alors que le langage inscrit le sujet dans un système de relations entre sujets conscients d'eux-mêmes, l'image l'en sort en quelque sorte et lui permet de s'oublier en tant que sujet incarné et situé. Les cas où l'image indique l'existence d'une instance énonciatrice constituent plutôt l'exception que la règle.

Dès lors, la question de l'énonciation se déplace vers l'amont et l'aval de l'image. Il s'agit alors moins de décrire ce que l'image indique au sujet des interlocuteurs ou de la situation d'énonciation que de caractériser le faire énonciatif (du côté de l'amont) ou l'activité de réception du spectateur (du côté de l'aval). C'est cette perspective qu'ont adoptée la plupart des théoriciens du cinéma.

Du côté de l'amont, l'énonciation s'identifie alors au faire impliqué dans le fait d'énoncer, et comme ce faire comporte différents aspects, il est devenu habituel de différencier le pôle de l'énonciation en différentes instances ou sous-instances : énonciateur, monstrateur, narrateur…Par exemple, dans son analyse très systématique du pôle énonciatif du récit filmique, un théoricien du cinéma comme Gardiès adjoint à l'énonciateur qui raconte trois sous-instances : le monstrateur ayant en charge la monstration (l'action de donner à voir et à entendre), le narrateur ayant en charge la narration (conçue comme un ensemble d'opérations d'agencement visant à mettre en récit) et le « partiteur » qui commente musicalement (A. Gardiès, 1993 : 122-123). Le remarquable est que la plupart des théoriciens s'accordent sur le fait que dans la majorité des films, le travail de l'énonciateur consiste précisément à effacer les traces de son énonciation, comme l'exprime bien le passage suivant, extrait d'un ouvrage de synthèse important sur le cinéma :

« Au niveau de chaque scène, le travail de l'énonciation consiste (…) à infléchir le rapport du spectateur à la situation diégétique, (…) à organiser l'engendrement et la structuration du processus d'identification, plan par plan. Ce travail de l'énonciation est d'autant plus invisible, dans le cinéma narratif classique, qu'il est pris en charge par le code (…). Le découpage d'une scène selon quelques points de vue, le retour de ceux-ci, le champ-contre-champ, le raccord sur le regard, autant d'éléments codiques arbitraires qui participent directement du travail de l'énonciation mais que le spectateur de cinéma, par accoutumance culturelle, perçoit comme le degré zéro de l'énonciation, comme la façon "naturelle" dont se raconte une histoire au cinéma. Il est vrai que les "règles" du montage classique, en particulier celles des raccords, visent précisément à effacer les marques de ce travail de l'énonciation, à le rendre invisible, à faire en sorte que les situations se présentent au spectateur "comme d'elles-mêmes" et que le code à un tel degré de banalité et d'usure semble fonctionner quasi automatiquement et donner l'illusion d'une sorte d'absence, ou de vacance de l'instance d'énonciation. » (J. Aumont, A. Bergala, M. Marie, M. Vernet, 1983 : 201). Ce texte caractérise remarquablement le travail de l'énonciation comme structuration de l'identification, mais comment ne pas voir que c'est précisément celle-ci qui, très fondamentalement, contrecarre la prise de conscience de l'instance d'énonciation et non l'accoutumance culturelle ou les règles du montage classique, même si celles-ci jouent un rôle d'accentuation. La perception d'une instance d'énonciation, pourrait-on dire, est inversement proportionnelle à la force de l'identification et directement proportionnelle au degré de distanciation.

Du côté de la réception, l'analyse en termes d'énonciation revient à prendre en considération les opérations par lesquelles le spectateur, en l'absence de marques d'énonciation, construit néanmoins une instance d'énonciation. Dans la perspective sémio-pragmatique de R. Odin, par exemple, cette conception permet de distinguer la fiction du documentaire. Dans le premier cas, le spectateur construit un énonciateur fictif, c'est-à-dire un énonciateur qui ne s'engage pas dans son énoncé et auquel on ne pose donc pas de question concernant la vérité de ce dernier : « J'appelle énonciateur fictif, l'énonciateur ainsi construit. L'énonciateur fictif est comme situé dans un ailleurs, un ailleurs qui n'est ni notre monde réel, ni le monde du film (la diégèse), mais un espace inquestionnable. Cette construction a comme conséquence de me projeter moi-même (...) dans cet ailleurs ; lorsque je fictionnalise, je ne me considère pas comme visé par l'énonciateur en tant que personne réelle mais en tant qu'énonciateur fictif(...). » (R. Odin, 2000 : 52). Dans le second cas, le spectateur construit un énonciateur réel, un énonciateur auquel on peut poser la question de la vérité à propos de son énoncé.

Il ne fait pas de doute que l'opposition fiction–documentaire corresponde à deux types différents d'attitudes de réception[1]. Il ne fait pas de doute non plus que le spectateur soit pour partie responsable de l'attitude qu'il adopte : je peux toujours, face à un film de fiction, suspendre l'attitude de fiction qu'il réclame et m'interroger, par exemple, sur ce qui s'est passé sur le plateau au moment du tournage, ou sur la personnalité de l'auteur. Mais il n'est pas du tout sûr que la position d'un type d'énonciateur par le spectateur soit l'élément déterminant du choix spectatoriel. Nous l'avons dit, le caractère régressif et participatif de l'image efface en quelque sorte l'axe énonciateur-énonciataire. Ce qui est sans doute plus important, c'est la visée du spectateur, le regard qu'il porte aux images. Ce qui distingue la fiction du documentaire, c'est avant tout le degré d'abandon à l'image. Dans un cas le regard se laisse aller à l'irréel ; dans l'autre, il vise un réel existant ailleurs ou ayant existé. Cette dernière attitude peut être déclenchée – on le verra plus loin – par la manifestation d'un énonciateur, mais celle-ci, généra-

1. L'un des auteurs de ce livre a distingué autrefois entre *attitude documentaire*, *attitude de fiction* et *attitude souvenir*(J.-P. Meunier, 1969). Nous préférons le terme d'*attitude* à celui de *lecture* (fictionnalisante ou documentarisante) utilisé par Odin et d'autres théoriciens du cinéma car ce dernier présente le désavantage d'assimiler trop facilement l'une à l'autre deux activités relativement distinctes sur le plan psychologique : la lecture au sens propre et la vision d'un film.

lement, s'effectue au moyen de l'élément verbal, par une adresse au spectateur (générique,commentaire...), adresse dont l'effet est précisément de rompre l'effet participatif de l'image.

On voit que la question de l'énonciation n'est pas simple et peut s'aborder de différents points de vue. Précisons donc le nôtre. Nous ne traiterons pas, dans les lignes qui suivent, de la question du faire énonciatif. Nous aborderons celle de la réception mais seulement dans la mesure où celle-ci est orientée par le message audio-scripto-visuel, c'est-à-dire par la combinaison spécifique de signes qu'il présente et dont certains comportent des marques évidentes d'énonciation. Ne pouvant aborder toutes les sortes de messages audio-scripto-visuels et visant du reste la plus grande généralité, nous nous en tiendrons à ceux des aspects énonciatifs de tels messages qui peuvent permettre de caractériser le plus grand nombre d'entre eux et surtout, qui paraissent les plus pertinents relativement aux questions relationnelles et cognitives ouvertes par la pragmatique. La question principale à laquelle doit pouvoir répondre l'analyse pragmatique des messages nous semble en effet être celle-ci : tel message audio-scripto-visuel, dans quelle situation relationnelle vise-t-il à placer son destinataire et quelles opérations cognitives réclame-t-il de lui ?

3 DISCOURS, HISTOIRE, MESSAGE EMBRAYÉ, MESSAGE NON EMBRAYÉ

Lorsqu'on considère l'ensemble des messages audio-scripto-visuels, il est une différence qui saute immédiatement aux yeux : certains messages comportent des marques d'adresse aux destinataires tandis que d'autres ne comportent aucune de ces marques. Les journaux télévisés constituent une sorte de prototype des premiers : un présentateur s'y adresse toujours aux téléspectateurs, par la parole, le regard et les gestes.

L'affiche ci-après, issue d'une campagne anti-tabac présente un autre exemple clair d'adresse au destinataire (cf. illustr. 13).

Les films de fiction constituent un prototype des seconds. Mais il en est d'autres sortes : l'affiche publicitaire *Marlboro* reprise ci-contre offre un exemple pur de message sans aucune marque d'adresse. Le message verbal, notons-le, est réduit à sa plus simple expression et le nom *Marlboro* qui constitue l'essentiel de ce message, n'empiète nullement sur la photographie afin que celle-ci apparaisse parfaitement indépendante de l'axe énonciateur/énonciataire (cf. illustr. 14).

Illustration 13

Illustration 14

Le parallélisme entre ces deux sortes de messages audio-scripto-visuels et les deux grands registres distingués par Benveniste semble bien s'imposer ici. Indiquons-le dans un tableau.

Parole	Audio-scripto-visuel
Discours embrayé	Messages avec marques d'adresse
Récit non embrayé	Messages sans marques d'adresse

Le rapprochement, cependant, appelle plusieurs remarques importantes. La première nous est suggérée par les exemples mêmes que nous avons utilisés. Si la publicité *Marlboro* prend soin d'éliminer toute trace verbale, c'est parce qu'elle vise manifestement à fournir une impression de récit d'évasion et que le verbal est largement incompatible avec ce type d'impression. Au contraire, l'affiche antitabagique, dont le principe est l'interpellation du destinataire, doit recourir au verbal pour donner suffisamment de force à cette interpellation. C'est que le registre du « discours » est plus naturel à l'élément verbal qu'à l'élément iconique et que le registre « histoire » s'accommode mieux de l'élément iconique que de l'élément verbal. L'énonciation verbale, avons-nous vu, est l'élément de la différenciation intersubjective et il est normal qu'elle indique les interlocuteurs qu'elle constitue. Même lorsque, comme dans le récit, la parole efface autant qu'elle peut ses indicateurs de personne, elle laisse toujours transparaître un peu l'existence d'un narrateur. L'image est au contraire, comme nous venons de le rappeler, un facteur de fusion intersubjective ; elle porte à son paroxysme cette impression que, comme le disait Benveniste à propos du récit verbal, « les événements semblent se raconter eux-mêmes ». L'image produit un monde imaginaire qui se donne simplement pour ce qu'il est, indépendamment de quoi que ce soit d'autre. Il est vrai qu'il peut y avoir beaucoup de paroles échangées dans un tel monde imaginaire – dans un film de fiction par exemple – mais ces paroles, et leurs effets pragmatiques, concernent les personnages, non le spectateur ; elles sont parfaitement intégrées au monde de l'image. Lorsqu'un message audio-scripto-visuel se veut interpellant, il doit surimposer au monde de l'image – à la diégèse comme disent les théoriciens du cinéma – un « dispositif d'énonciation » reposant en grande partie sur la parole adressée au spectateur et largement antagoniste à l'effet-image. On verra plus loin les différentes manières dont peut se réaliser cette alliance.

Précisons le tableau comparatif proposé plus haut :

Verbal	Audio-scripto-visuel
Discours embrayé	Messages à « dispositif d'énonciation »
Récit non embrayé	Messages à dominante imaginaire

Mais une fois ces distinctions établies, il faut immédiatement les relativiser et les nuancer. Ainsi, on peut observer des degrés dans le caractère embrayé d'un message.

En ne tenant compte que des différentes sortes de combinaisons entre images et paroles adressées au destinataire, on peut déjà apercevoir une gradation possible : les messages les plus fusionnels sont ceux ne comportant pour l'essentiel que des images ; immédiatement après viennent les messages combinant des images et des énoncés linguistiques adressés aux spectateurs mais appartenant au registre histoire ; enfin, les messages comportant des images et des énoncés linguistiques adressés aux spectateurs et appartenant au registre du discours sont évidemment les moins participatifs. En prenant en compte d'autres indices – les quantités de paroles énoncées, leurs forces illocutoires, les combinaisons syntagmatiques des images...– il serait encore possible de distinguer d'autres cas intermédiaires.

Par ailleurs, on peut observer dans la diversité des genres développés par les médias, des formes de mixité ou d'interférence Une des formes possibles de mixité est donnée par l'alternance entre discours et récit. Une illustration peut en être trouvée dans certaines vidéos pédagogiques illustrant leurs explications (sous forme d'énoncés embrayés) par des séquences narratives (non embrayées) mettant en scène des personnages. Par exemple, dans un petit film de formation juridique, des séquences dans lesquelles un commentaire adresse des explications juridiques aux spectateurs alternent avec des séquences narratives mettant en scène un juriste et son client.

Mais il existe des cas plus subtils de mixité, des cas d'interférence dans lesquels les registres apparaissent moins distinctement. Dans une recherche sur la vulgarisation scientifique, Schiele et Laroque (1981) ont montré combien les émissions de télévision consacrées à la divulgation des connaissances scientifiques sont marquées par la forme du récit. Ces émissions superposent deux énoncés : un énoncé scientifique et un énoncé narratif. L'énoncé scientifique s'adresse directement au spectateur pour lui expliquer une démarche scientifique relative à la résolution d'un problème (une maladie par exemple). Ce premier énoncé montre les principaux moments de la démarche scientifique mais n'articule pas ces moments comme le discours scientifique lui-même : « Au fur et à mesure de son déroulement, le message télévisuel offre un flux continu d'informations décontextualisées, discontinues, contiguës les unes aux autres. Les opinions, les déclarations, les témoignages, les vérités de fait, les chiffres, les résultats, etc. se téléscopent : la mise en forme n'implique pas les contenus, elle les jouxte (...) » (*op. cit.*, 179). L'énoncé narratif donne forme et continuité à cet éclatement en se centrant sur les « personnages » (médecins, savants, scientifiques) et en dramatisant les « péripéties » de leurs actions : « L'alternance des échecs et des succès active le dynamisme de l'intrigue plus qu'elle ne renseigne le téléspectateur sur la validité ou la pertinence d'un geste scientifique posé. La reconnaissance du rôle assigné (patient : malade ; agent : médecin, vétérinaire, biologiste, etc.) et des actions conséquentes qui lui sont dévolues subordonne en attributs de rôles ou d'actions les résidus d'information divergents insérés dans la trame de l'énoncé et pouvant échapper à l'entendement du téléspectateur. » (*op. cit.*, 180). En conclusion : « À l'implication réciproque des contenus scientifiques succède l'alternance des rôles narratifs. La forme narrative investit le message vulgarisateur et participe à son intelligibilité. » (*op. cit.*, 181). Dans ce cas, on peut dire que tout le discours des journalistes vulgarisateurs est embrayés dans la mesure où l'on ne cesse de s'adresser aux spectateurs mais il est clair que la narrativisation des actions, leur transformation en rôles tenus par des personnages, transforme une partie de l'information en une sorte de spectacle imaginaire relativement autonome par rapport au réel dont il dérive.

D'une façon générale, les interférences récit/discours sont très nombreuses dans les messages audio-scripto-visuels, y compris dans l'information où l'on consacre énormément de temps à raconter les événements et les actions, les propos, les victoires, les difficultés, les maladies, etc. des « personnages » de la vie sociale et politique. Nous allons cependant envisager tour à tour, comme des catégories séparables, les deux extrêmes que sont d'une part les messages que nous avons appelés imaginaires, messages iconiques désembrayés se présentant généralement comme récits, et les messages embrayés se présentant généralement comme discours adressés à des spectateurs-énonciataires.

4 HISTOIRES AUDIO-SCRIPTO-VISUELLES

L'image est une interface mimétique ayant pour effet pragmatique fondamental d'instaurer de la continuité sociale. Profondément narrative, elle se déploie en récits imaginaires produits, racontés et reçus par les hommes comme des réalités indépendantes d'eux, mais auxquelles chacun participe et dont dépend le lien social qui les unit. La moindre image, le moindre film de fiction, crée une communauté de spectateurs participant tacitement à la constitution d'un monde imaginaire partagé mais cependant consommé individuellement. Situation paradoxale d'agglutination de points de vue individuels en un seul point de vue constitutif des choses perçues sur l'image. C'est précisément la manière dont l'image – et donc celui qui l'a conçue – oriente ou guide le point de vue spectatoriel qui détermine certains de ses effets relationnels et cognitifs. Il est bien évident que l'identification spectatorielle est un puissant facteur de centration sur soi, ce « soi » pouvant désigner aussi bien des individus que des groupes. Tout ce qui a été dit plus haut de l'état spectatoriel engendré par l'image va dans le sens de cette centration. L'image, avons-nous vu, met le spectateur en position de « sujet transcendantal ». Un récit imaginaire ne peut rien contenir d'autre que ce qu'on y projette et c'est cela qui confère le sentiment d'être sujet tout-percevant, sujet donc qui n'a plus à prendre distance (à se décentrer) par rapport à son propre point de vue. L'adhésion au perçu s'ensuit, rappelant l'indifférenciation primitive des êtres et des choses où, selon une autre terminologie, le narcissisme de la première enfance. Bref, il y a centration sur le point de vue propre. C'est pourquoi on peut considérer que le développement des médias est intimement lié à la montée de l'individualisme contemporain (cf. plus haut). Durant une bonne partie de sa vie, l'homme moderne est un spectateur d'images – cinéma, TV – c'est-à-dire un être tout-percevant centré sur son point de vue propre, identifié à des doubles imaginaires qu'il nourrit de son propre vécu. Il est probable que cela émousse son sens du réel, de la relativité des points de vue et de l'extériorité radicale des choses.

Mais on sait qu'un même facteur peut produire des effets tout à fait opposés, et l'on peut donc soutenir l'idée que les images peuvent aussi être considérées comme un puissant facteur de décentration. À y bien regarder, les images offrent au spectateur l'occasion de vivre une expérience sociale peu ordinaire. Pris par le monde de l'image, le spectateur n'a plus à se préoccuper de son environnement réel – physique et social –, de la place qu'il occupe lui-même dans ce milieu, des rôles qu'il y tient, de l'image de soi qu'il tente d'y imposer, des mécanismes de défense nécessaires à la protection de ce moi. Dans la vie ordinaire, les autres sont toujours bien présents. Et s'ils peuvent être compris pour eux-mêmes, ils sont toujours perçus aussi comme une menace pour le moi propre. Pour chaque sujet, l'autre est un regard et un centre d'intentions directement concurrent pour le regard et les intentions propres. Dans ces conditions, il est difficile de ne pas céder aux objectivations, aux catégorisations et aux jugements sommaires sur autrui qui sont autant de tentatives pour sauvegarder son identité et son point de vue propre. Dans le monde imaginaire par contre, l'autre perçu n'est pas présent. Le spectateur ne ressent aucune menace pour son moi propre. Il est vrai, comme on vient de le rappeler, que cet autre imaginaire vit des projections du spectateur et que d'une certaine façon, celui-ci n'est pas confronté à une véritable altérité. Mais précisément, ce dont le spectateur fait l'épreuve dans ces conditions, c'est d'une conduite qui, tout en n'étant pas celle qu'il tient ordinairement, est éprouvée comme potentiellement sienne. On a dit que le cinéma – ou le théâtre ou la bande dessinée ou tout autre spectacle imaginaire – permet au spectateur de vivre par procuration l'existence idéale qu'il ne peut connaître dans la réalité, ou qu'il permet, toujours par procuration, de laisser s'exprimer des pulsions refoulées, le sadisme par exemple. Ces interprétations, justes, ne mettent cependant pas suffisamment en relief ce que montrent ces faits de projection : la capacité pour tout sujet de sortir de son moi habituel et d'assimiler d'autres comportements humains possibles. L'imaginaire nous donne la possibilité d'habiter toutes sortes de conduites dont nous nous tenons généralement à distance. La projection-identification nous rend sensibles aux motivations des criminels, des lâches, des pauvres, des malades mentaux, des gens de cultures différentes, etc. C'est en ce sens que le spectacle imaginaire peut être un puissant facteur de décentration sociale. Et la décentration conduit normalement à la réflexion. Durant le spectacle, la compréhension des personnages est immédiate et généralement sans réflexion. C'est d'ailleurs cela qui est intéressant car, dans le réel, la raison intervient souvent trop vite, classant immédiatement les gens, les événements, etc., dans des catégories toutes faites. Mais après le spectacle, la conduite vécue dans l'imaginaire devient une donnée que la raison doit intégrer dans son système de valeurs et de représentations, quitte à le modifier, parfois même à le bouleverser. Un bon spectacle imaginaire, sur le plan humain, est un spectacle qui fait réfléchir parce que, dans la non-réflexion qui caractérise l'état spectatoriel, il rend sensible à des potentialités qui, après coup, doivent être assimilées par la pensée.

Le récit imaginaire induit donc centration et décentration sociale. Mais on ne peut s'en tenir à cette généralité. Il est des spectacles qui favorisent la décentration plus que d'autres. Il en est beaucoup qui favorisent le narcissisme. Il faut donc nous interroger sur les facteurs qui agissent dans un sens ou dans l'autre. Le plus important de ces facteurs est constitué par ce que l'on peut appeler la pragmatique des rapports intersubjectifs à l'intérieur du récit. Les personnages d'un récit nous apparaissent toujours en interaction avec d'autres personnages. Même s'il n'en est qu'un – sur une affiche par exemple – il se présente toujours comme un être social, c'est-à-dire un être dont les gestes et les paroles manifestent une forme de rapport social. Or, comme on va le voir, l'identification spectatorielle – que nous avons traitée jusqu'ici de manière globale et indifférenciée – se module en fonction de ces rapports intersubjectifs.

On aurait tort de croire que l'identification se concentre sur certains personnages en fonction de leurs caractéristiques individuelles. L'identification concerne tous les personnages : ceux-ci constituent un réseau relationnel et le spectateur y circule tout en comprenant les différentes conduites et en les adoptant tour à tour. Face à un spectacle cinématographique, par exemple, le spectateur participe à l'action de tous les protagonistes, à celle de l'agresseur comme à celle de l'agressé, à celle du bandit comme à celle du policier. Cependant, la participation peut se centrer plus ou moins sur l'un ou l'autre personnage ou ne pas se centrer. Tout dépend de la manière dont le réseau relationnel interne au spectacle est construit. On peut ici imaginer deux cas extrêmes entre lesquels différents cas intermédiaires.

Dans le premier cas, le réseau relationnel apparaît centré. Dans la pragmatique des rapports intersubjectifs entre personnages, un d'entre eux se détache : ses regards, ses gestes, ses postures et ses paroles sont autant d'actes de communication par lesquels il s'impose comme être autonome et de ce fait, comme un centre de référence pour les autres personnages. C'est le héros classique de cinéma. Ses actions, ses faits et gestes, notons-le, peuvent relever de couches comportementales différentes, des plus physiques aux plus intellectuelles, mais toujours, ils manifestent maîtrise, autosuffisance, accord de soi à soi. Le héros de western, par exemple, présente au plus haut point ces qualités : « C'est un héros de liberté. De la liberté, il porte la marque symbolique la plus éclatante : la solitude (...) Quant à ce qui le fait mouvoir, cela ne nous est guère explicité. Évidemment, le héros se retrouve du côté de la justice et des vertus morales consacrées, mais il a toujours les yeux fixés plus loin, vers une sorte de devoir supérieur (...). Le héros vaincra d'une manière emphatiquement loyale, et ne sortira son arme de l'étui que lorsque son adversaire aura esquissé le geste de le faire. Il vaincra simplement parce qu'il est le plus rapide, si l'on veut. Mais cette rapidité du héros est encore un témoignage de l'accord parfait de l'âme et du monde. Ainsi le héros qui ne fait que ce qu'il estime devoir faire, qui n'a les yeux fixés que sur son propre code moral, se trouve en quelque sorte confirmé par l'ordre naturel qui fait de lui physiquement le meilleur. » (Burgelin, 1970 : 117). La notion psychanalytique de l'idéal du moi convient bien à ce genre de héros. L'idéal du moi, rappelons-le, a été défini par Freud comme le substitut du narcissisme de l'enfance : « Ce qu'il [l'homme] projette devant lui comme son idéal est le substitut du narcissisme perdu de l'enfance ; en ce temps-là, il était à lui-même son propre idéal. » (1969 : 98). L'origine narcissique de l'Idéal du moi explique ses traits fondamentaux : l'autonomie, la cohérence interne, l'autosuffisance, l'identité de soi avec soi. Et nous savons que ces traits polarisent l'attention sociale. Il est évident que lorsqu'un spectacle imaginaire présente un réseau relationnel centré sur un tel personnage idéal, l'identification spectatorielle se centrera elle-même sur lui, bénéficiant alors par procuration de la centration sociale qu'engendre l'autosuffisance. Il semble évident aussi que dans ce cas, l'identification spectatorielle sera source de centration.

Ce fonctionnement caractérisé par la centration peut, notons-le, prendre deux directions selon le type du personnage central. Soit le personnage central du message est un être déjà socialement consacré – un chef, un meneur, un leader, etc. – ou qui cherche à l'être, et dans ce cas l'idéal se présentera avec quelque caractère d'inaccessibilité qui en fera un être à part, auquel on s'identifie mais cependant sans pouvoir s'y égaler. C'est la centration sur cet être qui est alors recherchée, ainsi que la fusion dans la communauté qu'il représente ; le sociocentrisme en découlera normalement. Les images des grands hommes – statues, portraits – fonctionnent dans le sens de ce sociocentrisme. Beaucoup d'affiches de propagande également, comme le montre l'affiche consacrée à Mao (cf. illustr. 15).

Illustration 15[2]

Soit le personnage central est un être relativement proche du destinataire, capable de susciter non seulement l'identification mais aussi l'imitation. Le personnage devient alors un modèle pour le spectateur, modèle qu'il s'imaginera pouvoir reproduire dans la vie ordinaire. Dans ce cas, on peut évidemment parler de fonctionnement à l'égocentrisme individuel. La plupart des images publicitaires répondent à ce principe de fonctionnement : « Le discours manifeste de la publicité, met en scène des personnages entourés d'une admiration flatteuse grâce à l'utilisation du produit X. Faites comme eux, dit ce discours, et vous serez infailliblement gratifié d'une admiration semblable. La publicité exprime donc le plus clairement qui soit l'effet de signe, elle ne cache en rien sa logique. Ce qu'elle ne formule pas, cependant, tout en le formulant à un niveau plus profond, c'est le discours suivant. Le héros adulé et magnifiquement indifférent à ses semblables est de toute évidence autonome, ses désirs sont spontanés, et s'il a choisi X, c'est bien sûr de son propre chef. On n'a jamais vu une publicité qui présenterait un personnage copiant bassement les désirs de la foule, sauf éventuellement

2. Source : *L'imagerie politique*, Centre National d'Art et de Culture Georges Pompidou, Paris, 1977.

pour s'en moquer. C'est bien cette autosuffisance associée au produit X qui vaut à notre héros la vénération de sa cour. Pour accéder vous aussi à ce paradis où vous n'aurez plus à imiter les autres mais où ce sont les autres qui vous imiteront, dit ce second discours, vous n'avez qu'une seule chose à faire : (...) l'imiter. » (Dupuy, 1979 : 92). Il importe de remarquer que dans ce cas la centration interne au récit fait exactement écho à la toute-puissance perceptive du spectateur. Entièrement centré sur son propre regard, celui-ci est de plus amené à s'identifier à un personnage imaginaire s'imposant comme centre à l'intérieur du réseau intersubjectif mis en scène par le message. Il y a peu à attendre des messages correspondant à ce premier cas au sujet de leurs effets possibles sur le plan de la décentration et de la réflexion.

Les messages imaginaires présentant un réseau relationnel non centré constituent l'autre cas extrême. Leurs caractéristiques et leurs effets sont évidemment opposés. Il n'y a, en ce qui les concerne, ni centration sur le point de vue ni centration sur la conduite d'un personnage central. Il n'y a pas de héros autosuffisant. La singularité de chaque point de vue se trouve alors mise en évidence. Cette structure a-centrée, souvent, se construit à partir de personnages complexes montrant, comme les humains en général, forces et faiblesses, faisant preuve de cohérence comme d'incohérence. Elle engage le spectateur dans une identification tournante lui permettant de vivre, de l'intérieur, les dissonances intersubjectives, et chaque identification à un des différents personnages constitue une décentration par rapport à la précédente. C'est évidemment lorsqu'il en est ainsi que le message oblige à la réflexion. La multiplicité vécue conduit le spectateur au métaniveau d'où il peut réfléchir les raisons et les motivations diverses qui font agir les hommes.

Nous pouvons résumer en un schéma les deux grands cas que nous venons d'évoquer brièvement.

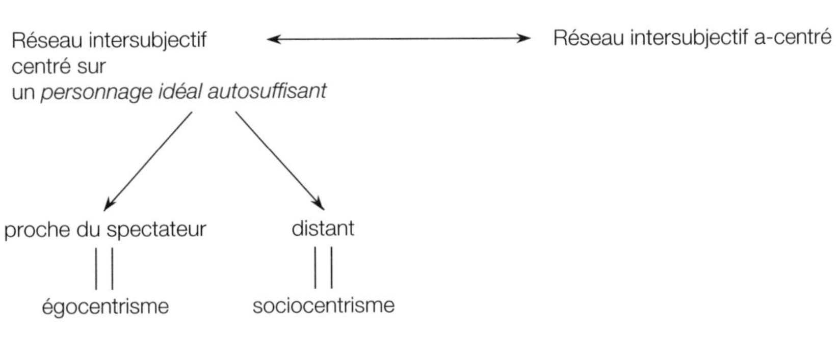

Les procédés formels qui concourent à la construction d'un message jouent évidemment un rôle important comme facteurs de centration ou de décentration. Les études de narratologie cinématographique fournissent des concepts utiles pour l'approche des variations de points de vue à l'intérieur d'un récit. Ainsi, par exemple, des concepts de focalisation et d'ocularisation (Gaudreault et Jost, 1990).

Le concept d'ocularisation concerne le point de vue visuel et caractérise la relation entre ce qui est vu sur l'image et qui est censé le voir. Gaudreault et Jost distinguent deux grands cas : « Cela signifie qu'il y a trois attitudes possibles par rapport à l'image cinématographique : soit on la considère comme vue par un œil et, alors, on la renvoie à un personnage, soit le statut ou la position de la caméra l'emporte et on l'attribue à une instance externe au monde représenté, grand imagier en tout genre, soit on tente d'effacer l'existence même de cet axe : c'est la fameuse illusion de la transparence. Ces trois attitudes se ramènent en fait à une alternative : ou un plan est ancré dans le regard d'une instance interne à la diégèse et il y a alors *ocularisation interne*, ou il ne renvoie pas à un tel regard et c'est une *ocularisation zéro* (Jost 1983). On peut expliciter cette position de la façon suivante :

ocularisation
- interne
  - primaire
  - secondaire
- zéro"

(*op. cit.*, 131). On parlera d'ocularisation interne primaire lorsque l'image contient un indice qui permet d'inférer la présence d'un regard : déformation de l'image, interposition d'un cache (trou de serrure par exemple), représentation d'une partie du corps au premier plan, etc. On parlera d'ocularisation interne secondaire lorsque la référence à un regard est obtenue par les raccords, comme dans le champ-contrechamp. Ce procédé est surtout observable dans les séquences d'images cinématographiques mais on peut également en noter la présence dans la bande dessinée.

L'ocularisation zéro nous semble poser un problème. Elle est souvent présentée par les théoriciens du cinéma – et notamment par Gaudreault et Jost dans le texte cité – comme le résultat d'un choix historique en faveur de la transparence. Cette option aurait conduit à effacer toute trace des opérations techniques de prise de vue et donc du processus de fabrication du film. Nous pensons plutôt, en accord avec ce que nous avons dit plus haut au sujet de l'instance d'énonciation iconique, qu'il est de la nature de l'image de faire oublier les opérations qui l'ont produite (le faire énonciatif). Sans distance par rapport au monde de l'image qui semble se montrer de lui-même, sans référence à aucune instance énonciatrice, le spectateur ne peut que se couler, sans vraiment s'en rendre compte, dans le point de vue sous lequel se présente à lui ce monde imaginaire. Metz a autrefois caractérisé comme « identification cinématographique primaire » l'identification du spectateur de cinéma à son regard propre comme regard constituant (tout-percevant) mais qui se trouve aussi contraint par la perspective adoptée par la caméra : « Et il est vrai que, s'identifiant à lui-même comme regard, le spectateur ne peut faire autrement que de s'identifier aussi à la caméra, qui a regardé avant lui ce qu'il regarde à présent, et dont le poste (= cadrage) détermine le point de fuite. » (1975 :35). Autrement dit, le point de vue du spectateur se fond avec celui du narrateur – ou du « monstrateur »comme préfèrent le dire certains lorsqu'il s'agit d'images. L'ocularisation zéro, c'est-à-dire la disparition de la notion d'une instance externe responsable du point de vue adopté sur le monde diégétique, correspond donc moins à un choix qu'à une caractéristique fondamentale de la position – et du vécu – du spectateur face au monde imaginaire. Il est vrai cependant que le sentiment d'absence d'une instance externe d'énonciation peut être accentué par certains choix techniques touchant le cadrage, l'angle de prise de vue ou encore les mouvements de caméra. Ainsi, l'angle dit normal, proche de l'horizontale, se fait moins sentir et donc efface d'autant plus le point de vue adopté que des angles plus inhabituels comme ceux correspondant à la plongée ou la contre-plongée. Ceux-ci, de même que des cadrages rares ou des mouvements très sensibles de caméra peuvent, à condition qu'ils soient assez marqués pour éveiller l'attention, rendre sensible la perspective adoptée. Il peut s'ensuivre le sentiment de l'existence d'un narrateur exprimant son point de vue ; la participation n'est pas telle qu'on ne puisse s'en souvenir quelquefois. Mais sans nécessairement aller jusque là, il peut s'ensuivre tout simplement un sentiment de singularité, quelque chose que notre position de sujet tout-percevant a tendance à nous faire oublier et qui nous ramène un instant à la réalité de notre point de vue propre. Une certaine forme de décentration peut en découler, décentration qui ne procède plus cette fois de la traversée des différents personnages mais qui se joue entre le personnage et le spectateur. Ainsi, dans l'image d'Amnesty International reproduite ici, la contre-plongée confère au regard du spectateur une position caractéristique qui lui rend sensible son point de vue d'adulte opposé à celui de l'enfant et l'engage à une certaine décentration. Mais on est ici à la limite de l'imaginaire et tout proche du discours embrayé sur le réel (cf. illustr. 16). L'ocularisation interne pose moins de problèmes dans la mesure où elle joue entièrement à l'intérieur du récit. D'une certaine manière, elle matérialise cette ubiquité de sujet tout-percevant dont l'image gratifie le spectateur.

Illustration 16

Le concept de focalisation concerne, lui, le savoir ou plus précisément le foyer cognitif du récit. Sans entrer dans les détails, rappelons seulement ici certaines distinctions établies par Genette (1972). Il y a récit non focalisé lorsque le narrateur, omniscient, en dit plus que n'en sait aucun personnage. Il y a focalisation interne lorsque le récit fait connaître les événements tels qu'ils sont perçus par un personnage : elle peut être variable lorsque le personnage focal change en cours de récit, ou multiple lorsque le même événement est vu selon les points de vue de divers personnages.

On conçoit que les variations du point de vue oculaire ou cognitif jouent un rôle important dans les phénomènes de centration et de décentration. Un récit imaginaire centré aura évidemment tendance à multiplier les raccords sur le regard du héros (ocularisation interne), faisant de son point de vue le point de vue central capable d'assimiler les points de vue des autres personnages. Il aura également tendance à faire de ce héros le foyer cognitif des événements relatés, explicitement ou implicitement. Au contraire, un récit décentré jouera sur les variations d'ocularisation et de focalisation, l'essentiel étant de rendre sensible les différences de perspective. Le cinéma offre de beaux exemples de récits décentrés de cette façon. Le film *Rashomon* de Kurosawa, dans lequel la mort d'un samouraï est racontée successivement par quatre personnages, constitue un exemple typique (cité par Genette) de focalisation interne multiple. On peut aussi citer *La vie conjugale* de Cayatte, qui montre en deux films les mêmes événements conjugaux racontés par l'épouse et par le mari.

Un récit fonctionnant à la décentration aura également tendance à donner au spectateur des indices le renvoyant à son point de vue de spectateur ou à celui de l'auteur comme dans l'image d'*Amnesty International*.

Soulignons pour terminer l'importance des phénomènes de décentration pour les messages à vocation éducative. Trop de films socio-éducatifs ou pédagogiques adoptent les méthodes persuasives de la publicité : recours à des personnages savants pour énoncer le savoir, présentation de personnages modèles dont l'apparente maîtrise de soi dans les diverses circonstances de la vie invite à l'imitation. Il est certainement possible de faire passer ainsi des connaissances ou d'induire des attitudes, mais avec quel effet sur la réflexion et au prix de quelles conséquences sociales ? Supposons que le procédé marche, c'est-à-dire que les informations que l'on cherche à transmettre soient assimilées par les destinataires. D'un certain point de vue, on aura réussi puisque l'effet est atteint, mais d'un autre point de vue on aura certainement échoué, parce que des connaissances acquises par soumission à un être omniscient ou par identification à un modèle sont par définition des connaissances simplement reçues, incapables de générer une véritable réflexion. Pour réfléchir, il faut s'interroger, éprouver des dissonances, bref il faut de la décentration. Le même raisonnement paraît transposable au plan des effets sociaux. Si par exemple l'imitation d'un modèle valorisé conduit à adopter certaines attitudes et comportements (soins de santé, précautions par rapport à certaines maladies, nutrition, etc.), il est à craindre que cette réussite engendre aussi des attitudes de mépris, d'exclusion ou de dévalorisation par rapport à ceux qui n'auront pu égaler le modèle. L'éducation ne peut se confondre avec la persuasion. Elle en est même l'opposé.

5 DISPOSITIFS D'ÉNONCIATION

5.1 Rupture diégétique

La notion de dispositif d'énonciation a été proposée par E. Verón dans une remarquable analyse de l'énonciation des nouvelles par les présentateurs de journaux télévisés (1983). Cette notion est commode dans la mesure où le terme « dispositif » peut couvrir une grande variété d'éléments contribuant à l'énonciation : les paroles, intonations et gestes des énonciateurs, les éléments de langage photographique ou cinématographique (cadrage, angle de prise de vue, mouvements de caméra) qui modulent la présence de ceux-ci, le contexte visuel dans lequel ils apparaissent, le nombre de ces énonciateurs et les rapports qu'ils entretiennent entre eux. C'est tout cela, que la notion de dispositif d'énonciation synthétise et tous ces éléments jouent effectivement un rôle dans la relation au spectateur. Cependant, cette diversité ne doit pas masquer la simplicité de l'opération fondamentale par laquelle se constitue un axe énonciateur/énonciataire et les effets les plus généraux dûs à l'apparition de cet axe.

Un schéma peut permettre de représenter très simplement et très abstraitement cette opération.

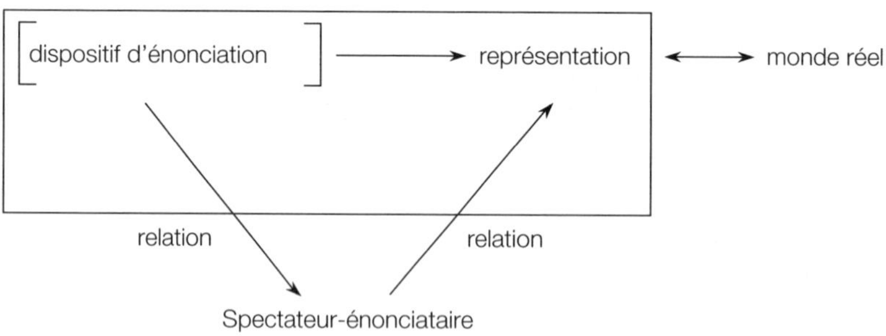

Il suffit d'une adresse au spectateur (figurée par la première flèche vers le spectateur-énonciataire) pour que la position de celui-ci soit modifiée. De spectateur qu'il était, il devient énonciataire en relation avec une instance d'énonciation qui s'adresse à lui pour l'entretenir du monde à travers une certaine représentation que le message en donne.

L'émergence de ces éléments différenciés (énonciateur, énonciataire, représentation, monde) correspond à ce que les théoriciens du cinéma appellent une rupture de diégèse. Tant qu'il n'y a pas d'adresse au spectateur, celui-ci est plongé dans le monde de l'image – le monde diégétique –, incapable de faire la différence entre celui-ci et le monde réel. Dès qu'il y a adresse au spectateur – dès qu'un *je* s'adresse à lui comme à un *tu* – celui-ci, pourrait-on dire, se ressaisit, prend de la distance et redevient capable de percevoir la différence entre la représentation et le monde. Encore faut-il, pour que l'opération réussisse pleinement, que cette adresse se présente bien comme provenant du monde réel et non du monde diégétique déployé par l'image. Certains films de fiction mettent en scène un narrateur qui s'adresse directement au spectateur pour lui raconter l'histoire en flash-back. Il s'agit dans ce cas d'un narrateur fictif qui, souvent, est lui-même un des protagonistes de l'action. Quoi qu'il en soit, si cette interpellation du spectateur crée une certaine distance à l'égard du récit – distance que creuse la différence de niveau entre le racontant et le raconté –, cette distance, de même que le narrateur, reste interne au récit. Le spectateur est amené à circuler à travers deux plans du monde imaginaire mais reste immergé dans ce monde. Et si l'on peut parler dans ce cas d'un axe énonciateur – énonciataire (ou narrateur – narrataire), il faut dire également que le spectateur ne se sent interpellé que fictivement et ne s'éprouve énonciataire que d'une manière irréelle. Il n'en est évidemment pas de même lorsque l'adresse au spectateur procède d'un présentateur de JT, du commentateur d'un film documentaire ou d'un reportage, de la légende d'une photographie de presse, etc. Dans tous ces cas, l'énonciateur se situe dans le monde réel et s'adresse à nous en tant qu'être réel. Quant au monde déployé par l'énoncé iconique, il n'est plus alors à considérer pour lui-même mais comme représentation du monde réel et la distance n'est plus entre deux plans du monde diégétique mais entre le plan de l'imaginaire et le monde réel. C'est seulement dans de tels cas que l'on peut véritablement parler d'un axe énonciateur– énonciataire et d'un dispositif d'énonciation.

Pour que l'opération réussisse pleinement, il faut aussi, comme on l'a dit plus haut, que l'adresse s'effectue par le moyen du langage verbal car celui-ci est l'élément même du discours constitutif du rapport je-tu. Il se peut cependant que certains procédés proprement iconiques, comme les cadrages et angles de prise de vue inhabituels dont on parlait précédemment, soient ressentis comme l'indice d'un faire énonciatif dont l'ostentation manifeste une intention de montrer, induisant de ce fait une triangulation énonciateur-énonciataire-réel. Il s'agit peut-être là de l'énonciation la plus élémentaire qui soit, mais sa force, si l'on peut s'exprimer ainsi, est certainement moindre que celle reposant sur la parole.

Quoi qu'il en soit, l'adresse au spectateur restaure la dualité représentation/monde et permet du même coup que se pose à nouveau, comme dans le discours exclusivement verbal, la question de la direction d'ajustement.

5.2 L'instance d'énonciation

Quelle que soit sa force – variable comme on vient de le voir –, l'adresse au spectateur a toujours quelque chose de paradoxal et d'ambigu. Celui qui s'adresse au spectateur établit un contact en fait impossible entre le monde de l'image – d'où il s'exprime – et le monde réel où il fait semblant d'être avec le spectateur-énonciateur. Le présentateur de JT ne peut sortir de l'image pour entrer en rapport direct avec le spectateur comme le ferait un interlocuteur réel. « Il est là, je le vois, il me parle » dit Verón mais en réalité, il ne me parle pas et ne me voit pas vraiment. L'adresse au spectateur relève toujours quelque peu de la fiction. On a beau multiplier les procédés pour faire croire à la présence du présentateur parmi nous – il regarde un écran comme moi, il n'entre en contact avec le réel que par l'intermédiaire d'envoyés spéciaux, etc. –, il continue d'appartenir au monde imaginaire et son interpellation du spectateur n'est au fond qu'une image d'interpellation. C'est pourquoi la rupture de diégèse a toujours quelque chose de fragile. La dualité des mondes peut à tout moment s'estomper et laisser la place à une simple fascination imaginaire. Beaucoup de téléspectateurs regardent les informations comme on regarde des images de fiction et les présentateurs comme des personnages tenant plus ou moins bien leur rôle. Et beaucoup de chaînes TV jouent elles-mêmes sur l'ambiguïté, soignant la mise en spectacle du monde et s'assurant les services de présentateurs-vedettes. À la limite, l'image reprend ses droits, assimilant ce qui contredit son autonomie, faisant du dispositif d'énonciation un spectacle comme un autre : le JT devient le récit du JT.

Signalons encore une autre ambiguïté. L'instance d'énonciation se manifeste dans le monde de l'image, aussi n'aura-t-elle généralement que peu de rapport avec le ou les véritable(s) auteur(s) du message. Dans une conversation réelle, le locuteur et l'auteur du message se confondent. Il n'en est pas de même dans une communication médiatisée, dans un message audio-scripto-visuel. Dans ce cas, en effet, l'auteur, forcément absent du rapport de communication, a le choix d'inscrire ou non la trace de son existence dans le message. Souvent, il ne le fera pas, préférant mettre en scène des énonciateurs qui n'ont que peu de chose à voir avec lui. Ce choix, laissé à l'auteur, autorise d'ailleurs certaines stratégies particulières de communication. Comparant deux films présentés dans une ancienne émission d'une télévision française (*À armes égales*), dont l'un était produit par le patronat français et l'autre par un syndicat, B. Gardin a pu constater qu'alors que le syndicat se référait à lui-même dans son propre film, le patronat était totalement absent du sien (1976). Le film du patronat comportait des énonciateurs (un journaliste, un échantillon de Français moyens) s'adressant aux spectateurs pour leur expliquer les méfaits que peut occasionner une grève, mais les patrons eux-mêmes n'y apparaissaient pas. Cette différence s'explique du fait que le patronat tenait à présenter son propos comme émanant de l'opinion publique tandis que le syndicat voulait marquer son existence comme représentant de la classe ouvrière. Ce que le film patronal mettait en scène comme instance d'énonciation – l'opinion publique incarnée par un échantillon de Français – était au fond une pure construction. Il en est souvent ainsi.

Cette dernière remarque conduit à s'interroger sur ce que peut être l'instance qui s'exprime à travers le dispositif d'énonciation. Au nom de qui ou de quoi s'expriment les personnages mis en scène par le dispositif ? Il se peut qu'ils parlent en leur nom propre, mais il se peut aussi qu'ils représentent autre chose : l'opinion publique, la science, une institution, la voix intérieure, la conscience morale, la patrie, etc. Un message audio-scripto-visuel peut donner consistance à n'importe quelle instance, réelle ou imaginaire. Ceci tient justement à la séparation entre les énonciateurs apparents du message et le véritable auteur, et au caractère imaginaire du message. Qui dit « Le socialisme, une idée qui fait son chemin » dans l'affiche électorale de Mitterrand que nous avons commentée plus haut ? La voix de l'histoire, la voix du peuple, Mitterrand lui-même ?

5.3 La direction d'ajustement

Puisque l'adresse au spectateur induit une dualité entre représentation imaginaire et monde réel, il faut bien que, d'une manière ou d'une autre, soit posée la question du rapport entre cette représentation et ce monde. À ce sujet, la distinction constatif/performatif peut être d'une certaine utilité. On peut, sans entrer dans le détail, distinguer des messages qui présentent la représentation imaginaire comme coïncidant avec le monde réel et d'autres qui la présentent comme étant à réaliser. Les messages informatifs (JT, documentaires) relèvent du constatif, comme d'ailleurs beaucoup de documents pédagogiques. Les messages publicitaires se situent, quant à eux, plutôt du côté du performatif. Mais ici comme pour les messages linguistiques, il est probable que la réalité soit plus complexe que ne le laissent présumer les distinctions théoriques. L'image électorale de Mitterrand est à la fois un constat et une invitation. On pourrait même dire de cette image qu'elle relève du déclaratif dans la mesure où, vu son autorité apparente, l'instance d'énonciation semble déterminer le destin du socialisme du seul fait qu'elle l'énonce. La propagande et la publicité excellent à donner l'illusion de ces superpositions entre représentation et monde. Leur force performative vient de ce qu'elles présentent leurs suggestions comme virtuellement réalisées, écartant même l'idée qu'elles ne le soient pas, créant de ce fait une sorte d'obligation implicite. Leur action relève de la prophétie autoréalisatrice.

Quoi qu'il en soit de ces complexités, l'essentiel ici est de remarquer qu'un dispositif d'énonciation détermine un certain rapport d'ajustement entre la représentation imaginaire et le monde et que de ce rapport découlent pour le spectateur certains sentiments, certaines attitudes ou obligations.

5.4 Les marques d'énonciation audiovisuelles

Les différents personnages intervenant dans un dispositif d'énonciation modulent leur rapport aux spectateurs en utilisant toutes les ressources de la parole, du geste, de la voix, et même de l'écriture. Tout ce que nous avons dit plus haut au sujet des effets de ces différents modes de communication doit être pris en compte lorsqu'il s'agit d'apprécier l'action de leur combinaison au sein d'un dispositif audio-scripto-visuel : le registre dans lequel les personnages s'expriment (récit ou discours), les pronoms personnels utilisés, les actes illocutionnaires effectués, l'implicite de leur discours et les calculs inférentiels que nécessite leur compréhension, les postures, les regards et les gestes, la hauteur, l'intensité et les intonations de la voix.

Revenons encore sur les deux slogans des campagnes de prévention contre le sida examinés plus haut (première partie) du point de vue de la pragmatique linguistique. Il est évident, par exemple, que l'énoncé « Ouvrez les yeux pour que le sida ne vous les ferme pas » est conçu pour produire un effet sensiblement différent que l'énoncé : « Ta santé est aussi celle des autres ». Le premier suppose un énonciateur distant (il s'exprime à la deuxième personne du pluriel) s'adressant à une masse indifférenciée d'individus. L'acte illocutionnaire qu'il effectue est évidemment du type prescriptif : un ordre assorti d'une menace. Dans la mesure où la tournure linguistique d'une phrase écrite contient des indications sur la manière (intonation) dont elle doit être prononcée, on comprend, à la seule lecture de cet énoncé, que le ton est ferme. Le second énoncé est de toute évidence prononcé par un individu plus familier (deuxième personne du singulier) s'adressant à un autre individu et non plus à une masse. Formellement, l'acte illocutionnaire accompli est une constatation. On comprend que cette constatation implique une sorte de prescription (du genre : « Fais attention à la maladie afin de ne pas nuire aux autres ») mais l'usage de l'indirection et l'appel aux capacités inférentielles du destinataire font de celui-ci un égal, un co-énonciateur capable de raisonnement. Enfin, la tournure linguistique de cet énoncé semble indiquer une élévation finale de l'intonation qui laisse le propos ouvert, à charge au destinataire de le poursuivre. On pourrait dire que ces énoncés sont tout deux persuasifs, qu'ils poursuivent un même but. Mais cette notion de persuasion est trop générale ; elle rassemble en effet dans une même catégorie des actes de communication qui peuvent être très différents. Du point de vue psychosociologique, le slogan « Ouvrez les yeux (...) » effectue – ou tente d'effectuer – un véritable assujettissement des individus à une instance transcendante, autoritaire et menaçante, instance relativement indéterminée mais qui évoque immanquablement toutes les figures supérieures qui marquent les débuts de l'existence sociale : le père, certaines représentations divines, les maîtres, etc. ; instance qui n'est pas sans évoquer le Surmoi des psychanalystes. Du même point de vue psychosociologique, le slogan « Ta santé (...) » situe les destinataires comme des individus autonomes, susceptibles d'entrer en interaction avec d'autres individus également autonomes et capables de dialoguer.

Et que se passera-t-il si de tels messages réussissent, c'est-à-dire si les individus réagissent selon les attentes des destinateurs (en termes linguistiques : si les effets perlocutoires visés sont atteints) ? Voilà qui va bien au-delà de la question de savoir si les individus adoptent ou non les comportements souhaités. Dans le premier cas, on pourra faire l'hypothèse qu'en investissant l'instance supérieure et en se soumettant sans réserve à ses prescriptions, les individus, se sentant faire partie d'une masse indivise, seront portés à exclure (rejeter, punir, juger sévèrement, etc.) tout qui ne réagirait pas comme eux. Dans le second cas, on pourra formuler l'hypothèse que dans la ligne du rapport social relativement égalitaire induit par le message, les individus seront (peut-être) plus enclins à la discussion. Au-delà de l'effet pragmatique immédiat du message se profile toujours la question de ses effets relationnels à plus long terme.

Nous avons abordé ces deux messages sous l'angle de leur tournure linguistique et prosodique. Or, il faut aussi considérer les caractéristiques qui leur viennent des dispositifs d'énonciation audio-scripto-visuels dans lesquels ils s'inscrivent. Il faut par exemple tenir compte du fait que leurs énonciateurs respectifs sont invisibles. Reproduits typographiquement sur les affiches ou les couvertures de dépliants, ces deux énoncés laissent parfaitement indéterminés les personnages qui les profèrent, ce qui, dans un cas (« Ouvrez les yeux (...) ») renforce l'autorité de l'énonciateur en lui conférant un aspect abstrait et inaccessible et, dans l'autre, renforce le caractère anonyme de l'énonciateur (qui peut donc être n'importe quel individu). La présence ou l'absence visuelle des personnages chargés de l'énonciation constitue une variable importante de l'énonciation audio-scripto-visuelle. Nous allons envisager tour à tour ces deux grandes possibilités.

5.5 L'énonciation *off*

Il est difficile, dans les communications ordinaires (non médiatisées) d'imaginer une situation dans laquelle le locuteur est invisible. Dans le domaine des communications médiatiques, au contraire, cette situation est fréquente et parfaitement normale. Les divers personnages, les énonciateurs des médias – notamment les commentateurs, les interviewers, les interviewés – sont souvent invisibles à l'écran ou sur l'image. On ne peut qu'entendre leur voix ou lire leur propos, ce qui n'est qu'une autre manière d'entrer en contact avec la voix ; l'écriture, nous l'avons vu, est essentiellement un procédé de médiatisation de la voix. Il est courant d'appeler « voix *off* » la voix des personnages invisibles. Il faut prendre garde cependant de ne pas confondre les voix off dont nous parlons ici avec les voix des personnages hors-champ mais faisant néanmoins partie du monde présenté par l'image – le monde diégétique[3]. Il est alors primordial d'analyser la façon d'être présent de ces énonciateurs invisibles et l'effet de cette présence si particulière sur les spectateurs.

Plusieurs auteurs ont insisté sur la position transcendante que confère à l'énonciateur le fait de parler sans être vu, c'est-à-dire sans qu'il soit possible

3. Certains auteurs, du reste, préfèrent utiliser l'expression « voix over » à propos des énonciateurs hors diégèse, ceux qui nous intéressent ici.

de le situer. P. Bonitzer, notamment, a trouvé de belles formules pour caractériser l'effet de la voix off dans beaucoup de films documentaires : « (...) la voix *off* représente un pouvoir, celui de disposer de l'image et de ce qu'elle reflète, depuis un lieu absolument autre et absolument indéterminé. Et en ce sens transcendant ; d'où cet incontestable, incontesté supposé-Savoir... » (Bonitzer, 1972 : 28-29). Prenant pour exemple une émission de télévision relatant la révolte des détenus d'une prison, Bonitzer écrit encore : « Ce qu'accomplit la voix *off* anonyme du service public, c'est bien une double suppression de la voix des prisonniers : elle la supprime une première fois en ne la laissant pas parler, et une seconde fois en s'y substituant. Ce qu'il faut – c'est à cela aussi que sert la télévision, et on pourrait montrer qu'une émission comme celle des *Dossiers de l'écran* n'a pas d'autre raison – c'est que la voix brûlante de la révolte cède à la voix froide de l'ordre, de la normalité et du pouvoir. » (*op. cit.*, 36).

La voix *off*, autrement dit, tire de sa position supérieure le privilège de parler à la place de tout le monde. À la place des individus dont elle parle ; à la place aussi des spectateurs qui n'ont plus qu'à intérioriser les vérités qu'elle prononce. En tant que voix transcendante, la voix *off* parle aussi au nom de quelque instance abstraite : « Ce qui parle, c'est l'anonymat du « service public » de la télévision, de l'information en général et, en étendant le cercle des connotations, peut-être la loi (...) la Démocratie (...). C'est un peu tout cela qui sourdement parle dans l'anonymat de la voix *off*, y dessine vaguement le grand sujet voilé et abstrait au nom de qui ça parle. » (*ibid.*). De ce point de vue, la voix off des messages audio-scripto-visuels est comme la « voix des hauteurs » qu'induisaient les premières écritures.

Mais ici comme ailleurs, il ne faut pas trop vite généraliser et établir une sorte d'équation univoque : énonciateur *off* = énonciateur transcendant représentant une instance supérieure et abstraite. Les deux slogans anti-sida examinés plus haut montrent avec évidence certaines différences d'effets de l'énonciation *off*. S'il y a sans doute un aspect commun à toute énonciation *off*, il existe aussi des variations qui dépendent de plusieurs facteurs agissant simultanément.

Examinons quelques exemples. Dans un vidéogramme consacré à l'éducation sexuelle[4] et plus précisément aux différentes méthodes contraceptives, une voix *off* introduit le sujet en commentant de la manière suivante des images de jeunes gens prenant plaisir aux divertissements d'une foire

4. *Sachez ce que vous faites*, film produit pour ORGANON avec l'aide du Ministère de la Santé publique des Pays-Bas.

(carrousels, toboggans) représentant métaphoriquement le plaisir sexuel avec ses joies et ses risques :

> « *Chacun a le droit se s'amuser de temps en temps. Que diriez-vous de faire un tour à la foire ? C'est excitant, c'est délassant (...)* ».

Jusque là, le ton est familier. L'invitation (« Que diriez-vous (...) ») donne une certaine existence au spectateur et la mélodicité qui enveloppe les derniers mots (« C'est excitant, c'est délassant ») assure celui-ci de la bienveillance du locuteur. Mais le ton devient ensuite plus ferme :

> « *Si vous voulez vous amuser pleinement, vous serez bien avisés qu'il ne puisse rien vous arriver qui puisse gâcher votre joie (...)* ».

Par la suite, le ton devient plus scientifique ; la voix énumère et explique les progrès de la science en matière de contraception ainsi que les techniques les plus fiables. L'interpellation personnelle du début (usage du pronom « vous ») disparaît presque complètement, laissant la place à l'énonciation impersonnelle de la science. Dans ce cas, l'effet de la voix *off* apparaît assez conforme à ce qu'en dit Bonitzer. Cela tient beaucoup au ton de la voix et aux actes de discours effectués. Invitation bienveillante, mise en garde, explications objectives, tous ces actes de discours impliquent une position supérieure, position que matérialise en quelque sorte la voix *off*, laquelle, en retour, donne force aux actes illocutionnaires accomplis. Cette position supérieure correspond à celle qu'occupe la science en tant que guide des conduites. Bien que moderniste sur le plan du regard porté à la sexualité, ce vidéogramme reste très traditionnel sur le plan du lien social. L'autorité scientifique s'est simplement substituée à l'autorité morale. La voix de ce vidéogramme n'est pas très différente de celle du « Ouvrez les yeux pour que le sida ne vous les ferme pas », tout juste un peu plus familière.

On peut trouver une infinité d'exemples de ce type de voix. Dans les messages scientifiques ou didactiques, dans les documentaires, dans les reportages, etc. L'autorité peut être plus ou moins affirmée mais l'effet recherché – et souvent obtenu – est toujours à peu près le même. On peut cependant observer d'autres usages de la voix *off*. L'exemple suivant contraste avec le précédent. Il s'agit d'un vidéogramme consacré au problème de la drogue[5] et construit sur le principe suivant : d'anciens drogués apportent le témoignage de leur expérience personnelle. Une voix *off,* féminine et discrète, introduit le sujet de la manière suivante :

5. *Préviens-moi si tu m'aimes*, film produit par le GSARA, avec l'aide du Ministère de la Communauté Française de Belgique, Bruxelles, 1984.

> *« Dans ce vidéogramme, vous allez entendre deux sortes de témoignages, d'abord des jeunes à l'école qui se posent des questions et attendent des réponses au sujet des produits que certains ont peut-être déjà expérimentés ; ensuite celui des adultes qui ont vécu de manière très personnelle les problèmes de la drogue ; par exemple, il y a une famille dont Solange est la mère (...) les cinq filles ont consommé des drogues ; pour Michèle, la plus jeune, c'était surtout des médicaments (...). Pourquoi devient-on dépendant ? ».*

À cette introduction fait suite une série d'interviews présentées sans commentaire. Le commentaire *off* ne contient qu'une indication sur les images présentées et une question. À charge du spectateur de trouver des éléments de réponse. Le « ce » démonstratif renforce la position de l'énonciateur en dehors du contenu du message, sur le même plan que le spectateur et partageant avec lui la même position d'observateur. Le « vous » semble désigner chaque spectateur en particulier et non un ensemble. Au total, la relation énonciateur/énonciataire est plutôt du type égalitaire. Personne ne parle à la place des drogués ni au nom d'une quelconque instance supérieure en position de prescrire, de menacer, de mettre en garde, de conseiller ou d'expliquer. L'énonciateur *off* annonce le thème du message ; mais pour ce qui est du sens et des explications, il se présente comme étant comme un spectateur parmi d'autres, aussi perplexe qu'eux-mêmes, et donc en proie aux mêmes interrogations au sujet de ce qui va être montré. L'intervention de cette voix a surtout pour effet d'induire un minimum de distance à l'égard des images, mais sans insistance, pour que cette distance ne nuise pas à la participation. Durant les témoignages, un sous-titre apparaît quelquefois pour mettre en évidence certains aspects du vécu exprimé par les interviewés (par ex. : « Solitude »). Ces phrases écrites sont dans l'exact prolongement du commentaire *off*. L'acte qu'elles effectuent est d'indication : elles attirent l'attention sur le vécu en perturbant le moins possible l'identification du spectateur aux interviewés. L'écriture se fait ici remarquablement transparente, tout comme la voix du commentateur. L'une et l'autre se montrent le moins possible : pas de gros caractères pour l'écriture, pas trop d'intensité ni de hauteur pour la voix.

On peut tirer de cette dernière remarque une règle générale : lorsque l'énonciateur doit manifester et sa position haute par rapport aux spectateurs et sa maîtrise du sens des images, son acte d'énonciation doit être bien perceptible, c'est-à-dire comporter un certain degré d'opacité par rapport au référent des paroles. Dès lors, les phrases se feront plus longues, l'intonation plus marquée, l'intensité de la voix – ou la grosseur des caractères d'imprimerie – plus importante, etc. Au contraire, lorsque l'énonciateur n'a d'autre but que d'indiquer une réalité – avec ce que cette notion peut comporter d'extériorité et de complexité – tous ces traits auront tendance à disparaître. Dans le vidéogramme consacré à l'éducation sexuelle, la présence de l'énonciateur doit être tangible ; son autorité scientifique et morale doit être clairement ressentie. Dans le second vidéogramme, il doit être clair que ce qui importe, c'est la réalité (des drogués) avec tous ses aspects complexes et contradictoires. Autrement dit – en termes de centration/décentration – le vidéogramme sur l'éducation sexuelle effectue une centration sur l'énonciateur et l'instance supérieure au nom de qui il parle ; tandis que le vidéogramme sur la drogue attire l'attention sur un certain réel à comprendre, sollicitant de ce fait la décentration des spectateurs.

Un détour par le monde des affiches pourra illustrer et compléter ce qu'on vient de dire au sujet de l'énonciation *off*. Nous l'avons vu, certains des énoncés écrits sur les affiches sont comme les énoncés entendus dans les documents sonores : des traces d'un énonciateur invisible, non situé. On sait aussi que les graphistes ont trouvé des équivalents visuels des traits de la voix. L'épaisseur des caractères, la situation des phrases écrites sur la page, le tracé des lettres, les couleurs, forment ensemble une configuration visuelle renseignant assez bien sur les caractéristiques sonores de la voix (intensité, timbre, hauteur). La situation spatiale des phrases dans le cadre de l'affiche est particulièrement intéressante à examiner. La disposition de l'énoncé dans la partie supérieure du cadre peut symboliser à la fois la hauteur de la voix et la hauteur sociale de l'énonciateur. Le « plus » est toujours associé au « haut ». Les énoncés situés au milieu du cadre ou dans le bas correspondent souvent à d'autres positionnements et d'autres situations interrelationnelles. Le slogan « Ouvrez les yeux pour que le sida ne vous les ferme pas » est écrit en haut du cadre en très gros caractères ; traits visuels qui donnent consistance au sentiment d'avoir affaire à une « voix des hauteurs » autoritaire, sentiment déjà induit par la tournure illocutionnaire de l'énoncé linguistique. Le slogan « Ta santé est aussi celle des autres » est également écrit en haut du cadre – ce qui donne le sentiment d'un ton ferme – mais en caractères beaucoup moins épais et surtout en italiques – ce qui donne à la phrase écrite un caractère cursif et confirme le style interpersonnel (je-tu) de l'énonciation[6].

Bien entendu, aucun des traits visuels envisagés ici n'a d'effet en soi. Ces traits fonctionnent comme des métaphores, selon des rapports de simi-

---

6. On lira à ce propos le Chapitre 9, « Les invariants typographiques », de *Maquette et mise en page*, DUPLAN P. et JAUNEAU R., Collection L'Usine, Éditions du Moniteur, 1988.

larité dépendant partiellement du contexte dans lequel ils apparaissent. Les caractères italiques de notre exemple n'évoquent l'écriture cursive que parce que l'énoncé confirme cette analogie.

D'autres exemples illustreront la variété des combinaisons possibles des variables et la diversité des positions qui s'ensuivent pour la voix *off* d'énonciation.

La publicité pour la « haute joaillerie » donne à entendre son énoncé (« Offrez-lui la chair de poule ») comme émanant d'une voix intime et suggestive (cf. illustr. 17). Les petits caractères utilisés et leur position basse dans le cadre font de l'énoncé l'émanation d'une voix intérieure qui susurre ses conseils sur le mode de la tentation. Difficile, en effet, en lisant cet énoncé, d'adopter une voix forte ou simplement normale ; la voix chuchotée – voix de l'intimité la plus secrète – s'impose.

Dans la publicité *Spa*, la voix *off* s'impose avec force ; c'est la voix du père auquel l'enfant doit se soumettre (cf. illustr. 18). Cette voix, en même temps qu'elle s'adresse à l'enfant dans l'image pour lui donner ses conseils impératifs ne peut pas ne pas concerner le lecteur auquel l'affiche est adressée ; ce dernier ne peut dès lors que se mettre à la place du père, énonçant lui-même un conseil proféré par plusieurs générations de pères, bénéficiant du prestige et de l'immortalité de cette place symbolique. Remarquons aussi, même si cela concerne moins notre propos actuel, la subtilité du dispositif d'énonciation de cette affiche : en même temps qu'il occupe la place du père, le spectateur occupe aussi la place du fils par le truchement de l'enfant visible sur l'image qui, au lieu de se présenter à lui en vis-à-vis, offre son dos à sa traversée identificatoire, invitant à l'accompagnement dans le trajet de la vie. Le spectateur éprouve un court-circuit entre la place éternelle du père et la place de l'enfant ; il comprend que Spa, devenu élixir de jouvence, confère aux attributs de l'enfance un caractère d'éternité. Le spectateur-père donne éternité au spectateur-fils qui donne jeunesse au spectateur-père. On peut difficilement aller plus loin dans l'autoréférence narcissique.

L'image du parti socialiste français (« Le capitalisme tue la nature – sauvons la vie ») (cf. illustr. 19) présente deux énoncés et deux énonciateurs – ou un seul occupant deux positions. On peut ici parler de polyphonie. L'énoncé « Le capitalisme tue la nature » est une affirmation dont l'énonciateur participe d'une instance scientifique objective. La position en surplomb de cette instance qui affirme en connaissance de cause donne pleine justification à l'autre voix qui elle, s'exprimant en quelque sorte à hauteur d'homme, semble émaner d'un *nous* massif tirant son énergie performative (grosseur des caractères) de l'unanimité des individus qui le composent. Centration sur une instance supérieure et fusion dans une masse unanime.

Illustration 17

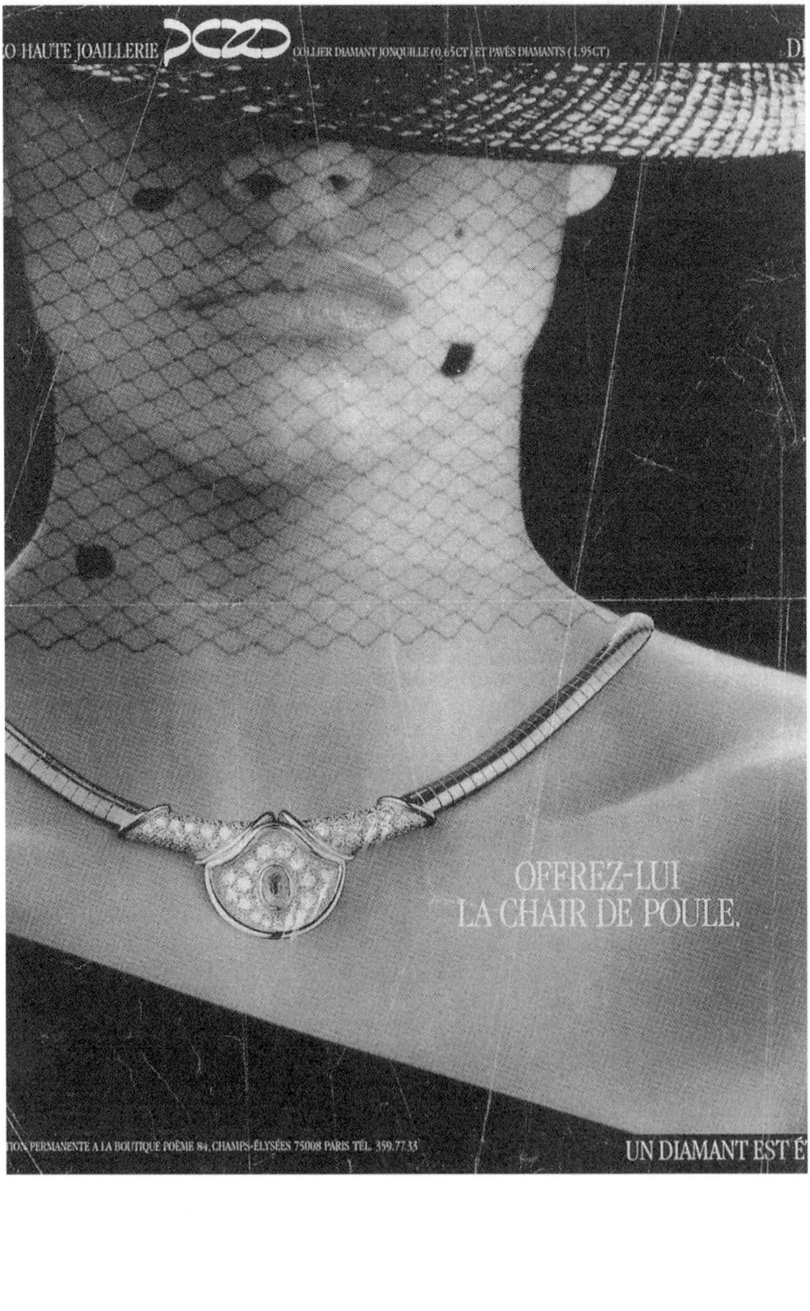

Illustration 18

Illustration 19[7]

7. Source : *L'imagerie politique*, Centre National d'Art et de Culture Georges Pompidou, Paris, 1977.

Enfin, les trois affiches de la sécurité routière « Faites-vous voir » (cf. illustr. 20), « Partageons notre route » (cf. illustr. 21) et « Ils n'avaient pas une minute à perdre » (cf. illustr. 22)) offrent une intéressante gradation. La première ne présente aucune ambiguïté quant au foyer de l'énonciation ; il s'agit sans conteste d'une instance morale et prescriptive supérieure, s'adressant à tous de la même manière. La seconde présente l'énonciation comme une initiative de la masse des conducteurs dont fait partie le spectateur éventuel ; elle implique donc ce dernier en tant qu'il est une composante de la volonté commune. La pression morale vient maintenant plus de cette volonté en commun que d'une instance supérieure séparée. La troisième, à l'opposé des deux premières, joue davantage sur le rapport d'individu à individu.

Illustration 20

L'énoncé « Ils n'avaient pas une minute à perdre » est un énoncé qui ne peut être compris qu'en étant complété ; voyant ce qu'il voit et lisant l'énoncé – qui sera généralement entendu comme procédant d'un autre observateur de la scène montrée sur l'image – le spectateur doit inférer que l'accident est dû à l'excès de vitesse et qu'il ne sert à rien de se presser pour gagner une minute quand on risque d'y perdre la vie. Il y a là l'ébauche d'une réflexion impliquant plusieurs interlocuteurs, ce qui rapproche cette affiche du message « Ta santé est aussi celle des autres » que nous avons examiné plus haut. La nécessité du calcul inférentiel suggère toujours une situation interindividuelle d'échanges dialogiques, voire plurilogiques. L'inachèvement d'un énoncé suppose toujours au moins deux interactants capables de raisonnement. Une voix transcendante ou une voix unanime suppose l'unicité, l'accord avec soi, et la fermeture de l'énoncé.

Illustration 21

Illustration 22

Arrivé à ce point de notre analyse de l'énonciation *off*, il sera sans doute utile de formuler quelques éléments de synthèse. L'indétermination de ce type de voix – c'est-à-dire son anonymat et sa délocalisation spatio-temporelle – doit être considérée comme sa caractéristique principale. La voix off échappe toujours quelque peu à la contingence. En découlent deux propriétés générales, étroitement solidaires :

1. la voix *off* est facilement intériorisée par l'auditeur, ce qui en fait un facteur de fusion sociale ;
2. la voix *off* se prête admirablement à la mise en scène de ces instances générales et abstraites auxquelles les hommes se réfèrent pour souder les diverses communautés qu'ils forment : la Nation, la science, l'opinion publique, l'institution, l'entreprise, le Surmoi, la conscience morale, la raison, etc.

La voix *off* est facilement intériorisée parce que, dès le moment où on ne peut la rapporter à un individu visible et situé dans l'espace, elle joue exclusivement le rôle d'interface mimétique dont nous parlions plus haut. La voix résonne alors en chaque spectateur comme une voix commune, une voix *transsubjective*, une voix qui parle au nom de tous dans la mesure où ceux qui l'entendent ne sont plus capables de discerner ce qui vient de l'un et ce qui vient de l'autre. Cet effet est d'autant plus marqué que l'état spectatoriel – qui caractérise la réception audio-visuelle – est un état régressif déterminant un certain enveloppement dans le perçu. Or, ce qui vaut pour l'image vaut plus encore pour la voix. Au plus fort de la régression, l'image garde quelque chose d'extérieur ; elle est toujours devant le regard du sujet. La voix, elle, traverse les sujets, induisant une participation plus profonde encore que celle provoquée par l'image. Dire que la voix *off* est facilement intériorisée fait encore la part trop belle à la distinction extérieur/intérieur, car à la limite, sous l'effet de la voix off, il n'y a plus ni extérieur, ni intérieur ; il n'y a plus qu'une seule voix générale, un seul sujet parlant collectif.

La seconde propriété découle évidemment de la première. Transsubjective, la voix *off* parle presque toujours au nom d'instances générales et abstraites, instances que d'une certaine manière, elle rend perceptibles et concrètes. Naturellement, il faut y insister, le caractère *off* de la voix d'énonciation n'agit pas isolément. Son effet dépend d'un faisceau d'autres éléments agissant simultanément. Ce sont les aspects linguistiques (pronoms, force illocutionnaire, etc.) et vocaux (intensité, hauteur, degré de mélodicité, intonation, etc.) qui déterminent le positionnement précis de la voix *off* (son foyer, le caractère plus ou moins transcendant de l'instance au nom de qui elle parle), et qui modulent son effet propre.

Dans certains cas, la voix *off* occupe et incarne une position et un point de vue individuels (comme dans « Ta santé est aussi celle des autres ») impliquant alors le spectateur dans une relation interindividuelle. La voix *off*, dans ce cas, incarne paradoxalement la notion générale et abstraite d'individu, obligeant le spectateur à assumer lui-même un statut d'individu autonome.

5.6 L'énonciation *on*[8]

Les énonciateurs visibles sur l'image (présentateurs de JT ou d'autres émissions de TV, interviewers ou interviewés, reporters, personnages de publicité s'adressant aux spectateurs, etc.) d'un quelconque dispositif d'énonciation audio-scripto-visuel n'atteignent pas le spectateur comme le font les énonciateurs *off*. Ils sont visibles, c'est-à-dire que, d'une certaine manière, ils s'opposent aux spectateurs auxquels ils s'adressent directement, ou indirectement comme c'est le cas dans l'interview. Ils occupent une situation précise dans un espace visible. Ils ont des traits physiques précis et leur comportement laisse même transparaître leurs caractéristiques psychologiques. Il leur est difficile d'incarner une instance abstraite intérieure ou métasociale. Ils font partie du monde concret, comme le spectateur. Cela ne suffit cependant pas à en faire de véritables interlocuteurs.

Comme dans le cas de l'énonciation *off*, le fait de s'adresser au spectateur crée une rupture de diégèse. Il n'y a plus simplement participation aveugle au perçu mais référenciation : ce qui est perçu existe ailleurs ou pourrait exister. Mais, pris globalement, le rapport énonciateur/énonciataire/monde de référence est quelque peu différent de ce qu'il est sous l'effet de l'énonciateur *off*. Il n'y a plus cette même tendance à la centration sur le seul point de vue de l'énonciateur. La triade est plus éclatée. L'énonciateur, avec sa contingence d'être concret, apparaît avec un point de vue propre, différent de mon point de vue propre, et le monde dont il parle reste en principe extérieur à nos deux points de vue. Autrement dit, la triade apparaît plus proche de ce qu'elle est dans une situation normale – réelle – d'interlocution. Plus proche mais pas identique. Il faut insister sur ce point. La rupture de diégèse et la référenciation n'empêchent pas l'image de rester image. Certes, l'image évoque le monde réel par les aspects visibles qu'elle nous en montre. Néanmoins ce monde-là, comme d'ailleurs l'énonciateur *on*, demeurent des « réalités » absentes. Chacun sait d'expérience que les images d'un JT – sans doute celles pour lesquelles la référenciation est la plus fortement sollicitée – peuvent facilement redevenir un simple spectacle.

L'interpellation du spectateur par le présentateur de JT n'est jamais qu'une image d'interpellation. Le spectateur-énonciataire n'est pas vraiment interpellé et n'est pas vraiment énonciataire. « Il est là, je le vois, il me parle » dit E. Verón du présentateur de JT. Mais celui-ci ne me voit pas. Ne me sentant pas regardé et n'étant pas vraiment en interaction avec lui, je ne

8. Ou, selon certains auteurs : *in*.

suis pas renvoyé à ma réalité et à mon point de vue propre comme je le suis dans un dialogue réel. Je reste donc dans une certaine mesure, voire totalement, le spectateur – fasciné – d'un personnage qui mime une relation en grande partie fictive, et dont je suis assez peu partie prenante. Il s'ensuit que la centration s'effectue avant tout sur le présentateur. Il n'y a pas dans cette situation ambiguë la même alternance de centration et de décentration que dans un dialogue réel. En tant qu'il reste spectateur, l'énonciataire, au fond, s'identifie simplement au présentateur comme centre de perspective. Cela peut expliquer le vedettariat qui touche les présentateurs de JT. Si le présentateur mime parfaitement le contact avec le spectateur (alors que lui seul possède l'initiative de la prise de parole dans cette relation) et s'il parvient à personnaliser son rôle, il sera adulé comme un grand acteur.

Le côté spectaculaire de l'énonciation *on* peut être plus ou moins accentué, selon les énonciateurs eux-mêmes bien sûr, mais aussi selon le type de message. Il est des cas où l'adresse au spectateur n'est plus guère qu'un attrait supplémentaire au spectacle. Sur une affiche, une jeune fille florissante regarde le passant les yeux dans les yeux en lui disant « Vous avez deviné, je ne fume plus » (cf. illustr. 13). Interpellé en tant que « vous », le passant regarde son interlocutrice mais aussitôt la relation *je-vous* s'estompe ; ne subsiste éventuellement que la fascination pour le modèle à imiter. La centration sur ce dernier est totale. Il y a toujours dans l'énonciation *on*, une certaine confusion ou superposition entre le registre du discours et le registre du récit, et il y a toujours dans la relation intersubjective qui lie l'énonciateur absent à ses spectateurs-énonciataires une relative centration sur le premier.

Cette mise au point étant faite, examinons de plus près les variables de la mise en scène visuelle de l'énonciation *on* ainsi que leur incidence sur la relation intersubjective que l'on vient de caractériser globalement.

L'énonciateur *on* apparaît dans une image c'est-à-dire sur une surface délimitée par un cadre. Le spectateur-énonciataire – quasiment immobile – se situe normalement face à cette surface cadrée, le regard suivant une orientation perpendiculaire à celle-ci. C'est cette situation particulière de vision qui détermine les variables typiquement visuelles de l'énonciation *on*. Parmi ces variables, les principales sont les suivantes : 1) la position du corps et du visage de l'énonciateur par rapport à l'axe du regard spectatoriel ; 2) la direction de son regard par rapport à ce même axe ; 3) l'échelle des plans.

Carontini (1988), qui a fourni une analyse très détaillée des marques visuelles d'énonciation, inscrit dans un cercle les différentes orientations possibles du corps d'un personnage apparaissant sur l'image :

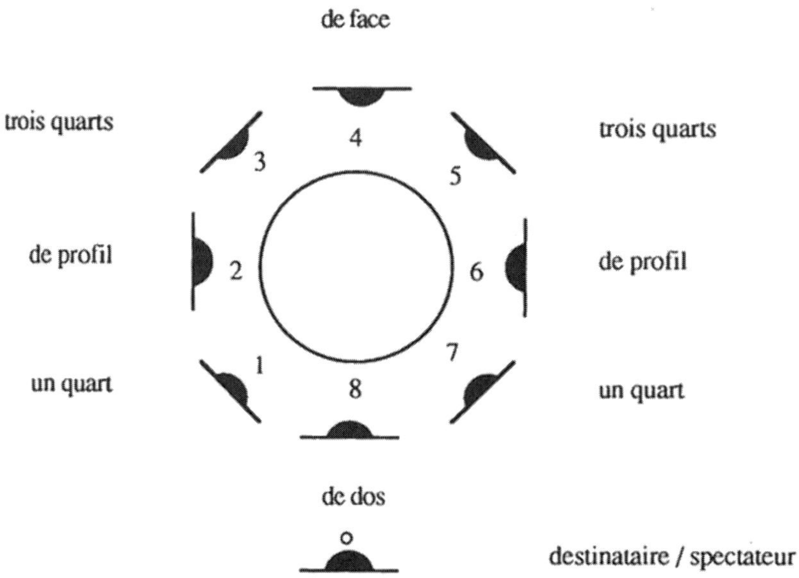

Il est évident que la figure 4 du schéma, qui correspond au face à face, représente la position la plus favorable au contact intersubjectif. « On peut observer, en ce qui concerne la communication médiatisée par l'image, que, en principe, l'orientation 4 indique l'orientation la plus sociopète (la plus favorable au discours), l'orientation 8 indique l'orientation la plus sociofuge (...) » (*op. cit.*, 31). Les orientations du visage suivent les mêmes variations que les positions du corps, les orientations les plus significatives pour l'énonciation étant celles qualifiées « de face », « de trois quarts » et « de profil ». Mais la variable la plus importante est sans conteste la direction du regard.

Dans n'importe quelle situation, le regard est le lieu privilégié du contact intersubjectif et il en est évidemment comme cela en situation d'interaction médiatique. Les orientations du visage et du corps les plus favorables à l'établissement du contact intersubjectif sont évidemment celles qui correspondent au regard dirigé vers celui du spectateur, regard « face caméra » qui devient, au moment de la réception, regard les « yeux dans les yeux » – dans l'axe YY selon l'expression commode proposée par E. Verón (1983).

Cependant, notons-le tout de suite, les orientations du corps et du visage ne sont pas toujours étroitement corrélées avec celle du regard ; elles peuvent en effet prendre, par rapport à l'axe du regard, des orientations convergentes ou divergentes, marquant un accord ou un désaccord plus ou moins prononcé, nuançant dès lors, de manières diverses, la relation intersubjective. Un regard les yeux dans les yeux (YY) émanant d'un visage de trois quarts n'a pas la même incidence relationnelle que le même regard sur un visage de face.

Les différentes orientations des regards, des visages et des corps sont souvent considérées comme des équivalents visuels des pronoms personnels. On va voir comment mais il faut auparavant dissiper un malentendu possible. Ces orientations ne doivent pas être considérées comme des marques d'énonciation visuelles inventées pour trouver des correspondants iconiques des pronoms personnels. Il vaut sans doute mieux considérer que la relation médiatique retrouve – en les mettant en forme à sa manière – les composantes les plus primitives de la relation intersubjective. C'est en effet par les regards et les corps que s'établissent et se modulent les premières relations intersubjectives. Le langage lui-même ne fait que mettre en forme d'une certaine manière ces composantes primitives ; c'est d'ailleurs pour cette raison que la comparaison est intéressante.

Le regard dans l'axe YY correspond d'une certaine manière à la relation *je-tu*. « Cette direction du regard, écrit Carontini, est une marque dans l'énoncé visuel, de la première personne (un *je* visuel, un *regard-je*) et en même temps il est la matérialisation de l'adresse dirigée vers le destinataire/spectateur. » (*op. cit.,* 32). Mais Carontini introduit aussitôt une remarque pleine d'enseignement au sujet d'une variante du *regard-je* : le *contre-regard*. « D'autre part, il y a des usages de l'image, des situations iconiques (certaines photos d'identité, certains films ou photos érotiques, certaines photos de mode, certaines photos et certains films documentaires, etc.) où cette direction du regard ne fonctionne pas comme un embrayeur du destinataire, mais plutôt comme un reflet dans le regard du personnage du regard porté sur lui par le destinateur, reflet que le personnage renvoie au destinataire lui donnant à voir, par un effet de retour, cette place cachée – l'œil de la caméra par exemple – qu'occupe imaginairement le destinataire/spectateur. « Regarde – dit ce regard – comment tu me vois ! » La nature du contre-regard est ambivalente, car bien que marqué par l'adresse – « Regarde ! » –, ce regard met en scène, donne en spectacle, est le récit (et parfois le procès) de l'énonciation visuelle elle-même : « Regarde comment il/tu me voyez. » (*op. cit.,* 32-33)[9].

Cette remarque rejoint ce que nous avons dit à propos du double registre de l'énonciation *on*, à la fois récit-spectacle et interpellation-discours. Mais de notre point de vue, le plus important est moins que le contre-regard reflète l'énonciation visuelle (pas plus ici qu'ailleurs, on est conscient du faire énonciatif) que son autocentration. Le contre-regard décrit par Carontini est par excellence un regard autosuffisant. Il est l'aboutissement extrême – cultivé par certains genres médiatiques – de l'autoréférence qui marque – plus ou moins – l'ensemble des regards YY apparaissant sur les images. Le *contre-regard* au fond, est un regard qui se regarde à travers le regard spectatoriel et qui captive celui-ci d'autant plus qu'il réussit à lui manifester son autosuffisance[10].

Le *contre-regard* peut être plus ou moins prononcé selon les individus eux-mêmes, c'est-à-dire selon la manière dont ils réalisent individuellement l'interpellation médiatique. Mais il peut être accentué par certains procédés audiovisuels, comme par exemple l'angle de prise de vue. Une très légère contre-plongée sur le visage peut suffire à dégager légèrement le regard de l'axe YY (en l'orientant vers un point situé légèrement au-dessus de la ligne de regard du spectateur) et à lui donner de ce fait, la touche d'indifférence qui confirme son autocentration.

Lorsque le regard de l'énonciateur s'éloigne de l'axe YY, il s'éloigne en même temps du contact intersubjectif pour s'y soustraire finalement et perdre du même coup sa fonction d'embrayeur. Il s'agit bien d'une progression comme l'atteste l'ambiguïté de la position trois quarts remarquablement décrite par Peninou : « (...) le regard, moins offensif, ne cherche plus la rencontre directe de l'autre (...) : le personnage de trois quart est plus proche de l'incitation que de l'intimation, de la suggestion que de la prescription, du témoignage que de l'affirmation. » (1970 : 102). Intéressante perspective qui ouvre tout un domaine de réflexions possibles sur les correspondances entre les orientations corporelles et les actes illocutionnaires effectués par la parole.

Lorsque le regard de l'énonciateur quitte tout à fait l'axe YY, cet axe s'évanouit par le fait même et l'énonciateur cesse tout simplement d'être énonciateur. Dans le cadre de la comparaison linguistique/iconique, on peut dire que de *je* qu'il était devenu par son adresse au spectateur, l'énonciateur

9. Dans ce passage, le destinateur dont parle Carontini est évidemment l'auteur ou le metteur en scène du message.
10. En référence au couple contemplation/parade décrit par Wallon (cf. plus haut), on pourrait dire que le contre-regard est le paradeur d'un couple contemplation/parade qui se constitue par les regards.

redevient un *il*. Mais dans le cadre de cette comparaison, il faut encore distinguer deux sortes de *il*. « La troisième personne, écrit Carontini, me semble marquée par le regard du personnage dirigé vers le champ (ou vers le hors-champ diégétique) ou par l'absence du regard ou, carrément, par l'absence de personnage. La distinction entre la forme oppositionnelle et non oppositionnelle de la troisième personne dépend de la présence ou de l'absence dans l'image de la marque d'adresse. Si l'image ne présente aucune marque d'adresse (aucun regard dirigé vers le destinataire) la totalité de l'image est ipso facto investie par la marque (ou la contremarque) de la troisième personne non oppositionnelle : l'image – la chose en image – semble se donner à voir, se montrer d'elle-même. Si, par contre, certaines données de l'image contiennent des marques d'adresse, les autres données (personnages, objets, événements, etc.) de la même image non marquées par l'adresse *peuvent* assumer le statut de la troisième personne oppositionnelle. » (*op. cit.*, 36). Autrement dit, si un personnage de l'image, hors de l'axe YY, se trouve dans un contexte relationnel dans lequel un ou plusieurs autres personnages entretiennent une relation avec le spectateur-énonciataire, il sera relativement à cette relation intersubjective dont il est exclu, un personnage-objet pour le regard, un *il* oppositionnel semblable à quelqu'un dont on parle dans une conversation. Mais si ce même personnage apparaît dans un contexte où aucun autre personnage n'engage une relation intersubjective avec le spectateur, il sera simplement un être livré à l'identification du spectateur, pas plus objectivé qu'aucun autre. En réalité, dans ce dernier cas, la comparaison linguistique/iconique perd beaucoup de son sens. On peut qualifier de *il* non oppositionnel tous les personnages apparaissant dans un récit, mais personne ne dit *il* à leur sujet. Le *contre-regard* dont on parlait plus haut peut être considéré comme une sorte de mixte entre un *regard-je* et un *il* non oppositionnel.

Par ailleurs, il faut noter les nuances intéressantes que peuvent introduire les angles de prise de vue ou certains artifices de montage pour les personnages comparables au *il* oppositionnel. Dans l'affiche électorale de Giscard (« Aidons le président, adhérez aux républicains indépendants ») (cf. illustr. 23), Giscard est manifestement un personnage hors de l'énonciation qui lie la voix *off* prononçant l'énoncé verbal et le spectateur-énonciataire.

Illustration 23[11]

Mais le gros plan de son visage pris en contre-plongée et sa position au-dessus de la masse l'élèvent au-dessus de la relation de personne à personne. Cette position correspond à l'usage du *il* en « manière de révérence » tel que défini par Benveniste (1966 : 231). Au contraire, les *ils* dont parlent les interlocuteurs de l'affiche « Ils n'avaient pas une minute à perdre » ([cf. illustr. 22) correspondent plutôt à l'usage de la troisième personne comme forme de mépris. C'est, dans de tels cas, la composition visuelle qui, situant le personnage dont on parle au-dessus ou en-dessous de la relation de personne à personne, lui confère un statut supérieur ou inférieur au statut de personne. Notons que dans le cas de Giscard, on peut également parler d'un *nous* – en tant que *je* amplifié – tant Giscard apparaît visuellement comme une émanation de la foule et réciproquement, ce que le commentaire verbal confirme (« Aidons le Président »).

La même image montre aussi à quel point l'échelle du plan peut moduler la relation intersubjective. D'une manière générale, la grosseur du plan accentue le contact intersubjectif. Un énonciateur en gros plan, donne un

11. Source : *L'imagerie politique*, Centre National d'Art et de Culture georges Pompidou, Paris, 1977.

sentiment de plus grande intimité interpersonnelle qu'un énonciateur en plan américain (personnage à mi-cuisse) ou en plan moyen (personnage en pied). Dans une interaction en situation réelle, la distance entre les interactants est généralement significative du type de relation qu'ils entretiennent et des statuts qu'ils s'accordent mutuellement dans le cadre du système des rapports sociaux qui les englobent (système institutionnel, culturel, groupal, etc.). En particulier, les centrations sociales et les relations hiérarchisées jouent sur les proximités permises entre individus. Sauf condescendance de leur part, les personnages « hauts placés », comme on dit, réclament plus de distance que les égaux. Leur autosuffisance apparente leur confère un certain degré d'inaccessibilité qui trouve une traduction spatiale dans leur éloignement. Le « plus » est toujours plus haut ou plus loin, ou les deux à la fois. Dans la communication médiatique, les distances socialement déterminées trouvent facilement leur traduction sous la forme de la grosseur du plan ou d'autres éléments visuels. La composition visuelle peut même quelquefois leur donner une dimension qu'elles ne peuvent atteindre dans le réel. Elle peut aussi réaliser d'étonnantes combinaisons superposant des aspects contradictoires de la relation interpersonnelle. Giscard en gros plan est tout proche de nous mais son éloignement au-dessus des individus de la foule – dont le spectateur fait partie – garantit en même temps qu'il est bien le leader « à la hauteur » dont la foule à besoin. Belle traduction visuelle de la psychologie des foules !

Ce dernier exemple nous rapproche de l'essentiel. Les variables médiatiques de l'énonciation sont intéressantes à considérer en tant qu'elles jouent à l'intérieur de dispositifs d'énonciation dont la finalité est psychosociologique et dont les effets possibles vont bien au-delà de la relation immédiate au spectateur-énonciataire qu'elles induisent. La relation à Giscard et à la foule qui le soutient, telle qu'elle est sollicitée par le message, implique que les rapports politiques soient vécus d'après le modèle décrit par la psychologie des foules (Moscovici : 1985) : investissement d'un leader représentatif perçu comme idéal et assujettissement à ce leader.

Considérons quelques exemples empruntés à la communication pédagogique.

Dans un vidéogramme didactique ayant pour sujet le danger du rayonnement solaire sur la peau[12], un présentateur pris de face se dirige lentement vers le spectateur et s'arrête (plan américain) lorsqu'il a atteint une

12. *Lumière et peau,* vidéogramme faisant partie d'un programme de formation post-universitaire de dermatologie produit par *Médivision* pour *Shering Belgium.*

certaine distance sociale, ni trop éloignée, ni trop proche. Son *regard-je* fixe le spectateur pendant qu'il annonce le thème de l'émission et présente les différents professeurs de médecine qui développeront le thème. Ceux-ci apparaissent tour à tour sur l'écran. Ils sont en gros plan mais leurs regards (dans l'axe YY) sont beaucoup moins « intersubjectifs » que celui du présentateur ; il s'agit presque de contre-regards. Du reste, en dépit de cette adresse visuelle au spectateur, leurs paroles sont largement désembrayées. Tout est dit au présent intemporel. Les professeurs ne disparaissent de l'écran que pour laisser la place à des images qui illustrent littéralement les explications qu'ils donnent alors en voix off. L'effet de l'ensemble de cette mise en scène est évident. Le monde de la science apparaît comme un monde séparé parfaitement autosuffisant. Il faut un médiateur entre ce monde et le spectateur. Le présentateur du début assume ce rôle : plus proche du spectateur que les professeurs, il s'en tient cependant assez éloigné pour assurer une transition par degrés successifs.

Dans un film pédagogique[13] étudié par G. Jacquinot, on trouve le même type de transition entre l'élève-spectateur et l'univers scientifique. Le spécialiste apparaissant dans ce film n'entre en contact avec le spectateur que via un interviewer qui sert d'intermédiaire : « Dans le cas qui nous préoccupe, quand c'est le spécialiste qui parle (...), il est en gros plan, mais de profil, en situation de conversation avec l'interviewer qui lui est soit de profil, soit de trois quarts face. Il semble bien que l'implication recherchée soit avant tout l'identification de l'élève à l'interviewer dans son rôle de protagoniste : c'est l'élève qui est interpellé par l'interviewer tout autant que celui auquel il pose les questions ; l'élève, tout autant que (le spécialiste), est le regardé. L'interviewé répond et dans ce cas, l'élève est le regardant. Le discours sur la science, comme le discours de la science, est ainsi tout entier du côté de l'objectif. Cet aspect iconique est renforcé au plan linguistique par l'utilisation des pronoms personnels « on » ou bien l'équivalent « nous », des expressions d'articulation logique (c'est pourquoi, de telle sorte...) : nous sommes dans le monde impersonnel, universel, logique de la science. Une certaine image de la science est ainsi véhiculée. » (1977 : 51).

Dans ces deux premiers exemples, il est clair que les variables visuelles de l'énonciation sont au service d'un dispositif d'énonciation (comportant plusieurs énonciateurs) dont l'effet consiste en une centration sociale sur la science, considérée comme instance autonome et séparée. On voit bien ici la relation circulaire entre institutions sociales et communication. Une

13. *Les Magdaléniens*, émission de la télévision scolaire française, 1966.

certaine représentation du savoir – et du type de rapports sociaux qui en découle – induit, au niveau des messages médiatiques, des dispositifs d'énonciation qui, à leur tour, induisent ou renforcent cette représentation.

Cependant il existe d'autres représentations du savoir pouvant générer d'autres dispositifs médiatiques capables en retour de les concrétiser. L'exemple suivant peut donner une idée des possibilités d'invention qu'offrent les médias audio-scripto-visuels. Présentée dans le cadre d'un ancien magazine d'information de la radio télévision belge francophone, une émission[14] consacrée à la crise de l'énergie se déroule de la manière suivante. Les premières images montrent deux journalistes assis autour d'une table (disons A et B). A établit le contact avec le spectateur en regard-je :

> « *Mesdames, Messieurs, bonsoir. Dans quelques jours aura lieu au Sénat un débat qui nous concerne tous puisqu'il s'agit en fait de définir les grands axes de notre politique énergétique au cours des dix prochaines années* ».

Cette adresse au spectateur comporte, on l'aura noté, un *nous* inclusif engageant le spectateur et *tous* à partager la même préoccupation que les journalistes. Elle sera cependant de courte durée car, pendant que A parle au spectateur, B sans égard pour ce dernier (il est de profil), énumère à haute voix les chiffres qui défilent sur un compteur disposé sur la table. Interloqué par ce comportement, A quitte l'axe YY pour interpeller B :

> « *Dites, Michel, vous jouez à quoi exactement ?* ».

B lui explique alors que les chiffres énumérés ont trait à la facture énergétique de la Belgique. S'engage alors entre les deux journalistes un long dialogue alternant les questions et les réponses au sujet de l'importance de l'énergie, de son rôle dans la production industrielle, de la nécessité d'importer, de l'origine des importations, du prix du pétrole, de la nécessité de l'emprunt pour le règlement de la facture, etc., etc. Ce long dialogue où alternent les questions et les réponses comporte aussi des étonnements et des prises de conscience devant la réalité des faits. Pour le spectateur, il se réalise en grande partie sur un plan non embrayé avec, notamment, des séquences en champ-contrechamp insérant alternativement le spectateur dans chacun des deux points du vue (*ocularisation* et *focalisation*

14. *L'énergie, l'heure des comptes*, émission diffusée dans le cadre du magazine *À Suivre* de la RTBF en 1983.

variables). Le contact avec le téléspectateur n'est cependant pas entièrement rompu : quelques retours à l'axe YY (regard au spectateur en cours de conversation) et l'orientation du corps la plus fréquemment adoptée (trois quarts par rapport au spectateur) rappellent régulièrement au spectateur que l'objet du dialogue le concerne et qu'il en est, d'une certain façon, partie prenante. Les regards furtifs au spectateur n'ont rien à voir avec le contre-regard ; ils sont de véritables invitations à la prise en considération personnelle des faits évoqués, des équivalents du « Tu vois bien que (...) ».

Notons encore, dans la variété des séquences illustratives (images de reportages, interviews...), l'usage fréquent de matériaux visuels offrant au spectateur la possibilité d'une observation personnelle des faits. Par exemple, dans la séquence expliquant l'origine des différentes sortes d'énergie importées en Belgique, B dispose sur une estrade des objets symboliques (tonneaux de pétrole, sacs de charbon...) dont les volumes sont proportionnels aux quantités importées. L'ensemble finit par constituer un diagramme offert quelques instants aux opérations comparatives du regard spectatoriel. Cet aspect de la présentation iconique des choses est en accord avec tout le reste. Dès l'instant où il ne s'agit plus seulement de transmettre un savoir émanant d'une instance séparée, mais d'impliquer le spectateur dans la co-construction d'un savoir, il faut multiplier les moyens de co-observation, et le diagramme est un de ces moyens. Autant qu'il est possible de le faire, le dispositif d'énonciation de cette émission construit pour le spectateur une place de quasi-partenaire dans l'observation et le raisonnement sur les faits.

Le *nous* (fusionnel) et le *tous* (pluriel) de l'énoncé introductif (« un débat qui nous concerne tous ») composent ensemble le sentiment d'une pluralité intersubjective – non centrée ou polycentrique – propice au débat. La relation *je-tu* établie au début et relancée plusieurs fois en cours d'émission prend place au sein de cette pluralité de sujets interconnectés, ce qui relativise sensiblement l'inévitable centration sur les énonciateurs visibles. Même s'il ne peut interagir véritablement, le spectateur-énonciataire est impliqué dans un débat à titre de personne singulière ayant virtuellement un point de vue propre. Paradoxalement, c'est la partie non embrayée du dispositif qui va montrer au spectateur le rôle qu'il pourrait tenir dans l'ordre du discours. La composante discours (embrayé) constitue le spectateur en énonciataire-interlocuteur. La composante non embrayée supprime dans une certaine mesure les effets de la composante discours mais supplée en même temps à l'inaccomplissement de celui-ci en offrant au spectateur le moyen de dialoguer par identification aux personnages. Enfin, le retour fréquent à l'axe YY renvoie régulièrement le spectateur à la distance qu'il faut pour qu'il ne s'enlise pas dans l'identification au personnage et se maintienne à la place de l'interlocuteur possible. On voit aussi comment les deux composantes combinent leurs effets propres pour doter le spectateur à la fois d'une place et d'une compétence relativement à cette place. Le discours embrayé induit la place et l'identification induit la compétence. C'est en effet l'identification aux interactants sur l'écran qui peut affiner chez le spectateur cette capacité de discussion intérieure – que Piaget identifie au raisonnement logique (1978 : 165) – indispensable pour « tenir sa place » dans la discussion extérieure. On est très loin ici des énonciateurs intermédiaires, représentants d'instances séparées d'élaboration et de diffusion des savoirs. Autrement dit, on est loin de la simple énonciation des savoirs. On est beaucoup plus proche de la co-énonciation.

Ce dernier exemple de message conduit naturellement à la question des rapports entre cognition et énonciation.

5.7 Relation et cognition

Plusieurs des messages que nous avons rencontrés – et tout particulièrement ceux que nous venons d'examiner – suggèrent l'existence d'une corrélation entre le positionnement des protagonistes de l'énonciation et les opérations cognitives que sollicite l'interprétation du message. Ainsi, certains messages médiatiques – comme celui de l'affiche 11.11.11 examinée dans l'introduction de cet ouvrage ou comme l'émission sur l'énergie examinée dans le paragraphe précédent – suggèrent que la tendance à solliciter les capacités inférentielles des destinataires est d'autant plus marquée que ceux-ci sont positionnés comme « inter-locuteurs » à l'intérieur d'un dispositif favorisant la co-énonciation. L'idée que suggère de telles observations et à laquelle nous voudrions donner ici quelque relief est que les dispositifs d'énonciation sont aussi, vus sous un autre angle, des dispositifs cognitifs. Cette idée ramène l'attention sur tous les problèmes relatifs à la cognition, problèmes complexes étant donné la diversité des systèmes sémiotiques intervenant dans les messages médiatiques (images de différentes sortes, discours verbaux, éléments sonores tels les bruits et l'accompagnement musical, l'espace de l'exposition, etc.) et la multiplicité de leurs combinaisons dans des dispositifs techno-sémiotiques concrets. Chaque type de dispositif technique (montage photographique, bande dessinée, cinéma, télévision, multimédia, affiche, etc.) propose une combinaison spécifique de systèmes sémiotiques, combinaison à l'intérieur de laquelle de multiples arrangements sont encore possibles. Il nous est impossible, dans le cadre fixé pour cet ouvrage, d'affronter cette diversité. Mais il est à notre portée, comme pour le problème de l'énonciation audio-scripto-visuelle, de formuler quelques propositions générales à partir de ce que nous avons déjà vu au sujet des aspects cognitifs relatifs à l'image d'une part, et au langage verbal d'autre part. Après tout, il s'agit là des deux systèmes sémiotiques les plus importants des divers dispositifs concrets de communication, ceux sur lesquels repose naturellement la construction d'un contenu informatif. Ce sur quoi il nous faut porter l'attention maintenant, c'est l'articulation entre ces deux systèmes sémiotiques au sein des divers dispositifs de communication envisageables.

Commençons par rappeler quelques généralités.

Nous savons les problèmes que pose la notion même de contenu informatif. La critique du modèle du code nous a appris que la communication, loin d'être simple transmission d'un contenu (encore qu'elle le soit dans une certaine mesure), implique de la part du destinataire une importante activité cognitive d'interprétation et de construction d'une représentation mentale, activité qui justifie les notions de co-énonciation et de co-construction. Étant donné les variations que l'on peut observer sur le plan de la latitude laissée au destinataire dans l'interprétation d'un message, nous verrons bientôt que le processus de construction peut varier de la re-construction à la co-construction.Nous savons aussi l'importance, dans toute communication, de la référence à l'intention du destinateur et par conséquent du principe de pertinence (cf. 1re partie). Quelle que soit la composition d'un message médiatique, une certaine présomption de pertinence guide toujours l'interprétation du message. Il faut cependant ici introduire ici deux importantes remarques.

La première (déjà formulée en conclusion de notre discussion de la notion d'inférence dans la communication linguistique) concerne la force ou la précision de l'intention informative du destinateur et est à mettre en rapport avec les variations que l'on vient de rappeler concernant la construction de la représentation. Il est des cas où l'intention informative du destinateur est perçue comme contraignante en ce sens que, par sa simplicité et son univocité, elle oriente vers des implications bien définies. Il en est d'autres où l'intention informative ne se donne pas simplement à reconnaître et où, au-delà du contenu explicite que contient un énoncé, se profile un ensemble relativement indéterminé d'implications possibles dont l'élaboration reste partiellement à charge du destinataire. L'énoncé « ta santé est aussi celle des autres », souvent pris comme exemple dans les pages précédentes, illustre bien cette ouverture et cette indétermination. C'est évidemment dans ce deuxième cas – qui peut comporter divers degrés, que la notion de co-construction s'impose.

La seconde remarque à trait au rapport entre la nature des systèmes sémiotiques et le relief pris par l'intention informative –et par conséquent la contrainte qu'elle exerce. Il nous semble aller de soi que c'est dans la communication linguistique que l'intention informative est la plus perceptible. La langue, avec la relation je-tu qu'elle est capable d'instituer, est sans doute le plus « inter-subjectif » des systèmes sémiotiques. L'image, avons-nous vu, laisse beaucoup moins transparaître l'existence d'un énonciateur et donc d'une intention de signifier. Au cinéma, la conscience d'un « monstrateur », dont on peut exiger qu'il soit pertinent, n'est qu'intermittente. Elle apparaît lorsqu'une difficulté de compréhension advient et qu'il faut établir un rapport (par exemple entre deux plans ou deux séquences) pour restaurer la cohérence de l'ensemble ; elle ressemble alors à une sorte de réveil, un prise de conscience subite de ce que nous savons toujours mais que nous avons tendance à oublier : que les images ont été agencées dans l'intention de montrer quelque chose d'une certaine manière. Mais cette prise de conscience n'est généralement que passagère. Bien plus que dans l'échange linguistique où nous avons tout de même le sentiment de devoir intérioriser les pensées d'autrui, nous avons l'impression que les images du monde qui nous sont présentées nous appartiennent, qu'elles dépendent en quelque sorte de notre perception ; nous nous sentons plus responsable de notre interprétation et des associations que nous effectuons. C'est peut-être cela qui, paradoxalement, fonde le risque de manipulation par l'image. Le sentiment d'appropriation subjective est encore plus grand dans d'autres dispositifs communicationnels comme celui de l'exposition : « Une fois posée l'intention d'informer du producteur et la pertinence de ce qui est montré, il revient au visiteur de savoir quelle information est pertinente pour lui, c'est-à-dire laquelle produit une modification de son environnement cognitif. Ses inférences restent donc ouvertes sur l'ensemble de l'exposé. La mise en exposition ouvre une activité inférentielle du visiteur l'invitant à formuler des hypothèses sur la mise en exposition en tant que manière singulière de montrer des objets. Mais le visiteur reste libre d'interpréter – ou non – à sa guise. Il peut même s'en tenir à un "usage faible" (...) de cette exposition en se contentant de déambuler et de regarder. » (Davallon, 1999 : 125).

Concluons ces deux remarques en disant que dans tous les cas, une intention informative est reconnue mais que la contrainte qu'elle exerce (la force avec laquelle elle se présente), dépend à la fois des modalités de la relation sociale instaurée entre les protagonistes de la communication et des systèmes et agencements sémiotiques impliqués dans les dispositifs.

Cela dit, revenons maintenant à la question du contenu informatif. Il n'est pas nécessairement quelque chose de précis. Il est même assez rarement quelque chose de précis. Dans l'esprit du destinateur, il peut être une idée bien définie et déjà verbalisée ; mais il peut être aussi une pensée vague, un modèle mental encore informe ou un schéma encore à spécifier, une impression ou un sentiment. Dans la mesure où elle est elle-même assez vague, la notion de « substance du contenu » de la sémiologie de Hjelmsew convient assez bien à la désignation de cette diversité. Généralement, cette substance n'acquiert une forme (elle ne devient « forme du contenu ») qu'à partir de son expression à travers divers systèmes sémiotiques. Notons encore qu'une pensée n'étant que rarement tout à fait définie pour celui qui l'émet, sa mise en forme pourra connaître différents degrés de développement ou d'achèvement. La même indétermination existe bien sûr du côté du destinataire. Celui-ci se construit une représentation à partir du message transmis : un modèle mental d'un certain état de fait. Ce faisant, il tient compte, comme on vient de le rappeler, de l'intention du destinataire (du « vouloir-signifier » qui le motive), mais comme on vient de le voir aussi, cette intention peut apparaître avec plus ou moins de force et par ailleurs, l'attention à son égard peut varier. Dans sa construction du contenu, le destinataire peut négliger certains aspects – ceux par exemple pour lesquels il ne dispose pas des schémas ou scénarios nécessaires à sa compréhension – ou au contraire en approfondir d'autres qui l'intéressent davantage et pour lesquels il possède des connaissances lui permettant de construire un riche contexte d'interprétation. La construction d'un modèle mental n'est donc que partiellement une reconstruction de la pensée du destinateur et l'on aurait bien du mal à expliciter la diversité des rapports entre la pensée du destinateur et la pensée construite par le destinataire à partir de la forme du contenu tel qu'elle a été sémiotisée. Tout au plus peut-on définir deux pôles entre lesquels situer cette diversité : celui correspondant au cas où une pensée parfaitement claire et explicite est transmise et reçue telle quelle, et celui correspondant au cas où la pensée du destinateur étant lâche et son intention peu précise, le destinataire investit la matière sémiotique pour lui donner une interprétation tout à fait personnelle. Bien des facteurs – relatifs au contexte, à la relation entre les protagonistes, au dispositif communicationnel lui-même, etc. – peuvent intervenir pour déterminer la position d'un acte de communication entre ces deux pôles. On se gardera de les examiner ici dans le détail. Comme d'habitude face à la complexité, il faut simplifier. On se concentrera ici sur certains aspects des processus cognitifs d'interprétation liés au rapport image-texte, le terme « texte » désignant ici toute forme d'intervention de l'élément verbal.

Commençons par rappeler en les comparant les principaux aspects des expériences mentales liées respectivement au texte et à l'image. Ces expériences diffèrent suffisamment pour qu'on puisse envisager de les situer sur deux pôles opposés de l'expérience cognitive mais elles se rejoignent aussi en certains points et peuvent aussi s'articuler de diverses manières.

L'image, avons-nous vu tout au long de cet ouvrage, est le médium de l'indifférenciation : indifférenciation entre le sujets communiquant d'une part, entre ceux-ci et le monde perçu d'autre part. Cela la situe en un point de jonction – ou d'indifférenciation – entre l'affectif et le cognitif. Objet d'investissement mimétique, l'image correspond à un désir et induit divers phénomènes – à forte coloration affective – de projection, d'identification et d'imitation qui ne sont pas sans effets sur l'image de soi et le rapport social (cf. plus haut, deuxième section). D'un autre point de vue, en raison du même phénomène de participation mimétique, le rapport à l'image renoue avec la manière la plus primitive que nous avons de connaître : par empathie ou compréhension au sens fondamental du terme. Se laisser imprégner par un être, une chose, ou une situation perçue, constitue sans doute l'acte primordial et la base de la connaissance. Mais, par sa nature même, cet acte ne peut se connaître lui-même au moment de son accomplissement, et la connaissance acquise de cette manière reste implicite tant que n'est pas effectuée une prise de distance – et de conscience – à l'égard de ce qui a été intuitivement perçu. Le moyen par excellence de cette prise de distance, avons-nous vu, c'est la verbalisation, cet autre pôle de l'expérience cognitive – on y reviendra bientôt.

Les images médiatiques, cependant, disposent déjà de divers moyens d'occasionner certaines formes de prises de distance et de mise en relation qui s'enracinent toutes dans la comparaison – cette opération cognitive que, à la suite de Langacker et Piaget, nous avons reconnue comme basique – et la recherche d'unité que semble rechercher l'esprit dans toutes ses démarches.

À l'intérieur même de la participation mimétique aux images perçues, des variations de point de vue peuvent occasionner des décentrations du regard qui obligent, généralement après coup, à une démarche intégrative, c'est-à-dire à la formation d'un méta-point de vue composant d'une certaine manière les points de vue successivement vécus. Nous avons tenté de caractériser ce phénomène de décentration spécialement à propos des images de fiction, mais il va de soi qu'on peut les observer dans toute forme médiatique de succession d'images.

Si maintenant on se fixe davantage sur les contenus des images et le processus de construction d'une représentation du monde auquel ils donnent lieu, on peut observer différents niveaux de prise de distance et autant de modalités de comparaison.

L'image la plus simple, avons-nous vu, est l'objet d'une accommodation perceptive reposant en grande partie sur un processus d'assimilation ou de comparaison implicite et spontanée avec du déjà vu : des domaines (ou contextes possibles) sont alors évoqués par contiguïté et/ou similarité et de leurs interactions procède une certaine manière de regarder et d'incorporer les êtres perçus impliquant certains sentiments. Il s'agit là d'un processus cognitif largement inconscient. Il ne l'est pas tout à fait puisqu'on peut le réfléchir, et du reste, il arrive que certains aspects de ce processus complexe soient clairement explicités lorsque le besoin de dire se fait sentir (« cela m'évoque… », « on dirait… »), mais ce ne peut être que secondairement. C'est sur ce processus associatif spontané, avons-nous vu, que reposent les montages (métaphoriques et/ou métonymiques) effectués par certaines catégories d'images médiatiques comme les images publicitaires ou de propagande. Et si ces montages sont quelquefois assez visibles pour attirer l'attention, dans beaucoup de cas, ils produisent leurs effets sans être aperçus.

Certains arrangements d'images sollicitent davantage l'attention et peuvent aller jusqu'à induire des opérations conscientes. C'est le cas des séquences d'images cinématographiques dont les plans successifs demandent à être intégrés mentalement. C'est aussi le cas des bandes dessinées, des reportages photographiques, des images d'exposition, etc., tous dispositifs présentant des images séparées déclenchant de multiples comparaisons plus ou moins explicites. L'esprit traverse alors ces images à la recherche de formes possibles d'unité, ce qui le conduit à des opérations d'inclusion, d'exclusion, ou encore d'abstraction. Ce sont les écarts et similitudes entre images qui orientent ces opérations et d'une manière générale le degré de conscience les accompagnant s'élèvera en proportion des raccords à effectuer dans le tissu des images. Si par exemple on se réfère à ce que nous avons dit des différents syntagmes cinématographiques, il semble aller de soi qu'un syntagme démonstratif sollicite plus d'attention consciente qu'un simple syntagme narratif. Ce dernier ne demande souvent qu'une inclusion l'un à l'autre des éléments contigus présentés par les plans successifs (par exemple les moments successifs d'une même scène) alors qu'un syntagme démonstratif suppose généralement une opération active d'abstraction. Dans une exposition, des images d'objets différents (ou les objets présentés eux-mêmes) mais présentant quelques similitudes (par exemple des outils d'époques ou de lieux historiques particuliers) peuvent induire une opération d'abstraction d'un schéma commun (une forme récurrente ou un style ou tout autre chose qui soit constitutif d'une catégorie générale) ou au contraire une focalisation sur la spécificité des caractères de chaque objet ou groupe d'objets, ou les deux opérations à la fois. Il s'agit toujours, au fond, d'opérations de catégorisation, et peut-être ce type d'opération est-il le plus caractéristique de l'activité cognitive suscitée par les images lorsque cette activité atteint un certain niveau de réflexivité. Quoi qu'il en soit, elle ne peut sans doute guère aller au-delà, le traitement proprement réflexif, analytique et logique, exigeant, selon nous, le recours à la verbalisation. Il existe aussi, dans l'ordre iconique, certaines formes visuelles telles les graphiques, les schémas, les diagrammes, cartes, etc., qui peuvent atteindre un niveau élevé d'abstraction et constituent quelquefois de véritables simulations de la réalité. Projections de modèles mentaux, ces images réclament une activité cognitive spécifique impliquant le regard et le pouvoir projectif du corps propre pour la compréhension des relations figurées. On n'entreprendra pas ici l'explicitation de cette activité. On remarquera simplement que son accomplissement suppose souvent l'appui de la verbalisation.

Venons-en, précisément, aux aspects verbaux des messages. Nous l'avons vu, il n'y a pas lieu d'établir une séparation radicale entre représentation verbale et représentation imagée. S'il y a bien une distinction à faire, celle-ci ne doit pas être entre l'image (mentale ou matérielle) et le mot (en tant que signifiant arbitraire), mais plutôt entre l'image simplement imaginée ou perçue et l'image verbalisée. Le langage verbal est avant tout une médiation, un moyen de construction de modèles mentaux plus ou moins abstraits – ou, dit autrement, plus ou moins figuratifs – mais toujours iconiques. Mais nous avons vu aussi que la verbalisation modifie notre rapport aux images en ce sens qu'elle induit une attitude de distance et de prise de conscience par rapport au monde représenté, autrement dit, de la réflexivité. Corrélativement, elle introduit de la structure dans ce monde, constitue des catégories et permet un traitement analytique et logique. Si les comparaisons d'images peuvent servir de base à la formation de catégories, celles-ci ne peuvent devenir explicites pour l'esprit et faire l'objet d'une raisonnement quelconque qu'une fois nommées. Alors qu'une représentation iconique simplement intuitive et non formulée reste quelque chose de relativement vague, un modèle mental élaboré verbalement se présente généralement comme quelque chose de structuré dont les entités constitutives sont généralement bien délimitées, ordonnées et hiérarchisées selon un certain « ajustement focal » et entretiennent entre elles des relations (inclusion, exclusion, causalité, etc.) relativement bien spécifiées et manipulables.

Il s'en faut cependant que la verbalisation soit réflexive et rationnelle sous tous ses aspects. Les modes de pensée qu'on vient d'évoquer se situent peut-être à l'extrémité d'une activité mentale dont la réflexivité et la rationalité comportent différents niveaux. La part d'implicite de la communication linguistique peut être considérée comme une bonne mesure de son arrière-plan non réfléchi.

Il y a, dans la formation des significations linguistiques, des processus de projection métaphorique et des choix métonymiques (telle partie pour désigner tel ensemble) qui ne sont pas toujours explicites au sens où ils ne sont pas toujours clairement aperçus par l'esprit qui les effectue sous l'influence des habitudes de pensée sédimentées dans la culture ambiante ou sous la pression de similitudes senties plutôt que pensées. Dans une perspective inspirée de Lakoff (cf. plus haut), on peut dire qu'il s'agit d'opérations mentales préverbales ou infraverbales qui imprègnent l'expression verbale conceptuelle, informent nos modèles mentaux et s'imposent dans la communication sans avoir été thématisés.

D'autre part, les théories inférentielles de la communication linguistiques nous ont montré à quel point le discours peut être simplement allusif, charriant des présupposés, des scénarios et des schémas plus ou moins stéréotypés qui interagissent à un niveau infraconscient et s'imposent au processus interprétatif sans être objet de réflexion. Les opérations inférentielles elles-mêmes se contentent souvent d'approximations ou aboutissent à des pensées vagues.

Au total, on a l'impression que la part réfléchie et rationnelle de la verbalisation, celle qui demande sans doute le plus grand effort cognitif, ne concerne que le sommet explicite d'une hiérarchie d'opérations dont la plus grande partie se situe au niveau implicite, ce niveau comportant sans doute lui-même différents degrés qu'il faudrait explorer.

Avant d'en venir plus précisément aux interactions entre les opérations cognitives sollicitées par les aspects verbaux et iconiques dans la réception des messages médiatiques, il est encore un point sur lequel il convient d'attirer l'attention. Ce point concerne la liberté d'interprétation d'un message. Cet aspect des choses recouvre en partie – mais en partie seulement – la dimension explicite-implicite. À première vue, les images laissent une plus grande liberté d'interprétation au destinataire. Elles sont polysémiques, avons-nous vu, ce qui veut dire qu'elles peuvent supporter une assez grande variété d'accommodations perceptives (et affectives). D'autre part, on vient de le rappeler, les séquences d'images peuvent solliciter des opérations explicites de comparaison et de catégorisation, mais même lorsque la sollicitation est forte (dans la perspective de Sperber et Wilson, on dirait : même lorsque l'intention du destinateur est manifestement de faire faire ces opérations), ces opérations dépendent toujours de l'initiative du destinataire. Devant une série d'images ou un graphique, un sujet peut effectuer divers trajets visuels et diverses opérations de rapprochement ou de regroupement. Il peut considérer l'ensemble ou s'attacher à des détails (Bertin, 1967).

Apparemment, les mots sont plus contraignants. Dans la perspective de Langacker, avons-nous vu, les énoncés verbaux ne font pas que référer à une scène objective – auquel cas le destinataire bénéficierait encore d'une certaine liberté d'accomodation relativement à cette scène –, ils structurent la scène ; ils traduisent en quelque sorte l'ajustement focal effectué sur cette scène par le destinateur, ajustement focal que le destinataire reproduit au cours de sa compréhension. L'énoncé « le chat mange la souris » induit une centration de l'attention sur le chat particulier de la scène alors que « le félin se nourrit d'une proie » induit une accomodation sur l'animal en tant qu'exemplaire de la classe générale des félins. Ne pas le regarder de cette façon serait soit ne pas comprendre l'énoncé, soit s'écarter sciemment de son sens. L'énoncé « Pierre est plus grand que Jean » induit une centration du regard sur la différence de grandeur entre Pierre et Jean ; une image photographique autorisant la comparaison entre les deux personnes n'imposerait pas une telle contrainte de perception. Au fond, les énoncés verbaux induisent chez le destinataire la reproduction fidèle des opérations cognitives d'ajustement focal effectuées par le destinateur en amont de la communication, alors que les images laissent au regard une plus grande marge de manœuvre. Mais ici encore, il ne faut pas exagérer l'opposition. D'une part, on l'a rappelé plus haut, les énoncés verbaux comportent souvent une grande part d'informations implicites dont la détermination par le destinataire peut fortement varier selon, notamment, le degré d'ouverture du discours. D'autre part, comme on l'a également rappelé plus haut, les concepteurs d'images disposent de toute une gamme de procédés de montage (notamment métonymiques et métaphoriques) pour orienter l'accomodation perceptive du destinataire.

Venons-en maintenant aux interactions entre le texte et l'image. Les bipolarités évoquées, avec les différentes gradations qu'elles supposent, laissent entrevoir une infinité de combinaisons possibles. Il faut donc simplifier et repérer des tendances. Partant de l'idée que comprendre un message revient à construire un modèle mental plus ou moins structuré, le problème est de spécifier la manière dont les images perçues s'intègrent à l'élaboration des modèles induits par le texte et/ou réciproquement comment le texte s'intègre à l'élaboration des modèles induits par les images.

Il y a une sorte de rapport dialectique entre le texte et l'image. Alors que celle-ci tire vers l'empathie et la polysémie, celui-là pousse à la distanciation et à l'analyse rationnelle. Il peut alors sembler intéressant de situer chaque message – ou partie de message – par rapport à deux axes bipolaires : un axe iconique-verbal et un axe ouvert-fermé. Un message peut être plutôt iconique ou plutôt verbal, c'est-à-dire exploiter plus ou moins les propriétés cognitives de l'image et du texte. Il peut être également plus ou moins ouvert ou fermé selon qu'il oriente précisément ou laisse libre cours à l'interprétation. Par rapport à ces deux axes, on peut alors situer certaines des grandes tendances suivies par les messages médiatiques en tant que « dispositifs cognitifs ».

Certaines sortes de messages sont à dominante iconique, privilégient la participation mimétique au spectacle et structurent l'accomodation perceptive en utilisant toutes les ressource des métaphores et métonymies iconiques. La distanciation est quasi nulle et les possibilités d'association fortement prédéterminées. Dans ce cas, la partie verbale du message (s'il en est), quantitativement peu importante (sauf quand il s'agit de mimer en quelque sorte un type de discours, comme le discours scientifique dans certaines publicités), se limitera généralement à évoquer les domaines cognitifs vers lesquels doit se diriger l'esprit du destinataire –où l'on reconnaît la fonction d'ancrage autrefois mise en évidence par Barthes. Ou bien (ou en même temps) elle sera elle-même orientée vers l'imagerie métaphorique plutôt que vers l'abstraction. Ce genre de combinaison s'observe évidemment dans les messages publicitaires et de propagande. Un bon exemple en est donné par la publicité politique en faveur de Mitterand que nous avons analysée en guise d'introduction à cet ouvrage (p. 16). L'image (le cadrage, la posture et le regard de trois quarts de Mitterand) invite à la participation mimétique tandis que le texte (« Le socialisme, une idée qui fait son chemin ») oriente vers une certaine imagerie liée au socialisme en réduisant métaphoriquement celui-ci à une sorte de pélerinage. Il existe une infinité d'exemples du même genre. Leur finalité est généralement plus affective (identificatoire) que cognitive ; on se trouve en effet en un point où la connaissance par empathie se détache encore difficilement de l'identification à un être valorisé. Il n'est cependant pas du tout exclus de trouver des combinaisons du même genre dans des messages à visée plus explicitement cognitive. Par exemple, dans le vidéogramme d'éducation sexuelle étudié plus haut (p. 327), le commentaire métaphorique du début et les images métaphoriques qu'il accompagne concourent à faire percevoir, sans grande possibilité de recul et d'analyse, le plaisir sexuel comme similaire aux plaisirs que l'on peut retirer des fêtes foraines. Appelons cette première grande catégorie de messages la catégorie des messages empathiques à signification préconstruite et situons-la entre le pôle *iconique* de l'axe verbal-iconique et l'extrémité *fermeture* de l'axe ouverture-fermeture, un secteur qui connaît une assez grande diversité mais où la tendance dominante est à la non-réflexivité.

D'autres sortes de messages accordent une place prépondérante au discours verbal qui devient alors dominant. Beaucoup de films documentaires, de reportages, de films didactiques ou d'émissions de vulgarisation répondent à ce modèle. Dans leur cas, le discours verbal ne se limite pas à guider les associations d'images en orientant l'imagination vers certains domaines cognitifs à forte valeur d'imagerie concrète. Contrairement à ce qui se passe dans la catégorie précédente, Il y a assimilation de l'image au discours verbal, à son pouvoir de distanciation, d'explicitation, d'analyse et de mise en relation. Les images perçues s'intègrent dans le modèle mental induit par les énoncés linguistiques, souvent à titre d'illustration (forcément métonymique) des catégories plus ou moins abstraites correspondant aux mots. Par exemple, dans un documentaire animalier, les animaux montrés valent essentiellement comme exemplaire d'une catégorie. Dans un reportage, les personnes interviewées ou simplement filmées sont sensées manifester de manière typique les faits, les émotions, les relations, etc., dont les mots assurent l'explicitation. En même temps, les images positivent le sens des paroles car l'effet participatif de l'image, en contrecarrant la prise de distance à l'égard du perçu, donne crédibilité au discours qu'elle illustre. Qui, devant un documentaire ou un reportage, pense sérieusement à remettre en cause l'interprétation portée par le commentaire et attestée par l'image ? On peut appeler cette deuxième grande catégorie de messages la catégorie des messages réflexifs à signification préconstruite et la situer dans le secteur entre le pôle verbal de l'axe verbal-iconique et le pôle fermeture de l'axe ouverture-fermeture, secteur qui, comme le précédent, connaît des variations mais où la tendance générale est à la réflexivité dirigée.

Il reste deux secteurs dans le schéma que dessinent les considérations précédentes : celui entre le pôle iconique et le pôle ouverture et celui entre ce même pôle ouverture et le pôle verbal. Il n'est pas facile, comme pour les deux premiers, d'illustrer ces secteurs par des genres médiatiques caractéristiques, d'autant que l'idéologie ambiante concernant la communication accorde peu d'importance aux questions relatives à l'interprétation et à l'ouverture. Dans la théorie, le vieux modèle shannonien de la communication sert encore souvent de référence ou de justification. Dans la pratique, la communication publicitaire, qui constitue pour beaucoup une sorte de modèle idéal combinant séduction et efficacité instrumentale, accrédite partout l'idée que communiquer revient à « faire passer le message ». La tradition pédagogique en matière de communication n'est pas moins transmissive. L'idéologie que véhiculent implicitement – quelquefois explicitement – les approches inférentielles de la communication n'ont encore que peu pénétrer la représentation commune. L'idée, clairement formulée par Sperber et Wilson, que la communication se caractérise notamment par l'élargissement de l'environnement cognitif produit par l'énoncé-indice, idée qui pourrait constituer le noyau d'une nouvelle représentation des pratiques, est encore loin d'infléchir celles-ci. Pourtant, il existe un certain nombre de messages dans lesquels peut s'observer une orientation vers l'ouverture interprétative : dans certaines traditions de cinéma documentaire, dans les domaines du pédagogique et du socio-éducatif où s'est faite sentir l'influence de conceptions non-directives de l'apprentissage[15], dans la publicité sociale, aussi, où la volonté de faire réfléchir l'emporte quelquefois sur celle de vouloir influencer. Quoi qu'il en soit, ce qui nous importe ici, c'est moins de faire l'histoire des genres et des pratiques que de relever les caractéristiques sémiotiques qui émergent de la tendance à l'ouverture qui peut s'observer dans certaines réalisations. D'une manière générale, l'ouverture se manifeste par des combinaisons dans lesquelles le texte et l'image interagissent de sorte à solliciter la réflexion du destinataire sans prédéterminer son déroulement.

Prenons tout d'abord les cas dans lesquels l'image joue un rôle prépondérant, celui-ci pouvant être simplement dû, notons-le, à des contraintes techno-sémiotiques (l'affiche, par exemple, doit nécessairement tabler sur l'image, les expositions comportent naturellement plus d'images ou d'objets transformés en images d'eux-mêmes que de textes). Dans ces cas, deux caractéristiques principales manifestent l'ouverture. Tout d'abord, l'absence de traitement métaphorique ou métonymique prédéterminant la perception empathique des êtres représentés. Mais il s'agit là d'une caractéristique en quelque sorte négative. Plus important, peut-être, est l'appel à la comparaison des images par les dispositifs mis en place (variation des points de vue, multiplicité d'images sur un même sujet, etc.), à condition que les opérations réflexives – ou tout au moins comportant un certain degré de réflexivité – de catégorisation qui peuvent s'ensuivre soient laissées à l'initiative du destina-

15. On a déjà cité à ce sujet le beau livre de G. Jacquinot, *Image et pédagogie*.

taire. La réalisation de cette condition dépend évidemment beaucoup du rôle joué par le texte. Paradoxalement, une certaine dose de distanciation et d'ancrage est souvent nécessaire pour déclencher la réflexion et même l'orienter dans une direction où elle a du sens. C'est pourquoi il peut être souvent nécessaire de nommer les choses présentées ou d'évoquer le domaine de considérations qui rend leur présentation pertinente. Dans certains cas, le jeu sur l'implicite et le calcul inférentiel sollicité par les énoncés linguistiques accompagnant l'image peut entraîner l'esprit du destinataire jusqu'au seuil du raisonnement explicite à propos des choses représentées. On a vu de beaux exemples, dans les pages précédentes, de telles instigations à la réflexivité. La publicité (sociale) pour l'opération 11.11.11 que nous avons utilisée dès le début de cet ouvrage (p. 23) pour introduire à la question de l'inférence, présente un bel exemple d'interaction texte-image susceptible de pousser à la verbalisation intérieure. La phrase « Ici, il y a trois ans, il n'y avait que du sable » induit plusieurs opérations mentales impliquant l'image et l'imagination : la distanciation à l'égard de la scène représentée par l'image (le champ cultivé), la référence au domaine général de la culture qui focalise l'attention sur le produit de la culture visible sur l'image et active nos connaissances encyclopédiques relatives à ce domaine (divers scénarios concernant l'activité agricole, l'alimentation, etc.), la visualisation de l'état précédent auquel fait allusion le texte (le champ non cultivé), la comparaison entre les deux états successifs et l'imagination de ce qui a pu produire la transformation, c'est-à-dire la construction d'un modèle mental des activités (ici conçues de façon très schématique) reliant les deux états successifs. S'il faut fixer un début à la réflexivité, c'est sans doute cette dernière opération qu'il faut prendre comme point de départ. Mais la réflexion ne s'arrête pas là. Sous l'instigation de la présomption de pertinence, elle peut se poursuivre sur un mode plus verbalisant : par une esquisse (au moins) de discours intérieur par laquelle le destinataire, sentant ce que peut être l'intention du destinateur dans un contexte où il est question d'aide aux pays en développement, s'exprime à lui-même que d'autres interventions du même genre que celle imaginée, aussi efficaces, sont possibles et qu'il peut donc être utile de participer à l'opération de récolte de fonds. À quoi peuvent encore s'ajouter, si le destinataire élargit le contexte de sa réflexion en y faisant intervenir les domaines de l'économie, de l'éthique, de la politique, etc. diverses considérations plus ou moins explicites (verbalisées) sur les politiques de développement ou d'autres choses relatives à la problématique générale du développement. L'ouverture est relative car le trajet mental effectué est orienté, mais elle est néanmoins réelle car ce trajet n'est que suggéré et que le destinataire détient la maîtrise des opérations effectuées sur un mode relativement conscient, ainsi que de la conclusion et de la décision auxquelles il aboutira. Ce qu'il faut surtout remarquer ici, c'est la manière dont un texte peut enclencher, sans les effectuer d'avance, des opérations plus ou moins réfléchies de comparaison et de modélisation mentale, et frayer la voie pour le discours intérieur. On a rencontré un rapport texte-image du même type dans certaines vidéos socio-éducatives rencontrées plus haut. Par exemple, dans la vidéo sur la drogue (p. 328) où le texte qui apparaît quelquefois en accompagnement des images (d'anciens drogués racontant leur histoire personnelle) se limite à évoquer certains domaines de considérations (la solitude, la peur, etc.) où peut se réfléchir l'expérience vécue – saisie par empathie – des personnes interviewées. On peut appeler l'ensemble des messages correspondant à ce type caractéristique de rapport texte/image, la catégorie des messages empathiques à orientation réflexive. Cette appellation n'est pas parfaitement cohérente avec les deux précédentes, mais parce que la dimension réflexive inclut généralement l'ouverture, on la préférera à cette autre appellation possible : la catégorie des messages empathiques à signification ouverte (appellation qui rend moins bien compte de la dimension réflexive).

Les messages que l'on peut situer dans le dernier secteur, on l'aura compris, font intervenir davantage le discours verbal, généralement parce que leur propos est plus abstrait ou plus complexe. Il s'agit de toutes les formes de messages documentaires dont les faits présentés par les images doivent être situés dans un contexte large pour prendre sens, contexte pouvant impliquer des mises en relation multiples, éventuellement à différents niveaux d'abstraction. Les messages comportant des explications scientifiques, comme les expositions scientifiques, les films ou articles de vulgarisation, etc., constituent des exemples typiques de cette catégorie. Il est évident que, dans ces cas, on ne peut échapper à l'exposé des explicitations effectuées préalablement dans l'élément du discours et qui constituent une contrainte pour le destinataire : la modélisation mentale qu'il est amené à effectuer est en effet dans ce cas une reconstruction plutôt qu'une co-construction. L'ouverture peut néanmoins s'y retrouver, mais à un autre niveau. Il n'est de fait qui ne puisse engendrer une pluralité de discours et de modélisations. Par exemple, le moindre événement dont nous parle la presse, et dont elle peut nous fournir quelque image, est susceptible, comme on dit, de diverses interprétations, ce qui signifie plus exactement qu'il peut être situé dans différents réseaux de faits ou d'autres événements, rapporté à divers cadres conceptuels explicatifs, bref, faire l'objet de plusieurs modélisations explicites, chacune d'entre elles résultant d'une mise en perspective singulière. L'ouverture réside alors dans la manifestation de la pluralité des discours – et donc des modélisations – possibles, éventuellement appuyée par une diversité d'images prises sur les faits. Autrement dit, l'ouverture réside dans la manifestation d'une pluralité de focalisations et d'ocularisations sur les faits, le destinataire trouvant alors à exercer ses aptitudes à la comparaison par la confrontation des modèles. On peut appeler la catégorie à laquelle appartiennent ces messages, la catégorie des messages réflexifs à signification ouverte.

Le schéma suivant figure les grandes partitions que nous venons d'établir dans l'univers des communications audio-scripto-visuelles.

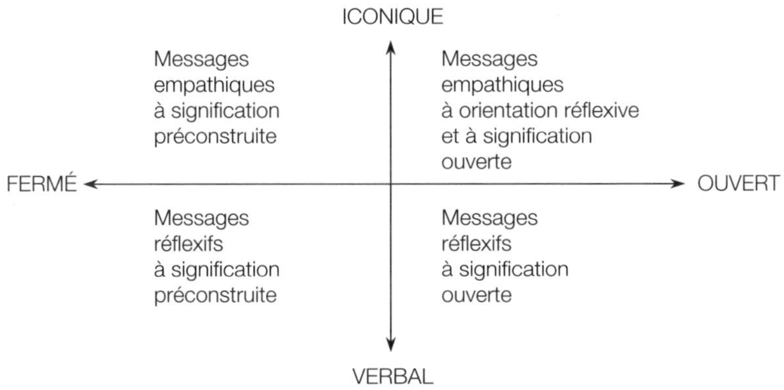

Insistons, pour éviter ce que le terme de catégorie peut avoir de trop « catégorique », sur le fait qu'il s'agit plutôt de tendances diversement réalisées dans les messages concrets. Le schéma se veut une aide à l'analyse des messages, non un mode de classement. Tel quel, cependant, il peut nous aider à apporter quelques précisions à propos de la notion de dispositif cognitif et sur sa relation avec celle de dispositif d'énonciation.

Un dispositif cognitif est une combinaison singulière de mots et d'images – et d'autres choses que nous n'avons pas prises en compte ici – impliquant le destinataire dans des opérations cognitives de différents niveaux (du plus empathique au plus réflexif). Nous disons « impliquant le destinataire dans » pour marquer le caractère intersubjectif de l'élaboration cognitive et éviter de laisser croire que les opérations en question sont nécessairement le fait du destinataire. Tout dépend justement de la place attribuée au destinataire dans le processus intersubjectif d'élaboration du sens. Dire que ces messages peuvent s'orienter vers la fermeture ou l'ouverture veut dire, au fond, qu'ils peuvent manifester l'arrêt ou la poursuite de l'élaboration intersubjective du sens (vécu ou conceptuel). L'arrêt de l'élaboration intersubjective du sens suppose la formation d'un point de vue définitif, centre de perspective pour le regard et/ou centre d'énonciation du discours. Le destinataire ne peut plus alors disposer que d'une place de pur spectateur ou de « récepteur » passif. Les messages fermés, au fond, correspondent assez bien au modèle théorique classique de la communication dit « modèle du code », modèle qu'ils contribuent à réaliser. La poursuite de l'élaboration intersubjective du sens (de la confrontation des vécus et des discours) suppose au contraire que reste manifeste et sensible la pluralité des perspectives et des représentations. Le destinataire, inclus dans cette pluralité, se voit alors – au moins potentiellement – attribuer une place active dans la communication – qui devient co-énonciation – et un rôle dans la construction du sens – qui devient co-construction.

Bref, la décentration cognitive (ouverture) implique la décentration sociale tandis que la centration cognitive suppose la centration de l'énonciation.

Section 4

L'INSTRUMENTATION DE LA COMMUNICATION : LA COMMUNICATION MÉDIATISÉE AUJOURD'HUI

Les sciences de la communication ne sont pas restées insensibles aux récents développements des technologies de l'information et de la communication, plus spécialement des technologies d'Internet et du multimédia souvent désignées comme les « nouveaux médias » ou encore selon l'expression de G. Jacquinot comme les « dernières technologies ». Si ces technologies ont suscité de nouveaux usages et de nouvelles pratiques, notamment pédagogiques, socio et/ou ludo-éducatives, elles ont aussi suscité le développement de nouvelles approches théoriques et méthodologiques. Mais ce faisant, elles ont contribué à relancer la discussion et les recherches de façon bien plus globale sur l'instrumentation des conduites humaines et de la communication en particulier, débat dont les enjeux épistémologiques n'échapperont pas aux lecteurs.

Dans cette section, nous chercherons essentiellement à proposer un cadre théorique de référence, celui de la communication médiatisée, permettant de rendre compte de tous les médias – dans leurs différences comme dans leurs ressemblances – à travers un modèle générique unique. Ce projet certes ambitieux devrait donc permettre d'abolir la distinction entre les médias – classiques – ceux qui relèvent du monde de l'audiovisuel analogique et ceux – numériques – qui se sont développés sur base des technologies digitales et informatiques. La littérature spécialisée constitue un bon indicateur de l'état d'une discipline et l'on sera donc attentif à l'évolution des titres et des tables des matières de ses principaux journaux ou revues : par exemple, EMI, *Educational Media International*, l'organe officiel de *l'International Council for Media Education*, publie depuis quelques années déjà de nombreuses études consacrées aux médias électroniques tandis que les revues consacrées aux technologies éducatives et aux innovations technologiques portent indifféremment sur les médias traditionnels et sur les médias électroniques. Pourtant cette opposition, nous reviendrons plus longuement sur cet aspect, pèse encore dans les milieux éducatifs autant qu'en sciences de l'éducation : dans ce domaine, les savoirs enseignants – ceux des praticiens – et les savoirs sur l'enseignement – ceux des chercheurs universitaires – se fondent sur la même dichotomie comme l'attestent les courants actuels de l'éducation aux médias et de nombreux programmes de formation initiale ou continuée aux technologies éducatives. Le modèle à l'analyse duquel est consacrée cette section se construit autour de l'articulation de plusieurs cadres de référence et champs disciplinaires : technologies, sciences de la communication – principalement la sémiopragmatique qui, on l'a vu, inclut la dimension relationnelle de la communication – et les sciences cognitives au sens large. Fondamentalement, il s'agira pour nous d'aborder de ces différents points de vue l'instrumentation[1] de la communication.

Nous situerons donc l'analyse des formes de communication médiatisée sur la base des mécanismes d'instrumentation de l'action humaine et de la médiation par les outils. Ce point de vue nous conduira à préciser les concepts de communication médiatisée, d'outils cognitifs et de technologie intellectuelle, de média, de médiation et de médiatisation. La relecture de ces concepts nous amènera aussi à proposer une modélisation de ce que nous désignons sous le terme de dispositif de communication médiatisée.

1. Rabardel (1995) fait la différence entre les processus d'instrumentation et d'instrumentalisation, étapes au cours desquelles l'objet technique, l'artefact devient un « instrument ». Nous ne rentrerons pas ici dans cette différence.

Nous offrirons dans les pages qui suivent une synthèse actualisée de ce modèle qui a déjà fait l'objet de communications et de publications partielles au cours de son évolution ces cinq dernières années. Nous nous sommes d'ailleurs expliqués sur ce point dans l'introduction de cet ouvrage : publier une nouvelle édition des cette *Introduction aux théories de la communication* constitue pour nous l'opportunité de faire le point sur l'évolution du domaine comme sur celle de nos propres travaux, de prendre par rapport à ceux-ci la distance nécessaire pour en rassembler les différentes traces et en mesurer le parcours.

1 DE L'OBJET TECHNIQUE AUX TECHNOLOGIES INTELLECTUELLES

Il n'est sans doute aucune action, aucune conduite humaine qui échappe au processus d'instrumentation à travers la médiation d'artefacts techniques. Leroy Gourhan, paléontologue dont nous avons déjà évoqué les travaux, soutient que l'utilisation des outils constitue l'une des caractéristiques des premiers hommes avec la station verticale, la face courte et la main libre (1964 : 119). Il argumente longuement sur le rôle de l'outil et de la technicité dont il démontre, sur la base d'analyses anatomiques et des données de l'anthropologie physique – notamment l'analyse des crânes et de l'évolution reconstituée du cortex – qu'elle est « un phénomène précoce chez les Anthropiens et qu'elle a un caractère unique dans toute la famille » (*op. cit.*, 123). Mais en mettant à l'avant-plan l'importance de l'outil et de la médiation technique, l'auteur fonde l'une des caractéristiques propres des premiers hommes sur un critère dont la validité est empruntée à un domaine extérieur à celui de la biologie anatomique, là « où la sociologie prend le relais de la zoologie » (*op. cit.*, 129) inaugurant ainsi un important changement de paradigme. L'outil, comme « exsudé » de la main de l'homme dira Leroy Gourhan, est donc une extension : il prolonge la main, augmentant de ce fait les capacités de l'homme. Plus proches de nous, les dispositifs informatiques procèdent de la même logique de médiation technologique. Douglas Engelbart ne déclarait-il pas, à propos de la souris qu'il inventa en 1968 alors qu'il travaillait au *Standford Research Institute*, vouloir doter la main de l'homme d'un prolongement qui, du même coup, augmente l'intelligence humaine ?

Au-delà des rapports complexes entre l'objet, l'action et l'usager – le cœur du processus de genèse instrumentale – qui ont fait l'objet de nombreuses recherches (notamment Simondon, 1980 ; Perriault, 1989 ;

Rabardel, 1995), ce qui nous intéressera ici c'est le statut de l'artefact et de l'objet technique. Quel que soit le cadre théorique de référence – la théorie de l'action développée par les chercheurs soviétiques du début du 20e siècle, notamment Leontiev et Vygotsky, ou encore les courants plus récents de la psychologie cognitive –, il s'agit toujours d'un « outil cognitif », ou selon l'expression de Pierre Lévy d'une « technologie intellectuelle » (1987).

La théorie de l'activité soutient l'idée que le comportement d'un individu est gouverné, non seulement de l'intérieur, sur la base de ses besoins biologiques et de ses fonctions psychologiques, mais aussi de l'extérieur, par la création et l'utilisation d'objets culturels, des artefacts, des instruments, des machines et des méthodes, qui jouent un rôle de médiateur entre le sujet et l'objet de son activité. Dans ce contexte, Leontiev parlait plus précisément d'« organes fonctionnels », c'est-à-dire de « configurations de ressources internes et externes, intégrées fonctionnellement et orientées selon un but » (1981, cité par Jermann, 1996). Tandis que plus récemment Jonassen définit les outils comme suit : « *Tools [...] are generalisable tools that can facilitate cognitive processing – hence cognitive tools* » (Jonassen, 1992, cité par Jermann, *op. cit.*). En d'autre termes, ce sont donc des extensions qui sont vécues comme faisant partie intégrante du corps ou du système cognitif même si durant la phase d'appropriation et d'apprentissage, l'outil appartient au monde extérieur. Afin de contrôler et de transformer son environnement, l'homme effectue des actions qui s'avèreraient impossibles ou plus difficilement réalisables sans la médiation de l'artefact. Mais en revanche, ce dernier détermine et modèle les actions qu'il médiatise et instrumente.

Quels sont alors les rapports entre les technologies, la société, la culture ; notre savoir et ses représentations ? Cherchant à répondre à cette question, Levy réfute l'idée qu'il s'agisse d'un rapport de causalité simple : « Une technique est produite dans une culture, et une société se trouve conditionnée par ses techniques. Je dis bien *conditionnée et non pas déterminée*[2]. La différence est capitale. L'invention de l'étrier a autorisé la mise au point d'une nouvelle forme de cavalerie lourde, à partir de laquelle se sont identifiés l'imaginaire de la chevalerie et les structures politiques et sociales de la féodalité. Pourtant, l'étrier, en tant que dispositif matériel n'est pas la « cause » de la féodalité européenne. [...] L'étrier conditionne effectivement la chevalerie et indirectement toute la féodalité, mais il ne la détermine pas. » (1997 : 27).

2. En italiques dans le texte.

2 LA COMMUNICATION INSTRUMENTÉE : MÉDIAS ET TECHNOLOGIES DE L'INFORMATION ET DE LA COMMUNICATION

Les processus de communication n'échappent pas au processus d'instrumentation. Le langage même doit être considéré depuis Vygotsky comme le principal outil socioculturel, comme le principal outil cognitif – *the tools of tools*, écrira-t-il – dans la mesure où il modifie les processus de pensée qui y sont liés. La position défendue par J. Bruner (1966) n'est guère différente lorsqu'il affirmait que le langage est un « amplificateur culturel » qui permet une mise à distance par rapport au réel et de ce fait, donne la possibilité d'effectuer des opérations productives et combinatoires en l'absence du réel. Néanmoins la médiation du langage naturel est rarement perçue comme telle par les locuteurs dans la mesure où l'usage même de notre langue semble nous la rendre transparente, immédiate à notre conscience, voire à notre pensée. Cette intuition s'est trouvée fondée du point de vue théorique par certains courants de la psychologie cognitiviste « orthodoxe » – représentationaliste et objectiviste – pour laquelle le (ou les) langage(s) est (sont) secondaire(s) par rapport aux représentations mentales et aux opérations de pensée. Celles-ci supposent un substrat symbolique, universel et inné, sur la base duquel se seraient développés ensuite les langues naturelles et les différents types de discours : « Au premier rang se trouve la structure propositionnelle. [...] La démarche de la psychologie cognitive a consisté à prendre au sérieux cette analyse, et à formuler à titre d'hypothèse l'idée qu'une très grande partie des représentations humaines, et des connaissances correspondantes, est inscrite, coulée dans le moule propositionnel. Formuler cette hypothèse, c'est supposer que les représentations humaines sont organisées, pour l'essentiel, comme l'est le langage. Cela ne veut pas dire, comme on le croit parfois, que la cognition serait calquée sur le langage, dérivée de lui, ou toujours exprimable. Cela veut dire au contraire que la structure du langage est dépendante de celle des représentations cognitives, que si le langage est comme il est, c'est parce que la cognition lui préexiste. » (Le Ny, 1995 : 270). Nous avons largement critiqué cette position, notamment à la lueur des théories récentes relatives aux modèles mentaux et à leur fondement analogique (voir ci dessous, Section 3).

Cela dit, dans les dispositifs de communication médiatisée et quelle que soit l'importance de la composante technologique, l'artefact n'est pas qu'un simple objet matériel : il comporte toujours une composante symbolique, sociale et culturelle. L'écriture dont nous avons déjà évoqué le rôle constitue une autre de ces technologies intellectuelles, une autre forme de médiation symbolique tout aussi fondamentale restée longtemps « la technologie intellectuelle motrice, tant sur le plan imaginaire que religieux, scientifique ou esthétique » (Lévy, 1987 : 9).

Ainsi une technologie intellectuelle contribue-t-elle à déterminer le mode de perception et d'intellection par quoi nous connaissons les objets : « Ils (les outils cognitifs) fournissent des modèles théoriques à nos tentatives pour concevoir rationnellement la réalité. » (Lévy, 1987 : 10). La notion de technologie intellectuelle regroupe « en tant que registre général, les divers systèmes de représentation et d'expression à fonctionnement sémiotique tels que les systèmes techniques, les diverses langues naturelles et formelles, les systèmes graphiques, les systèmes plastiques de l'art, les systèmes abstraits comme la logique ou les systèmes de classification, et enfin, last but non least, les systèmes de conceptualisation et de savoir, scientifiques ou philosophiques » (Netchine-Grynberg et Grynberg, 1991). Ces différents systèmes ont en commun la capacité et la fonction de représenter l'expérience, de la nommer mais aussi de la constituer comme telle pour la rendre identifiable, pensable, manipulable et communicable : « leur fonction est une fonction de médiation par laquelle se construit en ses diverses modalités la relation entre l'homme et le monde » (*op. cit.*). Ou encore : « Les systèmes de traitement de l'information effectuent la médiation pratique de nos interactions avec l'univers. » (Lévy, *ibid.*) On ne peut donc analyser les technologies de l'information et de la communication, les médias numériques, comme d'ailleurs les médias classiques, que de ce double point de vue constitutif de tout outil cognitif, matériel et symbolique.

Très tôt les mass médias ont été considérés par certains chercheurs comme des outils, au sens fort, celui proposé par Leroy Gourhan, et donc bien plus que de simples supports d'information. On rappellera le sous-titre « Les prolongements technologiques de l'homme » de l'ouvrage bien connu *Pour comprendre les média* de Marshall Mac Luhan (1964, 1968). Lapidaire et souvent radical, l'auteur écrivait encore : « Tout média est une extension d'une faculté humaine – psychique ou physique. La roue est une extension du pied. Le livre est une extension de l'œil. » (1967, cité par Belisle, Bianchi et Jourdan, 1999 : 201). Enfin : « Tout prolongement, que ce soit de la peau, de la main ou des pieds, influe sur l'ensemble du complexe psychique et social » (1968 : 20). Considérant donc les médias comme des prolongements des organes perceptifs humains, comme des outils cognitifs, Mac Luhan imposera aussi l'idée que « le message, c'est le médium » parce que « le message d'un médium ou d'une technologie, c'est le changement d'échelle, de rythme ou de modèles qu'il provoque dans les affaires humaines » (1968 : 24). Par ailleurs, en mettant l'accent sur les caractéristiques langagières des médias, les sciences de la communication et la sémiotique – dès son origine et malgré les limites du modèle structural –, ont contribué à la compréhension de ceux-ci en tant qu'ils sont des outils cognitifs et non de simples supports à l'information, de simples moyens de diffusion, des véhicules de l'information et des connaissances – des tuyaux, selon la terminologie de Dieuzède (1965). Les médias informatiques ont fait l'objet d'une analyse identique.

De cette conception, et donc de la position épistémologique qui la fonde, découlent des approches, des analyses et des méthodes propres, une certaine orientation de l'éducation aux médias et des formes particulières d'intégration pédagogique de ces derniers. On considère en effet que les connaissances et les systèmes de représentation – les « registres sémiotiques » (Duval, 1995 et 1999) – entretiennent des rapports de détermination réciproque. L'on s'appuiera donc sur la spécificité de ces systèmes de représentation mis en œuvre dans les médias pour favoriser l'acquisition de compétences et d'aptitudes cognitives générales ou de connaissances disciplinaires particulières. Autrement dit, on suppose que des systèmes symboliques différents développent des facultés intellectuelles différentes parce que, justement, ils mobilisent des compétences comme des formes de traitement différentes. Ce courant auquel nous adhérons, s'oppose à cet autre qui postule l'invariance des connaissances : celles-ci peuvent dès lors se voir transmises, véhiculées par n'importe quel type de média. La connaissance est première et les médias, comme d'ailleurs le langage verbal n'ont d'autre fonction que de la communiquer. Nous discuterons cette position plus loin dans cet texte.

Nous retiendrons pour l'instant que le processus de constitution de l'artefact matériel et/ou symbolique en un objet de connaissance, en un concept théorique – l'outil cognitif, la technologie intellectuelle – s'est inscrit dans une longue histoire que nous n'avons fait qu'évoquer brièvement ici. Le concept lui-même apparaît encore comme le résultat de la lente convergence de différentes disciplines – anthropologie, sociologie, sciences de la communication et sémiotique, psychologie, sciences cognitives et sciences de l'éducation – même si les définitions ne sont pas totalement assimilables d'une de ces disciplines à l'autre.

2.1 Une histoire exemplaire, le cas des médias éducatifs

Le champ de la pratique pédagogique nous paraît exemplaire pour analyser une telle évolution dans la mesure où les aspects cognitifs des artefacts constituent une préoccupation majeure et un enjeu fondamental pour les enseignants et plus généralement pour la psychologie et les sciences de l'éducation. Aussi, afin de mieux faire comprendre et cette évolution et son caractère multidisciplinaire, nous décrirons les étapes essentielles de la constitution de ce concept au sein des formes de communication éducative. En d'autres termes, nous analyserons brièvement les conceptions significatives de la communication pédagogique médiatisée développées depuis la moitié du siècle dernier par les principaux paradigmes théoriques et leurs courants de recherches. Pour ce faire, nous examinerons d'abord les objets techniques concernés et leur statut. Nous questionnerons ensuite le rapport qu'entretient le champ de l'éducation avec ces objets et pour finir, l'articulation entre ce champ et les sciences de la communication.

Entre les années '50 et la fin des années 70, les moyens « audiovisuels » sur lesquels se fonde une certaine approche de la connaissance et de l'apprentissage – la pédagogie audiovisuelle – apparaissent encore limités ; il s'agit principalement du document imprimé ou stencilé, du transparent de rétroprojection, de la diapositive, du montage audiovisuel – diapositives et bande sonore –, du film, des figurines à appliquer sur les tableaux de feutrine, de la planche illustrée, du laboratoire de langues. Dans le domaine des médias éducatifs, on observe une absence de définition claire des aspects techniques, des modalités perceptives et des registres de représentations sémiotiques utilisés. Tantôt les uns sont confondus, assimilés l'un à l'autre tantôt certains sont occultés. Prenons comme exemple, l'expression « audiovisuel » : elle rend compte des différentes technologies du son et de l'image autant que des modalités perceptives correspondantes – audition et vision –, mais en aucun cas de registres et de fonctionnements sémiotiques. Or, les documents visuels peuvent contenir du texte – du langage verbal écrit –, des images photographiques, des schémas ou des graphiques, etc., chacun constituant un registre sémiotique, un système de représentation différent. De la même façon, nous percevons des sons du langage, de la musique, des bruits, etc. C'est donc bien la diversité sémiotique des médias qui se voit occultée par cette désignation. Du point de vue théorique, ces moyens, ces objets ne possèdent encore aucun statut propre : la question de leur statut théorique n'est pas encore à l'ordre du jour. Les moyens audiovisuels demeurent sous l'étroite dépendance d'une pédagogie pour laquelle les fonctions vicariante (ils font voir l'objet en son absence), désignative (ils renvoient le lecteur au référent) et motivationnelle suffisent à justifier leur efficacité pédagogique. Ils sont principalement considérés comme des adjuvants au service d'une pédagogie discursive – écrite ou orale – et sont, au sens propre, des auxiliaires, terme qu'a consacré à l'époque la pédagogie elle-même. Il y eut cependant des précurseurs comme H. Dieuzède – Jacquinot (1981 : 9) se plaît à le souligner –, qui en 1965 déjà écrivait : « Les utilisateurs les plus avertis estiment que le message n'est pas une matière que l'on peut transporter indifféremment dans une boite noire ou dans un tuyau ».

Les années 70 marquent un premier tournant : la panoplie des objets techniques susceptibles d'un usage éducatif s'est élargie et intègre presse, photographie, bande dessinée, publicité, radio, télévision. Contrairement aux auxiliaires audiovisuels des années 60, ces médias possèdent leur autonomie propre dans une sphère sociale indépendante de l'école. Les moyens de communication de masse et leurs usages propres deviennent des objets privilégiés des théories de la communication alors en plein essor notamment sous l'influence de la sémiologie structurale (Barthes, 1964-a), des premiers travaux sur l'image (notamment Barthes, 1964-b ; Eco, 1968 et 1970 ; Tardy, 1978), sur la publicité (notamment Peninou, 1972) ou encore sur le cinéma (notamment Metz, 1971, 1972 et 1977). À cette époque, l'école découvre l'impact sur le public scolaire de la télévision et des savoirs informels que celle-ci diffuse. On se souviendra de *L'école parallèle* (Porcher, 1973), véritable plaidoyer pour une appropriation par l'école des mass médias et plus particulièrement de la télévision. Et progressivement le processus s'enclenche : l'école et les sciences de l'éducation intègrent alors les médias et l'éducation aux médias dans le domaine du savoir scolaire. Nous avons montré ailleurs comment le concept de communication pédagogique médiatisée s'est développé dans le sillage de la sémiologie structurale et sous l'influence des premières analyses communicationnelles des médias, principalement la télévision, la presse écrite et la publicité, mais aussi avec leur utilisation en milieu scolaire (Peraya, 1998-a). Et parce qu'ils se veulent éducatifs, les médias introduisent au sein des sciences de l'éducation, comme un cheval de Troie, leur statut propre, théorisé et modélisé par les sciences de la communication et particulièrement par la sémiologie alors en plein développement : l'analyse de l'image, du film et des pratiques médiatiques considérées comme langage font partie de la formation initiale et continue des enseignants. Les introductions à la sémiologie de l'image, de la bande dessinée, de l'image animée et du récit, etc. – toutes destinées au public des enseignants – sont légion et dès les années 70, la collection de la Ligue française de la formation permanente des enseignants s'y consacrera entièrement (par exemple Bergala 1975 et 1977 ; Gauthier, 1979 ; Zimmer, 1976). Ainsi prend naissance un courant de travaux théoriques et des recherches, parfois expérimentales, qui d'une part, tentent d'articuler pédagogie et communication et d'autre part, contribuent à identifier la communication audiovisuelle comme un objet particulier. À partir de celui-ci, sémiologues et pédagogues auront à penser, puis à construire, cette même articulation. La hiérarchisation des domaines et la soumission cèdent donc le pas à la volonté de penser l'articulation entre les domaines et les disciplines.

Les années 80 apparaissent comme un autre repère important. Certains pédagogues et sémiologues commencent à prendre conscience du fait que le langage verbal n'est pas la seule voie d'accès au savoir et à la connaissance. Pour ces chercheurs, les autres médiations sémiotiques – la communication audiovisuelle –, loin d'apparaître comme des béquilles ou de simples « traducteurs », peuvent être à la base d'apprentissages. Si le dispositif et l'artefact technologiques contribuent à la configuration du message et, en définitive, à son sens et à sa signification, la question fondamentale devient alors celle-ci : quel rôle pourrait jouer la communication audiovisuelle dans les processus cognitifs comme dans les mécanismes d'apprentissage ? La psychologie et les courants cognitivistes ne sont pas étrangers à cette évolution à laquelle les travaux de Bruner et de Salomon (1969) notamment ont largement contribué. Deux types de réponses seront données à cette question. Ces auteurs cherchent à identifier des compétences, des aptitudes cognitives spécifiques dont le dispositif pourrait être le déclencheur ou le catalyseur. Parmi celles-ci, citons la supplantation mise en évidence et longuement analysée par exemple par Salomon (1979, 1981) ou par Donnay (1982). Ce phénomène apparaît lorsque des systèmes symboliques utilisés, par exemple le cinéma et la télévision, « sont tels que, au lieu d'exiger une transformation (comme lorsque deux points de vue sont juxtaposés et doivent être coordonnés), ils en réalisent au moins une partie pour le spectateur. Ainsi, le zoom modèle ou *supplante*[3] l'opération que l'on doit effectuer intérieurement quand on passe d'un gros plan à un plan général. De même, le mouvement de la caméra autour d'un objet supplante le processus de coordination des point de vues. » (Salomon, 1981 :86). La supplantation intervient donc au moment où l'apprenant intériorise un mode de traitement de l'information externe, réalisé par certaines caractéristiques techniques, syntaxiques, symboliques du dispositif médiatique. Il serait donc possible de mettre en évidence par la recherche

3. En italiques dans le texte.

expérimentale l'existence de processus cognitifs intégrés aux médias (ici le film) et favorisant en retour leur exercice.

La seconde façon de répondre, plus centrée sur les apprentissages disciplinaires, a consisté à développer une théorie générale des médias, et particulièrement de l'image, à laquelle référer leur usage pédagogique (notamment Heidt, 1981 ; Jacquinot, 1981 ; Duchastel, 1988). Heidt (*op. cit.*), tout en réfutant l'impossibilité de définir une taxonomie des médias unique satisfaisant à la fois les enseignants, les producteurs et les chercheurs, explique la faiblesse théorique des différentes classifications existantes par manque d'une telle théorie générale. Il suggérait alors de faire porter le principal effort d'élaboration théorique sur la définition de ce qu'il appelle les « attributs fonctionnels des médias » et sur leur interaction avec les variables liées aux tâches et aux apprenants. Par attribut, il entend à la suite de Salomon « tout élément structurel qui influe sur le type de matériau susceptible d'être présenté, l'agencement d'un matériau en relation avec les autres ou la façon dont un matériau est présenté » (1981 : 53).

Cette orientation méthodologique modifie radicalement l'approche des médias éducatifs : elle exige en effet d'en analyser les différentes composantes technologiques, sémiotiques et culturelles – notamment les représentations et les attentes des destinataires, des apprenants – afin d'identifier les variables susceptibles d'influencer les apprentissages. On découvre donc l'importance des variables spécifiques de chacun des médias et des différents registres sémiotiques qui les composent. Ces variables trouvent alors place dans une description fine des différentes composantes de la situation d'enseignement/apprentissage dans laquelle s'inscrit le dispositif médiatique. Un tel travail d'identification était d'autant plus important du point de vue méthodologique que le paradigme de recherches dominant – en pédagogie comme en psychologie – visait à mettre en évidence l'impact des médias et leurs effets sur l'apprentissage dans une double perspective comparative et holistique : « Des centaines d'études ont été menées pour comparer l'efficacité d'un média par rapport à un autre sans qu'on ait même pris le soin de définir précisément ce qui allait être comparé » (Levie et Deckie, 1973 cité par Heidt, 1981 : 153). Cela dit, les tenants des attributs spécifiques des médias ne semblent pas avoir réussi à imposer leur conception comme le montre le bilan des recherches publié par la revue *Learning and instruction* (De Corte, 1993). On peut y lire, par exemple à propos des diagrammes : « *Unfortunately, instructional benefit is typically attributed to diagrams in general in a rather indiscriminate manner without due regard to their individual characteristics.* » (Lowe, 1993 : 177).

Aujourd'hui les travaux de Mayer et Chandler par exemple perpétuent ce courant : ils analysent des séquences d'apprentissage multimédia accompagnés ou non d'encarts présentant sous forme écrite des extraits du commentaire verbal (notamment 2001). Ces travaux ne tiennent toujours pas compte des facteurs sémiotiques propres aux représentations utilisées, pas plus que des processus de décodage, d'interprétation ou d'inférence liés aux systèmes sémiocognitifs mis en œuvre. Tout se passe encore comme si les systèmes de représentation étaient transparents et la signification immanente.

Mais revenons à l'évolution chronologique. Les années 80 sont aussi celles qui voient, sous l'influence de l'informatique, un regain d'intérêt pour les sciences cognitives : les processus cognitifs s'étudient selon le formalisme du traitement de l'information. Cette décennie voit donc le retour des courants cognitivistes constructivistes en gestation durant les années 1960-1970 pour lesquels l'ordinateur est un outil technologique, un artefact matériel et symbolique – logiciel –, susceptible d'aider à construire et à organiser les connaissances (pour un historique de cette évolution, voir Peraya, Viens & Karsenti, 2002). À travers ses travaux sur l'intelligence artificielle, l'apprentissage de la programmation et du langage LOGO, Papert (1980, 1981) défend l'idée que l'ordinateur peut avoir une influence profonde sur le développement de l'enfant, influence sans doute bien plus fondamentale que celui qu'induisent la télévision ou l'imprimerie. En faisant référence à la distinction « pensée concrète/pensée formelle » de Piaget, l'auteur assure que l'ordinateur doit permettre de concrétiser le domaine formel. Dans ce contexte, le concept d'outil cognitif suscite un nouvel intérêt, trouve de nouvelles formulations et induit de nombreuses recherches qui aboutiront dans les années 90 (notamment Pea,1993 ; Jonassen, 1992). Par ailleurs, nous l'avons montré (voir ici même, Section 1), les sciences de la communication connaissent au même moment une autre évolution. Elles s'éloignent progressivement du modèle structural pour adopter le modèle pragmatique de la linguistique de l'énonciation : elles intègrent alors avec le sujet de l'énonciation la dimension relationnelle du langage, tous deux bannis par le structuralisme saussurien.

Dans les années 90, l'évolution des sciences de la communication se poursuit. Nous l'avons vu, les sciences cognitives ont constitué un nouvel apport dont l'influence contribue à construire un nouveau point de vue sur la communication et les langages. Les sciences de la communication intègrent pour expliquer la construction du sens et des connaissances, par exemple, différentes conceptions des représentations et des opérations cognitives, dont les processus inférentiels. Les sciences de la communication et plus particulièrement la sémiotique adoptent donc comme l'une de leurs problématiques majeures le rapport entre les formes de communication et la cognition : la sémiotique s'oriente vers une sémiotique cognitive. En conséquence, l'analyse du rapport entre communication et cognition comme l'articulation entre la psychologie et la sémiotique se font plus nettes. Par ailleurs, l'informatique personnelle qui avait favorisé au milieu des années 80[4] les postes individuels et isolés s'oriente vers la mise en réseau de machines et donc de leurs utilisateurs : la télématique[5] a vu le jour timidement d'abord sous la forme simplifiée du vidéotexte[6] ou du minitel[7], puis résolument dans la seconde moitié des année 90 avec le développement grand public du réseau Internet. Les technologies dominantes sont celles de la communication : elles sont l'essence et la condition même du cyberespace et de la cyberculture. Parce qu'elles permettent différentes modalités de communication et d'interactions interindividuelles (intra- et intergroupes), parce qu'elles déterminent une nouvelle représentation du temps et de l'espace, parce qu'elles induisent de nouvelles manières d'être présent à distance (Weissberg, 1999), ces technologies provoquent une série de représentations nouvelles et induisent un certain nombre de schémas d'interprétation, de conduites ou d'action qui sont autant de thèmes centraux pour la recherche actuelle : la cognition distribuée (Resnik, 1993), l'intelligence collective (Lévy, 1994), la collaboration et le travail collaboratif, les communautés de pratique (Wenger, 1997), la communication multidirectionnelle, l'énonciateur et l'écriture collectifs, le temps réel, etc. Sans vouloir nous appesantir longuement sur ces différents concepts, nous voudrions rappeler la définition – mais aussi le projet – que propose Lévy à propos de ce qu'il nomme l'informatique de communication et qui, de façon encore assez générale, pourrait nous servir de dénominateur commun : « L'usage socialement le plus riche de l'informatique de communication est sans doute de fournir aux groupes humains les moyens de mettre en commun leurs forces mentales pour constituer des collectifs intelligents et faire vivre une démocratie en temps réel. » (1994 : 69).

---

4. Le premier ordinateur personnel IBM DOS 1 à base du processeur Intel 8086 (lui-même date de 1978) date de 1981.
5. Il s'agit de « l'ensemble des services, autres que les services télégraphiques et téléphoniques usuels, qui peuvent être obtenus par les usagers d'un réseau de télécommunication ; ces services, qui mettent généralement en œuvre des techniques de téléinformatique permettent d'envoyer ou de recevoir des informations publiques ou privées ou d'effectuer certaines opérations telles que la consultation de fichiers, des réservations, des opérations commerciales ou bancaires (définition de la commission des télécommunications) » (arrêté français du 27 avril 1982, J.O. du 24 juin 1982) (document disponible en ligne à l'adresse : http://www.presse-francophone.org/apfa/Defi/T/TELEMATI.htm).
6. L'existence légale du vidéotex suisse date d'une ordonnance fédérale de 1986.
7. L'annuaire électronique français Minitel date de 1981.

2.2 Une unanimité difficile

Si cette conception de la communication instrumentée – médiatisée – paraît aujourd'hui la plus prometteuse pour la compréhension du rôle des artefacts techniques et des technologies dans les processus contemporains de la communication humaine, elle est loin de faire l'unanimité parmi les chercheurs. C'est à la communication pédagogique que nous emprunterons cette fois encore les arguments et les points de vue qui alimentent la polémique[8]. La conception actuelle dont nous venons de tracer un bref historique, en effet, est loin d'être partagée et il existe un courant théorique important qui défend encore l'idée que les médias ou les technologies éducatives n'ont d'autre valeur qu'utilitaire et technique, que « jamais le média n'aura d'influence sur l'apprentissage » (Clark R., 1994). Cette position a souvent été défendue à l'occasion de l'évaluation et de l'analyse de l'efficacité des médias pédagogiques, autrement dit de l'effet induit par les technologies et leurs caractéristiques cognitives sur les processus d'apprentissage. Si l'on ne peut montrer que ces objets techniques produisent des effets sur l'apprentissage, qu'ils en favorisent certains processus, etc., comment alors accepter leur statut d'outils cognitif ? Or, c'est bien la question principale et l'enjeu de la confrontation car de nombreuses métarecherches font état de l'impossibilité d'établir avec certitude l'influence du média sur l'apprentissage. En 1981, Jacquinot affirmait que les recherches tant américaines qu'européennes des trois décennies précédentes n'avait pas permis d'établir la supériorité du médium audiovisuel par rapport au « médium humain direct » (1981 : 7 et svt), soulignant l'importance d'autres variables significatives comme le rôle et l'attitude de l'enseignant. On peut citer aussi ce rapport de l'UNESCO qui concluait : « Sauf dans les situations où l'information ne peut être transmise que sous une forme sonore (musique ou compréhension d'une langue parlée, par exemple) ou visuelle (activités artistiques, structures d'une cellule, comportement animal), le moyen de communication est sans importance. On estime, par exemple, que la mesure dans laquelle le personnel enseignant fait un effort pour préparer le matériel pédagogique aura vraisemblablement plus d'effet sur l'efficacité de l'enseignement que la forme sous laquelle ce matériel sera communiqué » (MacKenzie, Eraut et Jones, 1971 cité par Scholer, 1983 : 43).

Face à ce constat, on peut, comme l'ont fait de nombreux chercheurs que nous avons cités, chercher à comprendre les raisons de l'impossibilité

8. Le lecteur trouvera une brève, mais bonne synthèse en ligne de cette polémique à l'adresse suivante : http://hagar.up.ac.za/rbo/construct/media.html.

de mettre en évidence les effets des médias et, nous l'avons vu, questionner les cadres théoriques et méthodologiques en usage. L'on peut au contraire nier au média tout effet et aller chercher les causes de l'apprentissage dans les facteurs contextuels de la situation d'apprentissage. Telle est la position classique de Schramm qui dans son ouvrage connu *Big media little media* (1977) affirme que c'est moins le média lui-même que la façon dont on l'utilise qui peut déterminer l'apprentissage. R. Clark (1983 et 1994) n'a guère fait évoluer l'argumentation en défendant l'idée qu'un média n'est qu'un support de diffusion et qu'il n'a pas plus d'influence sur l'apprentissage que n'en a, sur notre nutrition, le camion qui véhicule les marchandises que nous consommons. Il utilisera d'ailleurs une autre métaphore, celle du médicament qui peut exister sous ses différentes formes de présentation – pilule, sirop, injection – sans que soit pour autant modifié son principe thérapeutique. R. Clark pose une différence entre méthode et médium d'instruction. L'argument principal de l'auteur est que les méthodes d'instruction sont différentes des médias d'instruction. Les méthodes sont des manières fondamentales d'organiser l'apprentissage pour provoquer un changement des processus cognitifs chez l'étudiant tandis que les médias ne sont que le moyen à travers lequel cette méthode lui est rendue accessible. L'auteur opère donc une différence entre une technologie de l'instruction basée sur la psychologie et la psychologie sociale d'une part, et les technologies de diffusion, – *delivery technology* – d'autre part. Les premières portent sur le choix des contenus, des objectifs, des méthodes et des environnements etc. alors que les secondes fournissent un accès efficace et adapté à ces méthodes (1994 :23 et svt). Affirmant enfin le primat du contenu sur le média, il dénie à ce dernier son statut de système symbolique, de système de représentation et donc toute influence sur le contenu lui-même.

En d'autres termes, le choix tant méthodologique que théorique se situe bien évidemment entre une « pédagogie du tuyau » et une pédagogie qui reconnaît au média une influence sur l'apprentissage. Dans le premier cas, le média est transparent, non contraignant, il est un simple canal permettant d'atteindre un public plus large, dans de meilleures conditions de transmission et de réception. Seule donc compte la qualité des contenus, considérés comme des invariants, insensibles aux formes de leur médiatisation. Dans la pratique aussi, cette conception des technologies et des médias est bien vivace. Les moyens de télécommunication – les cybermédias ou la cybermédiatisation (Bédard, 1997) – permettent aujourd'hui d'étendre la zone de réception et le public d'un enseignant. Les institutions de formation à distance et les télévisions éducatives, s'appuyant souvent sur les satellites géostationnaires de télécommunication, ont compris les enjeux de cette présence à distance sur les écrans des prospects et des apprenants. L'utilité d'un cours filmé, de l'enregistrement brut du cours de l'enseignant, a été souvent contestée et pourtant les différentes expériences des satellites éducatifs européens, Olympus par exemple, ont redécouvert cette pratique et l'ont promue. Les technologies du réseau aujourd'hui – Internet, le Web, le courrier électronique, les *chats*, l'IRC[9], etc. – offrent un potentiel de diffusion rarement égalé par d'autres dispositifs technologiques et c'est sans nul doute à cause de ce potentiel que l'on voit se développer aujourd'hui une multitude de dispositifs plus ou moins sophistiqués : la simple mise en ligne d'un fascicule de cours, grossièrement transformé par un « filtre » informatique en un hypertexte, le cours ou la conférence filmés diffusés en différé, les Amphis de France 5[10] en sont de bons exemples.

Plus complexe, mais reposant sur la même conception diffusionnelle et sur les mêmes technologies, il existe de nouvelles formes du cours filmé, plus interactives cependant puisqu'elles bénéficient des technologies du réseau. Il s'agit d'interfaces Web multifenêtrées donnant accès à la retransmission en temps réel d'un cours frontal, des documents pédagogiques et des transparents utilisés par l'enseignant durant son exposé d'une part et d'autre part à une messagerie électronique permettant aux étudiants de poser des questions à l'enseignant. Celui-ci peut alors donner une réponse orale et collective ou écrite et individuelle à une question écrite et individuelle[11]. L'outil séduit certes par sa facilité d'utilisation, son faible coût et son efficacité. Bien que le scénario permette une certaine interaction verticale entre l'enseignant et les étudiants – ce qui constitue déjà une certaine valeur ajoutée par rapport à la simple diffusion de type *broadcast* –, il reproduit une pédagogie magistrale classique. Si le dispositif semble connaître un certain succès auprès des enseignants, c'est très vraisemblablement pour cette raison : il développe dans une technologie nouvelle un scénario classique que l'enseignant maîtrise.

Ce comportement correspond à la première des cinq étapes identifiées par certains des auteurs qui ont modélisé le processus d'appropriation d'une innovation pédagogique et technologique par les acteurs : changement par substitution, changement par altération, changement par perturbation et

9. *Internet Relay Chat*. Littéralement, Relais Internet du bavardage. Il s'agit d'un protocole conçu pour dialoguer à plusieurs sur des serveurs spécifiques en temps réel.
10. Ces programmes sous le label. « L'université chez vous » sont accessibles en ligne à l'adresse http://www.univ-nancy2.fr/Amphis/.
11. La division informatique de l'Université de Genève par exemple a développé un tel dispositif. Voir l'information en ligne disponible à l'adresse : http://www.unige.ch/dinf/ntic/.

variation, changement par restructuration et changement des valeurs (Chin, 1976 ; Savoie-Zacj, 1995). Lors de la première phase du processus, l'enseignement adopterait donc un nouveau dispositif technologique sans modifier pour autant sa pratique, sa façon d'enseigner[12].

3 QU'EST-CE, ALORS, QU'UN MÉDIA ?

La conception des médias transparents, des médias tuyaux, trouve son origine en partie du moins dans un défaut de théorisation de l'objet. La dénomination même de média ou de technologies de l'information renvoie, contrairement à ce que l'on observe dans de nombreux champs des sciences de la communication, à des objets empiriques et non à un domaine, à un champ théorique, voire à une pratique. Ce manque d'une distinction claire entre les objets empiriques et l'objet théorique – le « construit » – date des premières analyses des auxiliaires audiovisuels puis des médias éducatifs. On a longtemps parlé et l'on parle encore, par exemple, de la télévision comme d'un tout, d'un média global, sans jamais prendre en compte la diversité des « textes télévisuels » – le documentaire, l'information, les films, les séries, etc. (Jacquinot et Leblanc, 1996) – et des « discours » – le raconter, l'exposer, l'enseigner, etc. (Bronckart, 1996). De la même façon, on traitera rarement des différents registres sémiotiques, des différents systèmes de représentations qui constituent ces différents textes et discours télévisuels (Meunier et Peraya, 1993 ; Duval, 1997 ; Peraya, 2000).

Les enjeux de ce débat relatif au déterminisme des objets empiriques rappelle celui qui a permis la formalisation de la technologie éducationnelle comme domaine d'enseignement et de recherche vers la fin des années 60 au Québec (Peraya et Viens, 2003). Au-delà du choix du qualificatif « éducationnelle » en lieu et place d'« éducative » – les dispositifs technologiques ne sont en effet pas éducatifs par eux-mêmes –, il faut souligner l'abandon du pluriel : la technologie nous oriente vers une démarche systématique pour le développement et l'analyse de systèmes beaucoup plus que vers une dynamique focalisée sur l'utilisation de l'outil technique en soi. Le terme « technologie éducationnelle », permet ainsi de souligner qu'il s'agit d'un domaine d'études et de développement de systèmes pour l'éducation tout en évitant l'attribution de l'impact à l'outil en soi.

12. Ce type de conduite avait fait lancer à Jacquinot son appel « On demande des inventeurs » dans le numéro 33 de la revue *Communications*. Aujourd'hui, il nous faut le relire à partir du point de vue de l'innovation, phénomène autrement complexe (Jacquinot et Choplin, 2002 ; Peraya et Viens, 2003, à paraître).

Mais depuis l'apparition de la télématique et d'Internet, l'expression « technologies éducatives » associée à celle de « technologies de l'information et de la communication » (TIC) revient en force dans le monde de l'éducation pour représenter l'ensemble des outils technologiques numériques. Cette utilisation linguistique génère une double transgression sémantique pour le champ disciplinaire de la technologie éducationnelle. On insinue souvent une relation de causalité directe attribuant à l'outil la paternité de l'impact sur l'apprentissage mais, en plus et de façon plus subtile, on évacue le concept de technologie comme domaine de recherche et de développement, comme processus systématique et systémique de développement de dispositifs pédagogiques. Évacuant la démarche systématique et systémique de recherche-développement pour ne se centrer que sur l'outil technologique, on réduit le domaine à l'outil.

Récemment, la dénomination « TICE » (technologies de l'information et de la communication pour l'éducation), plus adaptée à sa sensibilité linguistique, est apparue dans l'univers francophone européen : « C'est dans cette ligne qu'est apparue, et son usage tend de plus en plus à se généraliser, l'expression TICE (technologies de l'information et de la communication pour l'enseignement) qui vise à montrer que ces technologies ne sont pas en elles-mêmes éducatives et que leur efficacité dans la réalisation des apprentissages des élèves dépendra toujours de l'utilisation pédagogique qui en est faite. » (Carrier, 2002 : 7-8). On le voit, les significations de cette nouvelle expression sont identiques à celles visées par le qualificatif « éducationelle » dans l'expression « technologie éducationnelle ». La persistance du pluriel nous maintient cependant dans le domaine des objets techniques et nous renvoie encore à un objet que tout un chacun peut, veut s'approprier. Exclusivement préoccupé de l'objet – l'outil – et de son produit, il m'est alors facile de dire « je maîtrise les TIC. ». Il me suffit en effet de pouvoir intégrer à mon cours des diaporamas électroniques, de pouvoir produire un mini-site Web et d'être capable d'échanger des courriers électroniques pour être en mesure d'affirmer avoir une assez bonne connaissance des technologies éducatives. Ce qui, d'une certaine façon, est tout à fait souhaitable puisque ces outils peuvent ajouter une plus-value à l'apprentissage. Mais le problème reste que la vision et la compréhension que l'ensemble des acteurs du monde de l'éducation développe et adopte très largement est réductrice, focalisant sur l'outil, assumant implicitement qu'ils ont un impact sur l'apprentissage.

Changer de paradigme demeure donc toujours nécessaire et, dans cette voie, la récente tentative de fondation du concept de dispositif, plus particulièrement de dispositif de communication et de formation médiatisées (Jacquinot et Montoyer, 1999 ; Peraya, 1999), constitue un moment important en ce qu'elle permet de questionner la notion de média et ses fondements classiques.

3.1 De l'objet empirique…

Les recherches sur les différentes taxonomies des médias pédagogiques ont montré que le terme média, comme d'ailleurs celui de technologie, demeure mal défini et sujet à différentes interprétations. Celles-ci désignent souvent des réalités fort différentes, voire contradictoires : le langage, le type de message, le système technique de diffusion et de réception, etc. Les conceptions des médias et particulièrement des médias éducatifs sont souvent étonnantes. Quand on interroge les étudiants en sciences de l'éducation ou en technologies éducatives, les pédagogues et les spécialistes ou encore les praticiens, on obtient en général des réponses centrées sur les moyens techniques, la transmission d'informations, les moyens de communication de masse. Ces définitions ne dépassent pas le niveau de l'empirie, de la description des objets techniques et de leur caractéristiques[13]. Et lorsqu'elles se font plus précises, voire plus théoriques, elles apparaissent tout à la fois partielles et particulières au point de ne pouvoir rendre compte de l'ensemble des dispositifs médiatiques existants. Les définitions reprennent dans ce cas quelques termes issus du paradigme structuraliste qui a été celui des sciences de la communication des années 70 : code, émetteur, récepteur, multimodalité et/ou multisensorialité de l'information, etc.

À titre d'exemple, nous pourrions tenter de donner une définition de la télévision. Nous livrant à l'exercice de façon quelque peu provocante et pourtant sérieuse, nous pourrions dire parodiant la tirade du nez dans Cyrano de Bergerac, « bien des choses en somme »… La télévision est tout d'abord un objet, un meuble, un joli guéridon où poser le vase de notre tante Lucie. Si nous supprimons artificiellement la diffusion des images ou plus simplement si nous la retournons, nous voici flanqués d'une merveilleuse radio. La comparaison n'est pas vaine puisque dans bien des foyers, la télévision qui fonctionne en continu a remplacé la radio de nos grand'mères : l'une et l'autre ânonnent leurs discours tandis que les changements de programmes, gardiens des repères, scandent la journée et rompent

13. On se souviendra par exemple de la classification de Bretz (1972) qui se fondait sur de tels critères.

la solitude de la ménagère. Plus sérieusement, la télévision, désigne aussi une diversité d'institutions de production et de diffusion de programmes et d'émissions, chacune d'elles constituant pour le langage commun « une télévision » : la télévision francophone de Belgique (RTBF), la télévision suisse romande (TSR), les télévisions françaises (A2, TF1, FR3, M6, etc.), etc. C'est aussi un objet technique, composé de plusieurs technologies – un tube cathodique, un amplificateur sonore, un dispositif de réception des ondes, un *tuner* – me permettant de capter des émissions produites par les institutions productrices de programmes télévisés. Car la télévision c'est encore un éventail d'émissions différentes, de « textes », relevant de genres différents, identifiables et codifiés selon des règles propres : fiction, information, grand reportage, vulgarisation et émission scientifiques, tribunes politiques, reportages, émissions sportives, etc.

Chacune de ces émissions propose en général, organisé dans un discours médiatique, des registres sémiocognitifs, des systèmes de représentation très différents : le langage, la langue orale, parfois de la langue écrite (les sous-titres et les intertitres), des schémas et des diagrammes (quelques données statistiques par exemples), des photographies et des images fixes, des images animées, des bruits, de la musique, etc. Chacun de ces langages possède ses propres règles de fonctionnement, comme ses propres modes de traitement de l'information. Pour suivre, chacun possède une pertinence limitée à la résolution de certains problèmes de représentation, de traitement des connaissances et de l'information. Un système de représentation ne peut en effet prendre en charge que la résolution de certains problèmes particuliers. Pour prendre un exemple trivial, rappelons que le plan des lignes et des stations de métro affichés dans une voiture de la rame, permet de répondre à la question « Dans combien d'arrêt dois-je descendre ? », mais ne nous renseigne en rien sur la distance réelle entre les stations puisque sur le plan, celles-ci sont équidistantes.

Enfin, chaque émission induit, selon le genre auquel elle appartient, des postures cognitives de réception particulières : il est en effet impossible d'isoler les trois composantes majeures d'un dispositif de communication médiatisée – production, produit, réception – et de les considérer en dehors de leurs rapports de codéterminations réciproques, sauf bien sûr, pour des raisons méthodologiques à certaines étapes de l'analyse. L'analyse des attitudes spectatorielles induites spécifiquement par la fiction et par l'information (Meunier, 1969 ; Fastrez, 1997 et 1998), celle des comportement d'élèves s'intéressant dans un manuel à l'information visuelle ou verbale selon qu'ils se trouvent en situation de lecture libre ou contrainte (scolaire) (Bétrancourt, 1996), relèvent de ce paradigme.

Si nous nous adonnions brièvement au même exercice à propos d'Internet, nous obtiendrions un résultat assez semblable. C'est certes le réseau des réseaux, une réponse tant conceptuelle que technologique à un problème de défense militaire, un ensemble de nombreuses technologies – protocoles de communication, langages de *scripting*, algorithmes de compression, etc. –, des outils et des fonctionnalités différentes – transfert, diffusion et affichage de fichiers, email, forum, IRC, etc. Mais au-delà de cette approche, l'observation des sites fait apparaître une grande diversité de « textes », correspondant à des intentions et à des sphères de production particulières, ainsi que une très grande panoplie d'usages en réception. Les sites commerciaux ne ressemblent ni aux sites universitaires ni aux sites personnels pas plus que les environnements de travail à distance ne sont construits, organisés, à la façon des sites d'information. Ces distinctions dont nous soutenons la pertinence à partir de notre cadre théorique de référence et dont nous avions montré l'importance à propos de quelques sites éducatifs (Peraya et Ott, 2000 et 2002) commencent à être systématiquement documentées par des études empiriques. Un récent numéro de la revue *Réseaux* se consacre à la description des multiples usages d'Internet et les éditeurs, dans leur présentation du numéro, posent clairement comme préalable à cette analyse la description des sites – ici marchands et non marchands – dans leurs spécificités textuelles et discursives (degré d'élaboration des pages, nombre de liens, usage des pronoms personnels, etc.) :

> « Le premier article "Décrire la toile", part du constat que pour analyser les usages d'Internet, il est nécessaire d'explorer la forme et les contenus des documents parcourus. Il propose une méthodologie de description des sites et des pages visitées, appliquée à deux catégories de sites, les sites personnels et les sites marchands. Cette méthode permet de mettre au jour les spécificité des premiers par rapport aux seconds, ce qui vise à mieux comprendre l'articulation de la sphère non marchande avec la sphère marchande. Ensuite, sur un corpus des pages personnelles *visitées*, les auteurs sont amenés [Beaudouin, Fleury, Pasquier *et al.*] à différencier des types de documents et à comprendre l'articulation entre caractéristiques des pages et la manière sont s'organisent les visites. Située du côté de l'analyse de la production, cette méthodologie permet de montrer comment les formes produites inscrivent et réalisent des types de parcours spécifiques. » (Beaudouin et Licoppe, 2002 : 11).

Cette approche s'inscrit entièrement dans la perspective de notre projet dans la mesure où l'analyse du média Internet prend en compte les spécificités langagières – au sens général – des sites Web en tenant compte des déterminations extra-langagières et des conditions de production des

« textes » (les caractéristiques des sphères sociales de production et les émetteurs, leurs intentions et leurs objectifs de communication, etc.) et donc de leur inscription – de leur traces – dans le produit. Enfin, elle cherche à mettre en évidence la façon dont ces traces déterminent les parcours de lecture et, par voie de conséquence, les comportements des destinataires/utilisateurs[14] que nous définissons comme des postures de réception.

3.2 ... au concept de dispositif

Il est rare cependant de trouver dans la littérature de telles approches méthodologiques. Plus rares encore sont les définitions et les modélisations qui rendent compte exhaustivement de ces différents aspects tout en étant suffisamment générales pour convenir à tous les médias, moyens de communication de masse classiques, médias numériques et cybermédias. À notre connaissance, il en est une qui répond à nos exigences méthodologique et sur la base de laquelle nous avons progressivement construit la définition du concept de dispositif médiatique, de dispositif de communication et/ou de formation médiatisée(s) (Peraya, 1999). Cette première définition qui rompt réellement avec les discours sur les médias, nous la devons au théoricien des médias J. A. Anderson : « Un média est une activité humaine distincte qui organise la réalité en textes lisibles en vue de l'action. » (1988 : 11). Cette définition apparaît générique et entièrement indépendante des artefacts, des objets techniques empiriques. Aussi peut-elle prétendre les constituer en objets théoriques et constitue-t-elle un changement de point de vue fondamental sur les médias. L'auteur considère tout d'abord les médias comme une activité humaine bien qu'ils soient du domaine de la technologie : il rétablit donc la primauté de l'humain sur la technique. En outre, cette définition désigne le média comme une activité orientée, finalisée et permet dès lors d'en situer l'analyse dans le cadre général des théories de l'action pour lesquelles l'intentionnalité qui préside à toute action, à toute communication humaine, occupe une place centrale dans le processus de communication[15]. Si l'on convient que, dans ce processus, les interactions sociales – un « interactionisme socio-discursif » selon l'expression de J.P. Bronckart (1996) – sont fondamentales, on peut reconnaître l'importance du lien social créé par la pratique médiatique entre les

14. Il est intéressant de relever que dans le domaines des médias dits interactifs, qui permettent donc une interaction Homme/Machine, c'est le terme d'utilisateur qui prévaut et non celui de destinataire, de public comme c'est le cas dans l'analyse des composantes d'un processus de communication.

interlocuteurs et poser la nécessité de l'analyser même dans des formes de communication où émetteur et récepteur sont délocalisés (dans le temps et dans l'espace), où la dimension bidirectionnelle du processus communicationnel est réduite par le dispositif technique. C'est d'ailleurs ce point de vue que nous avons adopté dans l'ensemble de cet ouvrage.

Suivant ce point de vue auquel nous souscrivons entièrement, nous soutiendrions volontiers qu'un film 35 mm rangé sur les rayons d'une étagère dans une cinémathèque, qu'un CD-Rom socio-éducatif dans sa boîte de protection en plastic, ne constituent qu'un support de stockage sur lequel sont fixées par divers procédés techniques d'importantes quantités d'information. Si ces objets possèdent bien un *potentiel* médiatique, ce dernier ne se réalise que lors d'une activité sociotechnique impliquant une instance réceptrice, un public réel et des pratiques de réception : la projection pour le film ou l'utilisation/consultation sur ordinateur pour le CD-Rom. Aller au cinéma, s'immerger dans une salle obscure est aussi une activité sociale, un loisir, une façon d'affirmer son statut social, la réalisation d'un désir d'images (« juste le plaisir de se faire une toile ») : « Ainsi ce n'est pas la distinction entre image fixe et image animée qui fonde l'opposition entre la photographie et le cinéma, mais l'invention d'un dispositif, la salle obscure. » (Tisseron, 1996 : 59). Baudry avait déjà utilisé cette notion de dispositif pour la définition des caractéristiques psychologiques de la réception du film (cf. Section 2).

Lorsqu'il affirme que tout média organise la réalité en *textes*, Anderson insiste sur le fait que tout média constitue la réalité en discours et qu'en conséquence il en est une représentation ou mieux une des représentations possibles. Mais c'est affirmer encore qu'en tant que système de représentation, il est un outil cognitif, une technologie intellectuelle : « Quelque chose qui organise la réalité et fournit un instrument de pensée » (Anderson, *op. cit.*, 11). Et ce quelque chose est justement le texte, notion qui doit être comprise au sens large (Bronckart, 1985 et 1996). Tout fragment de

15. Il est intéressant de rapprocher ce point de vue de celui défendu aujourd'hui par certains analystes de l'innovation scolaire : celle-ci pourrait « naître et se développer à partir du moment où des acteurs entrent en relation de travail par l'entremise d'objets techniques et/ou symboliques qui opèrent entre eux un premier chaînage. Une organisation professionnelle particulière tend alors à se constituer, faisant apparaître un nouveau réseau sociotechnique de type horizontal, au sein duquel les acteurs, sur fond de controverse et de compromis, problématisent leurs actions et leurs objets de travail » (Fleury, J., Guingand, G., Lhomme, R. (2000). Réseau et innovation. Une perception dynamique de la diffusion des innovations dans les établissements scolaires. *Recherche et formation*, 34, 11-18 (p.15). Nous retiendrons de cette analyse la place centrale qu'occupe l'objet technologique au sein du processus social d'appropriation et d'organisation des pratiques autour de l'objet lui-même.

discours, tout message – parlé, écrit, graphique, schématique, photographique, cinématographique, hypertextuel, hypermédiatique, etc. – doit être considéré comme un texte, c'est-à-dire comme un cadre sémiotique sur lequel, dit Anderson, « le lecteur peut opérer » : nous retrouvons ici une position proche de celle de tout le courant de recherches évoqué au début de cette section dont Vygotsky, Goody, Lévy et R. Duval constituent des repères exemplaires. Enfin, que les textes soient lisibles implique la connaissances des codes et des conventions permettant l'appropriation du texte mais aussi la participation du lecteur à l'élaboration du sens à partir du texte : telle est la notion de co-construction du sens, nous l'avons vu, chère aux théoriciens de la pragmatique.

Le concept de dispositif semble correspondre parfaitement aux objectifs de notre démarche : tenir compte de ces différents aspects, des différentes composantes d'un processus de communication médiatisée et les intégrer dans un modèle suffisamment générique pour rendre compte du fonctionnement technique, relationnel, sémiopragmatique et sémiocognitif de tout média, de toute forme de communication médiatisée – instrumentée. Un dispositif, tel que nous l'avons récemment défini, est en effet « une instance, un lieu social d'interaction et de coopération possédant ses intentions, son fonctionnement matériel et symbolique enfin, ses modes d'interactions propres. L'économie d'un dispositif – son fonctionnement – déterminée par les intentions, s'appuie sur l'organisation structurée de moyens matériels, technologiques, symboliques et relationnels qui modélisent, à partir de leurs caractéristiques propres, les comportements et les conduites sociales (affectives et relationnelles), cognitives, communicatives des sujets. » (Peraya, 1999 : 153)[16].

On peut à partir de cette définition proposer une modélisation de tout média, de tout dispositif médiatique ou encore de tout dispositif de communication. Cette définition isole les différents aspects du dispositif, ses différentes dimensions : zones de production et de réception, les formes de représentation de l'information et des connaissances – au sens de formes symboliques et sémiotiques –, les formes de diffusion et de restitution de celles-ci. L'exigence de cette discrimination initiale relève sans aucun doute de l'ordre de la nécessité méthodologique de définir chacune des dimensions, mais il faut ne pas oublier que le dispositif dans son fonctionnement les met en œuvre simultanément et que leur configuration ainsi que leurs interac-

16. Cette définition explicite, en y intégrant la dimension technique, la conception de la communication élaborée tout au long de la troisième section.

tions définissent à chaque fois un dispositif particulier. En conséquence l'analyse ne peut être envisagée que sous l'angle d'une approche systémique.

4 LES DIMENSIONS DU DISPOSITIF MÉDIATIQUE

Quelles sont alors les définitions de ces différentes dimensions, quelles sont leurs composantes et leurs principales caractéristiques ? En synthèse, nous pourrions en présenter les principaux éléments dans le tableau ci-dessous.

Tableau 1 : Les différentes composantes d'un dispositif médiatique

Zone de coopération sociale de production		Pratique de production individuelle ou collective, institutionnelle ou privée, intention, but de la communication, conception des technologies et de leur rôle, discours technique dominant, opérations techniques et savoir faire, etc.
Les paramètres des langages	Les registres sémiocognitif	Forme de représentation, de « langage », qu'il s'agisse de signes arbitraires (langage verbal, langage mathématique) ou des différents types de signes analogiques, fondés sur une relation de ressemblance (graphique, schéma photographie, film, mode virtuel, etc.).
	Types de texte et genres de discours	Organisation particulière du système de représentation – des langage(s) –, déterminée par l'usage social et les usagers et caractérisée par des thématiques, des structures formelles et des dispositifs relationnels particuliers
Zone de coopération sociale de réception		Lieu d'interaction sociale, humain, institutionnel et socioculturel, posture cognitive, encyclopédies d'interprétation, pratiques quotidiennes, etc.
Contraintes matérielles et logicielles d'accessibilité	Canal	Vecteur physique et/ou technique de transmission et de diffusion : conduction aérienne, ondes hertziennes, câble, etc. ainsi que les dispositifs annexes de codage/décodage. Il est a noter que le canal peut déterminer certaines conditions matérielles de réception comme l'obscurité indispensable à la projection cinématographique.

Support de stockage	Support matériel ou logique permettant de conserver l'information : bande magnétique, disque optique, disquette, disque dur, etc.
Support d'affichage, de restitution :	Support matériel à partir duquel il est possible de prendre connaissance de la représentation : support papier, écran de projection, écran d'ordinateur, etc. Il s'agit de l'objet technique permettant strictement la restitution, la fonction display.
Bruit	Toute perte d'information consécutive à un défaut du circuit communicant.

Nous ne développerons plus ici les dimensions propres à l'espace des représentation matérielles – les systèmes de représentations et les registres sémiotiques – qui on fait l'objet principal des sections précédentes. Mais qu'en est-il des autres dimensions du modèle ?

4.1 Instances d'interaction sociale de production et de réception

L'analyse des espaces de production et de réception d'un dispositif relève d'une problématique fondamentale pour les processus de communication puisqu'il s'agit d'analyser et de modéliser les rapports entre la réalité mondaine et l'activité communicationnelle au sens strict, en d'autres termes entre ce qui a été défini dans les sections précédentes comme l'énoncé et la situation d'énonciation. L'historique des théories linguistiques dont nous avons présenté dans la Section 1 les principales étapes, rend bien compte de cette évolution vers ce que Benveniste avait appelé à l'époque la « linguistique externe ». Par ailleurs, les éléments d'analyse des notions de texte et de discours que nos évoquerons un peu plus loin mettront bien en évidence l'importance de cette articulation et les liens entre production, réception et « textes ».

Dans cette perspective, les travaux de J.P. Bronckart *et al.* (1985) et de Bronckart (1996) apportent un éclairage intéressant. Ils analysent les productions linguistiques comme une activité, l'activité langagière, ce qui n'est pas sans rappeler un des aspects que nous avions identifié comme majeur dans la définition du média proposée par Anderson (cf. ci-dessus). Étudiant le fonctionnement des discours, les auteurs analysent tout d'abord les notions classiques de contexte et de situation d'énonciation. Elles leur semblent cependant conduire à une impasse dans la mesure où elles ne prennent en compte qu'un ensemble restreint d'éléments facilement identifiables tels que le locuteur, ses interlocuteurs et l'espace-temps de l'énonciation. Ces conceptions apparaissent soit inaptes à « rendre compte du fonctionnement de la totalité des unités linguistiques soit elles intègrent tous les paramètres potentiellement au risque de ne pouvoir ni les définir ni les étudier. » (Bronckart *et al.*, 1985 : 25). Aussi ces auteurs proposent-ils une analyse approfondie de l'extralangage constitué de « l'ensemble théoriquement infini de toutes les "entités mondaines » en dehors de la langue » (*ibid.*), de la manière dont l'activité langagière s'articule à ce dernier et s'y investit. Ils identifieront deux espaces possédant chacun sa pertinence propre, les espaces référentiel et contextuel qui n'ont *en dehors de l'activité langagière* aucune pertinence propre : « ces derniers n'ont donc aucune existence stable indépendamment de (ou préalablement à) l'activité ; ils en sont le produit. » (*ibid.*).

Nous ne nous attarderons pas sur l'espace référentiel conçu, sur le modèle de la théorie classique de Culioli, comme un ensemble de préconstruits psychologiques. Par contre, la définition de l'espace contextuel concerne plus directement notre propos. Les auteurs distinguent d'une part, l'espace physique de la production qui regroupe tous les paramètres matériels constitutifs de la conduite verbale et d'autre part, l'espace de l'interaction sociale qui comprend l'ensemble des paramètres psycho-socio-culturels « attestant de ce que ces mêmes conduites s'inscrivent dans un réseau complexe d'activités humaines » (Bronckart *et al.*, 1985 : 27). Au premier espace se rattachent le producteur, les coproducteurs et l'« espace-temps » tandis qu'au second se rapportent les paramètres de l'interaction sociale comme le lieu – « la zone de coopération dans laquelle se déroule (et à laquelle s'insère) l'activité langagière » (*op. cit.*, 31). À cette zone appartiennent la représentation du destinataire, l'énonciateur – « l'instance sociale d'où émanent les conduites verbales » (*op. cit.*, 32)[17] – et enfin le but de l'activité. À chacun de ces paramètres correspondent encore les différentes valeurs qu'ils peuvent prendre dans l'interaction sociale et qui permettent, en les spécifiant, de donner à chacun de ces paramètres une valeur heuristique dans le processus d'analyse.

Dans la perspective qui est la leur, ces auteurs s'intéressent principalement aux processus de production de l'activité langagière et leur modèle n'intègre donc le destinataire que comme la cible de l'activité, comme la

17. Voir les différences entre locuteur et énonciateur, allocutaire et destinataire dans le cadre de l'analyse de la polyphonie du langage (ci-dessous Section 1) et les caractéristiques audiovisuelles de l'énonciation (Section 3).

représentation sociale que le producteur se fait de son public potentiel. Sur ce point, il nous faut modifier le modèle proposé. Notre analyse nous conduit en effet à définir le dispositif comme une activité dans laquelle les zones de production et de réception, le producteur et récepteur sont également parties prenantes du processus communication et ce, à plus d'un titre. Fondamentalement rappelons-le, il n'y a dispositif que mis en œuvre ; ce dernier n'existe donc que dans le cadre – qu'à l'occasion – d'une activité communicationnelle impliquant l'instance réceptrice, son public réel mais aussi les pratiques de réception qui sont liées à la situation de communication envisagée. En conséquence, l'espace-temps demande à son tour à être repensé : il s'agit de l'espace-temps de la production et de la réception dont on sait qu'ils sont toujours disjoints dans un dispositif de communication médiatisé, la disjonction temporelle et/ou spatiale étant considérée comme l'une des caractéristiques constitutives du processus de médiatisation de la communication. Certaines caractéristiques de l'espace-temps seront intégrées à l'ensemble des paramètres que nous avons rassemblés sous le terme général de modalités de la communication.

En ce qui concerne l'instance d'interaction sociale de production, nous insisterons principalement sur a) les pratiques et les modes de production qui peuvent être individuels ou collectifs, institutionnels d'une part, privés, artisanaux ou industriels d'autre part ; b) les intentions et les buts de la communication qui définissent des types de textes ; c) la conception et les représentations qu'ont les acteurs du processus de production des technologies et de leur rôle ; d) le discours techniques dominants ; e) les opérations et les savoir faire techniques.

Quant à l'instance sociale de réception – quand il s'agit de communication médiatisée, donc de communication différée, cette instance se situe, rappelons-le, par définition dans un espace-temps différent de celui de l'instance de production –, il s'agit du lieu ou de la zone d'interaction sociale, du cadre matériel, humain, institutionnel et socioculturel (encyclopédies d'interprétation), des pratiques quotidiennes, les postures cognitives de réception et, bien évidemment, de la conception et des représentations qu'ont les acteurs du processus de production des technologies et de leur rôle. À propos des postures cognitives et des pratiques de réception, nous avons évoqué à propos du cinéma les recherches aujourd'hui classiques de Morin (1965) ou Baudry (1975) et celles plus récentes de Fastrez (1997 et 1998) ou encore celles Tisseron (1996). On rappellera encore que les enfants lorsqu'il sont en situation de lecture libre s'intéressent d'abord aux plages visuelles dans les manuels scolaires, tandis qu'en lecture contrainte (scolaire), ils s'intéressent exclusivement aux textes et à l'information verbale (Bétrancourt, 1996). Les contraintes intériorisées du mode d'évaluation scolaire, le primat accordé au langage verbal, l'identification d'un genre de texte didactique constituent la base d'un « contrat » de lecture induisant chez l'apprenant une posture réceptrice cognitivement orientée vers le traitement de l'information verbale.

4.2 Texte et discours

Nous nous attarderons un instant sur la distinction entre texte et discours. On trouve les sources de cette distinction dans les travaux de Bakhtine (1984) pour qui le langage, instrument d'interaction, n'est pas homogène : il se modifie selon les usages et les usagers, constituant ainsi des types de discours :

> « Les domaines de l'activité humaine, aussi variés soient-ils, se rattachent toujours à l'utilisation du langage. Quoi d'étonnant si le caractère et le mode de cette utilisation soient aussi variés que les domaines eux-mêmes de l'activité humaine, ce qui n'est pas en contradiction avec l'unité nationale d'une langue. [...] L'utilisation de la langue s'effectue sous forme d'énoncé concrets, uniques (oraux ou écrit) qui émanent de représentants de tel ou tel domaine de l'activité humaine. L'énoncé reflète les conditions spécifiques et les finalités de chacun de ces domaines, non seulement par son contenu (thématique) et son style de langue, autrement dit par la sélection opérée dans les moyens de la langue – moyens lexicaux, phraséologiques et grammaticaux –, mais aussi par sa construction compositionnelle. [...] Tout énoncé pris isolément est, bien entendu, individuel, mais chaque sphère d'utilisation de la langue élabore ses types relativement stables d'énoncés, et c'est ce que nous appelons les *genres de discours*[18]. » (1984 :265).

Pourtant la terminologie est encore floue. Dans ce texte, l'auteur définit les genres de discours par leur appartenance à différentes sphères d'activités humaines, mais en même temps il analyse cette hétérogénéité discursive en terme de stylistique : réplique brève du dialogue quotidien, récit, lettre, commandement militaire standardisé, etc. Or un récit ou un dialogue peuvent être produits dans des contextes bien différents et ils montreront cependant certaines régularités compositionnelles.

18. En caractères italiques dans le texte.

De nombreux travaux ont tenté d'approfondir la notion de discours puis, par rapport à celle-ci, celle de texte. Nous adopterons les définitions proposées par J.P. Bronckart à la suite d'un examen minutieux des différentes acceptions. Le genre dont relève une unité de communication – un texte – ne peut être entièrement défini par des caractéristiques linguistiques, puisque des facteurs extralinguistiques – le domaine de l'activité, par exemple – doivent être pris en compte. Aussi, seuls certains segments composant les genres pourront se voir définis exhaustivement sur la base de critère linguistiques. Coupant court au flou terminologique de la littérature, cet auteur propose alors de distinguer nettement les genres de texte (définis pas les contextes et les particularités extra linguistiques) et les types de discours (définis au contraire par des caractéristiques linguistiques) :

> « Alors que, de par leur relation d'interdépendance avec les activité humaines, les genres sont multiples, voire en nombre infini, les segments qui entrent dans leur composition (segments de récit, d'argumentation, de dialogue, etc.) sont en nombre fini, et ils peuvent, au moins partiellement, être identifiés par leurs caractéristiques linguistiques spécifiques. [...] Ces segments différents entrant dans la composition d'un genre constituent le produit d'un travail particulier de sémiotisation ou de mise en forme discursive, et c'est pour cette raison que nous les qualifierons désormais de **discours**. Dans la mesure où ils présentent de fortes régularités de structuration linguistique, nous considérerons qu'ils relèvent de types, et nous utiliserons pour les désigner l'expression de **type de discours**. »[19] (1996 :78).

D'un point de vue strictement linguistique et uniquement sur la base de productions écrites, Bronckart *et al.* (1985) distinguent quatre types discursifs fondamentaux, identifiés sur la base de deux critères bipolarisés qui rendent compte des opérations d'ancrage du discours à la situation énonciative. Il s'agit du rapport d'une part, au référent – disjonction *vs* conjonction (le référent et l'énonciateur sont dans un rapport de coprésence ou de coexistence) et d'autre part, à l'interaction – implication *vs* autonomie (l'énonciateur est impliqué ou non). Les quatre types de discours fondamentaux sont alors :

1. le discours en situation, impliqué et conjoint ;
2. le récit en situation ou récit conversationnel, impliqué et disjoint ;
3. le discours théorique, autonome et conjoint ;
4. la narration, autonome et conjointe (*op. cit.*, Chapitre 3).

---

19. En caractères gras dans le texte. Ces deux définitions nous semblent répartir avec plus de cohérence l'ensemble des textes que celle proposée récemment par D. Maingueneau (1998 : 47).

Le discours pédagogique, quant à lui, constituerait un type intermédiaire, empruntant aux archétypes de textes identifiés certaines caractéristiques qui leur sont propres :

> « Par un discours pédagogique, tel que nous le concevons ici, un énonciateur cherche à agir sur une certaine catégorie de destinataires, définis comme des apprenants, en instaurant en dehors d'une situation scolaire de type face à face, un processus plus ou moins individualisé d'apprentissage. Du point de vue du mode d'ancrage[20], il est probable que l'énonciateur tende à reconstituer partiellement la situation de production face à face. En même temps, il est cependant forcé de présenter des connaissances dont la validité est indépendante de la situation matérielle de production. » (Bronckart *et al.*, 1985 :102).

Cette piste de recherche a donné lieux à des travaux intéressants dont Cerisier (2000) a proposé une bonne revue de la littérature notamment en ce qui concerne l'analyse des interactions médiatisées (courrier électronique, forums, etc.). Ses propres recherches sont de deux types distincts tant par les objectifs que la méthodologie mise en œuvre. Celles du premier type analysent les flux des interactions médiatisées et non médiatisées en classe au niveau du primaire. Autrement dit, il cherche à analyser une structure conversationnelle et à voir comment les interactions, dans leurs succession, participent à la construction du groupe. Il s'agit d'une analyse qu'il propose d'appeler structurale. Celles du second type analyse les divers corpus discursifs recueillis en terme de genre de textes, en référence au cadre théorique et aux indices linguistiques élaborés par Bronckart et son équipe. Dans cette perspective, la logique conversationnelle n'a aucune place et les différentes interactions sont regroupées en un corpus unique dont, à partir d'indicateurs discursifs, l'auteur cherche à définir l'appartenance à un type de discours particulier. Cette seconde orientation a été explorée avec succès notamment par Marquet (1997) et, pour la langue orale, par Class (2002). À titre d'exemple, les travaux de cette dernière portent sur les cours enregistrés et rediffusés via le Web dans la formation à distance mise en place par la faculté de Théologie de l'Université de Genève. Elle analyse, les textes produits dans trois situations pédagogiques différentes de production : a) un cours frontal traditionnel en auditoire et face aux étudiants du premier cycle universitaire (cours de théologie à l'université de Genève), b) le même cours enregistré en studio juste après le cours en auditoire et c) enfin le cours enre-

20. La notion d'« ancrage » est empruntée par les auteurs à Culioli et « désigne de manière générale la modalité du discours à la situation énonciative dans laquelle il est produit. » (Bronckart *et al.*, 1985 : 43).

gistré « à froid » dans un contexte sans aucun lien avec la situation d'énonciation présentielle en face à face avec des étudiants. À la base de ce travail, il y a l'hypothèse selon laquelle les conditions de production d'un discours déterminent le texte et le discours produits. L'auteur cherche donc à identifier les indicateurs de discours de nature linguistique et supralinguistique – notamment les faits de prosodie – caractéristiques de chacune de ces trois situations et tente de les corréler avec les impressions subjectives de dynamique et d'interaction perçues par des échantillons d'auditeurs correspondant aux situations définies. Elle observe que l'enregistrement réalisé dans la première situation est effectivement le plus dynamique et le plus vivant à écouter. Le fait d'avoir un public réel en face de soi renforce donc les éléments suprasegmentaux du discours dont on ne trouve pas trace lorsque le discours est enregistré sans la présence d'au moins un interlocuteur. Par contre, la situation b) est perçue comme tout à fait artificielle et le récepteur n'y trouve aucun repère guidant sa compréhension. Avoir été en contact avec son public immédiatement avant de produire le discours et en garder l'image en mémoire ne semblent produire aucun effet sur la dynamique et l'interaction propre au discours. Enfin, la situation c) est bel et bien perçue comme étant la plus monotone. En revanche, elle présente un texte très bien structuré, ce qui semble s'expliquer, pour les récepteurs, par le fait qu'il s'adresserait à des récepteurs fictifs. L'hypothèse est donc partiellement vérifiée en ce qu'elle met en évidence des différences discursives propres à chaque situation de production.

Sans vouloir revenir sur le primat du patron linguistique de la sémiotique et sur le débat qu'une telle position suscite, la principale question qui demeure est évidemment celle des conditions de transfert de la notion de type de discours aux formes de communications non linguistiques dont les formes discursives canoniques ont fait l'objet de peu de descriptions satisfaisantes, ou en tous cas, d'une précision égale à celles des formes linguistiques. Néanmoins, on peut faire l'hypothèse qu'il existe pour les différents médias, de la même manière, des genres de texte – sans doute plus faciles à identifier en terme de style[21] – et de type de discours.

Nous devons à Jacquinot les premières analyses du discours didactique dans *Image et pédagogie* (1977), un ouvrage qui aujourd'hui encore fait référence. S'intéressant au film pédagogique, elle le considère d'abord comme un « morceau de cinéma », autrement dit un fait filmique, mais aussi comme un « morceau de didaxie ». D'une part :

---

21. Voir par exemple Jacquinot G. et Leblanc G. (Éd.) (1996).*Les genres télévisuels dans l'enseignement*, Paris : Hachette.

> « Dire d'un film pédagogique qu'il est un *morceau de cinéma*, c'est dire qu'il organise le contenu qu'il véhicule selon une structure propre au mode d'expression cinématographique. Il peut donc s'analyser comme n'importe quel autre film, du point de vue des codes cinématographiques. » (1977 : 37)

et d'autre part :

> « Dire qu'un film pédagogique qu'il est un *morceau de didaxie*, c'est dire qu'il organise le contenu qu'il véhicule selon une certaine structure didactique ou procédure d'exposition théoriquement différente de la logique propre à la matière enseignée. Il peut donc être analysé comme n'importe quel autre document pédagogique. » (1977 : 38).

Ce qui caractérise alors le discours du film pédagogique, ce n'est pas :

> « ... la matière du contenu didactique – le sujet – qui est indépendante du moyen d'expression utilisé (ce pourrait être le contenu d'un manuel ou d'un cours aussi bien que d'un film), mais [c'est] bien la forme donnée à ce tissu sémantique par le mode d'expression, *là où l'intention didactique rencontre le mode d'expression filmique*[22] » (1977 : 39).

Au-delà des limites du cadre de référence théorique – le structuralisme de l'époque –, on entrevoit toute la richesse de cette analyse qui identifie le niveau exact où se construit le discours, entendu cette fois au sens que Bronckart et son équipe lui ont donné dans leurs travaux brièvement rappelés ci-dessus.

Dans cette même direction de recherche, nous avons identifié deux formes prototypiques de communication éducative médiatisée : la première strictement didactique et la seconde de l'ordre du socio-éducatif (Peraya, 1995). Cette opposition ne suffit plus à décrire l'ensemble des productions disponibles aujourd'hui. Il faudrait aujourd'hui, à ces deux catégories, en ajouter au moins une troisième : le ludo-éducatif dont les programmes interactifs de jeu et d'apprentissage constituent les produits les plus populaires. Quoi qu'il en soit, cette distinction se base sur l'analyse de caractéristiques extralangagières telles que les finalités et les intentions de la communication, les contenus, le type et les conditions d'apprentissage, les contraintes institutionnelles et organisationnelles, les publics, les modalités d'évaluation et de certification. Elle porte donc sur la reconnaissance et l'identification des genres de texte. En ce qui concerne les caractéristiques discursives non

22. En italiques dans le texte.

linguistiques des productions audiovisuelles (multi- et hypermédiatiques), bien qu'elles soient les moins documentées aujourd'hui encore, il est des exemples suffisamment probants qui montrent que la prise en compte des caractéristiques formelles, de nature langagière et discursive, est théoriquement pensable et méthodologiquement réalisable : l'opposition entre discours et récit que nous avons largement développée dans les Sections 1 et 3, l'énonciation *off* ou *on*, l'organisation filmique a-centrée ou au contraire centrée sur un seul des personnages – la figure conventionnelle du héros – qui permettent de susciter chez le spectateur respectivement soit la réflexion soit la simple adhésion par identification de type égocentrique ou sociocentrique, etc. sont autant d'indices que nous avons analysés dans les sections précédentes. Enfin, il existe aussi d'importantes différences liées au contexte culturel, aux traditions éducatives, aux attentes et aux caractéristiques psychosociales du public, etc. Les études comparatives de vidéogrammes de formation français, anglais et hollandais font apparaître des configurations nationales dont l'importance est souvent bien plus fondamentale que ce que l'on imaginerait au premier abord : par exemple, l'utilisation de l'humour et la valeur exemplaire de l'erreur – du contre-exemple –, fort bien tolérées par la tradition anglo-saxonne, le sont beaucoup moins dans les pays francophones.

Établir ces distinctions ne répond pas seulement à une intention classificatoire ou taxonomique. Si tel était le cas, le travail serait assez vain. Sa première utilité est de montrer la correspondance entre les formes textuelles et discursives d'une part, et les stratégies didactiques qui y sont à l'œuvre d'autre part. La seconde est de faire apparaître les spécificités et les contraintes liées aux lieux d'interaction sociale. Apprendre à mieux connaître ces différents langages – les facteurs internes – et les conditions initiales de production et de diffusion – les facteurs externes –, c'est donc aussi se préparer à mieux utiliser les « documents » auxquels recourent les communicateurs, en particulier les éducateurs et les enseignants.

4.3 Les contraintes technologiques, matérielles et logicielles

Les dispositifs de communication médiatisée sont complexes, bien souvent composés d'un assemblage de diverses technologies matérielles et logicielles, chacune contribuant au fonctionnement global du dispositif. Les paramètres classiques – le canal et le bruit – identifiés classiquement dans les modèles de communication depuis Shannon et Weaver (1948/1976) nous paraissent peu adéquats pour rendre compte du fonctionnement réel de tels dispositifs. Nous analyserons tout d'abord le bruit et nous justifierons notre choix de le considérer comme le résultat de la configuration de certains autres paramètres. Nous analyserons ensuite le support de restitution. Enfin, nous présenterons différents points de vue et hypothèses sur le canal, notamment en rapport avec les conditions d'accessibilité de la communication.

Le canal de transmission

Le canal est constitué du vecteur physique et/ou technique de transmission et de diffusion – par exemple la conduction aérienne, les ondes hertziennes, le câble, etc. – ainsi que des dispositifs annexes de codage et de décodage. Le tenants de la théorie du « tuyau » trouvent ici leurs principaux arguments dans la mesure où c'est bien souvent l'accessibilité de l'information qui leur sert d'argument principal. Il est vrai que la qualité de la transmission – sa vitesse, le niveau de perte ainsi que la lisibilité, l'audibilité, la connectivité ou encore sa fiabilité (Moles, 1988) – peuvent jouer un rôle déterminant dans les usages et les pratiques de réception autant que dans les processus de compréhension et d'interprétation. Nous savons que les contraintes du canal définissent classiquement l'accessibilité au message. Les caractéristiques de la transmission sont par exemple responsables du caractère synchrone ou asynchrone de la communication. Nous reviendrons sur ce point plus longuement dans le texte lorsque nous définirons ci-dessous certaines modalités du dispositif.

Les dispositifs de stockage

Par stockage, nous considérons le support matériel ou logique permettant de conserver l'information : bande magnétique, disque optique, disquette, disque dur, etc. mais aussi le format de stockage (par exemple VHS ou Betamax pour la vidéo, .jpg, .gif., .png., mpeg, .mp3, .avi, etc. pour l'information numérique). Nous n'insisterons pas sur l'importance du format numérique qui permet une standardisation, une interopérabilité et donc une généralisation à laquelle n'ont jamais pu prétendre les médias analogiques. Disons simplement que la codification numérique de l'information et son unité, le bit, qui constituerait une sorte d'équivalent général, rendent possible une économie généralisée de l'information. Le multimédia repose sur cette technologie numérique comme d'ailleurs la tendance actuelle à l'uniformisation des « porteurs » qui permet aujourd'hui aux câblodistributeurs comme aux opérateurs de téléphonie de donner accès à toutes formes d'information y compris Internet. On le voit, canal et format de stockage sont intimement intriqués. La possibilité de stockage détermine encore la possibilité de consulter le message, d'en garder une trace, ce que ne permet évidemment pas la communication orale. Ces différents éléments seront analysés et discutés en détails lorsqu'il sera question des paramètres du *grounding* de la communication.

Le support de restitution

Par support ou sous-dispositif de restitution, nous entendons le dispositif à partir duquel il est possible de prendre connaissance de la représentation, du message médiatisé : support papier, écran de projection, écran d'ordinateur, haut-parleur, etc. Il s'agit des objets techniques permettant la stricte restitution, la fonction *display* et donc les opérations de visualisation et d'audition du message par le destinataire. On connaît depuis longtemps l'influence du support d'affichage sur le mode de traitement de l'information : la lecture, par exemple d'un schéma, à partir d'une feuille A4 ou d'un transparent projeté n'induit pas le même traitement, plus analytique ou plus synthétique et global selon le dispositif de restitution choisi. Aujourd'hui, l'on connaît les conséquences de l'écran d'ordinateur sur la lecture. Dans cette perspective rappelons aussi la typologie, proposée par Anis (1988 et 1998), des supports d'écriture et des fonctionnalités qu'ils permettent. L'auteur distingue le papier, l'écran audiovisuel classique et l'« écrit-écran » des traitements de texte par exemple, le mur destiné à l'affichage urbain ou peri-urbain utilisé comme support d'écrit de signalisation – à forte valeur déictique comme le nom d'un établissement sur sa devanture – et l'écrit mural de communication qui utilise ce support au même titre que n'importe quel autre (1998 : 23).

Le mode de restitution de l'information par un faisceau lumineux projeté par l'arrière de la surface de lecture – le texte à l'écran émet de la lumière au lieu de la réfléchir comme c'est le cas avec une page imprimée – ainsi que la définition de l'écran seraient responsables de la piètre qualité de la lisibilité (30 % de moins par rapport à une page imprimée sur papier), d'une importante augmentation du temps de lecture (25 à 30 %) toujours par rapport à la page imprimée comme le montrent les résultats de nombreuses recherches expérimentales menées depuis les années 80 (Clark A., 1989). Il faut cependant signaler que la qualité du papier pourrait jouer un rôle important dans la vitesse de la lecture puisque la mauvaise qualité du papier pourrait ralentir celle-ci de 20 % (*ibid.*). Par contre, la compréhension de l'information ne semble pas affectée par le nouveau support. Une autre caractéristique de la publication électronique concerne la quantité d'informations affichées à l'écran. La taille du fichier informatique impose souvent au lecteur la nécessité de *scroller*, de dérouler la page verticalement mais parfois aussi horizontalement ce qui a pour conséquence de faire éclater la stabilité de la page écrite imprimée et de sa structure sémiotique (Netchine-Grinberg & Grinberg, 1991).

On peut dès lors identifier une certain nombre de questions et de réflexions relatives aux modalités de publication électronique mais aussi à la lecture de ces nouveaux supports : dans ce contexte, le concept de page a-t-il encore un sens ? Quel est l'impact de la surface de visualisation sur les processus de lecture puisque la taille de la page Web en dépend ? Quelle serait aussi l'influence des paramètres d'affichage dont, par exemple, la définition en pixels (Peraya, 1998-b) ? Certaines études semblent montrer que 50 % des lecteurs n'utilisent pas les « ascenseurs » et n'opèrent donc aucun *scrolling* (Gilbert, 2002) tandis que 79 % des internautes se contenteraient de lire en diagonale, de scanner, les pages Web, mais pourraient, selon les contextes et les tâches, produire plusieurs lectures différentes, plusieurs parcours de la même page (Nielsen, 1997). Par ailleurs, dans une recherche récente, Peraya et Ott ont (1997) tenté de mettre en évidence l'influence, dans les documents électroniques, du support d'affichage sur les activités sémiocognitives liées au décodage et donc à la compréhension de l'information ainsi qu'à son traitement, au sens large. Pour tester cette hypothèse, ils ont mis en œuvre un dispositif expérimental dont la tâche consistait à identifier et à découper un site Web dans ses unités d'information. Cette tâche devait être réalisée dans deux conditions différentes portant sur la résolution de l'écran (600 X 880, 1028 X 768 pixels). Les résultats, s'il ne permettent par de montrer l'influence directe de la variable d'affichage, suggèrent que toute stratégie cohérente de lecture et de compréhension de l'information se fonde sur une distinction entre l'unité d'affichage (la fenêtre de visualisation) et l'unité de traitement dont la taille excède le plus souvent celle de la première. Autrement dit, la quantité de texte nécessaire au traitement de l'information et à sa compréhension excède celle du texte affiché à l'écran.

Le bruit

Le bruit a été identifié depuis le modèle de Shannon et Weaver comme un élément essentiel des processus de transmission de l'information puis de la communication humaine. Classiquement, le bruit est défini comme « toute perte d'information consécutive à un trouble du circuit communicant » (Dubois, 1974 : 70). Tout ce qui altère la transmission du message de façon imprévisible doit donc être considéré comme un bruit. On sait que la redondance permet de lutter contre le bruit en répétant certaines parties du message de façon à le rendre plus prévisible. L'origine du bruit peut alors se voir attribuée à de multiples causes différentes, toutes susceptibles d'altérer la communication à l'un de ces trois niveaux : production, transmission ou encore réception. Il peut s'agir de facteurs techniques, physiologiques nous disent les linguistes comme par exemple une audition ou une élocution défectueuses ou encore psychologiques comme par exemple la colère. Dans le cadre des dispositifs de communication médiatisée, le bruit peut être analysé comme le résultat de certains paramètres technologiques (matériels et logiciels) relevant du canal, du support de restitution ou encore de stockage, voire même d'une combinaison des ces divers paramètres. Bien que le bruit constitue une composante fondamentale de la communication, on pourrait l'analyser à partir des différentes sous-composantes dont il relève et comme la conséquence de certains dysfonctionnements de ces dernières plutôt que comme une composante en soi. Nous nous en tiendrons cependant à une conception classique du modèle sur ce point.

Par ailleurs, certains ont défendu l'idée de l'existence de bruits sémantiques, constitués par des approximations, par des erreurs de compréhension et de co-construction du sens. Au titre d'exemple, nous citerons volontiers les mécanismes de contagion de signifiant et de contagion de référence étudiés par Lerouge (1993) dans le cadre de l'enseignement de concepts mathématiques, notamment dans l'acquisition du concept d'intersection entre deux droites. Analysant les interactions entre signifiant, signifié et référence, l'auteur montre que certaines particularités graphiques de la représentation – contagion de signifiant – ou que certaines connaissances préalables – contagion de référence – influent sur la compréhension et la construction du concept chez les élèves.

Par exemple, les résultats expérimentaux que présente Lerouge à propos du signifié mathématique « intersection de deux droites », montrent que contrairement à ce que pensent les enseignants « la représentation cartésienne n'est pas un registre mathématique transparent pour les élèves : le signifié mathématique peut être fortement perturbé par contagion du signifiant graphique ou par contagion de la situation de référence » (1993 : 119-120). L'angle d'intersection des deux droites est déterminant puisqu'il existerait « une valeur limite de cet angle en-dessous de laquelle l'intersection comporterait plusieurs points » (*op. cit.,* 124). Plus cet angle est faible et plus les droites paraissent « couchées », plus l'intersection s'étend sur plusieurs points. La représentation graphique est ici déterminante (cf. Figure 1. ci-dessous).

Figure 1 : Influence de l'angle d'intersection entre deux droites sur la représentation de l'intersection (d'après Lerouge, 1993)

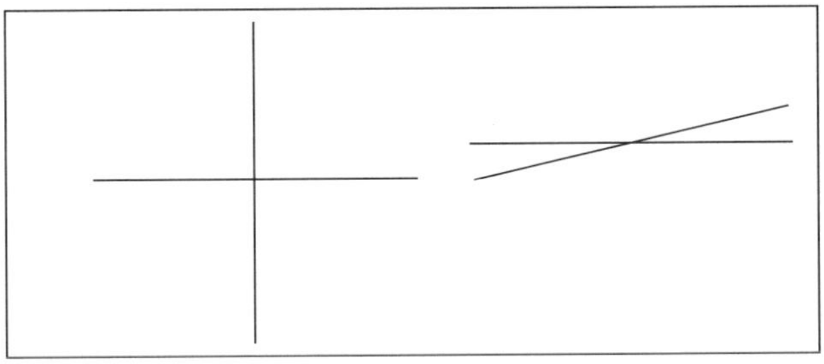

Quant à la contagion de référence, elle se manifeste lorsque la compréhension du graphique est perturbée par un « souci de réalisme qui conduit donc ancrer directement le système de signifiants sur des situations de référence, ce qui provoque dans l'esprit des élèves une identification du signifié mathématique à la référence familière. » (*op. cit.,* 135). À propos des relations entre le temps, l'espace et la vitesse, l'auteur écrit encore : « L'ampleur de ce dysfonctionnement didactique est telle que 65 % des élèves interrogés considèrent que le nombre de points de l'intersection de deux droites représentant des mouvements, peut dépendre de la configuration de la route, de la longueur des mobiles, de leur vitesse, ou encore de leur accélération. » (*ibid.*). Citons une justification d'élèves : « La voiture A met un certain temps pour doubler la voiture B, il est donc normal que pendant cette période, les droites se chevauchent sur plusieurs points » (*op. cit.,* 134). Il est clair que, dans ce cas, la lecture et la compréhension du graphique sont déterminées par une lecture analogique de ses composantes. Autrement dit, elle le sont par l'assimilation de la droite représentant le mouvement de chacune des voitures sur le graphique – le temps et la distance y sont représentés en x et en y – à la représentation de la trajectoire de la voiture, voire à la trajectoire elle-même. Lecture analogique et inférence nous ramènent immanquablement à la polysémie.

Ces exemples montrent que, dans notre modèle, de tels bruits, dont nous reconnaissons l'importance, relèvent du traitement des différents registres sémiotiques et sémiocognitifs mis en œuvre dans le dispositif, c'est-à-dire d'autres instances du modèle.

Les contraintes technologiques, matérielles et logicielles du dispositif, nous venons de le voir, déterminent certaines conditions ou modalités de son fonctionnement même. L'analyse de ces composantes pose de nombreuses difficultés. Il est en effet légitime de se demander s'il ne serait pas plus cohérent de les considérer comme des paramètres techniques des zones de production et de réception. L'argument vaut la peine d'être discuté. Le support de restitution et ses caractéristiques par exemple, ou la salle obscure du cinématographe constituent les artefacts qui rendent accessibles le message aux destinataires et à partir desquels se développent les pratiques spectatorielles comme les postures cognitives de réception. Dans la mesure où nous estimons que la médiation technologique, au même titre que les autres formes de médiation (voir ci-dessous), est essentielle dans le dispositif médiatique, nous pensons préférable de regrouper dans cette catégorie les composantes hétérogènes qui relèvent de la production, de la transmission ou encore de la réception.

4.4 Quelques hypothèses pour spécifier la notion d'espace-temps : le « grounding » de la communication

Au-delà de leur caractère technologique, ces dernières composantes possèdent un autre trait commun : elles déterminent, partiellement en tous cas, les conditions d'accessibilité et d'intelligibilité de la communication. Dans cette perspective, Bronckart et son équipe ont cherché à intégrer dans leur modèle général du fonctionnement des discours le canal sous la forme de ce qu'ils ont appelé l'espace-temps de l'acte de production, à savoir, ce qui « définit en quelque sorte les conditions mêmes de l'accessibilité » (1985 : 30). La définition de cette notion fort vague soulève cependant bien des interrogations : de quelle accessibilité est-il question ? L'espace-temps ne devrait-il pas être envisagé simultanément des deux points de vue, production et réception ? S'agit-il des modalités d'accès au message, aux partenaires du dispositif ou aux deux à la fois ?

Dans le cadre d'une situation de communication non médiatisée – une situation de communication verbale en face à face, en co-présence – l'accessibilité semble en effet aller de soi puisque les intervenants accèdent au message comme à son/ses interlocuteur(s) dans le même espace-temps qui les réunit. Aussi les auteurs ont peu cherché à définir les conditions d'accessibilité. Mais par contre, dans le cadre des dispositifs de communication médiatisée, l'espace-temps de la production et de la réception est disjoint. Certes, cette situation existait déjà depuis l'écriture, mais le développement des technologies de l'information et de la communication a contribué à la renforcer tout en en modifiant certains paramètres de médiation et de médiatisation : l'analyse des dispositifs de formation à distance, actuellement en pleine mutation, apporte de ce point de vue des observations très intéressantes. Sans doute, ce développement a-t-il aussi contribué à la prise de conscience du fait que l'écriture, depuis longtemps intégrée et « naturalisée », est, elle aussi, un système de communication médiatisée.

Ces dispositifs de communication imposent différentes formes ou modalités de « présence à distance » (Weissberg, 199), de téléprésence : le téléphone ou la conférence téléphonique, la vidéoconférence, les dispositifs alliant le *chat* et les caméras de type Webcam, etc. constituent de bons exemples connus aujourd'hui dans les milieux académiques, dans les entreprises ou encore dans les contextes de communication interpersonnelle. Cependant, ces dispositifs paraissent être assez généralement considérés comme générateurs de bruits, au sens strict comme des dispositifs qui appauvrissent la communication. Il s'agirait donc de médias froids, à faible définition, au sens que Mac Luhan donnait à cette notion : des médias, comme le téléphone, qui ne donnent que très peu d'information à leur destinataire et obligent donc ce dernier à suppléer, à compléter l'information reçue. « L'auditeur reçoit peu et doit beaucoup compléter », écrira encore l'auteur (1964/1968 : 40). À ce propos, on a beaucoup écrit sur la perte, dans les courriers électroniques et les forums, des éléments pragmatiques liés au contexte de l'énonciation, sur la disparition des paramètres vocaux et suprasegmentaux – supralinguistiques – du langage verbal, enfin sur l'absence de contact physique entre les interlocuteurs et spécialement de contact oculaire dont on connaît l'importance pour l'interaction verbale et sa régulation (voir notamment Verón, 1983 ; Carles, 2002 ; Nissen, 2000). Les conditions de réception propres aux dispositifs de communication médiatisée ont donc amené les chercheurs à tenter de redéfinir ces paramètres d'accessibilité et les conditions d'accès. Leur importance dans le contexte des dispositifs de communication médiatisée mérite que l'on en discute de manière plus approfondie.

Clark et Brennan (1991) ont tenté de définir l'influence des paramètres d'accessibilité du média, de l'artefact, sur ce mécanisme de *grounding* dans le contexte de la conversation médiatisée. Mais de quoi s'agit-il donc ? Le *grounding* est le processus à travers lequel les interlocuteurs coordonnent et partagent nécessairement un vaste ensemble d'informations afin de pouvoir construire une interaction verbale et la compréhension de son contenu :

> « *They [the parteners] cannot even begin to coordinate on content without assuming a vast amount of shared information or common ground – that is mutual knowledge, mutual beliefs, and mutual assumptions.* [...] *And to coordinate on process, they need to update their common ground moment by moment. All collective actions are built on common ground and its accumulation.* » (1991 : 127).

Les auteurs identifient alors huit dimensions, correspondant à des « contraintes qu'un médium peut imposer à la communication entre deux personnes A et B » (*op. cit.,* 140, notre traduction). Il s'agit de la coprésence, la visibilité (se voir), l'audibilité (s'entendre), la co-temporalité (l'absence de délai entre l'émission par A et la réponse de B), la simultanéité (la possibilité pour les interlocuteurs de recevoir et d'émettre en même temps), la séquentialité (la succession des tours de paroles sans interruption par des interlocuteurs extérieurs), l'accès au message – *reviewability* – (la possibilité de le relire, d'avoir accès au message après son émission), la révision – *revisibility* – (la possibilité de corriger et de retravailler son message avant sa transmission). Sur cette base, les auteurs analysent différents dispositifs de communication comme la communication en face-à-face, le téléphone, la vidéoconférence, la téléconférence en réseau informatique, les répondeurs téléphoniques ou les boîtes vocales, le courrier électronique, enfin les lettres. Cette analyse fait apparaître un appauvrissement progressif des dispositifs puisque les deux derniers ne permettent plus que les deux dernières caractéristiques alors que la communication en face-à-face possède les six premières. De cette relative pauvreté[23] dépendent les mécanismes alternatifs ou palliatifs de *grounding* dont le coût varie pour les interlocuteurs ce qui modifie donc, pour eux, le coût global d'utilisation du dispositif.

Lorsque l'on confronte ces différentes dimensions à la lueur de notre modèle, on s'aperçoit bien vite que certaines d'entre elles n'y ont pas de place tandis que d'autres, une majorité, sont déterminées par des configurations particulières, par certaines valeurs que prennent concrètement les autres dimensions que nous avons identifiées. Premièrement, attachons-nous à la coprésence, caractéristique de la situation de communication en face-à-face. Elle paraît jouer dans l'analyse de Clark et Brennan le rôle de situation conversationnelle de référence et l'on peut imaginer pour quelles raisons : ils la considèrent comme le contexte de communication le plus naturel, le plus répandu mais aussi le plus riche au regard des dimensions qui s'y trouvent mises en œuvre. Pourtant, bien que la communication « naturelle » utilise la médiation du langage verbal, elle ne met en œuvre aucune forme de médiatisation technologique, elle ne recourt à aucun

23. Par contre, il ne semble pas que l'attitude la plus répandue qui consiste à tenter de pallier ces défauts et de réparer les conditions défectueuses de la communication soit la plus prometteuse. Il faudrait sans doute s'affranchir des modèles existants et tenter de trouver d'autres voies exploitant ces différences pour ce qu'elles apportent réellement. Vu la prégnance des usages, ceci risque bien de n'être qu'un vœu pieux.

artefact[24] et se déroule dans le cadre d'un espace-temps unique. On peut en conséquence mettre en doute la pertinente de ce critère dans le cadre de l'analyse des formes de communication médiatisée sauf à le considérer à travers les formes de la téléprésence ou de présence à distance selon l'expression de J.L. Weissberg (1999). Les environnements virtuels de travail et particulièrement les portiques aujourd'hui, offrent aux utilisateurs plusieurs outils destinés premièrement à rendre perceptibles les activités et les traces des autres, des interlocuteurs téléprésents – coprésents à distance – et deuxièmement à donner à chacun la conscience de cette présence à distance. Ces artefacts sont les outils d'awereness, par exemple les pages personnelles, les outils de présentation individuelle, la mention de personnes connectées au même moment, les dernières contributions dans les forums, les dernières nouvelles postées, etc. Selon Weissberg (*op. cit.*), c'est sans doute à cause de l'impossibilité d'imiter, à travers les interfaces actuelles, les relations ordinaires entre les humains que se sont développés ces modes de relations combinant la transmission plus au moins dégradée des intervenants – les avatars dans les jeux et les environnements de communications virtuels – mais aussi des indicateurs abstraits de présences, signes d'awareness. L'importance de ce sentiment de coprésence à distance a été nettement mis en évidence dans les vidéoconférences. Dans sa métarecherche portant sur l'usage de dispositifs de vidéoconférence essentiellement en entreprises, Carles (2000) rapporte que, par rapport à une audioconférence, si l'image ne semble pas influer sur l'accomplissement de tâche, elle joue un rôle non négligeable dans la perception, par les participants, de la situation de travail. Elle est en effet toujours considérée subjectivement comme plus agréable.

---

24. On observe cependant, notamment dans certaines situations de communication, des cas intéressants où s'hybrident communication non médiatisée (M^-) et communication médiatisée (M^+). À titre d'exemple, rappelons qu'en situation d'enseignement, l'utilisation du tableau noir constitue une première forme de médiatisation élémentaire. On peut imaginer d'autres cas plus complexes, tels que l'enseignant qui dans le cadre d'un cours fait appel à un extrait d'une émission de télévision scolaire, d'une émission documentaire ou alors à l'exploitation de ressources documentaires localisées sur le réseau. Il peut s'agir encore d'un conférencier qui utilise un support visuel, un diaporama informatisé ou de simples acétates de rétroprojection. Ces cas sont nombreux et leur observation montre que les locuteurs ont souvent de la peine à réaliser l'intégration de ces formes de communication. Or, il est évident que dans la perspective globale d'une analyse de la gestion d'un dispositif de communication hybride, les rapports de type (M^-)/(M^+), considérés comme des rapports d'intertextualité ou de gestion intertextuelle, devraient retenir toute l'attention du chercheur puisqu'ils concernent les formes de planification discursive. Quant aux praticiens, un meilleure maîtrise de cette complémentarité jouerait certainement en faveur d'une meilleure communication.

Quant aux dimensions de cotemporalité, de simultanéité, de séquentialité, d'accès et de révision, elles dérivent pensons-nous de ce sous-ensemble formé par les trois paramètres techniques, canal, stockage et restitution, évoqués ci-dessus. Dans cette perspective, l'un des exemples les plus parlants est certainement celui des *chats* dans lesquels les fils de discussions, les épisodes – ensemble d'interactions thématiques cohérentes – sont souvent interrompus par d'autres fils, par d'autres conversations simultanées. L'analyse des structures conversationnelles caractéristiques de ce type de dispositif fait apparaître plusieurs modalités de base (Peraya, 2000) :

1. La *succession* : tandis que l'un s'achève, le suivant s'ouvre. La structure en donc la suivante :

   [Épisode1].[*Épisode2*].etc.

2. L'*enchâssement* : au sein d'un épisode, s'inscrit un autre épisode et lorsque ce dernier est achevé, le premier épisode se poursuit. La structure en donc la suivante :

   [{Épisode1... suspension].[*Épisode2*].{... reprise Épisode1 }].

3. L'*alternance* : il s'agit dans ce cas d'un « enchevêtrement des fils conversationnels » (Cersier, 2000) puisque les interventions de deux épisodes – en général émises par des intervenants différents – alternent selon la structure suivante :

[Épisode1, Intervention 1].[*Épisode2, Intervention 1*].[Épisode1, Intervention 2] [*Épisode2, Intervention 2*].[Épisode1, Intervention 3].[*Épisode2, Intervention 3*].

Les conversations apparaissent en effet à l'écran dans un certain désordre sans respect de la séquentialité de la communication puisque la chronologie de l'inscription à l'écran – et normalement de la lecture – ne correspond pas à la structure de l'interaction entre des interlocuteurs développant, participant au même fil, à la même unité conversationnelle. L'absence de séquentialité, la valeur négative attribuée par les auteurs à cette dimension, contribueraient alors à caractériser le support de restitution, mais aussi le canal en ce qu'il est multidirectionnel et multipoint ou simplement multi-usager. On pourrait interroger de la même façon les paramètres de synchronicité ou d'asynchronicité qui relèvent des dimensions de cotemporalité et de simultanéité. De toute évidence l'opposition synchrone (*on line*) *versus* asynchrone (*off line*) qui est une caractéristique du canal et du mode de connexion n'est pas entièrement pertinente du point de la communication pas plus que de l'action instrumentées. Nous avons émis l'hypothèse, à titre provisoire et sans aucune vérification expérimentale pour l'instant, que des interlocuteurs distants, dans certaines conditions liées à l'exécution et à la planification d'une tâche commune, peuvent vivre un sentiment subjectif de communication en temps réel même s'ils travaillent sur le mode technique asynchrone à certaines conditions, notamment s'ils sont obligés – sans doute aussi parce qu'il le sont – de se reconnecter fréquemment et très régulièrement pour collaborer. Les modalités techniques de connexion n'auraient sans doute pas le même poids que la reconstruction subjective de l'espace temps qui dépend, lui, des intentions et des objectifs de la communication, de la tâche à effectuer, des conceptions et de la motivation des interlocuteurs, etc.

Nous aurions donc tendance à considérer que les différentes dimensions définies par Clark et Brennan constituent les différentes valeurs des paramètres de l'ensemble « canal-stockage-restitution » sans lesquelles ce sous-ensemble du modèle général n'aurait aucun intérêt heuristique.

4.5 Entre le particulier et le général

Le modèle que nous proposons a permis de mettre en évidence des cas particuliers de configurations stables : un certain type de texte, un registre sémiotique particulier, des pratiques de réception déterminées, etc. Prenons un exemple : imaginons un film documentaire éducatif utilisé dans un contexte scolaire. Nous aurions affaire à un certain type de texte défini par des intentions particulières et les contraintes du genre. Le film présentera vraisemblablement – mais pas nécessairement – les caractéristiques du type de discours expositif avec une forte présence de la voix *off*. Enfin, la pratique scolaire du visionnement et d'exploitation implique sans doute le passage obligé par le résumé verbal, la leçon de vocabulaire, etc. et les postures cognitives correspondantes. Cette approche pourrait faire penser que l'on ne peut envisager les dispositifs de communication médiatisée que sous l'angle de l'hétérogénéité, comme s'ils ne possédaient aucune caractéristique commune. Autrement dit, pour reprendre notre exemple, comme si le film documentaire ne possédait aucun trait commun avec d'autres pratiques filmiques. Or, ce n'est évidemment pas le cas. Certains dispositifs présentent, malgré leur diversité, un certain air de famille et partagent donc des traits communs.

Malgré la diversité des textes et des discours en images, nous avons dans la Section 2 mis en évidence des caractéristiques générales de l'image. Nous avons aussi indiqué quelques caractéristiques majeures du dispositif cinématographique. Récemment, S. Tisseron a en proposé une nouvelle vision apportant un éclairage pragmatique et relationnel intéressant. Si « techniquement parlant, le cinéma n'est qu'un défilement de photographies au rythme de vingt-quatre images par seconde. » (1996 : 57), la possibilité de créer l'illusion du mouvement à partir de ce défilement des images filmées ne constitue pas le propre du dispositif. Elle réside, selon l'auteur, là où on l'attend le moins, à savoir dans le rassemblement des spectateurs dans la salle obscure : « Le cinéma consiste dans la projection de ces images sur un écran, face à plusieurs spectateurs, dans une salle obscure. Son succès est inséparable de l'occasion qu'il crée d'un rassemblement et d'une communauté de participation émotive et éventuellement expressive entre ses spectateurs. » (*op. cit.*, 58-59). Ce serait donc là l'un des fondements du dispositif cinématographique, l'un de ceux qui le distingueraient de tous les autres dispositifs. Par contre, le cinéma partage avec les autres représentations analogiques – les « similis » pour lesquels la ressemblance se fonde dans les mécanismes de notre perception (Darras, 1986) – les réalités et les mondes virtuels par exemple, un mode de représentation fondé sur l'illusion d'optique. On distinguerait alors deux grandes « familles » : les similis de réception collective tels que le cinéma ou la télévision et les similis d'interaction individuelle (mono- et multi-utilisateur), tels que les mondes virtuels, les jeux d'arcades, etc. Seuls les premiers de ces dispositifs impliqueraient lors de la réception un espace-temps partagé. Quant aux seconds, leur pratique multi-utilisateur nécessiterait une délocalisation des participants, étant entendu que celle-ci est essentiellement un effet de mise à distance par le dispositif : des joueurs peuvent jouer à travers un réseau informatique en temps réel dans un même local, il sont néanmoins à distance, souvent sous des identités d'emprunt, ce qui ravive l'intérêt de l'analyse polyphonique des pôles d'émission et de réception. De la même façon, nous avons observé des étudiants de troisième cycle, inscrits à un diplôme de type hybride (combinant des modalités pédagogiques et organisationnelles de la formation à distance et de la formation présentielle) communiquer à travers des dispositifs de communication synchrone (chat, par exemple) alors qu'ils se trouvent physiquement coprésents, dans le même local de travail. On peut supposer que l'outil impose une distanciation nécessaire à la réalisation de la tâche, au mode de travail collaboratif ou encore à la constitution de l'identité de la communauté d'apprentissage. Quelle que soit d'ailleurs l'hypothèse que l'on peut formuler pour expliquer l'importance de ce phénomène, la « distance en présence » semble bien devenir une forme de comportement aussi importante que la présence à distance.

Qu'en est-il alors plus précisément des médias actuels, du réseau, du cyberespace ? Quels sont leurs traits génériques ? Ont-ils un quelconque rapport avec ceux d'autres dispositifs avec lesquels il pourrait assurer une sorte de filiation ? Avant de répondre en détail à ces questions, il semble encore nécessaire d'élucider les notions de médiation, de médiatisation et de communication médiatisée à la lumière de la définition du dispositif que nous venons de proposer.

5 COMMUNICATION MÉDIATISÉE, MÉDIATISATION ET MÉDIATIONS

5.1 Média et médiatisation : l'ingénierie de la communication

Revenons un instant sur l'histoire de ces concepts. Celui de communication médiatisée – au sens large – s'est développé dans le sillage des premières analyses communicationnelles des médias, principalement la télévision, la presse écrite et la publicité, mais aussi avec leur utilisation en milieu scolaire. Il s'agissait d'analyser certes, mais de produire aussi des contenus « véhiculés » par des médias. On comprend dès lors mieux l'origine de la dénomination de communication médiatisée qui fait référence explicitement aux médias, entendus au sens ordinaire de moyens de communication de masse. Mais cette référence évoque aussi celle du médium, cet intermédiaire obligé qui rend la communication entre les interlocuteurs médiate : il s'agit toujours de documents imprimés ou électroniques, d'images et de texte, d'« illustrations », de séquences télévisuelles ou filmiques, etc. donc de représentations matérielles, d'outils sémiocognitifs.

Chacun de ces deux ancrages – les médias et le médium –, a déterminé la terminologie tout en entretenant un usage longtemps hésitant voire ambigu des concepts de référence. La référence aux médias a fait école principalement dans le domaine de l'analyse des médias éducatifs mais aussi de l'ingénierie : la médiatisation est alors entendue au sens de mise en forme propre à un média ; on médiatise un contenu, on l'exprime dans un langage caractéristique d'un média donné. L'expression communication médiatisée désignait alors à la fois le domaine des médias éducatifs mais aussi les produits éducatifs résultant de cette opération de médiatisation, de ce processus de fabrication incluant les aspects tant conceptuels que technologiques. C'est à cette acception des médias éducatifs que se réfère encore J. Perriault lorsqu'il analyse récemment l'évolution des formes de « médiatisation du savoir à distance » : « La notion de média occupe un place importante dans l'évolution en cours. Depuis plus de vingt ans, laboratoires universitaires, constructeurs d'ordinateurs, éditeurs de logiciels ont constitué des stocks importants de **formation médiatisée**[25] [...]. » (1996 : 81).

Quant à la notion de médiation[26] de la communication, elle se trouve plutôt développée, comme le rappellent Belisle, Bianchi et Jourdan (1999) par ceux qui, psychologues et sémiologues, s'appuient notamment sur une relecture des travaux et de la pensée de Vygotsky et des différents courants qui, à sa suite, n'ont cessé de mettre en évidence l'importance des processus de médiation au sein de l'activité humaine.

Face aux spécialistes des médias qui cherchaient à médiatiser des contenus d'enseignement, nous avons souvent écrit et défendu l'idée que dans toute communication il existe une part de relation, et qu'en conséquence la communication éducative ne fait pas exception (Meunier & Peraya, 1993). La part de relation qui lui est propre et ses caractéristiques tant énonciatives que pragmatiques doivent donc à leur tour être médiatisées dans le dispositif. Afin de réintroduire l'espace de la relation face au tenants de la médiatisation des seuls contenus, nous avons longtemps opposé la *médiatisation des contenus* à la *médiation de la relation* (Peraya, 1996-a, 1996-b et 1998-a). Plusieurs chercheurs travaillaient à l'époque dans cette direction, notamment dans le domaine de la formation à distance, dispositif de formation mais aussi de communication nécessairement médiatisées. C'est ainsi que V. Glickman (1997), cherchant des critères de classification de tels systèmes de formation, rompait avec les taxonomies conventionnelles fondées principalement sur les lieux – salle de cours, centres de ressources, domicile, lieu de travail, etc. – et les degrés de libertés de l'apprenant dans la définition des modalités et du parcours de sa formation. Elle suggérait, quant à elle, de distinguer les différents dispositifs de formation à distance à partir du degré de réalisation de chacun de ces deux critères : médiatisation technologique (MT) et médiatisation humaine (MH). Croisant ces deux facteurs avec leur degré de réalisation, elle identifiait quatre grandes familles : a) les formations de pointes [(MT+)(MH+)] ; b) les formations « modernistes » [(MT+)(MH–)] ; c) les formations assistées en centre de ressources [(MT–)(MH+)] ; d) les formations à distance traditionnelles [(MT–)(MH–)].

Pourtant, si le rôle stratégique de cette distinction a été essentiel – rappeler aux praticiens l'importance de « scénariser » tant la relation que les

25. Nous soulignons.
26. Sansot (1985) avait suggéré quant à lui la désignation de communication « médiatée ».

contenus à une époque où seule la médiatisation des contenus était prise en compte –, elle paraît incompatible avec notre modélisation de la communication médiatisée dans la mesure où elle s'avère difficilement défendable des points de vue théorique et méthodologique. D'un point de vue théorique tout d'abord, dans la perspective cognitive de la sémiotique actuelle, il paraît incohérent de restreindre le champ d'application du concept de médiation aux seuls aspects relationnels et pragmatiques (Peraya & Meunier, 1999). Si l'on doit alors réintroduire les aspects relationnels dans le processus de médiatisation, il devient alors difficile du point de vue méthodologique de maintenir la distinction entre médiatisation du contenu et médiation de la relation. Nous venons de voir comment, en effet, la médiation technologique, par exemple, impose ses contraintes tant aux contenus qu'à l'énonciation elle-même.

Une fois de plus il nous aura fallu reformuler l'ensemble de ces notions pour leur rendre la cohérence qui leur faisait défaut. Aujourd'hui, en l'état du domaine et ayant considéré l'avancement des recherches, nous avons opté pour les définitions suivantes. Nous garderons l'expression de *communication médiatisée* pour désigner toute forme de communication utilisant un dispositif technologique – un média quel qu'il soit –, par exemple une émission de télévision, un film, une séance dans une classe virtuelle, la consultation documentaire sur Internet, un forum de discussion, une correspondance interclasse, un journal ou un site Web d'école, etc. Historiquement, le développement des pratiques de *Computer mediated communication* (CMC, CMO en français) a plus que certainement joué dans la diffusion puis dans l'imposition de la traduction française de cette expression sous la forme abrégée de communication médiatisée. C'est donc dans ce contexte qu'il est légitime de parler de dispositif de communication médiatisée ou parfois sous forme simplifiée de dispositif médiatique. Si ces deux dernières expressions se réfèrent au même construit, dans un cas l'attention du chercheur se portera plus précisément sur les processus de communication, tandis que dans le second, elle circonscrira plus volontiers les caractéristiques mêmes du média. Mais dans les deux cas, il s'agit de définitions générales qui s'accordent avec le cadre théorique de référence que nous développons et interdisent du même coup toute tentation de l'empirie, à savoir les désignations qui renvoient directement à un objet technologique concret assimilant du même coup l'objet réel à un objet théorique.

Nous conserverons le terme de médiatisation pour désigner le processus de création de tels dispositifs, processus dans lequel la scénarisation occupe une place importante. Le processus de médiatisation – de « mise en » dispositif médiatique ou en dispositif de communication médiatisée » – relève en conséquence de l'ingénierie de la formation et du design pédagogique. Aussi recouvre-t-il une très grande diversité d'activités professionnelles dont rendent compte des expressions telles que *metteur en ondes*, *mise en ondes, metteur en images*, etc., même si certaines d'entre elles ne sont plus usitées aujourd'hui. Pourtant, c'est à tort que l'on croirait à la nature exclusivement techniques des opérations de médiatisation. En effet, médiatiser c'est instrumenter, c'est donc médier. En d'autres termes, c'est avoir une claire conscience des différentes formes de médiation, de leur influence et bien sûr, une maîtrise de leur impact sur le dispositif. C'est à la définition de ces différentes formes de médiation et de leurs influences réciproques que nous consacrerons la suite de cette présentation.

5.2 Les formes fondamentales de médiation

Les formes de médiation sont au nombre de quatre : technologique, sensori-motrice, sociale et sémiotique ou mieux sémiocogitive. Nos commentaires seront ici assez brefs dans la mesure où l'essentiel des notions auxquelles nous nous référons ont été largement développées dans les précédentes sections.

La médiation sensori-motrice

On connaît l'importance de la médiation sensori-motrice chez Piaget. On a vu que pour ce dernier, les images naissent de l'imitation intériorisée de tableaux perceptifs impliquant les aspects sensori-moteurs de la perception. Plus récemment, Denis et de Vega (1993) mentionnent les résultats d'expériences qui montrent que toutes les dimensions spatiales (haut/bas, gauche/droite, devant/derrière) ne sont pas également accessibles lorsqu'il s'agit pour des sujets de restituer, à partir d'un modèle mental, les relations spatiales entre différents objets. La dimension verticale apparaît prédominante et la plus facile à discriminer dans la mesure où elle implique « deux fortes sources de dissymétrie : la gravité d'une part et la position canonique du corps humain d'autre part ». Viennent ensuite les dimensions devant/derrière alors que les dimensions gauche/droite, par manque de traits de différenciation saillants, paraissent difficilement discernables. Et les auteurs de conclure : « Les modèles mentaux spatiaux sont "biaisés" par les connaissances et par l'ensemble de l'expérience perceptivo-motrice qui rendent certaines dimensions plus accessibles que d'autres. » (1993 : 87).

Il en est de même chez Lakoff et Johnson (1985). Dans l'approche expérientialiste de ces auteurs – largement présentée dans la Section 1 – nos concepts s'élaborent à partir de notre insertion corporelle dans le monde et de l'expérience préconceptuelle qui en découle. On trouve deux sortes de structures dans cette expérience : les images schématiques (comme les schémas haut-bas, contenant-contenu) et les catégories du niveau de base conçues comme *gestalts* issues de nos interactions avec le monde. L'ensemble de nos concepts, y compris les plus abstraits, dérive de ces structures préconceptuelles par projection métaphorique, ce dont attestent les multiples expressions métaphoriques du langage ordinaire, lequel se révèle ainsi du même coup comme gardien des conceptualisations culturellement fixées. Outre son intérêt théorique, cette conception présente également l'avantage d'offrir des outils d'analyse ; on y vient dans la suite du texte.

La médiation sociale

Nous avons introduit cette notion fondamentale à partir du courant de pensée prenant ses sources chez Piaget, Vygotsky et nous menant aux travaux de Bronckart (1996). Rappelons encore ce qui fonde les conceptions de Vygotsky : toutes les fonctions sociales sont des relations sociales intériorisées d'une part et les processus mentaux (internes, individuels) conservent une nature quasi sociale d'autre part.

Une notion essentielle à la dialectique entre l'interindividuel et l'intraindividuel est celle de décentration (Voir ci-dessus, Section 1). Piaget en faisait le moteur du développement cognitif autant que du développement moral. Elle signifie que chaque point de vue doit se percevoir comme relatif et se reformuler par la prise en compte d'autres points de vue possibles. Le choc des pensées qu'il implique est à l'origine de la réflexion comme processus dynamique d'intégration des points de vue.

L'intérêt de la notion de décentration s'étend largement au-delà de la seule psychologie du développement. La notion de décentration – à laquelle il faut adjoindre son contraire, la centration – concerne l'ensemble des rapports sociaux dans la mesure où ceux-ci contiennent toujours la représentation mentale d'autrui ou du monde partagé. Dans ce contexte, ce qui retiendra surtout l'attention ici, c'est que cette notion psychologique et même sociopsychologique s'articule étroitement avec la sémiopragmatique. Nous avons montré que toute communication – orale, écrite, audiovisuelle – relève d'un dispositif d'énonciation mettant en place un ou plusieurs énonciateur(s) s'adressant à un ou plusieurs destinataire(s) au moyen de divers actes de discours de forces variables. Il en découle un système relationnel qui détermine largement les opérations de décentration possibles pour les destinataires.

On comprendra la portée de cette remarque si l'on adopte une fois encore le point de vue éducatif (socio-éducatif). Pour prendre un exemple, la valeur éducative d'un film ou d'un reportage dépend largement de sa capacité à provoquer la décentration du spectateur et celle-ci dépend fortement de son dispositif d'énonciation, de la manière dont, par exemple, celui-ci ramène tout ce qui est dit à la vision d'un point de vue unique s'exprimant dans un commentaire *off* (auquel cas il y aura centration) ou au contraire favorise la traversée de divers points de vue auquel cas on peut espérer une décentration (Meunier, 1993).

La notion d'interaction dont on fait beaucoup de cas aujourd'hui dans les milieux concernés par la pédagogie semble fortement dépendre de celle de décentration. À moins de réduire l'interaction à quelques possibilités techniques de réponse, il n'y a de véritable interaction que là où il y a possibilité de décentration[27].

La médiation sémiotique (sémiocognitive)

Venons-en maintenant au troisième type de médiation envisagé : la médiation sémiotique. Celle-ci, du reste, est en rapport étroit avec la précédente. Ce dont il s'agit ici, c'est du rapport qu'il peut y avoir entre la pensée et ses opérations d'une part et les signes externes analogiques et digitaux de la culture d'autre part. Une partie importante de l'ouvrage a d'ailleurs été consacrée à ces thématiques. Rappelons-en néanmoins quelques traits essentiels.

Ce rapport, notons-le tout de suite, ne peut se concevoir qu'en termes (systémiques) de circularité : la pensée se sémiotise dans des signes extérieurs qui, en retour, déterminent les formes de la pensée. Mais pour penser cette circularité, il faut dissocier quelque peu les termes et envisager séparément la pensée et les signes.

27. À cette opposition, nous rattacherons la distinction entre interactivité intentionnelle et fonctionnelle par des auteurs comme Pouts-Lajus et Barchechat (1990), Jacquinot (1995) et Paquelin (1998). Prenant le point de vue des concepteurs de logiciels, ces auteurs distinguent à travers le processus de communication homme machine, l'interactivité qui gère le protocole de communication entre l'utilisateur et la machine – l'interactivité *fonctionnelle* – et celle qui gère le protocole de communication entre l'utilisateur et l'auteur absent, mais présent à travers le logiciel – l'interactivité *intentionnelle*.

Dans la tradition constructiviste, il nous semble voir se dessiner un mouvement en faveur de l'iconicité de la pensée et le caractère fondamentalement analogique des opérations dont elle témoigne. Pour Lakoff et Johnson (1985), par exemple, les concepts sont conçus comme des *gestalts* issues de l'expérience – perceptive, interactive – et les opérations mentales de conceptualisation et d'inférence relèvent essentiellement de projections et implications métaphoriques. Nous l'avons vu, pour beaucoup de psychologues, même relevant de la tradition objectiviste comme Johnson-Laird, la représentation mentale est conçue comme modèle mental, c'est-à-dire un analogue du monde extérieur construit par l'esprit humain, analogue sur lequel il peut effectuer des opérations d'inférence qui relèvent plus de l'observation et de la comparaison de modèles que de la logique formelle. Enfin, pour le linguiste Langacker, avons-nous vu également, les mots sont des instruments très raffinés de mise au point de l'imagerie mentale au moyen de laquelle nous conceptualisons le monde (plus haut, p. 212).

Ces notions définies et les ambiguïtés levées, nous pouvons tenter à présent d'analyser l'un des dispositifs médiatiques actuels et de lui appliquer notre cadre de références. Nous nous intéresserons au cyberespace d'abord parce qu'il constitue l'avancée technologique majeure de ces dix dernières années et que, par ses caractéristiques propres, le cyberespace a contribué à l'approfondissement, voire même renouvellement, de la recherche et des modèles d'analyse sémiopragmatique. Il nous aurait été difficile, dans ces conditions, de ne pas proposer quelques pistes d'analyse dans le cadre de cette nouvelle édition.

6 LE CYBERESPACE ET SES FORMES DE MÉDIATIONS

6.1 Médiation technologique

Envisageons d'abord le dispositif d'affichage et de restitution de l'information. Dans les dispositifs informatiques dont Internet ne constitue qu'un cas particulier, on passe d'une « page écran » à une autre, de lien en lien, sans pour autant connaître la structure *a priori* du réseau ou de l'hypermédia. L'utilisateur accède à une vision toujours partielle, morcelée et a-structurée de la somme d'informations qu'il pourrait atteindre.

Chaque « clic » ouvre en effet un nouveau fichier, apporte une nouvelle « page » qui succède à la précédente et la remplace. Les pages se substituent donc l'une à l'autre dans l'ordre chronologique de leur apparition à l'écran, ordre dont rend compte partiellement l'historique auquel l'utilisateur peut avoir accès dans son *browser*. Il peut arriver que le nouveau fichier, la nouvelle page – le nouveau texte – s'ouvre dans une nouvelle fenêtre : l'utilisateur se trouve alors face à plusieurs pages – leur nombre n'est évidemment pas infini – dont les liens et la structure – la proximité thématique par exemple – ne sont en rien manifestes. À l'ordre chronologique d'apparition de chacune de ces pages qui retrace le parcours et la navigation de l'usager succède une visualisation non structurée des pages, sans que s'affiche en même temps un quelconque marqueur d'appartenance statutaire, thématique ou hiérarchique. Le lecteur ne possède aucun repère lui permettant de s'orienter.

Autrement dit, dans les deux cas – affichage unique successif ou affichage multifenêtré – l'utilisateur ne possède aucune explicitation de la structure de l'ensemble des unités d'information auquel il accède (trace navigationelle ou navigation *a posteriori*). Ce phénomène est accentué par le fait que l'accès aux pages est déterminé par l'action de l'utilisateur : la succession des pages visualisées se construit, partiellement en tous cas[28], en temps réel selon sa propre curiosité, son intérêt et son propre cheminement. Il n'y a donc pas, pour l'utilisateur de logique, de « visite », préconstruite. Chaque utilisation donne lieu à une succession d'accès à l'information dont l'ordre constitue une des actualisations possibles. À chaque clic, à chaque écran, une multitude d'écrans sont possibles. Il s'agit d'un vision partielle car il est rare qu'il puisse accéder à la totalité de l'information et des pages (navigation *a priori)* : contrairement aux premiers logiciels et hypermédias qui constituaient des systèmes fermés, Internet est un système multiutilisateur et multi-auteur, ouvert et infini. Cette situation paraît toute différente de celle du cinéma. À sa façon, le cinéma aussi produit une réalité virtuelle, mais la ressemblance s'arrête là. En effet, dans ce cas, le dispositif inclut la projection d'un discours filmique préconstruit. Si le défilement des photogrammes successifs produit l'illusion du mouvement et de la réalité, il reproduit du même coup une logique narrative, documentaire, etc. qui préexiste à la projection et qui constitue un espace clos, fini.

L'axe de construction, de déploiement, d'un dispositif de type hypertexte, hypermédia et hyperespace serait donc de l'ordre du *paradigme* dont

28. Il y a bien sûr des environnements plus fermés que d'autres dans lesquels la structure est plus contraignante. Les premiers logiciels et les hypermédias des années 80 étaient de ce type. D'ailleurs la métaphore utilisée à l'époque était celle du livre électronique et non celle de l'espace. C'est cette métaphore du livre qu'a contribué à diffuser l'un des logiciels auteurs de l'époque *Toolbook*, lui même étant conçu selon ce modèle.

on sait qu'il renvoie à un mode d'organisation *in absentia* (Saussure, 1969) alors que le dispositif cinématographique s'organise *in praesentia* sur le mode d'une « grande syntagmatique » (Metz, 1971)[29]. C'est sans doute pour cette raison que ces dispositifs produisent une forme de virtualisation[30] et impliquent, au niveau de la médiation sémiocognitive, une métaphore spatiale. Que les aides à la navigation prennent, pour le lecteur, la forme de représentations topologiques – par exemple, *a priori* sous la forme d'un plan du site et *a posteriori* sous celle d'une carte dynamique des trajets ou des signets, des *bookmarks* du lecteur – s'explique par les mêmes raisons.

6.2 Médiations technologique et sensori-motrice

Internet, comme tout dispositif de type informatique, nécessite aussi l'utilisation de plusieurs périphériques – le clavier et la souris notamment – qui impliquent la motricité du destinateur, de l'utilisateur. L'ordinateur, en tant qu'objet technologique, suppose donc des formes de médiation inexistantes dans les dispositifs médiatiques plus classiques. De ce point de vue, la comparaison entre un dispositif de type informatique, possédant une forte interactivité fonctionnelle – « machinique » – et le cinéma paraît intéressante. On se rappellera en effet que des auteurs comme Morin et Baudry ont jadis montré que la privation de mobilité imposée par le dispositif de réception cinématographique – position assise et salle obscure – était pour le spectateur, l'une, des causes d'un comportement régressif, mais aussi empathique

29. Certains auteurs comme M. Colin (1992) ont critiqué dans les travaux de Metz le fait qu'ils favorisaient précisément cet axe de construction de façon injustifiée au détriment de mécanismes cognitifs de nature inférentielle.
30. Dans son rapport sur la *Cyberculture*, P. Lévy (1997), indique que tout processus de numérisation de l'information implique une virtualisation dans la mesure où l'information affichée est une des représentations analogiques possibles d'une information interne numérique qui a statut de modèle30 : « Une image sera dite virtuelle si son origine est une description numérique dans une mémoire informatique » (1997 : 86). Cette définition peut être étendue à toute information numérique, quelle qu'en soit la nature : texte, image, graphique, photo, animation, monde 3D animé, etc. Le premier stade du virtuel (l'auteur en dénombre trois que nous ne détaillerons pas ici) est donc une conséquence « naturelle » de la numérisation : toute information digitale, numérique est, par essence, intrinsèquement virtuelle. S'il s'agit d'une des représentations possibles, c'est que le modèle interne peut se voir affiché – actualisé – sous des formats variés. Il suffit par exemple de modifier la police d'un texte sur notre traitement de texte pour obtenir des représentations très différentes, voire même avec certaines polices, des représentations illisibles. Il en va de même du dessin vectoriel dont la représentation est celle d'un modèle mathématique. Cette particularité a été fort bien analysée pour de nombreuses activités intellectuelles et artistiques – l'écriture, le dessin, la musique – par Lévy dans *La machine univers* (1987).

(voir ici même, Section 2). Dans le rapport à un ordinateur, quelque chose a changé dont rend compte l'évolution lexicale : on ne parle plus de spectateur mais bien d'utilisateur. Le changement de la dénomination du récepteur, du destinataire du processus de communication rend compte de cette modification radicale qu'apporte la motricité dans le dispositif, et en conséquence dans les postures comportementales et cognitives du récepteur.

Au cinéma, nous somme face à un processus de communication Homme/Homme – Émetteur *vs* Récepteur –, ce dernier se trouvant en posture de réception spectatorielle alors que le dispositif ne comporte aucune forme de communication Homme/Machine. Dans un dispositif informatique au contraire, il existe une communication « directe » Homme/Machine (interactivité fonctionnelle) et une communication Homme/Homme (interactivité intentionnelle entre un émetteur absent et un récepteur présent) médiatisée par le dispositif technologique. Weisseberg (1999) rapporte à ce propos une étude intéressante de Cadoz (1996) sur la place des sensations physiques dans la communication avec l'ordinateur. Certes les mondes virtuels immersifs, qui utilisent des casques de visualisation et des gants de données – les *data gloves* –, et les interfaces à retour de force, comme dans les jeux vidéos, existent déjà. Mais, on peut observer que les mondes virtuels sont encore globalement dominés par le texte et par l'image, par l'optique, la perception visuelle et la contemplation visuelle « non interventionnsiste » (Weissberg, 1999 : 39). Or, pour Cadoz, le geste possède trois fonctions essentielles dans la communication Homme/Machine. Tout d'abord, il accompagne la parole et assume une fonction déictique essentielles au propos. Il possède ensuite des fonctions épistémiques et ergotiques :

> « La fonction épistémique prend en charge la "tactilo-proprio-kinesthésique". Elle permet d'apprécier des qualités telles que la température, la forme, la texture, les mouvements d'un corps. La dimension "ergotique" (de ergon, en grec) tient à ce que le rapport à notre environnement n'est pas exclusivement informationnel, il est aussi énergétique. Si l'on serre un gobelet en plastique, on le déforme. La spécificité du canal tactile est de modifier l'état de la source qui stimule. » (1999 : 38-39).

On peut donc émettre raisonnablement l'hypothèse selon laquelle l'une des perspectives de développement, notamment dans les univers de jeu et les environnements de travail, visera à intég rer les autres modalités sensorielles dans les interfaces.

6.3 Médiation sensori-motrice et médiation sémiocognitive

L'analyse des médiations technologiques et sensori-motrices a fait apparaître plusieurs propriétés constitutives des dispositifs informatiques dont les conséquences sont fondamentales pour la médiation sémiocognitive. En effet, leurs propriétés sont telles qu'elles induisent une perception, une compréhension et une interprétation du dispositif en terme d'espace. Premièrement, la dimension paradigmatique selon laquelle se déploie le dispositif engendre à propos de l'information disponible une perception de profondeur, d'épaisseur. Deuxièmement, la manipulation de la souris dessine deux types d'espace : d'une part l'espace orthogonal du plan de l'écran et d'autre part, la « traversée » de l'espace informationnel qui à chaque « clic » amène l'information, la page-écran, à la surface de l'écran. Troisièmement, la numérisation de l'information produit sa virtualisation (Lévy, 1997, voir ici même note 29) inséparable d'une métaphore spatiale. Nous avons analysé en détail cette question à propos des campus virtuels (Peraya, 2002-c).

Rappelons brièvement les principaux arguments. Tout d'abord, de nombreuses études récentes sur les modèles mentaux et les représentations mentales nous laissent supposer que ceux-ci revêtent une forme analogique, celle d'une sorte d'imagerie. Nous avons longuement présenté ces modèles et leurs principaux fondements dans la Section 1. Or, une représentation analogique ne peut s'inscrire que dans un espace possédant au moins deux dimensions : analogie et spatialisation sont nécessairement liées. Les représentations topologiques ou cartographiques ne constituent par exemple qu'un cas particulier des représentations spatiales analogiques. Ensuite, il y a le cognitivisme expérientiel de Lakoff et Johnson (1980/1985) qui permet de mieux expliquer l'existence d'une métaphore spatiale à propos des espaces virtuels : parmi les différentes métaphores celles d'orientation, qui « trouvent leur fondement dans notre expérience culturelle et physique » (1985 : 12), donnent naissance à des images schématiques qui structurent notre cognition. Si certains concepts sont décrits à partir de dimensions telles que haut-bas, dedans-dehors, devant-derrière, dessus-dessous, etc., c'est que notre expérience du monde est essentiellement vécue en rapport avec l'espace et la gravité. La compréhension, l'interprétation et la représentation de ces environnements virtuels en terme d'espace orienté sont donc la conséquence de leur nature virtuelle et du comportement cognitif humain qui développe « naturellement » des métaphores d'orientation. La métaphore spatiale serait dès lors constitutive de ce type de dispositif.

Voilà quelques arguments qui montrent les déterminations des médiations technique et sensori-motrice sur la médiation sémiocognitive conçue fondamentalement comme un processus de spatialisation : Internet est bel et bien considéré comme un espace ce dont rendent compte d'ailleurs les dénominations de cyberespace ou d'hyperespace.

6.4 Médiation sémiocognitive et médiation sociale

L'observation des environnements virtuels – de travail ou de jeu – qui exploitent systématiquement les propriétés d'une métaphore spatiale montre que les utilisateurs reproduisent dans ces environnements virtuels des comportement identiques à ceux qu'ils manifesteraient, dans des circonstances identiques, dans le monde réel.

Le fait de désigner un certain nombre de pages Web, de pages-écrans par le terme d'*atelier* change sans doute la posture cognitive de l'utilisateur qui ne se présente pas à l'atelier dans les mêmes dispositions, avec les mêmes attentes, que s'il consultait une bibliographie. Une étude récente (Dillenbourg. Mendelsohn et Jermann, 1999) portant sur les comportement verbaux des utilisateurs d'un environnement de type Moo[31] montre que les sujets ont tendance à communiquer autrement s'ils se trouvent dans un même espace, dans une même pièce que s'ils se trouvent dans des pièces différentes. Ils donnent en effet plus de *feed back* et répondent plus rapidement quand ils se trouvent dans un même espace. Une autre observation porte sur le rôle de l'espace dans l'organisation de la tâche. L'espace semble en effet s'imposer comme le critère de coordination de la tâche. Autrement dit, la métaphorisation de l'espace de travail fait adopter aux utilisateurs des comportements sociaux identiques à ceux qui sont requis dans l'environnement de référence. La métaphore sert donc à la fois de cadre cognitif d'interprétation mais aussi de modèle de comportement social et de résolution de tâches.

Enfin une étude de l'environnement de discussion *Palace* et de sa version francophone, *Génération Net*, qui est très populaire au Québec

31. Un MOO (MUD Object oriented) est une réalité virtuelle textuelle. Il s'agit de créer un univers virtuel multi-utilisateur basé sur une métaphore spatiale au sein duquel les participants peuvent interagir entre eux et avec l'environnement. Les MOO ont été développés sur base des MUD (*Multiple User Dungeon*) que l'on peut qualifier de chat sophistiqué possédant une topologie de lieux, des avatars et des objets permanents. Le *MOO Programming Language* est très flexible et permet à des utilisateurs autorisés de rajouter relativement facilement notamment des objets à un serveur et de créer ainsi des « lieux » spécialement adaptés à une certaine activité.

apporte énormément d'information sur les formes de médiation sociale caractéristiques de ces environnements métaphoriques. On y observe par exemple le respect de certains comportements décrits par E. Hall dans le cadre de la proxémique tel que le maintien de l'échelle des distances interpersonnelles et de leurs significations : « En fait, l'exiguïté de l'écran ne définit que deux types de distances interpersonnelles, à savoir l'espace intime/personnel et l'espace social/public. S'ils veulent définir correctement les situations, les utilisateurs doivent impérativement changer la signification de l'espace. C'est ainsi que dans les espaces publics (entrée, hall, bar), on s'adresse généralement à la foule entière. L'avatar dit “bonjour” à l'ensemble de la salle et salue ses amis dispersés sur l'écran. Lorsqu'un groupe ou une clique discutent dans un coin de l'écran, la distance sociale à maintenir entre les avatars est celle d'une pièce d'un franc. Il n'est toutefois pas toujours possible de respecter cette distance, l'écran étant souvent surchargé d'une façon gênante. » (Verville et Lafrance, 1999 : 191). D'ailleurs remarquent les auteurs, une quinzaine d'avatars suffit à déclarer une pièce fermée et en conséquence inaccessible à de nouveaux participants.

7 CONCLUSION

Nous avons tenté, dans cette dernière section, d'étendre notre approche des médias plus classiques aux médias actuels, aux « nouveaux médias » nés des technologies numériques et de l'informatique communicationnelle. Nous nous sommes appesantis sur la communication éducative médiatisée dans la mesure où les technologies de l'information et de la communication occupent aujourd'hui une place centrale dans les discours sur l'éducation et sur l'innovation. Les enjeux éducatifs, mais aussi professionnels et financiers, semblent d'ailleurs plus importants que ne l'ont jamais été ceux nés de la télévision et des moyens de communication de masse. Il y aurait plusieurs raisons à cela, notamment le poids des technologies numériques dans toutes les sphères de la vie professionnelle et de nos activités quotidiennes.

Nous avons la conviction d'avoir apporté bien peu de réponses au regard des questions innombrables que nous évoquons. Nous avons travaillé à l'élaboration d'un cadre théorique de référence qui devrait, selon nous, permettre d'analyser les dispositifs actuels, de rendre compte de leurs spécificités technologiques et surtout des codéterminations entre celles-ci et les processus sémiocognitifs dont ces dispositifs sont le cadre. Nous pensons en effet que la sémiopragmatique ne peut emprunter d'autres voies. Nous avons aussi rapporté les résultats de quelques recherches, certaines plus nettement expérimentales, qui toutes tentent de valider le bien fondé de ce modèle et cherchent à rendre compte de ces codéterminations.

De nombreuses recherches s'intéressent plus directement au processus linguistiques et pragmatiques de la communication médiatisée : analyse des interactions verbales, rôle de l'interface sur les processus d'argumentation, de négociation et de collaboration, par exemple. Dautres recherches menées sur un versant plus cognitif interrogent en quoi les technologies informatiques peuvent étayer les processus cognitifs mobilisés lors d'activités d'apprentissage (acquisition de concepts ou de compétences). Symétriquement, les technologies informatiques constituent un excellent moyen de tracer, sans l'influencer, l'activité des sujets, permettant ainsi une investigation approfondie des processus cognitifs sous-jacents.

Du point de vue méthodologique, il est intéressant de signaler aussi qu'une majorité de recherches porte sur l'acquisition de concepts et de procédures (scientifiques ou techniques) dans le cadre de dispositifs multimédias, selon deux approches complémentaires : a) une approche de laboratoire qui cherche à identifier les facteurs qui affectent l'effet des instructions multimédia, comme le format de présentation (animations *vs* images fixes, modalité audio/écrite), les caractéristiques de l'interface (contrôle utilisateur, etc.) ou la situation (collaborative vs individuelle) ; b) une approche de terrain qui consiste à expérimenter les résultats observés en laboratoire dans le cadre d'enseignements réels, en contexte et avec des activités plus situées. Cette approche plus expérimentale est relativement neuve dans un domaine longtemps voué à l'interprétation et à l'herméneutique. Elle provient sans doute d'une influence de la psychologie tandis que les approches de terrain semblent plus caractéristiques de certains courants des sciences de l'éducation.

Si, nous l'avons montré, le cadre théorique de la sémiopragmatique a fortement évolué au cours de ces dix dernières années, il en va de même pour ses approches méthodologies. Plus que jamais, elle pourrait se constituer en une interdiscipline.

Conclusion
La vie des signes au sein de la vie sociale

La communication est sociale parce qu'elle est intimement liée à l'organisation des sociétés. Cette idée très cybernéticienne n'a cessé, au fond, d'inspirer les théoriciens et praticiens de la communication. Saussure lui-même avait conçu la sémiologie comme une branche de la psychologie sociale : « On peut donc concevoir *une science qui étudie la vie des signes au sein de la vie sociale* ; elle formerait une partie de la psychologie sociale, et par conséquent de la psychologie générale ; nous la nommerons *sémiologie* (...) » (1969 : 33). Malheureusement, en séparant la langue de la parole, en ne considérant comme digne d'intérêt scientifique que le code, Saussure et les sémiologues qui l'ont suivi isolaient sérieusement la sémiologie et de la psychologie sociale et de la psychologie générale.

Pas tout à fait cependant. Avec le recul, c'est-à-dire d'un point de vue élargi par l'apport des différentes perspectives qui ont suivi la sémiologie saussurienne, la notion de code conserve un intérêt certain pour l'étude de la vie des signes au sein de la vie sociale. Les codes ne sont pas le tout de la communication, c'est maintenant évident, mais ils en sont un aspect non négligeable. Il y a indéniablement un code de la langue, sans quoi il n'y aurait pas de lexique. Et il y a des associations qui se fixent dans l'univers métonomyco-métaphorique des images, pourtant beaucoup plus fluide et continu. Or, de telles associations sont aussi des représentations socialement figées, des stéréotypes, des manières de voir certaines choses à travers certains de leurs aspects (toujours les mêmes) ou en termes d'autres choses déjà connues, à l'exclusion d'autres. De telles représentations assurent la communication entre les hommes au sens où elles leur donnent une vision commune, mais elles rétrécissent aussi leur vue. Elles sont, comme l'avait bien vu Barthes, des idéologies. De ce point de vue, les codes ont bien partie liée avec la vie sociale. C'est pourquoi le modèle du code et toutes les notions qui lui sont liées restent des instruments utiles pour l'analyse des médias. Mettre au jour les liaisons métonymiques stéréotypées (telles parties pour tels touts) et les métaphores usées (telles images pour telles autres) par lesquelles une société se représente le monde, notamment par les images qu'elle s'en donne dans la presse, la publicité, le cinéma, etc., reste une tâche importante, en particulier pour les éducateurs. Encore faut-il que cette tâche soit bien menée et ne consiste pas, comme c'est trop souvent le cas, en une lecture de « connotations » se limitant simplement à une simple énumération d'impressions. Il faut relier les connotations aux processus métonymiques et métaphoriques et ceux-ci à la cognition et aux représentations sociales.

Quoi qu'il en soit, la codification ne représente qu'un aspect très limité de la vie des signes au sein de la vie sociale, et la lecture des codes une approche très partielle de cette vie. La vie des signes ne se réduit pas aux lexiques ; ceux-ci sont d'ailleurs très peu vivants. Cette vie se perçoit mieux dans les paroles, regards, gestes, mimiques, etc. qui s'échangent au sein des interactions sociales. La grande découverte de la pragmatique est que ces paroles, gestes, etc., sont des actes structurant des rapports sociaux. À partir de là, il est possible de se forger de la vie des signes dans le social une nouvelle représentation. L'image qui s'impose est celle d'un vaste réseau interrelationnel parcouru par des actes de communication, de toutes natures, dont découlent et la forme du réseau et les positions (rôles, places...) qu'y peuvent occuper les sujets communicants. Cette image donne corps à l'hypothèse cybernétique d'une relation circulaire entre organisation et communication : les communications sont des actes sociaux qui génèrent des organisations sociales (ensembles structurés de relations sociales), lesquelles à leur tour génèrent des communications.

Il reste cependant beaucoup à faire pour comprendre et analyser ce fonctionnement en boucle, pour articuler en profondeur la communication et la dynamique des interactions sociales. La pragmatique linguistique a fourni les notions indispensables – nous les avons parcourues dans notre première section – pour saisir et caractériser la parole comme action agissant sur la relation ; mais, contrainte par son appartenance au champ de la linguistique, elle s'est surtout centrée sur la parole et n'a guère dépassé la relation interindividuelle. Nous pensons qu'il faut étendre le point de vue pragmatique à tous les modes de communication – sur ce point, les psychosociologues de Palo Alto ont ouvert la voie – et ancrer ceux-ci beaucoup plus profondément dans le champ des interactions sociales. Un certain nombre de travaux vont actuellement dans ce sens.

Pour notre part, nous nous sommes efforcés de préciser quelque peu la dynamique des interactions sociales, en particulier ceux de ses aspects dont la corrélation avec les communications nous apparaissait évidente : les mouvements de différenciation ou de fusion sociale, de centration ou de décentration. De tels mouvements sont indissociables des formes que peut prendre le réseau interrelationnel et incompréhensibles en dehors des communications qui relient les nœuds du réseau.

Nous avons ensuite tenté de comprendre et caractériser l'action des grands modes de communication (analogiques et digitaux) relativement à cette dynamique. En nous basant notamment sur des considérations génétiques, il nous est apparu que chaque mode de communication (le geste, la voix, la parole, l'image, l'écrit) est indissociable (à la fois cause et effet) d'un certain niveau de différenciation du système triadique sujet-autrui-le monde. Dans cette perspective nous avons été conduit à concevoir les signes relevant des modes analogiques comme des interfaces mimétiques fondées sur – et restaurant à chacun de leurs usages – la continuité intersubjective, et les signes digitaux comme fondés sur – et établissant – les différences. Mais nous avons vu également que chaque mode de communication, au niveau qui est le sien, différencie ses signes en fonction de l'axe centration-décentration sociale. Ainsi, pour ne reprendre ici que l'exemple de la communication verbale, nous avons vu comment les notions issues des théories de l'énonciation (les indicateurs de personne, les actes illocutionnaires) se laissent caractériser par rapport à cet axe. De notre point de vue, ces considérations générales constituent l'ébauche d'un modèle reliant l'action des signes (la pragmatique) à la dynamique psychosociale et aux structures qui en résultent.

La vie sociale est un complexe de redondance et de variété et ce sont les signes qui organisent cette redondance et cette variété. Comment, dans cette perspective, définir un acte de communication ? Il ne suffit pas de dire d'un tel acte qu'il est attribution de rôles sociaux (Récanati) ou mise en place de sujets relativement les uns aux autres (Flahault) ; de telles expressions touchent des aspects bien réels de l'action des signes mais ne concernent guère que les individus – destinateur et destinataire – engagés dans un échange linguistique. Les linguistes – et même les psychosociologues – se sont trop centrés sur l'individu comme élément de base et point de départ obligé de la communication.

Si on met au point de départ le réseau intersubjectif – un et divers à la fois – et si l'on donne à la notion d'acte de communication son sens le plus général – c'est-à-dire si l'on tient compte de la diversité des actes de communication et de leurs combinaisons – il faut dire qu'un acte de communication consiste en une mise en forme du réseau intersubjectif, mise en forme comportant simultanément : (1) l'établissement de rapports d'inclusion/exclusion constitutifs d'entités plus ou moins cohérentes et, (2) l'organisation de ces entités par des rapports de centration ou de décentration.

Les entités visées au point (1) sont de tailles diverses et comportent différents degrés de cohésion. Une icone – un emblème national par exemple – inclut l'ensemble des individus qui s'y identifient dans une même entité transsubjective, exclusive d'autres entités du même genre. Un énoncé verbal soutient – et maintient durant tout le temps de l'échange – la constitution de deux personnes subjectives individuelles – un « je » et un « tu » – ou d'une personne individuelle et d'une personne collective – un « je » et un « vous » – etc.

Les rapports de centration/décentration visés au point (2) sont constitutifs des formes du réseau intersubjectif. Les centrations engendrent des complémentarités – au sens de Bateson et Watzlawick : des *Gestalten* comportant des positions hautes et des positions basses – et des hiérarchisations. Les décentrations sont génératrices de variété ou de complexité sociale.

Les organisations sociales maintiennent leur forme par une infinité d'actes de communication agissant en sens divers ; certains recréant les unités que d'autres ont fragmentées, certains compensant par la décentration (l'écoute psychothérapeutique par exemple) les frustrations nées de centrations excessives. Les sociétés fortement unitaires ont besoin de beaucoup d'emblèmes, d'images, de rituels, de chants. Les sociétés fortement hiérarchisées ont besoin à la fois d'actes opérant des fragmentations en entités distinctes, d'autres opérant des centrations sur des entités supérieures et d'autres recréant l'unité. Les sociétés complexes plus égalitaires fonctionnent grâce à des actes de communication favorisant la décentration – la co-énonciation.

Le fonctionnement pragmatique de la communication est indissociable de son fonctionnement cognitif. Les dispositifs de communication sont autant des technologies de la cognition que des technologies de la relation. Les signes sont le support d'opérations cognitives et l'instrument de fixation et de transmission de leur résultat : le sens, que nous avons identifié à la connaissance. Nous avons mis en évidence certaines grandes corrélations entre relation et cognition dans la communication. D'une façon globale, chaque mode de communication articule de façon indissociable un niveau relationnel et un niveau cognitif. Les images sont participatives tant au plan relationnel qu'au plan cognitif où elles servent la connaissance empathique procédant par associations métonymico-métaphoriques. Les paroles établissent des distinctions à la fois dans les choses parlées (plan cognitif) et entre les sujets communicants (plan relationnel). Ces corrélations globales expliquent la prédominance de certains modes dans certains genres de dispositifs et d'actes de communication ; par exemple, la communication publicitaire est à dominante iconique parce qu'il lui est essentiel, à la fois, de créer un climat de participation affective – favorisant l'identification à des modèles – et de faire percevoir des objets par assimilation irréfléchie à d'autres objets ou situations déjà valorisés.

Ces aspects du rapport cognition-relation qui concernent l'axe fusion-différenciation se combinent avec d'autres qui concernent l'axe centration-décentration. Quel que soit le niveau cognitivo-relationnel où l'on se trouve, il est possible de distinguer entre des messages fermés et des messages ouverts. Les premiers s'efforcent de présenter leur sens comme un produit ne réclamant d'autre opération cognitive que de compréhension, les seconds le présentent comme un indice d'une situation globale à comprendre, une étape – ou un relai – dans l'élaboration cognitive intersubjective de la connaissance. Les premiers s'accordent aux situations centrées sur une entité émettrice, les seconds s'accordent plutôt à des situations de co-énonciation. Enfin, les premiers vérifient – et réalisent d'une certaine manière – le modèle théorique du code, tandis que les seconds donnent crédibilité à des modèles théoriques plus récents qui – tel le modèle inférentiel de Sperber et Wilson – accordent un rôle essentiel au principe de coopération dans la communication.

Ces considérations générales nous ont servi de cadre pour l'approche des communications médiatiques (audio-scripto-visuelles). De toute évidence, celles-ci jouent un rôle central dans l'organisation des sociétés modernes, dans les mouvements de fusion et de différenciation, de centration et de décentration qui donnent leurs formes particulières à ces sociétés. Beaucoup de chercheurs s'accordent à ce sujet mais peu parmi eux posent les questions essentielles. Certains se limitent à des questions esthétiques, d'autres s'enferment dans des questions sémantiques (quels sont les codes ?), d'autres enfin, peut-être les plus nombreux, ne se préoccupent que d'efficacité immédiate (comment convaincre, « faire passer » telles idées...) réduisant l'étude de la vie des signes qu'est la sémiotique à une espèce particulière de technoscience. Pour nous, il s'agit moins de savoir si un genre médiatique ou un dispositif médiatique particulier est efficace que de savoir comment il s'inscrit dans l'organisation du réseau intersubjectif et quels effets il peut y produire. Les questions essentielles concernent la relation, la cognition et leur corrélation dans l'organisation. Ces questions nous paraissent importantes particulièrement dans le domaine socio-éducatif, là où il s'agit soit de comprendre et d'expliquer les effets des médias, soit de les utiliser en en pouvant évaluer les conséquences sociales et cognitives.

Bibliographie sélective

Cette bibliographie mentionne en premier lieu les ouvrages auxquels nous nous sommes directement référés ou dont nous citons des passages. Elle reprend ensuite les auteurs qui de près ou de loin ont inspiré notre réflexion et notre démarche. Dans ce cas, nous ne citerons que les textes qui sont directement liés à notre problématique même si certains autres auraient pu trouver une place dans un cadre de références plus général.

ANDERSON J. A. (1988), « Examen de quelques concepts éclairant la position de l'éducateur aux médias », Rencontre de la recherche en éducation, Acte du Symposium, Lausanne, 27 au 30 juin 1988, Centre d'initiation aux communications de masse, Lausanne, 23, 11-23.

ANDLER D. (sous la dir. de) (1992), *Introduction aux sciences cognitives*, Paris, Gallimard (Folio essais)

ANIS J. (1988), *L'écriture, théories et description* (avec la collaboration de Chiss J.L et Puech C.), Bruxelles, De Boeck-Wesmael.

ANIS J. (1998), *Texte et ordinateur.* Bruxelles, De Boeck.

ANSCOMBRE J.-C. et DUCROT O. (1983), *L'argumentation dans la langue*, Liège, Mardaga.

ANSCOMBRE J.-C., (1980-a), « Voulez-vous dériver avec moi ? », *Communications*, 32, 61-124.

ATLAN H. (1979), *Entre le cristal et la fumée*, Paris, Le Seuil.

AUSTIN J. L. (1962), « La philosophie analytique », *Les Cahiers de Royaumont*, 4, Paris, Minuit.

AUSTIN J. L. (1970), *Quand dire, c'est faire*, Paris, Le Seuil.

AUTHIER J. (1982), « La mise en scène de la communication dans des discours de vulgarisation scientifique », *Langue française 53*, 34-47.
BAKHTINE M. (1978), *Esthétique et théorie du roman*, Paris, Gallimard.
BAKHTINE M. (1984), *Esthétique de la création verbale*, Paris, Gallimard.
BARCHECHATH E. et POUTS-LAJUS S. (1990), « Postface. Sur l'interactivité », in K. Crossley et L. Green, *Le design des didacticiels*, Paris, Observatoire des Technologies pour l'Education en Europe.
BARTHES R. (1957), *Mythologies*, Paris, Le Seuil.
BARTHES R. (1964-a), « Éléments de sémiologie », *Communications*, 4, 91-134.
BARTHES R. (1964-b), « Rhétorique de l'image », *Communications*, 4, 40-51.
BARTHES R. (1967), *Le système de la mode*, Paris, Le Seuil.
BARTHES R. (1981), *Le grain de la voix*, Paris, Le Seuil.
BATESON Gr. (1977), *Vers une écologie de l'esprit*, I, Paris, Le Seuil.
BATESON Gr. (1980), *Vers une écologie de l'esprit*, II, Paris, Le Seuil.
BAUDRILLARD J. (1968), *Le système des objets*, Paris, Gallimard.
BAUDRILLARD J. (1970), *La société de consommation*, Paris, SGPP.
BAUDRILLARD J. (1972), *Pour une critique de l'économie politique du signe*, Paris, Gallimard.
BAUDRY J.-L. (1970), Cinéma : effets idéologiques produits par l'appareil de base, *Cinéthique*, 7-8, 1-8.
BAUDRY J.-L. (1975), Le dispositif, *Communications*, 23, Paris, Le Seuil.
BEAUDOUIN V. et LICOPPE C. (2002) (Éd.), *Parcours sur Internet* (Réseaux, 2002/20-116), Paris, Hermès Sciences.
BEAUDOUIN V., FLEURY S., PASQUIER M., HABERT B. et LICOPPE C. (2002), « Décrire la toile pour mieux comprendre les parcours », in V. BEAUDOUIN et C. LICOPPE C. (Éd.), *Parcours sur Internet* (Réseaux, 2002/20-116, pp. 19-53), Paris, Hermès Sciences.
BEDARD R. (1997), *Médias : La croissance des cybermédias et la publicité sur Internet, Cyber sciences*. Document disponible en ligne à l'adresse http://www.cybersciences.com/Cyber/1.0/1_29_72.asp
BELISLE C., BIANCHI J. et JOURDAN R. (1999), *Pratiques Médiatiques. 50 mots clés*, Paris, CNRS Editions.
BENVENISTE E. (1966), *Problèmes de linguistique générale*, I, Paris, Gallimard.
BENVENISTE E. (1974), *Problèmes de linguistique générale*, II, Paris, Gallimard.
BERGALA A. (1975), *Pour une pédagogie de l'audiovisuel*, Paris, Ligue de l'enseignement permanent, Les cahiers de l'audiovisuel.
BERGALA A. (1977), *Initiation à la sémiologie en images,* Paris, La ligue de l'enseignement permanent, Les cahiers de l'audiovisuel.
BERRARD M. (1979), *La diapositive à l'école*, Paris, La ligue de l'enseignement permanent, Les cahiers de l'audiovisuel.
BERRENDONNER A. (1982), *Éléments de pragmatique linguistique*, Paris, Minuit.
BERTIN J. (1967), *Sémiologie graphique*, Paris/La Haye, Mouton/Gauthier-Villars.
BETRANCOURT M. (1996), *Facteurs spatiaux et temporels dans le traitement cognitif des complexes texte-figure* (Thèse de Doctorat), Grenoble, Institut national polytechnique de Grenoble.
BONITZER P. (1972), *Le regard et la voix*, Paris, Bourgeois.

BOORSTIN D. (1971), *L'image*, Paris, Union générale d'éditions.
BOUGNOUX D. (1991), *La communication par la bande*, Paris, La Découverte.
BOURDIEU P. (1982), *Ce que parler veut dire. L'économie des échanges linguistiques*, Paris, Fayard.
BREMOND Cl. (1964), « Le message narratif », *Communications*, 4, 4-33.
BRETZ R. (1972), *A Taxonomy of Communication Media* (Educational Technology Publications), New Jersey, Englewood Cliffs.
BRONCKART J.-P. (avec la collaboration de BAIN D., SCHNEUWLY B., DAVAUD C. et PASQUIER A.) (1985), *Le fonctionnement des discours*, Neuchâtel, Delachaux et Niestlé.
BRONCKART J.P. (1996), *Activité langagière, textes et discours. Pour un interactionisme sociodiscursif*, Berne, Peter Lang.
BURGELIN O. (1970), *La communication de masse*, Paris, S.G.P.P.
BUYSSENS- E. (1967), *La communication et l'articulation linguistique*, Bruxelles, Presses Universitaires de Bruxelles.
CADOZ C. (1996), « Réintroduire les sensations physiques : des interfaces manuelles pour montrer, toucher, palper, éprouver », *La Recherche* (numéro spécial), 285.
CARLES L. (2000), *State of the art report : Video-Mediated Interactions, Genève*, Geneva Interaction Lab (TECFA, Université de Genève).
CARONTINI E. (1988), *Faire l'image*, Les cahiers du département d'études littéraires, Montréal, Université du Québec à Montréal.
CARONTINI E. et PERAYA D. (1975), *Le projet sémiotique. Éléments de sémiotique générale*, Paris, Jean-Pierre Delarge.
CARRIER, J.P. (2002), *L'école et le multimédia*, Paris, Hachette.
CERISIER J.-F. (2000). *Médiatisation des interactions et apprentissages collaboratifs en réseau* (thèse de Doctorat), Paris, Université de Paris 8, UFR de l'Education (Promoteur : G. Jacquinot).
CHALON G., PORCHER L. et RUBENACH J. (1976), *Des images et des sons pour le maître et l'écolier*, Neuchâtel, Dalachaux et Niestlé.
CHIN, R. (1976). « The utility of system models and developmental models for practitioners », in W. G. BENNIS, K.D. BENNE, R. CHIN et K.E. COREY (Eds). *The planning of change* (3rd Ed.) New York, Holt Rinehart et Winston, 90-102.
CLARK A. (1982), *The principles of screen design for computers based learning materials,* Seffield, Employment Department.
CLARK H. H.et BRENNAN S.E. (1991). « Grounding in communication », in L.B. RESNICK, J. M. LEVINE et S.D. TEASLEY (Eds). *Perspectives on Socially Shared Cognition,* Washington, American Psychological Association, 127-149.
CLARK R. (1994). « Media Will Never Influence Learning », *Educational Technology Research and Development,* 42, (2), 21-29.
CLARK, R. (1983). « Reconsidering Research on Learning from Media », *Review of Educationnal Research*, 53 (4), 445.
CLASS ABBOUD B. (2000), *Études sur les conditions d'enregistrement de contenus éducatifs sonores*, mémoire de 3e cycle sous la direction de D. Peraya ; Diplôme Staf, TECFA, Université de Genève.
CLOUTIER J. (1973), *La communication audio-scripto-visuelle à l'heure des self-média ou l'heure d'Emerec*, Montréal, Presses de l'Université de Montréal.

COHEN-SEAT G. (1961), *Problèmes du cinéma et de l'information visuelle*, Paris, Presses Universitaires de France.
COLIN M. (1992), *Cinéma, télévision, cognition*, Nancy, Presses universitaires de Nancy.
Communications (1980), *Les actes du discours*, 32, Paris, Le Seuil.
Communications (1981), *Apprendre des médias*, 33, Paris, Le Seuil.
CULIOLI A. (1976), Séminaire de DEA, non publié, Université de Paris VII, cité par Bronckart J.-P. (1985).
DARRAS B. (1996), *Au commencement était l'image, du dessin de l'enfant à la communication de l'adulte*, Paris, ESF.
DEBORD G. (1971), *La société du spectacle*, Paris, Champ Libre.
DE CORTE (1993) (Ed.). *Learning and instruction* (Numéro thématique), 20, (3).
DE FUSCO R. (1972), *Architektur als Massenmedium. Anmerkung zu einer Semiotik der gebauten Formen*, Gütersloh.
DELEUZE G. et GUATTARI F. (1972), *L'anti-Œdipe*, Paris, Minuit.
DENIS M. et DE VEGA M. (1992), « Modèles mentaux et imagerie mentale », in M.F. Ehrlich *et al.*, *Les modèles mentaux* (79-100), Paris, Masson.
DENIS M. (1979), *Les images mentales*, Paris, Presses Universitaires de France.
DENIS M. (1989), *Image et cognition*, Paris, Presses Universitaires de France.
DILLENBOURG P. MENDELSOHN P. et JERMANN P, *Why spatial metaphor are relevant to virtual campuses* ? Document disponible en ligne à l'adresse : <http://tecfa.unige.ch/tecfa/publicat/dil-papers-2/Dil.7.1.15.pdf>.
DONNAY J. (1992), « Tendances de la recherche en télévision éducative », In *Guide des médias. Vidéos, films, photo, moyens audiovisuels*, Supplément 10.
DUBOIS J. (Éd.), (1974), *Dictionnaire de linguistique*, Paris, Larousse.
DUCHASTEL, P., FLEURY, M. et PROVOST, G. (1988), « Rôles cognitifs de l'image dans l'apprentissage scolaire », in *Bulletin de Psychologie*, XLI, 386, 668-671.
DUCROT O. (1972-a), *Dire et ne pas dire,* Paris, Hermann.
DUCROT O. (1972-b), « De Saussure à la philosophie du langage », *Les actes du langage*, SAERLE, Paris, Hermann, 7-37.
DUCROT O. (1980-a), « Analyses pragmatiques », *Communications*, 32, 11-60.
DUCROT O. (1980-b), *Les mots du discours*, Paris, Minuit.
DUCROT O. et TODOROV T. (1972), *Dictionnaire encyclopédique des sciences du langage*, Paris, Le Seuil.
DUPUY J.-P. et DUMOUCHEL P. (1979), *L'enfer des choses*, Paris, Le Seuil.
DUPUY J.-P. (1982), *Ordres et désordres. Enquête sur un nouveau paradigme*, Paris, Le Seuil.
DUVAL R. (1995), *Sémiosis et pensée humaine. Registres sémiotiques et apprentissages intellectuels*, Berne, Peter Lang.
DUVAL R. (1999), Conversion et articulation des représentations analogiques, Séminaire de recherche 1, Direction de la recherche et du Développement, Lille, IUFM Nord Pas de Calais.
DE WAELHENS A. (1972), *La psychose*, Louvain, Nauwelaerts.
ECO U. (1979/95), *Lector in fabula*, Paris, Grasset (traduction française).
ECO U. (1968), *La struttura assente*, Milano, Bompiani.
ECO U. (1970), « Sémiologie des messages visuels », *Communications*, 15, 11-51.
ECO U. (1990), *Le signe*, Paris, Le Seuil.

EDELMAN G. M. (1992), *Biologie de la conscience*, Paris, Odile Jacob.
EHRLICH M. F., TARDIEU H. et CAVAZZA M. (1993), *Les modèles mentaux. Approches cognitives des représentations,* Masson.
EISENSTEIN E. L. (1991), *La révolution de l'imprimé*, Paris, La Découverte.
ENGELBART D. C. (1962), *Augmenting Human Intellect : A Conceptual Framework. Summary Report*, California, Stanford Research Institute.
ERNI St. (1986), « Réalité et perception de la réalité - la communication visuelle dans la coopération au niveau du développement », *Education des adultes et développement*, Bonn, 27, 157-174.
EVERAERT-DESMEDT N. (1984), *La communication publicitaire. Étude sémiopragmatique*, Louvain-la-Neuve, Cabay.
FASTREZ P. (1997), Analyse comparative de l'attitude documentaire et de l'attitude fictionnelle dans la réception du message iconique. Étude expérimentale (Mémoire de licence), Louvain-la-Neuve, Département de Communication, Université Catholique de Louvain.
FASTREZ P. (1998), « Pour une approche expérimentale de la réception, attitudes documentaire et fictionnelle », *Recherches en Communication*, 10, 141-160.
FAVREL B. (1971), *Ecole de l'image*, Paris, Le Sénevé.
FISHMAN J.A. (1971), *Sociolinguistique*, Paris, Nathan/Labor.
FLAHAUT F. (1978), *La parole intermédiaire*, Paris, Le Seuil.
FLAHAUT F. (1979), « Le fonctionnement de la parole », *Commmunications,* 30, 73-79.
FONAGY I. (1983), *La vive voix. Essais de psychophonétique.*, Paris,Payot.
FRESNAULT-DERUELLE P. (1970), « Le verbal dans les bandes dessinées », *Communications*, 15, 145-161.
FRESNAULT-DERUELLE P. (1983), *L'image manipulée*, Paris, Edilig.
FRESNAULT-DERUELLE P. (1988), « Aperçu sur la mécanique narrative des "strips" », *Bulletin de psychologie*, Tome XLI, 386, 584-588.
FREUD S. (1967), « Psychologie collective et analyse du moi », *Essais de psychanalyse*, Paris, Payot.
FREUD S. (1967), *L'interprétation des rêves,* Paris, Presses Universitaires de France.
FREUD S. (1969), « Pour introduire le narcissisme », *La vie sexuelle*, Paris, Presses Universitaires de France.
GARDIN B. (1976), « Discours patronal et discours syndical », *Langages,* 41, 13-46.
GAUDREAULT A. et JOST F. (1990), *Le récit cinématographique*, Paris, Nathan.
GAUTHIER G. (1979), *Initiation à la sémiologie de l'image*, Paris, La ligue de l'enseignement permanent, Les cahiers de l'audiovisuel.
GAUTHIER G. (1982), *20 leçons sur l'image et le sens*, Paris, Edilig.
GAUTHIER Y. et RICHER S. (1977), *L'activité symbolique et l'apprentissage en milieux favorisé et défavorisé*, Montréal, Les Presses de l'Université de Montréal.
GENETTE G. (1972), *Figures III*, Paris, Le Seuil.
GHIGLIONE R. (1985), *La communication, ses faires, ses dires, ses effets*, Paris, Armand Colin.
GHIGLIONE R. (1986), *L'homme communiquant*, Paris, Armand Colin.

GILBERT D. (2002), *Guide de conception pédagogique et graphique d'un site éducatif sur le réseau Internet* (Version 3, dernière mise à jour le 28 janvier 2002), Université Laval, Document disponible en ligne à l'adresse <http://www.cpm.ulaval.ca/guidew3educatif>.

GLICKMAN V. (1997), « Nouvelles tendances de la formation à distance, essai de typologies des logiques de l'offre », In BOXUS E., JANS V., GILLES J.-L. et Leclercq D. (Éd.), *Actes du 15e Colloque AIPU, Stratégies et médias pédagogiques pour l'enseignement et l'évaluation dans l'enseignement supérieur*, Liège, Université de Liège (pp. 125-131).

GODEL R. (1969), *Les sources manuscrites du cours de linguistique générale de F. de Saussure*, Genève, Droz.

GOFFMAN E. (1974), *Les rites d'interaction*, Paris, Minuit.

GOODY J. (1979), *La raison graphique*, Paris, Minuit.

GREIMAS A. J. (1966), *Sémantique structurale*, Paris, Larousse.

GREIMAS A. J. (1970), *Du sens*, Paris, Le Seuil.

GRICE P. H. (1979), « Logique et conversation », *Communications*, 30, 57-72.

GRICE P. H. (1975), « Logic and Conversation », COLE P., MORGAN J. L. (Ed.), *Syntax and Semantics, 3, Speech acts*, New York, Academic Press.

GROUPE µ (1992), *Traité du signe visuel. Pour une rhétorique de l'image,* Paris, Seuil.

HEIDT E. U. (1981), « La taxonomie des médias », *Communications*, 33, 51-74.

HILL Cl. (1991), « Recherches interlinguistiques en orientation spatiale », *Communications*, 53, 171-208.

HJELMSLEV L. (1966), *Le language*, Paris, Minuit.

HJELMSLEV L. (1968), *Prolégomènes à une théorie du langage*, Paris, Minuit.

JACQUINOT G. (1981), « Présentation », *Communications* (*Apprendre des médias,* Numéro thématique), 33, 1-4.

JACQUINOT G. et LEBLANC G.(1996) (Éd.), *Les genres télévisuels dans l'enseignement*, Paris, Hachette.

JACQUINOT G. et MONTOYER L. (Éd.) (2002), *Le Dispositif. Entre Usage et concept, Hermès*, Paris, CNRS, 25.

JACQUINOT G. (1995), « De l'interactivité transitive à l'interactivité intransitive. L'apport de théories d'inspiration sémiologique à l'analyse des supports de communication éducative spécialisée », in G. JACQUINOT et D. PERAYA, *Introduction à la communication socio-éducative* (pp.125-140), Notes de cours non publiées, Louvain-la-Neuve, Département de Communication.

JACQUINOT G. (1977), *Image et pédagogie*, Paris, Presses Universitaires de France.

JACQUINOT G. (1985), *L'école devant les écrans*, Paris, Éditions ESF.

JACQUINOT G. et CHOPLIN H. (2002), « La démarche dispositive au risque de l'innovation », *Education permanente* (Les TIC au service des nouveaux dispositifs de formation, Numéro thématique), 152, 185-199.

JAKOBSON R. (1963), *Essais de linguistique générale*, I, Paris, Minuit.

JAKOBSON R. (1973), *Essais de linguistique générale*, II, Paris, Minuit.

JAKOBSON R. (1976), *Dix leçons sur le sens*, Paris, Minuit.

JERMANN P. (1996), *Conception et analyse d'une interface semi-structurée dédiée à la co-résolution de problème.* Mémoire de 3e cycle. Genève, TECFA, FPSE. Université de Genève. Disponible en ligne à l'adresse, <http://tecfa.unige.ch/~jermann/staf/colin-1.html>.

JOHNSON-LAIRD P.N. (1983), *Mental Models : Towards a cognitive Science of Language, Inference and Consciousness*, Cambridge, Cambridge University Press.

JOHNSON-LAIRD P.N. (1988), « Modèles mentaux en sciences cognitives », *Bulletin de psychologie*, Vol. XLI, 383, 60-88.

JOHNSON-LAIRD P.N. (1994). *L'ordinateur et l'esprit,* Paris, Odile Jacob (2e édition, traduction française, 1re édition anglaise en 1988).

JONASSEN D.H. (1992), « What are Cognitive Tools ? », in P.A.M. Kommers et al. (Eds), *Cognitive Tools for learning*, NATO ASI Series. Berlin, Springer.

KATZ E. (1988), « A propos des médias et de leurs effets », in SFEZ L., *Technologies et Symboliques de la Communication*, Grenoble, Presses Universitaires de Grenoble.

LAKOFF G. et JOHNSON M. (1985), *Les métaphores dans la vie quotidienne*, Paris, Minuit.

LAMBERT Fr. (1986), *Mythographies*, Paris, Edilig.

LANGACKER R. (1987), *Foundations of Cognitive Grammar, I, Theoretical Prerequisites*, Stanford, Stanford University Press.

LAPLANCHE J. et PONTALIS J.-B. (1968), *Vocabulaire de la psychanalyse*, Paris, Presses Universitaires de France.

LATRAVERSE Fr. (1987), *La pragmatique*, Liège, Mardaga.

LE NY F. (1995), « Les représentations mentales », in J.F. LE NY et M.D. GINESTA (Sous la dir.), *La psychologie*. Paris, PUF (Textes fondamentaux).

LECLERCQ-SAFIEH Ch. (1984), *La pragmatique, philosophie du langage ou théorie de la communication ?*, Université Catholique de Louvain, Faculté des sciences économiques, sociales et politiques, Département de communication sociale, non publié.

LEONTIEV A.N. (1981), « The problem of activity in psychology », in J.V. WERTSCH (éd.), *The concept of activity in soviet psychology*, New York, Sharpe.

LEROI-GOURHAN A. (1964), *Le geste et la parole,* Paris, Albin Michel.

LEROUGE A. (1993), « Contagion du signifiant et contagion de référence sur la conceptualisation mathématique de l'intersection de deux droites », in J. BAILLÉ, S. MAURY (Éd.), *Les sciences de l'éducation pour l'ère nouvelle. Les représentations graphiques dans l'enseignement et la formation*, 1, (3), 119-136.

LEVY P. (1994), *Intelligence collective,* Paris, La Découverte.

LEVY P. (1997), *Cyberculture*, Paris, Odile Jacob.

LEVY P. (1987), *La machine univers*. Paris, La découverte.

LEVY P. (1990), *Les technologies de l'intelligence. L'avenir de la pensée à l'ère de l'informatique*, Paris, La Découverte.

LEVY P. (1991), *L'idéographie dynamique*, Genève, Le Concept Moderne.

LINARD M. (1990), *Des machines et des hommes*, Paris, Editions universitaires. (2e édition, L'Harmattan, 1996)

LOWE R.K. (1993), « Constructing a mental representation from an abstract technical diagram », *Learning and instruction*, 20 (3), 157-179.

LYOTARD J.-F. (1979), *La condition post-moderne*, Paris, Minuit.

MAC LUHAN M. (1964), *Understanding Media*. New York, McGraw Hill. Traduction française (1968), *Pour comprendre les média*, Paris, Mame/Seuil.

MAC LUHAN M. et FIORE Q. (1967), *The Medium is the Message, An Inventory of Effects*, Toronto et New York, Bantam Books.
MACKENZIE N., ERAUT M. et JONES H. (1971), *Art d'enseigner et art d'apprendre. Introduction aux méthodes et matériels nouveaux utilisés dans l'enseignement supérieur*, Paris, UNESCO et Association internationale des Universités.
MAINGUENEAU D. (1998), *Analyser les textes de communication*. Paris, Dunod.
MARQUET P. (1997), « Étude comparative du discours de l'enseignant et du comportement des étudiants en situations de cours traditionnels et d'enseignement à distance médiatisé », *Carrefours de l'éducation*, Paris 2, 16-31.
MAYER R. E. et CHANDLER P. (2001), « When Learning Is Just a Click Away : Does Simple User Interaction Foster Deeper Understanding of Multimedia Messages ? » *Journal of Educational Psychology*, 93, 390-397.
MERLEAU-PONTY M. (1945), *Phénoménologie de la perception*, Gallimard.
MERLEAU-PONTY M. (1967), *La structure du comportement*, Paris, Presses Universitaires de France.
METZ C. (1964), « Le cinéma, langue ou langage », *Communications*, 4, 52-90.
METZ C. (1970), « Au-delà de l'analogie : l'image », *Communications*, 15, 1-10.
METZ C. (1971), *Langage et cinéma*, Paris, Larousse.
METZ C. (1972), *Essais sur la signification au cinéma*, Tome II, Paris, Klinksieck.
METZ C. (1977), *Le signifiant imaginaire*, Paris, Maison générale d'éditions.
METZ C. (1968), « A propos de l'impression de réalité au cinéma », *Essais sur la signification au cinéma*, Tome I, Paris, Klinksieck.
MEUNIER J.P. (1969), *Les structures de l'expérience filmique*, Louvain.
MEUNIER J.P. (2003), *Approches systémiques de la communication*, Bruxelles, De Boeck.
MEUNIER J.P. et PERAYA D. (1993), *Introduction aux théories de la communication. Analyse sémio-pragmatique de la communication médiatique* (1re édition), Bruxelles, De Boeck.
MEUNIER J.-P. (1980). *Essai sur l'image et la communication*, Louvain-la-Neuve, Cabay.
MEUNIER J.-P. (1990), « Nouveaux modèles de communication, nouvelles questions », *Recherches sociologiques*, Volume XXI, 3, 267-288.
MEUNIER J.P. (1998), « Connaître par l'image », *Recherches en communication*, 10, 35-75.
MICHOTTE VAN DEN BERCK A. (1953), « La participation émotionnelle du spectateur à l'action représentée à l'écran. Essai d'une théorie », *Revue inernationale de filmologie*, avril-juin.
MOLES A. (1988), *Théorie structurale de la communication et société*. Paris, Masson.
MOLES A. (1981), *L'image communication fonctionnelle*, Tournai, Casterman.
MORIN Ed. (1962), *L'esprit du temps*, Paris, Grasset.
MORIN Ed. (1965), *Le cinéma ou l'homme imaginaire*, Paris, Minuit.
MORIN Ed. (1977), *La méthode*, Paris, Le Seuil.
MORRIS Ch. (1946), *Signs, language and behavior*, New York, Prentice Hall.
MOSCOVICI S. (1985), *L'âge des foules*, Paris, Complexe.
MOUNIN G. (1970), *Introduction à la sémiologie*, Paris, Minuit.

NEF F. (1980), « Note pour une pragmatique textuelle », *Communications*, 32, 183-189.

NETCHINE-GRYNBERG G. et GRYNBERG S. (1991), *Formation de structures sémiotiques graphiques par le jeune enfant : mise en page, mise en texte. Parties I et II*, Réunion du Groupe THETA, Cluny, 9-11 septembre 1991, non-publié.

NIELSEN J. (1997), *How users read on the Web*. Document disponible en ligne à l'adresse <http://www.useit.com/alertbox/9710a.html>.

NISSEN E. (2000), *Analyser l'interaction verbale dans un contexte de l'apprentissage de l'anglais en visioconférence* (Travail de DEA Langue anglaise des spécialités scientifiques et techniques), Universités Bordeaux II, Montpellier III, Toulouse I, Paris IV, ENS Cachan, Document disponible en ligne à l'adresse <http://u2.u-strasbg.fr/spiral/Equipe/Elke/Nissen_DEA.pdf>.

OLSON D.R. et BRUNER J.S. (1974), Learning through experience and learning through media, Media and symbols, The Forms of Expressions. Communication and Education, The 73rd NSSE Yearbook. Chicago, Presses universitaires de Chicago.

PAPERT S.(1980), *Mindstorms, Children, Computers and Powerful Ideas*. New York : Basic Books. Traduction fançaise (1981), *Le jaillissement de l'esprit*, Paris, Flammarion.

PAQUELIN D. (1998), *Conception d'un environnement d'apprentissage interactif en fonction des attentes des usagers*, Thèse de Doctorat (Directrice : G. Jacquinot) Université d'Avignon et des Pays de Vaucluse pour le Doctorat d'Université (UFR Sciences & Langages Appliqués, Département de Communication, Sciences de l'information et de la Communication), décembre 1998.

PARRET H. (1980), « Les stratégies pragmatiques », *Communications, 32, Les actes du discours,* 250-273.

PEA R. (1993), « Practices of Distributed Intelligence and Designs for Education », in G. SALOMON, *Distribued cognitions : Psychological and Educational Considerations*, Cambridge, Cambridge University Press.

PEIRCE C.S. (1931-1938), *Collected papers*, Cambridge, Mass. Harvard University Press, Vol. II, *Elements of Logic.*

PEIRCE C.S. (1978), *Ecrits sur le signe*, Paris, Le Seuil. (Traduction française, G. Deledalle).

PENINOU G. (1970), « Physique et métaphysique de l'image publicitaire », *Communications*, 15, 96-109.

PENINOU G. (1972), *Intelligence de la publicité*, Paris, Robert Laffont.

PERAYA D. (1975), « En guise d'introduction à une sémiotique architecturale : le problème de la fonction-signe », *Recherches Sociologiques*, 2, Leuven, Université Catholique de Louvain.

PERAYA D. (1985), *La communication scalène. Thèse de Doctorat,* Louvain-La-Neuve, Département de communication, Université Catholique de Louvain.

PERAYA D. (1989), *La communication scalène. Une analyse sociosémiotique de situations pédagogiques*, Berne, Editions Peter Lang.

PERAYA D. (1995), « Communication pédagogique et modèle de discours, essai de définition de l'extralangage », in G. JACQUINOT et D. PERAYA, *Introduction à la communication socio-éducative* (pp.103-124), Notes de cours non publiées, Louvain-la-Neuve, Département de Communication.

PERAYA D. (1996-a), « Educational communication, distance learning and information technologies. A Position Paper (I) », Journal of Research in Education Media, *India Council for Research Educational Media* (ICREM), 3 (*2*) 11-24.
PERAYA D. (1996-b), « Educational Mediated Communication, Distance Learning and Communication Technologies, A Position Paper (II) », *Journal of research in Educational Media* (ICREM), May-June, 3 (*3*), 27-48.
PERAYA D. (1998-a). « *Les dispositifs de communication éducative médiatisée, médiatisation et médiation* », Communication aux Journées d'études sur la médiation culturelle, « La médiation culturelle ou naissance d'une nouvelle professionnalité ? », Société Française des Sciences de l'Information et de la Communication, 18 et 19 septembre 1998, Avignon.
PERAYA D (1998-b), « Une "révolution sémiotique" », *Cahiers pédagogiques* (A l'heure d'Internet, Numéro thématique), 362, 26-28.
PERAYA, D. (1999), « Vers les campus virtuels. Principes et fondements techno-sémio-pragmatiques des dispositifs de formation virtuels », in JACQUINOT G. et MONTOYER L. (Éd.), *Le Dispositif. Entre Usage et concept* (pp. 153-168). Hermès, CNRS, 25.
PERAYA D. (2000-a), « Le cyberespace, un dispositif de communication et de formation médiatisées. » In ALAVA S. (Éd.), *Cyberespace et formations ouvertes. Vers une mutation des pratiques de formation* (pp. 17-44), Bruxelles : De Boeck.
PERAYA D. (2000-b). *Rapport final (ligne2). Sous Projet B, Projet Poschiavo, Programme Demain la Suisse,* Genève, TECFA. Document disponible en ligne à l'adresse http://tecfa.unige.ch/tecfa/research/poschiavo/ligne2/
PERAYA D. (2002), « Qu'est-ce qu'un campus virtuel ? », in CHARLIER B. et PERAYA D. (Éd.), *Technologie et innovation en pédagogie. Dispositifs innovants de formation pour l'enseignement supérieur* (pp. 79-92), Bruxelles, De Boeck.
PERAYA D. et NYSSEN M.C. *(*1995), *Pour une théorie des paratextes : une étude comparée des manuels de biologie et d'économie* (Cahiers de la Section des Sciences de l'Education, 78), Genève, Université de Genève.
PERAYA D. et MEUNIER J.P. (1999), « Vers une sémiotique cognitive », *In Cognito*, 14, 1-16.
PERAYA D. et OTT D. (2000), *Rapport final. Sous Projet B, Projet Poschiavo, Programme Demain la Suisse.* Genève, TECFA. Document disponible en ligne à l'adresse <http://tecfa.unige.ch/tecfa/research/poschiavo/rapports/rapport_final.pdf>.
PERAYA D., VIENS J. et KARSENTI T. (2002), Introduction. Formation à l'intégration pédagogique des TIC. Esquisse historique des fondements, des recherches et des pratiques. *Revue des Sciences de l'éducation. Intégration pédagogiques des TIC, Recherches et formation,* XXVII. 243-262.
PERAYA, D. et VIENS, J. (2004, à paraître). TIC et innovations pédagogiques, y a-t-il un pilote... après Dieu, bien sûr, in T. KARESENTI, *L'intégration pédagogique des TIC dans le travail enseignant. Recherches et pratiques. Actes du symposium du Centre de recherche interuniversitaire sur la formation et la profession enseignante (CRIFPE),* Université de Montréal (Rimouski, ACFAS, 20 mai 2003). Montréal, Cahiers de l'ACFAS.

PERRIAULT J. (1996), *La communication du savoir à distance*, Paris, L'Harmattan.
PERRIAULT J. (1981), *Mémoire de l'ombre et du son*, Paris, Flammarion.
PERRIAULT J. (1989), *La logique de l'usage*, Paris, Flammarion.
PERRIAULT, J. (1989), *La logique de l'usage. Essai sur les machines à communiquer*, Paris, Flammarion.
PIAGET J. (1976), *La formation du symbole chez l'enfant*, Neuchâtel, Delachaux et Niestlé.
PIAGET J. (1977), *La naissance de l'intelligence chez l'enfant*, Neuchâtel, Delachaux et Niestlé.
PIAGET J. (1978), *Le jugement et le raisonnement chez l'enfant*, Neuchâtel, Delachaux et Niestlé.
PIAGET J. et INHELDER B. (1984), *La psychologie de l'enfant*, Paris, Presses Universitaires de France.
PORCHER L. (1973), *L'école parallèle*, Paris, Larousse.
PORCHER L. (1974), *La photographie et ses usages pédagogiques*, Paris, A. Colin/Bourelier.
PORCHER L. (1975), *Vers une pédagogie audiovisuelle,* Paris, Bordas.
PRIETO L.J. (1966), *Messages et signaux*, Paris, Presses Universitaires de France.
PRIETO L.J. (1975-a), *Études de linguistique et de sémiologie générales*, Genève, Droz.
PRIETO L.J. (1975-b), *Pertinence et pratique*, Paris, Minuit.
PROULX S. (1990), « De la métaphore télégraphique à celle de la conversation », SFEZ L. et COULTÉE G., *Technologies et symboliques de la communication*, Colloque de Cerisy, Grenoble, Presses universitaires de Grenoble.
QUEAU P. (1993), *Le virtuel. Vertus et vertiges*, Paris, Champ Vallon/INA.
RABARDEL P. (1995), Les Hommes et les Technologies, approche cognitive des instruments contemporains, Paris, A. Colin.
RAMM G. (1986), « Différence dans la perception de l'image dans les pays du Tiers Monde », *Education des adultes et développement*, Bonn, 27.
RÉCANATI F. (1979-a), « Le développement de la pragmatique », *Langue française*, 42, Paris.
RÉCANATI F. (1979-b), « Insinuation et sous-entendu », *Communications*, 30, Paris, Le Seuil.
RÉCANATI F. (1979-c), *La transparence et l'énonciation*, Paris, Le Seuil.
RÉCANATI F. (1980-a), « Présentation », *Communications*, 32, Paris, 7-10.
RÉCANATI (1980-b), « Qu'est-ce qu'un acte locutionnaire ? », *Communications*, 32, 190-215.
RÉCANATI F. (1980-c), *Les niveaux de l'analyse pragmatique*, Documents du Centre international de sémiotique et de linguistique de l'Université d'Urbino, 94.
RÉCANATI F. (1981), *Les énoncés performatifs*, Paris, Minuit.
REID D. (1989), « Les formes du savoir dans les manuels scientifiques », *Les cahiers du CRELEF*, Besançon, Université de Franche-Comté, 28, 73-100.
RESNICK L.B., J. M. LEVINE et S.D. TEASLEY (éd.) (1991), *Perspectives on Socially Shared Cognition,* Washington : American Psychological Association.
RICHAUDEAU F. (1979), *Conception et production de manuels scolaires,* Paris, Retz/Unesco (2e édition, 1981).

ROSCH E. (1976). « Classification du mode réel », in J.F. LE NY et M.D. GINESTE (Éd.), *La psychologie* (p. 318-329), Paris, Larousse (Textes essentiels).
RUMELHART P. et NORMAN D. (1995), « Schémas et frames », in J.-F. LE NY et M.-D. GINESTE, (sous la dir. de), *La psychologie* (pp. 312-313), Paris, Larousse (Textes essentiels).
SALOMON G. (1979), *Interaction of Media, Cognition and Learning*, San Francisco, Josesey-Bass.
SALOMON G. (1981), « La fonction crée l'organe, formes de représentation des médias et développement cognitif », *Communications. Apprendre des médias*, 33, 75-101.
SALOMON G. (1986), « Predispositions about learning from print and television », *Journal of communication*, Vol. 15 (*1*), 13-19.
SALOMON G. (1992) (éd.), *Distributed cognitions : Psychological and Educational Considerations*, Cambridge, Cambridge University Press.
SANSOT P. (1985), « Interactivité et interaction », *Le Bulletin de l'IDATE. Interactivité(s)*, 20, 87-94.
SARTRE J.-P. (1940), *L'imaginaire*, Paris, Gallimard.
SAUSSURE F. de (1969), *Cours de linguistique générale*, Paris, Payot.
SAUSSURE F. de (1972), *Cours de linguistique générale,* édition critique préparée par T. de MAURO, Paris, Payot.
SAVOIE-ZAJC L. (1993), *Les modèles de changement planifié en éducation*. Montréal, Les Editions Logiques Inc.
SCHIELE B. et LAROCQUE G. (1981), « Le message vulgarisateur », *Communications*, 33, 165-184.
SCHOLER M. (1983), *La technologie de l'éducation,* Montréal, Presses de l'Université de Montréal.
SCHRAMM W. (1977), *Big Media, Little Media*, Beverly Hills, Sage.
SCHRAMM W. (1970) (éd.), *Mass communication*, Vol. 2, Urbana, University of Illinois Press.
SEARLE J. R. (1981), « L'intentionnalité de l'intention et de l'action », *Critique*, 401.
SEARLE J.R. (1972), *Les actes de langage. Essai de philosophie du langage*, Paris, Hermann.
SEARLE J.R. (1982), *Sens et expression. Études de théorie des actes de langage*, Paris, Minuit.
SFEZ L. et COULTÉE G. (1990), *Technologies et symboliques de la communication*, Grenoble, Presses de l'Université de Grenoble.
SFEZ, L. (éd.) (1988), *Technologies et symboliques de la communication*, Grenoble, Presses Universitaires de Grenoble.
SHANNON C. et WEAVER W. (1976), *La théorie mathématique de l'information*, Paris, Retz.
SIMONDON G. (1967), *Du mode d'existence des objets techniques*, Paris, Aubier.
SPERBER D. et WILSON D. (1979), « Remarques sur l'interprétation des énoncés selon Paul Grice », *Communications*, 30, 80-94.
SPERBER D. et WILSON D. (1989), *La pertinence*, Paris, Minuit.
TARDY M. (1978), « Les caractéristiques de la communication audio-visuelle et ses applications pédagogiques », *Actes du colloque de Strasbourg*. Strasbourg, Service audio-visuel de l'Université Louis Pasteur.

THIBAULT-LAULAN A.-M. (1971), *Le Langage de l'image*, Paris, Editions Universitaires.
TISSERON S. (1996), *Le bonheur dans l'image*, Paris, Synthélabo.
TODOROV Tz. (éd.) (1970), *Langages,* 11, Paris, Didier Larousse.
TROGNON A. (1986), « Les linguistiques de la communication », in GHIGLIONE R., *L'homme communiquant*, Paris, Armand Colin.
VAN LIER H. (1980), *L'animal signé*, Bruxelles, De Visscher.
VANDEVELDE L. et VANDER ELST P. (1978), *Peut-on préciser les objectifs en éducation ?*, Paris-Bruxelles, Narhan/Labor, 2e édition.
VERON E. (1970), « L'analogique et le contigu », *Communications*, 15, 52-69.
VERON E. (1983), « Il est là, je le vois, il me parle », *Communications*, 38, 98-120.
VERVILLE D. et LAFRANCE, J.P. (1999), « L'art de bavarder sur Internet ». *Réseaux*, 67, 179-209.
WALLON H. (1980), *Les origines du caractère chez l'enfant,* Paris, Presses Universitaires de France, 7e édition.
WATZLAWICK P. et al. (1972), *Une logique de la communication*, Paris, Le Seuil.
WEISSBERG J.-L, (1999), *Présences à distances*. Paris, L'Harmattan.
WENGER E. (1997), *Communities of Practice. Learning, Meaning and Identitiy*. Cambridge, Cambridge University Press.
WILKES A.L. (1997), *Knowledge in Minds : Individual and Collective processes in Cognition,* Univ. Press, University. of Dundee.
WINKIN Y. (1981), « Le télégraphe et l'orchestre », *La nouvelle communication*, WINKIN (éd.), Paris, Le Seuil.
ZIMMER J. (1976), *La bande dessinée*, Paris, La ligue de l'enseignement permanent, Les cahiers de l'audiovisuel.

Annexe

Guide pour l'analyse des messages médiatiques

Toutes les notions que nous avons présentées dans cet ouvrage peuvent se traduire en instruments pour l'analyse et l'évaluation des effets possibles des messages médiatiques. Nous croyons utile, en guise d'index, d'en rappeler ici certaines des principales en les situant dans une sorte de canevas général comportant quelques questions-cadres susceptibles d'orienter le regard de l'analyste dans la découverte des aspects les plus significatifs des messages considérés. Les notions figurent en regard de ces questions, avec les références permettant de les situer dans le texte ; ne figurent que celles directement en rapport avec les questions considérées. Il sera évidemment utile, au gré des besoins, de les relier à d'autres que le lecteur pourra lui-même introduire dans le canevas.

Celui-ci présente les questions-cadres – et quelques-unes des sous-questions dérivées – dans un ordre non aléatoire mais cependant non contraignant; il reviendra au lecteur d'ajuster ce canevas aux messages étudiés en fonction d'une part, de la nature de ceux-ci et d'autre part, de ses propres intérêts et objectifs.

Cependant, quels que soient les développements que l'on pourra donner au guide d'analyse proposé, il va de soi qu'il n'épuisera pas l'ensemble des aspects des messages étudiés. Il existe une grande variété de points de vue possibles et par conséquent une multiplicité de questions à poser. Les questions retenues ici correspondent essentiellement au point de vue de l'analyste en communication. Il y aura lieu, dans beaucoup de cas, de les articuler avec d'autres questions issues d'autres points de vue: celui, notamment, du psychopédagogue pour qui la dimension cognitive des messages (ce que nous avons appelé leur **dispositif cognitif**) devra être mise en rapport avec les notions issues des théories de l'apprentissage; ou celui du sociologue pour qui il y aura lieu de recadrer l'examen des effets pragmatiques possibles des messages dans l'analyse des conditions sociales et culturelles de leur production et de leur réception.

1 **Le message (pris globalement) est-il embrayé ou non embrayé ?**	• Récit (ou histoire)	82 et sv. 305, 310 et sv.
La plupart des messages comportent des alternances ou interférences des deux registres et sont donc susceptibles d'une approche combinant deux axes d'analyse.	• Discours • Rupture diégétique	82 et sv. 320 et sv. 320
2 **Dans le cas d'un message non embrayé où c'est généralement le registre du récit qui domine, quelle est la structure du réseau interrelationnel liant les différents personnages ?**		
– Quelles sont les variations de point de vue (oculaire et cognitif) ?	• Ocularisation • Focalisation	316-37 318-319
– Y a-t-il dans le message quelque indice marquant l'existence du narrateur et de son propre point de vue et/ou rendant sensible au spectateur son propre point de vue ?		
– À quelle distance subjective (modulée par différents éléments tels que l'échelle des plans, les angles de prise de vue…) se situent les différents personnages relativement au spectateur ?		
– Le réseau interrelationnel apparaît-il plutôt **centré** ou plutôt **décentré** ?	• Centration/ Décentration	276 et sv. 310 et sv.
– Dans le premier cas, quelles sont les caractéristiques psychosociologiques du personnage central ?		
– S'agit-il d'un personnage socialement consacré (facteur de sociocentrisme) ou plutôt d'un modèle pour le moi spectatoriel (facteur d'égocentrisme) ?	• Sociocentrisme • Égocentrisme	313, 315 314, 315

- Dans le second cas, quelles sont les différences ou oppositions de points de vue (au sens large, impliquant : affects, opinions, représentations…) entre personnages ?
- Compte tenu des éléments de réponse aux questions précédentes, de quelle façon se structure l'identification spectatorielle ?
  - Participation/identification — 177 et sv. 310 et sv.
- Quels sont dès lors les effets possibles de cette identification du point de vue psychosociologique (ego ou sociocentrisme, décentration sociale…) et du point de vue cognitif (décentration de point de vue, nécessité de passage au métaniveau) ?

3 Dans le cas d'un message embrayé où c'est le registre du discours qui domine, quelles sont les caractéristiques du dispositif d'énonciation mis en place ?

- Énonciation — 80 et sv.
- Dispositif d'énonciation — 320 et sv.

La réponse à cette question nécessite la prise en compte de divers aspects, classés ici (un peu arbitrairement) en trois catégories

a Aspects relatifs à la configuration globale (audio-scripto-visuelle) du dispositif

- Quelle est la composition globale du dispositif : nombre et qualité (présentateur, animateur, commentateur, interviewer, interviewé…) des divers énonciateurs, disposition spatiale, décor… ?
- L'auteur (destinateur) du message marque-t-il son existence dans le dispositif ?
- Quel est le type et le degré de présence (visuelle et/ou sonore et/ou écrite) du (des) énonciateur(s) : *off* ou *on* ou alternativement l'un et l'autre avec une certaine dominante ?
  - Énonciation *off* — 326 et sv.
  - Énonciation *on* — 338 et sv.
- Quelles sont les marques visuelles d'énonciation régissant les rapports des énonciateurs visibles aux spectateurs-énonciataires ?
  - Direction du regard — 340-343
  - Échelle des plans — 344-345

b Aspects discursifs

- Quelles sont les caractéristiques pragmatiques des paroles adressées aux spectateurs-énonciataires par le(s) énonciateur(s) du message ?

Divers éléments sont à prendre en considération :		
• La prévalence du registre du discours ou du registre du récit.	• Discours (cf. question 1)	
• Les indicateurs de personnes utilisés.	• Pronoms personnels	85 et sv.
• Les actes de discours effectués.	• Acte illocutionnaire	94 et sv.
	• Acte perlocutionnaire	97 et sv.
	• Types d'actes illocutionnaires	102-106 293-297
	• Polyphonie	88 et sv.
• Le rapport entre l'explicite et l'implicite.	• Implicite	112 et sv.
	• Règles conversationnelles	113
	• Actes indirects	114 et sv.
	• Présupposition	107
c *Aspects analogiques*		
– Quelles sont les caractéristiques vocales des paroles des énonciateurs ?	• Style vocal	283 et sv.
	• Intonation	287, 295
– Quelles sont les caractéristiques des postures et gestes des énonciateurs ?	• Posture, geste, mimique	280 et sv.
4 Quelles sont les caractéristiques du dispositif cognitif proposé par le message ?	• Dispositif cognitif	349
a *Aspects iconiques*		
– Quels sont les différents aspects de la composante iconique du sens : images figuratives, fixes ou animées, dessins, schémas, graphiques...) ?	• Iconicité	201 et sv.
– Quels sont les réseaux de significations métonymiques et métaphoriques construits par les images ?	• Métaphore/ métonymie	233-253
– S'agit-il de significations fortement codées ou relativement ouvertes ?	• Connotation	72, 194 et sv.
	• Ouverture/fermeture	356 et sv.
– De quel type et de quel niveau relèvent les opérations cognitives éventuellement sollicitées par le montage (notamment l'organisation syntagmatique) ?	• Montage	244 et sv.
	• Syntagme	260 et sv.
	• Image et cognition	263 et sv. 353 et sv.

b Aspects verbaux		
– Quels sont les différents types de discours (et de styles discursifs) intervenant dans la composante verbale (discours scientifique, didactique, journalistique...) ?		
– Quelle est l'importance de la dimension rhétorique (imagée) des discours ? Et quelles sont les principales métaphores et métonymies sous-jacentes ?	• Métaphore/ Métonymie	210 et sv. 219 et sv. 356
– Quelle est l'importance de la dimension proprement digitale (logique, rationnelle) des discours ?	• Digital/verbal	215-217 186 et sv. 355
– S'agit-il d'énoncés relativement fermés (explicites) ou relativement ouverts, c'est-à-dire réclamant l'intervention de processus inférentiels et laissant donc aux spectateurs-énonciataires une part importante dans l'élaboration du sens ?	• Inférence • Ouverture/fermeture	118 et sv. 139-142 142, 357
c Articulations entre aspects iconiques et aspects verbaux	• Relais • Ancrage • Interaction texte-image	199 199 357 et sv.
– Quelles sont les parts respectives des composantes verbales et iconiques ?		
– Quels sont les rapports entre les deux composantes ?		
5 Conclusion (des questions 3 et 4) : quelle est la forme du lien social impliquée par le message ?	• Lien social, relation sociale	145 et sv. 273 et sv.
– Quelles sont finalement les caractéristiques de l'instance d'énonciation mise en scène par le dispositif d'énonciation ?		
– S'agit-il d'une instance réelle ou imaginaire, plus ou moins abstraite et transcendante, plus ou moins concrète et immanente aux rapports sociaux réels, plus ou moins individuelle ou collective... ?		
– Quelle est la place attribuée au spectateur relativement à l'instance d'énonciation mise en scène ? Est-il considéré comme un individu ou comme membre d'un groupe ou comme membre d'une masse anonyme ?	• Centration / Décentration	276 et sv. 310 et sv.

– Dans quels types de rapports est-il virtuellement pris (rapports de subordination, d'échange discursif, de coopération...) ? Est-il (virtuellement) partie prenante de l'énonciation ?	• Co-énonciation	142-143 360-364
– Quelle est l'articulation entre le dispositif d'énonciation et le dispositif cognitif ?		
– Le spectateur est-il (virtuellement) partie prenante dans le processus cognitif d'élaboration du sens ?	• Co-construction	142-143 360-364
– Finalement, quelles sont les formes de rapports sociaux (centrés ou décentrés...) et, corrélativement, de formation et de circulation des savoirs, impliquées par le message ?		

Index

Table des matières